KB129144

Models of Counseling
Gifted Children, Adolescents, and Young Adults

영재상담 모델

Sal Mendaglio · Jean Sunde Peterson 공편

윤여홍 역

학지사

Models of Counseling Gifted Children, Adolescents, and Young Adults

edited by Sal Mendaglio, Ph.D. and Jean Sunde Peterson, Ph.D.

Copyright © 2007 by Prufrock Press Inc.

Originally published in United States of America by Prufrock Press Inc.

No part of this book may be reproduced, translated, stored in a retrieval system, or transmitted, in any form or by any means, electronic, mechanical, photocopying, microfilming, recording, or otherwise, without written permission from the publisher.

Korean translation copyright © **2014** by Hakjisa Publisher, Inc.
The Korean translation rights published by arrangement with
Prufrock Press Inc.
through KCC(Korea Copyright Center Inc.), Seoul.

All rights reserved.

이 책은 (주)한국저작권센터(KCC)를 통한
저작권자와의 독점계약으로 (주)학지사에서 출간되었습니다.
저작권법에 의해 한국 내에서 보호를 받는 저작물이므로
무단 전재와 복제를 금합니다.

역자 서문
ounseling

   우리나라에서 영재아동과 부모들을 만나고 대학에서 강의를 시작한 이
래 지금까지 절실하게 필요한 것은 영재 관련 전문 서적이다. 초기에 비
해 영재에 대한 관심이 높아지고 영재 관련 전문가들이 여러 책들을 번역
하고 저술하였지만, 아직도 영재의 심리와 상담에 관한 전문 서적은 거의
찾아보기 힘들다. 번역서는 고사하고 원서조차도 찾기 힘든 중에 발견한
책이 바로 『영재상담 모델』이다.

   이 책은 12명의 저자들이 여덟 가지 영재상담 접근을 하나의 체계에 맞
게 일관성을 가지고 저술한 *Models of counseling gifted children,
adolescents and young adults*를 번역한 것이다. 이 책은 영재를 이해하
기 위해 영재성 정의를 다섯 가지 범주로 묶어 살펴보며 정서-인지 치료
에서부터 액티오토프 발달 이론까지 영재의 상담 접근 이론과 기법들을
체계적으로 기술하고 있다. 또한 각 상담 이론을 적용한 실제 상담 사례
도 함께 제시하고 있다. 원 저자들은 영재상담을 이론으로만 전해 주는
것이 아니라 동시에 실제 상담 경험을 생생하게 전달하고 있다.

영재상담은 영재 전문성과 상담 전문성을 동시에 요구하는 특수 학문 분야다. 이 책은 영재를 상담하는 심리 전문가와 교육자에게는 귀중한 자료라고 할 수 있다. 이 책을 통해 영재를 충분히 이해할 수 있고, 영재상담을 체계적으로 배울 수 있으며, 전문적인 이론적 근거 기반하에 영재상담을 할 수 있는 실질적인 도움을 받을 수 있을 것이다. 이 책을 읽는 전문가들은 영재의 세계에 들어가 영재를 이해하고 영재들이 자신의 재능을 발달시키면서 건강하고 행복하게 살아갈 수 있도록 영재들을 도울 수 있길 바란다.

끝으로, 이 책의 출판을 허락해 주신 학지사 김진환 사장님과 이 책이 나오기까지 정성을 다하여 도와주신 김선영 과장님을 비롯한 여러 편집진의 노고에 깊은 감사를 드린다.

2014년 9월
역자 윤여홍

차 례
ounseling

Part 2 모 델

Part 3 결 론

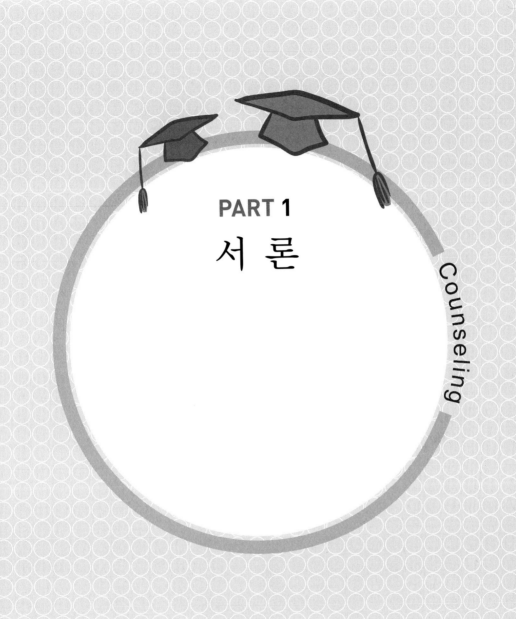

PART 1
서 론

Counseling

Chapter **01** 서 론

ounseling

Sal Mendaglio

몇 년 전, Jonny(가명)라는 이름의 영재 아동 가족을 상담하였다. 그는 교사와 부모 모두를 괴롭히는 다양한 행동을 보여 학교 관련 전문가와 개인 전문가 등 여러 조력 전문가들을 만났다. 부모가 가장 최근에 자문받은 전문가는 소아정신과 의사로, 그는 Jonny가 아스퍼거 증후군을 앓고 있는 것으로 의심했다. 부모의 요청에 따라 Jonny 치료 계획에 필요한 자료를 제공해 주기 위해 나는 여러 번 그 의사를 만났다. 부모와 함께 그 의사와 만나는 동안, 나는 영재상담 모델에 근거하여 Jonny의 일부 행동에 대한 다른 해석을 제시하였다. 나는 Jonny가 보인 행동이 증상이 아닌 영재성의 발현으로 보인다고 하였다.

의사와의 만남 중 한번은 Jonny의 엄마가 정신과 의사에게 영재성에 관해 아는지를 물었고, 의사는 모른다고 대답하였다. 엄마가 왜 견해가 다른지를 물었을 때, 그 의사는 "왜냐하면 Sal(필자)은 자기 지식에 너무 집착하기 때문"이라고 답했다. 그 말에 모임에 있던 모든 참석자가 웃었지만, 나에게는 지울 수 없는 인상으로 남았다. 그 의사의 발언이 있기 전, 나는 상담 및 심리 전문가를 위한 대학원 과정에서 강의를 하고 있었기 때문에 영재성이 상담자와 심리학자를 준비하는 프로그램에서 다룰 주제가 아님을 인식해 왔다. 그러나 그 소아정신과 의사의 발언은 조력 전문가들에게 영재상담에 관한 자료를 제공할 필요가 있음을 크게 느끼게 하였다. 조력 전문가들은 모든 나이의 영재들을 내담자나 환자로 만나는 사람들이기 때문이다.

그 사건으로 나는 영재상담 관련 출판물이 부족하다는 것을 인식했다. 상담과 영재라는 용어를 사용한 문헌의 탐색에서는 다수의 인용 문헌이 있었다. 그러나 영재인 내담자를 직접 상담한 경우는 거의 없었다. 이러한 상황이 영재교육 분야에서 현재의 문헌에 반영된 것이다. 비록 북미 지역의 영재성에 관한 심리학 연구는 지난 세기 초반 Terman(1925)의 연구에서 기원하지만, 약 80년이 지난 지금도 여전히 영재상담이라는 제목을 가진 가치 있는 책은 거의 없다. 그나마 Ziv(1977), Colangelo와 Zaffrann(1979), Silverman(1993)의 책이 있을 뿐이다. 이 책들은 상담 전문가에게 유용한 통찰을 제공하지만, 내용 면에서 임상가들이 영재상담에서 자신만의 접근법을 개발하거나 실습을 지도하기 위해 사용할 수 있는 상담에 대한 이론적 접근은 제공하지 못하고 있다. 그러나 이 책은 조력 전문직(즉, 상담자, 사회복지사, 심리학자, 정신과 의사)에 있는 임상가와 학생들에게 경험 많은 영재 상담자가 개발한 상담 모델을 제공하도록 구성되어 있다.

이 책은 영재 내담자에게 초점이 맞추어져 있지만, 독자들은 상담과 심리치료 분야의 소우주를 보게 될 것이다. 이 책에서 제시하는 여덟 가지 모델은 영재상담의 다양한 접근을 나타낸다. 여러 모델은 적은 규모이지만 약 300개의 접근을 포함하는 상담과 심리치료 분야의 다양성을 반영한다(Cormier & Cormier, 1998). 상담과 심리치료 분야에 친숙한 독자들은 여러 모델 속에서 친숙한 이론들을 참고한 문헌들을 발견할 것이다. 그러나 일부 모델은 고유한 시각을 나타내고 있다.

상담과 심리치료 분야의 또 다른 유사성은 제목에 상담이라는 용어를 사용한 점이다. 심리학적 개입에 대한 접근을 다룬 교재는 제목에서 같은 이론을 의미하는 것으로 심리치료(예: Corsini & Wedding, 1989), 상담(예: Gladding, 1996) 그리고 상담과 심리치료(예: Corey, 2005)라는 용어를 사용하고 있다. 예를 들어, 어떤 교재에서는 Rogers의 내담자 중심 치료가 심리치료 이론이지만(Corsini & Wedding, 1989), 다른 교재에서는 상담 이론으로 제시되고 있다(Gladding, 1996). 이 분야에서 두 용어를 흔히 사용하는 방식처럼, 이 책에서도 상담과 치료(심리치료의 축약형)를 동의어로 사용할 것이다.

이 책과 상담 분야 간의 또 하나의 유사성은 모델의 제시다. 각 장의 개요를 작성하여 모든 집필진에게 배포하였다. 개요는 상담 분야 교재의 구조 조직에 기반을 두었다. 개요 구성을 위해 대중적인 상담과 심리치료 교과서(예: Corey, 1996; Corsini & Wedding, 1989)를 정독하였다. 각 장 개요의 최종 형태는 대상으로 삼은 독자들(즉, 상담과 심리치료 분야의 학생과 임상가)에게 익숙한 형태로 해서 그들에게 접근 가능한 정보를 주는 것을 1차적인 동기로 삼았다. 각 장은 상담과 영재성 모두와 관계 있는 머리글을 포함시켰다.

각 장의 개요는 추가적으로 다음의 세 가지 이유로 구성되었다. 첫째, 개요는 각 집필자의 모델을 단락별로 구분하여 쉽게 명료화하기 위한 의도로 만들어졌다. 각 장의 모든 집필진은 영재상담에 경험이 있지만 누구도 자기 모델의 분명하고 종합적인 버전, 적어도 현재 이 책에 필요한 형태의 버전을 갖고 있지는 않다. 각 장의 개요는 각자의 독특성을 가지고

✎ 표 1-1　각 장의 모델의 개요

영재성 개념	상담 모델	적용
영향	영향	문제 제기
정의	상담의 정의	사례
특성	상담자의 역할	
가정	내담자의 역할	
성격 개념	목표	
성격	관계성	
영재의 성격	평가	
	과정	

있으면서 집필진이 영재상담 과정에서 각자 개발한 접근을 공식적으로 전달하도록 돕기 위해 구성되었다. 둘째, 개요는 집필진이 이 책의 주제와 관련 있다고 여기는 주제에 관해 자기 견해를 확실히 제시하기 위해 개발되었다. 이 책에 대한 나의 비전과 더불어, 집필진은 영재성 개념, 성격, 상담과정의 핵심 요소 그리고 사례를 제시하였다. 셋째, 개요는 독자들이 여러 가지 접근을 쉽게 비교할 수 있도록 하기 위해 집필진의 모델에 대한 논의에서 일관성을 유지하고자 하였다.

1. 영재상담 모델

이 책은 크게 3부로 구성되어 있다. 제1부: 서론은 2개의 장으로 구성되어 있다. 1장에서는 이 책을 착수하게 된 계기를 설명한다. 모델을 제시하기 위한 각 장 개요의 개발과 원리뿐만 아니라 이 책이 상담 분야의 특성을 어떻게 반영하고 있는지를 간략하게 설명하였다.

2장에서 Sidney Moon은 영재 개념의 개관과 영재상담과 관련한 문제들을 제시하고 있다. 필자는 과거와 현재의 영재성 개념을 자세하게 분석함으로써 독자들이 제2부의 각 장에 제시된 영재성 개념을 충분히 제대로 인식할 수 있도록 하였다. 필자의 영재상담과 관련한 경험적 및 비경험적 문헌에 대한 비판적인 평가는 상담에 대한 영재교육 분야의 실태를 보여주고 있다. 이 장은 유용한 정보를 제공할 뿐만 아니라 이 책을 위한 확장된 이론적 근거로 제시되고 있다.

제2부: 모델은 집필진이 처음으로 이 형태에 맞추어 서술한 8개의 모델로 구성되어 있다. 전반적으로 각 모델들은 집필진이 다양한 이론적 가닥과 자신의 영재성 개념을 결합시킨 상담에 대한 체계적이고 절충적인 접근들이다.

3장에서 Sal Mendaglio는 영재를 다룰 때에 사용하는 정서-인지 치료 모델을 기술하고 있다. Mendaglio의 모델에는 인본주의적이고 인지-행동적 이론적 접근을 절충·혼합한 것에 필자의 영재성 개념이 주입되어 있다.

4장에서 Volker Thomas, Karen Ray와 Sidney Moon은 영재상담에 대한 접근으로 가족 체계 접근을 설명하고 있다. 그들의 모델은 또한 인본주의적 및 인지-행동적 상담에 영향을 받아 왔다.

5장에서 Jean Peterson은, 자신이 영재 청소년 상담 때 사용한 발달적 접근을 기술하고 있다. 인본주의 및 가족 체계 이론에 근거를 둔 Peterson의 모델은 영재 청소년의 교정 및 예방 상담 모두에 적용이 가능하다.

6장에서 Caryln Saunders는 일련의 자원으로부터 만든 모델을 제시하고 있다. 인본주의적 전통에 속한 이론가들, 학업적 미성취에 대한 이론적 견해 그리고 여러 영재교육 연구가가 이 접근에 영향을 끼쳤다.

7장에서 Catherine Boland와 Miraca Gross는 고도 영재 아동과 청소년 상담에서 사용된 모델을 기술하고 있다. 이 모델은 심리적 고통을 치료하기 위한 증거기반 치료를 다룬다.

8장에서 Andrew Mahoney, Don Martin과 Magy Martin은 특히 영재 아동과 청소년에게 적용하도록 개발된 영재의 자아정체감 형성 모델을 기술하고 있다. 일부 다른 모델과 유사하게, 영재의 자아정체감 형성 모델은 체계, 인본주의, 인지-행동, 해결중심 그리고 이야기를 포함한 여러 상담 이론에서 나왔다.

9장에서 Barbara Kerr는 재능 발달에 초점을 두고 영재상담 모델을 기술하고 있다. Kerr의 모델은 연구기반 전략과 주술적인 창의성이 혼합되어 호기심을 자아내고 있다.

10장에서 Albert Ziegler와 Heidrun Stoeger는 특별히 영재 학생에게 사용하도록 개발된 11단계 상담 사이클 모델을 기술하고 있다. 생물학과 사회학에서 유래된 개념에 뿌리를 둔 이 모델은 또한 학습 이론, 전기적 연구 그리고 체계 이론으로부터 나왔다.

제3부: 결론은 결론을 맺는 장이다. 11장에서 Jean Peterson은 8개의 모델을 요약·정리하고 있다. 각 장별로 모델의 개요에서 나온 머리글을 이용하여, 비교와 대조가 쉽도록 복잡한 표를 사용하여 각 모델들을 비교·대조하고 있다.

참고문헌

Colangelo, N., & Zaffrann, R. T. (1979). *New voices in counseling the gifted.* Dubuque, IA: Kendall Hunt.

Corey, G. (1996). *Theory and practice of counseling the psychotherapy* (4th ed.). Pacific Grove, CA: Brooks/Cole.

Corey, G. (2005). *Theory and practice of counseling the psychotherapy* (6th ed.). Pacific Grove, CA: Brooks/Cole.

Cormier, S., & Cormier, B. (1998). *Interview strategies for helpers.* Pacific Grove, CA: Brooks/Cole.

Corsini, R., & Wedding, D. (1989). *Current psychotherapies* (4th ed.). Itasca, IL: F. E. Peacock.

Gladding, S. T. (1996). *Counseling a comprehensive profession.* Englewood Cliffs, NJ: Merrill.

Silverman, L. K. (Ed.). (1993). *Counseling the gifted and talented.* Denver: Love.

Terman, L. M. (1925). *Genetic studies of genius: Vol. 1. Mental and physical traits of a thousand gifted children.* Stanford, CA: Stanford University Press.

Ziv, A. (1977). *Counseling the intellectually gifted child.* Toronto, Ontario, Canada: Guidance Centre University of Toronto.

Sidney M. Moon

정의상으로 보면, 영재 아동과 청소년들은 규준 집단에 속한 이들과는 다르다. 그들의 차이점은 영재 자신과 가족에게 탄력성과 스트레스를 둘 다 유발한다는 것이다(Neihart, Reis, Robinson, & Moon, 2002). 영재 아동과 가족을 효율적으로 다루기 위해 상담자는 영재 청소년만의 독특한 특성과 욕구에 대한 기본적인 이해를 갖출 필요가 있다. 이해란 긍정적인 치료관계를 만들기 위한 전제조건이다. 결국 치료관계는 성공적인 치료 저변에 깔린 가장 중요한 공통 요소 중 하나인 것이다(Sprenkle & Blow, 2004). 이 장의 목적은 ① 상담자와 심리학자에게 현재 통용되는 영재성의 개념을 개관하고, ② 상담자와 심리학자가 영재 청소년들의 특성과 적응 문제를 이해하도록 도와주며, ③ 특별히 영재 아동을 위해 고안된 상담 개입에 관한 기존 연구를 개관하는 데 있다.

1. 영재성이란 무엇인가

제기하기는 쉬워도 답하기는 어려운 문제, 즉 무엇이 영재성을 구성하고 있는가 하는 것은 영재 청소년들을 다루는 모든 전문가가 고려할 필요가 있는 질문이다. 이 질문은 여러 학자에 의해, 그리고 역사적으로 다양하게 답변되었다. 영재성의 정의에 관해서는 논란이 지속되어 왔다. 영재 연구 분야에서 영재성에 관한 분명한 의견 일치는 없다. 이 질문에 대해 연구가나 부모 그리고 학교 관계자들은 다르게 답하는 경향이 있다. 연구가들은 가끔 심리 측정적인 정의에 의존한다. 왜냐하면 이 정의가 지능검사나 학년 외 수준(off-grade-level)의 적성검사와 같은 현존하는 측정 도구를 운용하기 쉽기 때문이다. 반면에 부모들, 특히 매우 어린 아동을 둔 부모들은 쉽게 관찰할 수 있는 행동 특성에 좀 더 무게를 두는 경향이 있다. 예를 들어, 3세인 자녀가 색깔과 모양을 인지할 수 있고 알파벳 글자를 쓸 수 있음을 알게 되면, 부모는 아이가 영재인지 의문을 갖기 시작한다. 학교 관계자들은 학생이 영재 프로그램이 필요한지, 그리고 영재 프로그램을 통해 혜택을 얻을 수 있을지를 결정할 때 영재성의 정의를 내리게 된다. 이런 이유들로 학교 관계자들은 아이들의 삶에 영향을 끼치는 중대한 결정을 내리게 되는 것이다. 연구가들처럼 학교 관계자들도 쉽게 평가 가능한 특성에 의지하지만, 연구가들과는 달리 다수의 증거 자료, 성취검사와 같은 일부 표준화된 자료와 교사나 또래의 추천과 같은 일부 비표준화된 자료를 이용하여 영재성에 관한 최종 결정을 내리기 위해 위원회를 연다. 이러한 예가 보여 주듯이, 영재성에는 광범위한 개념과 넓고 다양한 운용방법이 존재한다. 영재 아동을 다루는 상담자들은 영재성에 관한 현존 개념과 역사적으로 발달하여 온 지식으로 혜택을 얻을 수 있다. 이러한 지식을 가지고 볼 때, 상담자들은 특정한 개인들을 왜 영재라고 부르는지, 또한 영재성이 영재의 심리사회적 발달과 상담과정에 어떻게 영향을 끼치는지를 이해하기 위한 개념적 도식을 갖고 있다.

영재성 개념에 관한 간략한 역사

수세기 동안 독특한 능력들이 일화적으로는 기록되어 왔지만, 영재성에 관한 과학적인 연구는 거의 최근에 일어난 현상이다. 영재성에 관한 초기 연구는 일반지능에 초점이 맞추어졌다. Galton(1822~1911)은 지능을 포함하여 인간이 지닌 속성들을 측정하는 데에 관심을 둔 초기 과학자 중의 한 사람이다(Galton, 1869, 1883). Charles Darwin의 사촌인 Galton은 지능의 개인차를 연구한 첫 번째 사람으로 널리 알려져 있다. 그는 '천재'란 유전적인 요소를 강하게 갖고 있다는 믿음하에, 지능을 포함한 대부분의 개인차 특성은 가장 많은 사람이 평균 범위에 속하고 극소수의 사람은 가장자리인 극단에 속하는 종 모양의 패턴에 따라 분포된다는 개념을 발전시켰다. 그는 지능의 최상위 위치에 속한 사람들을 '천재(genius)'라고 불렀다.

프랑스의 심리학자인 Binet는 이러한 생각을 발전시켜 처음으로 개인지능검사를 개발하였다. 그는 3~11세의 평균 아동들이 수행할 것으로 기대하는 바를 측정하여 보통의 초등학교 학업 과제를 수행하는 데에 힘겨워하는 아동들을 쉽게 가려낼 수 있도록 하였다. 그 뒤를 이어 과제를 수행할 능력을 지능으로 운용하는 검사들이 개발되었다. 다른 말로 하면, 심리 측정이 지능과 영재성의 초기 개념화를 몰아갔던 것이다.

1920년대에 캘리포니아 주 스탠퍼드 대학교에서 공부한 인디애나 주 시골 출신의 천재 학자인 Lewis Terman은 스탠퍼드-비네 지능검사(stanford-

Binet Intelligence Test)를 개발하였다(Terman, 1916). Terman(1925)은 검사 평균으로부터 표준편차 2 이상의 측정된 지능을 지닌 초등학교 아동들을 발견하기 위하여 자신이 개발한 새 검사를 사용하였다. 이것은 심리검사를 통해 영재 아동을 판별하기 위한 첫 시도이며, 많은 사람은 이를 영재교육 분야의 시작이라고 생각하였다. 그 이후 Terman은 수년 동안 이 학생들을 추적 조사하였으며, 그 과정 중에 그들이 지닌 독특한 특성과 욕구를 상당히 많이 밝혀냈다(Terman & Oden, 1959).

능력을 다른 방식으로 바라본 학자로는 Charles Spearman이 있다. Spearman(1904)은 지능에서의 개인차 이론을 발전시킨 최초의 심리학자였다. 그는 또한 능력을 밝히기 위해 사용한 요인분석이라는 방법을 개발한 사람이기도 하다. Spearman은 지능이 정보를 처리하기 위한 일반 용량임을 이론화하였으며, 이 용량을 그는 g 또는 일반지능이라고 불렀다.

Thurstone(1931, 1947)은 카네기 공과대학(Carnegie Institute of Technology) 출신의 심리학자로, Spearman의 업적을 기반으로 하여 좀 더 정교한 요인분석 방법을 만들었다. 그리고 요인분석 방법을 인지능력 연구에 적용하였다. Spearman이 지능의 단일 요소를 인식하였다면, Thurstone의 방법은 7개의 특정 능력을 밝혔으며, 그는 이것을 기본 정신능력(Primary Mental Abilities: PMA; Thurstone, 1938)이라고 명명하였다. 그가 파악한 능력들은 단어 유창성, 언어 이해, 수리 요인, 기억, 귀납, 공간 지각 그리고 지각 속도였다.

좀 더 최근에는 John Carroll(1993)이 방대한 양의 인지능력의 요인분석 연구에 관하여 대대적인 조사를 실시하였다. Carroll의 결과는 Spearman 과 Thurstone의 업적과 종합되어 위계적인 인지능력 모델을 창출하였다. 즉, 이 모델은 Spearman의 일반 g 요인이 맨 위에, 그리고 Thurstone의 좀 더 구체적인 인지능력들의 작은 부분집합들은 그다음 층에 위계적으로 구성되어 있다. 위계의 두 번째 층에 있는 Carroll이 인식한 구체적인 능력들은 언어, 추론, 기억, 시지각, 아이디어 생산 그리고 지식이었다. 구체적인 능력의 각 영역들은 많은 개별 능력과 기술로 구성되어 있어서, 인간능력 모델의 세 번째 층을 이루게 된다. 요인 분석적 전통에서 볼 때, 영재들은 이 모델의 두 번째 층의 1개 이상의 구체적 영역에서 높은 능력과 너불어 높은 수준의 일반지능을 지닌 이들인 것이다. 그러나 영재들은 보통 두 번째 층에 있는 모든 능력에서 똑같이 영재성을 지닌 것은 아니다. 그리하여 이런 접근은 영재 집단 내에서 커다란 개인차가 존재함을 암시하고 있다.

현존하는 영재성 개념

영재성 개념은 시간에 따라 변화해 왔다(Tannenbaum, 2000). 영재성에 대한 생각은 문화, 정치 그리고 연구 결과에 영향을 받는다(Moon & Rosselli, 2000). 역사적으로 볼 때, 추세는 Terman이 제안한 것처럼 좁고 지적인 개념에서부터 Carroll의 인간 인지능력 모델에 내재되어 있는 것처럼 넓고 좀 더 포괄적인 정의로 흘러가고 있다. 예를 들어, Gardner (1983, 1999)는 다중지능을 이야기하면서, 전통적인 지능검사로는 오직 3개밖에는 측정되지 않는다고 하였다. Sternberg(2000)는 Carroll이나 Gardner가 제안한 것보다 좀 더 역동적인 방식의 진보된 능력에 대한 개념화로서, 발달하는 전문가로 영재성을 개념화하고 있다. Renzulli (1978, 1986)는 영재성의 또 다른 역동적인 견해로, 영재 행동 발달에 초점을 두고 있다. 그는 영재 수행은 창의성과 과제 집착력과 더불어 평균의 능력을 필요로 하지, 지나치게 예외적인 IQ를 필요로 하지는 않는다고 믿었다.

Gagné(1985, 1999, 2000)는 이러한 여러 현존 개념을 결합하여 하나의 복잡한 이론으로 제안하였다. 즉, 여러 종류의 원 능력(gifts)이 개인 내적이고 환경적인 촉매를 포함하는 장기간의 과정을 거쳐 입증된 (특수)재능으로 전환된다고 제안하였다. Gagné(1999)는 또한 특별한 재능 영역 내에서 영재성 수준 또는 하위 범주를 고려할 것을 제안하였다. 많은 사람이 Gagné의 이론을 현존하는 영재성 이론 중에서 가장 통합적이고 타당한 이론으로 여기고 있다. 그의 이론에 대한 도해가 [그림 2-1]에 제시되어 있다.

영재성에 대한 다양한 종류의 개념적 정의는 Moon(2006)이 5개의 범주—심리측정적, 신경생물학적/인지적, 창의-생산적, 심리사회적 그리고 종합적—로 정리해 놓고 있다. 각 범주에 속한 정의는 영재성 개념을 운용하고 학교 장면에서 영재 아동 판별을 위한 특정한 절차를 고안하는 데에 사용되어 왔다(〈표 2-1〉 참조).

Sternberg와 Davidson은 연구 목적으로 영재성 개념을 범주화하는 틀을 발전시켜 왔다(Sternberg, 1985; Sternberg & Davidson, 1986). 그들은 개념을 명시적 이론과 암시적 이론 2개의 넓은 범주로 구분하였다. 암시적 접근은 주로 이론적인 것들로서, 다른 사람들이 비슷한 암시적인 이론들을 갖고 있다는 것을 보여 주는 것을 제외하고는 경험으로 검증할 수가 없다. 반대로 명시적 이론들은 검증이 가능하다. Sternberg와 Davidson에 의하면, 명시적 이론들은 "정의를 미리 예상하고, 그것이 심리학적 또는 교육적 이론과 자료의 네트워크에 밀접하게 연관을 갖는지를 찾는다"(p. 3). 결국 명시적 이론들은 인지적, 발달적 그리고 영역 특수적 3개의 연구 전통이나 접근으로 나눌 수 있다.

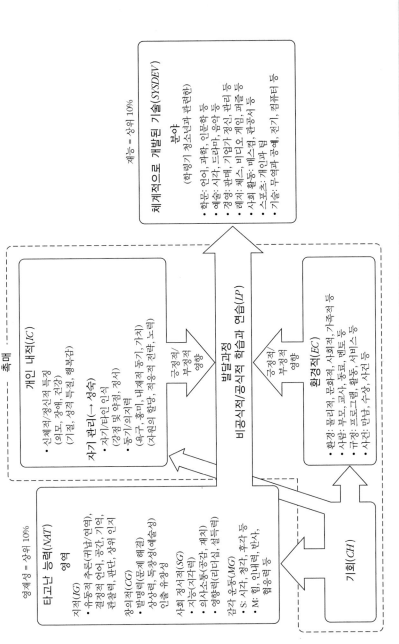

[그림 2-1] Gagné의 영재성과 재능의 차별화 모델

출처: "Talent Development in Sports," by J. H. A. Van Rossum and F. Gagné in F. A. Dixon and S. M. Moon (Eds.), *The Handbook of Secondary Gifted Education* (p. 283), 2006, Waco, TX: Prufrock Press.

표 2-1 현존하는 영재성 개념과 학교 장면에서의 운용

1. **심리측정적**: 검사 점수에 기초한 정의다. 예를 들어, Terman(1925)은 영재성을 스탠퍼드-비네 지능검사에서 140 이상의 점수로 규정지었으며, Stanley와 동료들(Benbow & Stanley, 1983; Stanley, 1996)은 학년 외 수준의 수학이나 언어 추론능력 검사에서 높은 점수를 얻는 것으로 규정하고 있다. 이러한 정의들은 운용하기가 매우 쉽다. 사실 그것들은 개념적이고 조작적인 정의가 나오는 상황의 예다. 일부 주(state)에서는 영재성의 심리측정적 정의를 채택하고 있다.

2. **신경생물학적/인지적**: 신경과학 그리고/또는 인지과학의 발견에 기초한 정의다. 이 접근의 좋은 예로 Carroll의 인간 인지능력 모델이 있다(Carroll, 1993). 또한 Gardner의 다중지능과 Sternberg의 분석적, 창의적, 실용적 지능 모델도 이 범주에 속한다(Gardner, 1999; Sternberg, 1985; Sternberg & Clinkenbeard, 1995). 이 범주의 정의들은 심리측정적 정의보다는 표준화된 검사를 통한 운용이 다소 더 어려우며, 일반적으로 검사뿐만 아니라 가능하다면 수행기반 평가를 포함한 다중 측정으로 운용된다.

3. **창의-생산적**: 창의-생산적인 성인의 생활사 조사에 기초한 정의다. Renzulli의 세 고리 영재성 정의가 이 범주의 예다(Renzulli, 1978). 이러한 정의들은 주로 다중 측정으로 운용되는데, 지적 능력과 학업 성취에 대한 표준화 검사와 더불어 참평가(authentic assessment), 면접, 교사/또래/자기 추천, 그리고 재능 잠재력에 대한 다른 주관적인 평가를 포함한다.

4. **심리사회적**: 영재성 발달에서 개인과 그가 속한 환경의 두 역할을 강조하는 정의다. Tannenbaum(1986)과 Gagné(2000)는 영재성의 심리사회적 개념을 발달시킨 학자들의 예다. 이들 정의는 영재성에 대한 가장 광범위한 가능한 틀을 제시하고 있고, 그 결과 특별한 프로그램 선택에 필요한 조작적 정의를 만들어 내는 데 가장 적은 안내를 제공한다.

5. **종합적**: 다중이론적 견해로부터 빌려온 정의다. 1972년 Marland 보고서(Marland, 1972)와 1993년 '국가 수월성 보고서(National Excellence report)'(U.S. Department of Education, 1993)가 학교 현장을 위한 종합적인 영재성 정의를 촉진해 왔다. 법적 정의는 원래의 Marland 보고서 정의를 본떠 만든 종합적 정의다. The Jacob Javits Act 법은 종합적인 영재성 정의를 포함하고 있으며, 많은 주의 정의도 종합적 정의다. 일반적으로 종합적 정의는 언급된 재능 영역 각각(예: 지적, 학업적, 창의적, 시각 및 공연예술, 리더십)에 맞는 분리된 다중 측정 판별 절차를 가지고 운용된다.

출처: "Developing a Definition of Giftedness," by S. M. Moon, in J. H. Purcell and R. D. Eckert (Eds.), *A Guidebook for Developing Educational Services and Programs* (pp. 23–31), 2006, Thousand Oaks, CA: Corwin Press.

현존하는 영재성에 관한 이론적 정의가 풍부하게 조직되어 있음에도 불구하고 영재 아동에 관한 대부분의 연구 문헌에서는 표준화된 검사 점수 또는 학업적 영재 학생을 위한 학교나 대학 프로그램에 참여하는 것으로 영재성을 규정짓는 경향을 보이고 있다. 공립학교 장면에서 영재성을 운용하는 대부분의 일반적인 방법은 ① 규준에서 표준편차 1 이상의 IQ 검사 점수를 얻거나, ② 특정한 학업 영역에서 성취검사 점수를 얻거나, ③ 질적・양적 측정 자료(예: 검사 점수, 학생 포트폴리오, 면접, 평가척도 등)에 근거하여 판별 위원회에서 선정하는 것이다(Johnsen, 2004). ③은 거의 문화적으로도 공정하며 편향되어 있지 않을 뿐만 아니라 각 아동의 장점과 약점의 프로파일을 구성하기 위해 다중 측정을 사용하기 때문에 가장 최선의 방법으로 여긴다.

2. 행동 특성

종종 초기에는 영재 아동의 행동에 대한 기민한 관찰을 통해 영재성을 판별한다. 특히 아동이 매우 어릴 때에는 더욱 그러하다. 어휘력이 풍부하고 자기 이름을 쓸 줄 아는 3세 된 어린 아동과 상호작용하는 부모와 어른들은 그 아이가 할 수 있는 일을 통해 아이의 지적 능력을 알아볼 수 있다. 영재성은 높은 인지능력을 지닌 아동들에게서 관찰할 수 있는 전형적인 행동으로 구성된 행동 체크리스트를 통해 판별될 수 있다. 그러한 체크리스트는 일반적으로 영재성을 지닌, 창의적인 그리고 재능 있는 아이들을 판별하고 교육하는 방법을 다루는 교과서에 나와 있다. 전형적인 영재 학생 특성 체크리스트의 예가 〈표 2-2〉에 제시되어 있다.

이러한 많은 비형식적 행동 체크리스트들이 가진 한 가지 문제점은 같

✎ 표 2-2 영재 학습자의 특성과 교육과정 제안

영재 학습자의 특성	교육과정 제안
글을 잘 읽고 폭넓게 읽는다.	• 읽기 수준을 진단하고 그 수준에 맞는 읽기 자료를 처방하는 읽기 프로그램을 개별화한다. • 비슷한 수준의 문학 집단을 형성해서 토론한다. • 비판적 읽기 기술을 발달시킨다. • 읽기 자료에서 분석과 해석에 초점을 둔다.
어휘량이 방대하다.	• 외국어를 소개한다. • 어휘력 증가에 초점을 둔다. • 단어 관계성 기술(반의어, 동음이의어 등)을 발달시킨다.
듣거나 읽은 것을 잘 기억한다.	• 주제에 관한 생각을 반 전체에서 발표하게 한다. • 학생에게 놀이나 촌극을 준비시킨다. • 보드 퀴즈 게임 활동을 한다.
호기심이 많고 질문이 많다.	• 과학적 방법의 이해를 도모한다. • 관찰 기술에 초점을 둔다.
독립적인 학습자이며 매우 주도적이다.	• 독자적인 프로젝트 과제에 초점을 둔다. • 구조화 기술과 학습 방법을 가르친다.
주의집중 폭이 길다.	• 장기 과제를 부과한다. • 읽기, 토론 그리고 프로젝트 과제를 위해 복잡한 주제를 소개한다.
복잡한 사고와 생각을 한다.	• 비판적 사고 기술을 사용한다(분석, 종합, 평가). • 글쓰기 기술을 발달시킨다.
많은 주제에 관하여 폭넓게 알고 있다.	• 광범위한 읽기 패턴을 자극한다. • 최근의 관심 분야를 다루는 특별학습 단위를 발달시킨다.
좋은 판단력과 논리력을 보인다.	• 반 전체를 위해 현장학습을 조직한다. • 학부모 모임을 주선한다. • 형식논리학을 가르친다.
관계를 잘 파악하고 의미를 잘 이해한다.	• 다학제적 경험을 제공한다. • 특별 집단/개별 프로젝트에서 학생들에게 분야를 넘나드는 작업을 요구하는 활동을 구성한다. • 문제를 포함하는 교과과정을 구성하고, 다른 시각에서 그 문제를 조사한다(예: 가난-경제적, 사회적, 개인적, 교육적 견해).
독창적이거나 독특한 사고나 산출물을 낸다.	• 유창성, 융통성, 정교성 그리고 독창성을 연습한다. • 특별한 산출물을 개발하도록 한다.

은 척도 안에 인지, 정서 그리고 의욕적인 요소들이 섞여 있다는 것이다. 예를 들어, 〈표 2-2〉에 제시된 체크리스트는 '독립적인 학습자' '매우 주도적인' '주의집중 폭이 긴'과 같은 몇 개의 의욕적인 항목을 담고 있다. 그러나 이런 점들이 많은 영재의 특성이기는 하지만, 전문 심리학자와 상담자의 서비스를 필요로 하는 영재들의 특성은 아니다. 그들은 우울이나 주의력결핍 과잉행동장애(ADHD), 가족 갈등 그리고/또는 불안과 같은 문제로 인하여 미성취하는 영특한 사람들에 가깝다. 그들은 때로 주의를 지속하는 데에, 주도성을 갖는 데에, 그리고 독립적으로 일을 하는 데에 어려움을 겪는다. 따라서 이러한 혼합된 행동 체크리스트는 심리학자에 의해 조심스럽게 사용되어야 한다.

　상담 센터에서 영재성을 선별하기 위해 행동 체크리스트를 사용하길 원하는 심리학자들은 인지적인 요소들로만 구성된 것을 사용하거나 기존의 체크리스트에서 순수하게 인지적인 요소들만 뽑아 내어 자기만의 체크리스트를 만들어 단독 혹은 함께 사용해야 한다. 〈표 2-2〉에 제시된 체크리스트에서 인지적인 항목들은 '어휘량이 방대하다.' '듣거나 읽은 것을 잘 기억한다.' '관계를 잘 파악하고 의미를 잘 이해한다.'와 같은 것들이다. 임상가들이 영재성을 판별하기 위해 행동 체크리스트를 사용할 경우에는 문화적인 항목들을 고려할 필요가 있다. 예를 들어, 아이가 영어가 원활하지 않다면 행동을 통해 지능을 측정하기가 어렵다. 게다가 아이들은 일반적으로 자기가 속한 문화권에서 가치가 없는 행동들을 보이지 않는데, 어떤 문화권에서는 영재성 판별에 필요한 행동 체크리스트에 공통적으로 포함되어 있는 모든 특질을 가치 있게 보지 않는다(Peterson, 1999).

　교육적 목적에 맞게 좀 더 형식적인 체크리스트들이 개발되어 왔다. 이러한 체크리스트들은 일반적으로 어느 하나의 또는 그 이상의 학업 영역에서 속진과 심화 학교 프로그램에 들어갈 영재 및 재능 아동을 판별하기 위해 사용되어 왔다. 이런 체크리스트들은 측정 전문가들이 간편 영재성 선별 도구를 고안하는 데에 도움이 될 수 있다. 간편 영재성 선별 도구는 어떤 내담자의 경우에 지능종합심리검사를 받도록 의뢰해야 하는지를 평가하기 위해 심리학자들이 사용하는 검사 도구다. 만일 그러한 도구가 영재성에 대한 최신의 이론적 개념 중 하나에 근거를 두고 있으면서 오직 인지적인 항목만으로 되어 있다면, 심리학자들은 영재성이 내담자의 경험에 영향을 주는지, 그리고 상담과정에서 영재성을 고려해야 하는지를 결정하기 위해 이 도구를 사용할 수 있을 것이다. 그러나 이런 도구라고 하더라도 문화적인 요소를 고려해야 한다. 그래서 그것이 모든 문화권의 재능아들을 판별하는 데에 똑같이 효과적이어야 한다.

3. 정의적이고 의욕적인 문제

영재 아동을 다루는 대부분의 어른은 이 아이들이 발달하는 동안 독특한 정의적(사회/정서적) 및 의욕적인 문제를 경험한다고 믿는다(Moon, 2003b; Moon, Kelly, & Feldhusen, 1997). 비록 집단 비교 연구에서 영재 아동들은 일반적으로 잘 적응하거나 혹은 비교집단인 보통의 능력을 지닌 아동들보다 더 잘 적응한다는 점을 일관되게 보고하였고, 이것은 사실이다(Neihart et al., 2002). 이러한 독특한 문제는 영재들이 생물학적으로 같은 나이의 또래와 다르고 확대된 학교교육을 필요로 하는 진로 목표를 갖고 있음을 포함한다.

그러나 영재 아동들이 독특한 기질을 갖고 있다는 증거는 별로 없다. 대신에 영재 집단 내에서 기질에 큰 차이가 있으며, 이는 정서, 의욕 그리고 성격 특성에서 큰 차이를 불러일으킨다. 특히 심리학자는 심리적이고 사회적인 특성에서 영재 집단이 동질적이지 않다는 점을 이해하는 것이 매우 중요하다. 따라서 영재상담은 이러한 개인차를 충분히 고려할 필요가 있다.

동시에 영재 집단이 규준집단에 비해 약간 더 많이 사회적, 정서적, 성격적 특질을 갖고 있음을 암시하는 연구들이 일부 있다. 예를 들어, Silverman(1998)은 Dabrowski의 과흥분성(overexcitabilities) 개념(〈표 2-3〉 참조)을 다룬 연구에서 영재가 평균보다 더 높은 지적 · 정서적 과흥분성 수준을 갖고 있음을 시사한다고 보고하고 있다(Gallagher, 1985; Piechowski & Colangelo, 1984; Piechowski & Cunningham, 1985; Schiever, 1985; Silverman, 1998). 정서적 과흥분성에는 느낌과 정서의 강렬함, 강한 신체적 · 정서적 표현, 깊은 관계성 능력, 그리고 자기에 대한 잘 분화된 느낌이 포함되어 있다. 이러한 특성들은 모두 사회/정서적 적응과 관련이 있으며, 영재와 재능인의 심리치료 과정에 영향을 끼친다. 게다가 영재 청소년들은 고양된 수준의 상상적 과흥분성을 갖고 있음이 발견되었다(Gallagher; Schiever). 그리고 영재 예술가들은 예술가가 아닌 지적 영재보다 더 높은 정서적 · 상상적 과흥분성을 갖는 경향이 있다(Piechowski, Silverman, & Falk, 1985). 영재 학생들 간에는 가족 구성원과 성별에 따라 과흥분성 점수가 변화한다(Tieso, 2004). Tieso는, 엄마의 상상적 그리고 정서적 과흥분성 점수가 영재 아동의 상상적 및 정서적 과흥분성 점수에 유의미하게 긍정적 영향을 끼쳤으며, 반면에 아버지의 상상적 과흥분성은 자녀의 상상적 과흥분성 점수에 부정적인 영향을 끼쳤음을 발견하였다. Tieso는 또한 여자 영재아들이 정서적 과흥분성에서, 남자 영재아들은 지적 과흥분성에서 더 높은 경향이 있음을 발견하였다.

이와 비슷하게, 마이어스-브릭스 유형검사(Myers-Briggs Type Inventory:

✎ **표 2-3** 정신적 과흥분성의 형태와 표현

정신운동적	에너지의 과잉 정서적 긴장의 정신운동성 표현
감각적	증가된 감각적 그리고 심미적 쾌감 정서적 긴장의 감각적 표현
지적	강화된 마음 활동 의문점 조사하기의 애호 문제 해결에 관심
상상적	자유로운 상상놀이 공상능력 정서적 긴장의 표현으로서 자발적인 상상 지루함에 대한 낮은 참을성
정서적	강화된 감정과 느낌 강한 신체적 표현 강한 정서적 표현 강한 애착, 깊은 관계성 능력 자기에 대한 잘 분화된 느낌

출처: *Criteria for Rating the Intensity of Overexcitabilities* by R. F. Falk, M. Piechowski, and S. Lind, 1994, unpublished manuscript, University of Akron, Department of Sociology, and from "Developmental Potential" by M. M. Piechowski, in N. Colangelo and R. T. Zaffran (Eds.), *New Voices in Counseling the Gifted* (pp. 25-57), 1979, Dubuque, IA: Kendall/Hunt.

MBTI)를 활용한 성격 연구에서는 MBTI의 16개 유형에서 영재아들이 모두 나오지만 모든 유형에 골고루 분포되지는 않는다고 제시하고 있다. 주요 유형은 영재 초등학생의 경우 INFP, 영재 청소년의 경우는 INTP로 밝혀졌다(Silverman, 1998). 일반적으로 영재는 일반인에 비해 좀 더 직관적이며 좀 더 내향적인 것 같다(Silverman, 1998). 또한 임상 문헌에서는 영재가 일반 아동에 비해 좀 더 예민하다는 증거가 있다(Mendaglio, 1995). Mendaglio는 민감성이 자기 인식, 조망 수용, 공감 그리고 정서적 경험(즉, 자기 자신의 정서적 상태에 대한 인식)의 네 가지 요소를 갖고 있다고 규정짓

고 있다. 상담자는 영재의 이러한 특성들을 이해하고 그들의 장점과 선호
도를 활용한 전략을 사용할 필요가 있다.

영재 개인의 정의적이고 의욕적인 발달은 환경과 맥락에 강하게 영향
을 받는다. 다른 아동들처럼, 가족과 학교 그리고 사회 체계는 모두 개별
아동의 특성이 탄력성으로 이끄는지 혹은 역기능으로 가는지에 영향을
준다. 균형을 잘 맞추어 도전과 지원을 제공하는 환경은 영재 아동과 청
소년의 긍정적인 발달을 촉진할 가능성이 아주 높다(Csikszentmihalyi,
Rathunde, & Whalen, 1993). 다른 아동도 마찬가지로, 가족의 역기능은 영
재 청소년의 사회/정서 발달을 이탈시킬 수 있다(Frey & Wendorf, 1985;
Sowa & May, 1997; Wendorf & Frey, 1985).

그러나 영재 아동의 사회, 정서 및 동기 발달에 좀 더 흔하게 부정적인
영향을 끼치는 요인은 부적절한 학교환경이다. 차별화되지 않은 제 학년
수준으로의 학교 배치는 영재 학생들에게 충분한 도전을 제공하지 못하
고, 이는 영재 아동들을 이해하지 못하거나 그들과 함께 어울리지 못하는
같은 나이 또래들이 영재아를 거부하는 것으로 이어진다(Gross, 1993;
Robinson, Reis, Neihart, & Moon, 2002). 따라서 영재 아동과 청소년을 대상
으로 할 때 상담자와 심리학자들이 학교환경을 평가하는 것은 매우 중요
하다. 만일 영재 아동이 부적절한 학교 프로그램을 경험한다면, 최우선의
중재안은 좀 더 적절한 수준의 도전을 경험하게 하고, 같은 나이 또래와
의 교류보다는 인지적으로 비슷한 또래와 상호작용할 기회를 갖게 하는
학교환경의 변화를 강력하게 주장하는 것이다. 아이의 영재성 수준이 높
을수록 교육 문제에 관심을 기울이는 것은 더 중요하다. 만일 상담자가
학교환경의 적절성을 측정하고 적절한 변화를 주장할 전문성을 갖고 있
지 못하다면 영재 아동과 청소년을 다루기 위해 영재교육 전문가와 팀을
이루어서 해 나가야 한다.

다른 문제들은 여자나 소수민족 그리고 이중 특수성 같은 특수영재와 재능 청소년의 특수 하위 집단에서 좀 더 두드러진다. 예를 들면, 흑인 미국 학생들은 학업 성취를 지지하지 않거나 오히려 적대적인 또래 문화를 경험하는 경향이 있다(Ford, 1996; Steinberg, 1996). 여자 영재들은 특히 중학교에서 친애와 성취 사이의 갈등을 많이 겪는다(Clasen & Clasen, 1995; Reis, 1998). 주의력결핍장애를 갖고 있는 영재는 그들이 느끼는 능력과 무능력 영역 간의 내적 비동시성 장애 때문에 불안과 우울을 겪을 위험이 높다(Kaufmann, Kalbfleisch, & Castellanos, 2000; Moon, Zentall, Grskovic, Hall, & Stormont, 2001; Zentall, Moon, Hall, & Grskovic, 2001). 특수영재 학생 집단에 영향을 끼치는 전형적인 문제들을 인식하는 상담자라면 그들의 관심을 언급하면서 그들을 도와주기 위해 필요한 목표 자원을 모으고 내담자의 분투를 정상화할 수 있을 것이다. 어떤 상담자들은 특수영재 학생 집단을 다루는 데에 전문가가 되기도 한다. 예를 들어, Linda Silverman은 콜로라도 주 덴버에 위치한 영재발달센터(Gifted Development Center)의 설립자로서, 공간 학습자 영재를 다루는 전문성을 키워 나갔으며, 그 결과 공간 학습자 영재 집단의 특성과 욕구에 관해서는 미국에서 선도적 전문가 중의 한 사람이 되었다(Silverman, 2002).

그동안은 영재의 독특한 욕구나 동기적인 문제보다 영재와 재능 아동이 겪는 독특한 사회/정서적 적응 문제에 좀 더 관심을 두어 왔다. 영재교육 분야에서 동기적인 문제들을 다소 무시한 데에는 여러 가지 이유가 있다. 하나는 앞의 행동 특성에서 언급했듯이 영재성과 동기는 가끔 혼합되거나 혼동된다는 것이다. 동기와 인지적 특성의 혼합은 모든 영재 학생이 특히 학업 분야에서 동기 수준이 매우 높다는 잘못된 믿음을 불러일으킨다. 또 다른 이유는 Dweck(1999)의 실체(entity)와 점진성 신념(incremental beliefs) 간의 구분에서 뼈대를 찾을 수 있다. 가끔 무의식적으로 실체 이론가들은 특질이 타고난 어떤 것이라고 보고 누구는 갖고 있고 누구는 갖고 있지 않기 때문에 그 결과 많은 것을 할 수 없다고 믿는다. 반면에 점진주의 이론가들은 같은 특질이 발달할 수 있는 기술의 집합체라고 믿는다. 20세기에 영재교육 분야는 심리학처럼 동기의 실체 견해 경향을 갖고 있었다. 이러한 지향성의 결과로 영재 학생을 크게 동기를 가진 자(성취자)와 가지지 않은 자(미성취자)의 두 범주로 나누었다. 그래서 동기는 영재 아동과 청소년 중에서 학교에서 잘 수행하지 못하는 소수 집단에서만 문제가 되었다. 실제로 영재교육 분야에서 동기에 관한 많은 연구는 미성취자에 초점이 맞추어져 있다. 동기가 영재의 수행에 가장 핵심적인 요소라고 보는 이론가들조차 동기를 실체 렌즈(즉, 특정한 시기에 특수영재에게 존재하거나 존재하지 않는 그 무엇)를 통해 보려고 한다. 최근에야 학자들은 동기를 발달할 수 있는 기술과 소인의 집합체로 보는 동기의 점진주의 이론을 발달시키는 것이 중요하다고 제안하였다(Gottfried, Gottfried, Cook, & Morris, 2005; Moon, 2003b). 최근의 이러한 점진주의 이론가들은 특별한 동기적 기술 발달에 초점을 둔 상담 개입의 발달을 위해 필요한 기초를 다듬고 있으며, 그리하여 그들은 상담 종사자들 속에서 강한 관심의 대상이 될 것으로 보인다.

4. 상담 개입

많은 학자는 영재와 재능 학생을 위한 교육환경을 어떻게 차별화할 것인가에 관해 기술해 왔다(Maker & Nielson, 1996; Schiever & Maker, 2003; Tomlinson, 1995; VanTassel-Baska, 1994; VanTassel-Baska & Little, 2003; VanTassel-Baska, Zuo, Avery, & Little, 2002). 불행히도, 몇몇 세계적인 전문

클리닉의 업적과 조사 연구에서 영재 학생을 위한 차별화된 상담의 필요성이 제기되었음에도 불구하고(Moon et al., 1997; Rimm, 2003; Silverman, 1993b; Wieczerkowski & Prado, 1991), 영재와 재능 학생을 위한 상담을 어떻게 차별화할 것인가에 관해서는 거의 관심을 두지 않았다(Colangelo, 2003; Moon & Hall, 1998). 최근의 Psych Info 검색에서 '영재와 상담'이라는 용어로 검색한 결과, 단지 296개의 출판된 논문이 있었고, '영재와 치료'라는 용어로는 80개의 논문이, 그리고 '영재와 심리치료'라는 용어로는 58개의 논문이 있었다. 검색한 논문 중에는 중복된 것들이 있었으며, 많은 논문은 영재성을 살짝만 다루었을 뿐이다. 경험적 연구 논문은 거의 없었고, 영재 학생 상담에 관한 대부분의 문헌은 이론적이거나 임상적인 것들이다.

그러나 일부 임상가는 영재 학생 상담을 위한 모델을 발달시켰는데, 이들 모델이 영재를 다루는 임상가들을 잠정적으로 안내해 줄 수 있다(Moon, 2003a; Reis & Moon, 2002; Rimm, 1995). 이 장의 목적 중 하나는 현재 있는 상담 모델의 도식적 개관을 제공하는 것이며, 경험 연구에서는 어떤 모델을 지지하고 있는지를 나타내고자 하는 것이다. 여기서 제시하는 모델들은 크게 지도 모델과 치료 모델의 두 범주로 나뉘어 왔다. 지도 모델은 영재 아동과 부모를 안내해 주는 간략하면서도 예방적인 모델로, 학교 장면에서 학교 상담자들이 시행할 수 있는 모델이다. 치료 모델은 간략하면서도 장기적인 개입 모델로, 공인 심리학자, 가족치료사, 사회복지사, 그리고 개인 센터에 있는 정신건강 상담자들이 가장 잘 시행할 수 있는 모델이다.

지도 모델(Guidance Models)

영재교육 분야는 교육자들이 지배하고 있기 때문에 이 분야에서 개발되어 온 대부분의 상담 모델은 치료 모델보다는 지도 모델이다. 지도 모델들은 학교 장면에서 시행하기에 적절하며, 평가 또는 심리교육에 초점이 맞추어져 있다. 이 모델들이 제안한 심리교육적 개입에는 내향성과 같은 영재 집단에 영향을 주는 전형적인 정의적 문제, 그리고/또는 자녀의 재능 계발을 어떻게 북돋울 것인지와 같이 영재 자녀를 양육하는 부모들이 겪는 전형적인 문제를 다루고 있다. 소수의 모델만이 특수영재 아동 집단에 초점을 두고 있다. 예를 들어, Rimm(1995, 2003)의 3초점 모델(Trifocal model)은 미성취자에 초점을 두고 있다. 일부 지도 모델은 영재 프로그램의 한 요소로 시행되고 있다. 예를 들어, 자율적 학습자(Autonomous Learner) 프로그램 모델은 판별된 영재 중·고등학교 학생의 정의적 욕구를 다루는 몇몇 요소를 포함하고 있다(Betts & Kercher, 1999). 개인, 집단 및 가족을 위한 지도 모델의 대표적인 예들은 다음에 좀 더 자세히 설명되어 있다.

개인지도 모델

영재 내담자를 다루는 가장 잘 정교화된 개인지도 모델 중 하나는 Silverman(1993c)의 발달 모델이다. 이 통합 모델은 Silverman의 영재를 측정하고 안내하는 전문화된 광범위한 임상 연구에 기초하였다. 이 모델은 특성, 개입, 목표의 3요소로 구성되어 있다. 특성 요소는 영재 학생을 다루는 상담자들이 그들의 독특한 지적 특성(예: 빠른 학습률, 분석적이고 확산적인 사고능력, 반사능력)과 그들의 독특한 성격 특성(예: 강렬함, 민감성/공감력, 내향적 경향성)을 고려할 필요가 있음을 제안하고 있다. 제안된 개입은 자기, 가정, 학교, 또래 그리고 공동체를 포함한 영향력의 다중 범위를 광범위하게 언급하고 다루고 있다. 예를 들어, 학교/또래 개입으로는 또래와의 모둠을 추천하고 있으며, 자기 개입으로는 독서치료, 그리고 공동체 개입으로는 멘토링을 추천하고 있다. 또한 Silverman은 필요한 기초로서 또래, 가족, 개인 그리고 지지 집단을 포함하는 폭넓은 상담 개입 항목들을 추천하였다. Silverman의 모델에서 상담의 목표는 자율적이고, 윤리적이고, 이타적이고, 자아 실현하는 개인을 창조하는 것이다.

Silverman(1993d)은 개인상담이 자기 발달과 치유의 두 가지 이유에서 영재에게 가치 있다고 믿었다. 자기 발달은 지도를 하는 일로 이 절에서 다룰 것이다. 치유를 위한 치료는 전통적인 심리치료와 유사한 것으로 다음 절에서 다룰 것이다. Silverman의 자기 발달 모델은 진로 발달, 결혼 준비, 갈등해결 기술 배우기, 재능 잠재력을 활성화하기와 같은 문제를 가지고 영재 내담자를 돕도록 제안하고 있다. 진로상담은 영재 학생을 다룬 경험을 가진 몇몇 다른 심리학자와 상담자도 추천해 왔다(Greene, 2002; Kelly, 1991; Kerr & Cheryl, 1991; Kerr, 1993). 영재 학생들은 진로 성숙도에서 앞선 발달을 보이기 때문에 그들의 진로상담은 차별화될 필요가 있다는 일부 경험적 증거들이 있다(Kelly, 1991).

상담에서 발달적 접근은 영재교육에서 일부 다른 전문가도 추천한 바 있다(Colangelo, 2003; Colangelo & Assouline, 2000; Mahoney, 1997; VanTassel-Baska, 1998). 예를 들어, VanTassel-Baska는 학업적 프로그램 계획, 생애/진로 계획, 그리고 정의적 차이 보존에 초점을 둔 심리사회적 상담의 세 가지 유형의 학교기반 상담 조항을 추천하였다. 또한 VanTassel-Baska는 교사가 교실에서 영재 학생의 정의적 발달을 촉진하기 위해 사용할 수 있는 많은 특수 전략도 추천하였다. 추천된 각 전략은 언급된 사회/정서적 욕구와 연결되어 있다. 영재 학생이 자기 능력을 현실적으로

평가하도록 도와주기 위해서, 그녀는 정기적인 평가와 동질 집단 구성을
추천하고 있다. 또한 사회성 기술을 발달시키기 위해서는 창의적 문제 해
결력 가르치기와 역할 시나리오 만들기 그리고 시뮬레이션 고안하기를
추천하고 있다.

집단지도 모델

두 종류의 집단지도 모델이 개발되어 있다. 하나는 영재 청소년의 지도
를 위한 것이다. 예를 들어, Colangelo와 Peterson(1993)은 '영재란 무엇
을 의미하는가?' '자신의 영재성을 고의로 감추려고 한 적이 있는가? 있
다면 왜?'와 같은 질문을 탐색하길 원하는 중등 단계 영재 학생의 자발적
인 집단을 다룰 것을 추천하고 있다. 이런 종류의 집단상담 목표에는 영
재 학생이 영재가 무엇을 의미하는지를 이해하도록 돕기, 다중 잠재성,
완벽주의 및 지연과 같은 영재성과 연관된 문제점들을 다루기, 영재의 욕
구에는 잘 맞지 않은 체계를 다루는 효과적인 전략 코칭하기, 성별 문제
를 논하기 등이 포함되어 있다. 또한 영재 학생을 위한 집단상담 모델은
좀 더 일반적인 발달에도 관심을 둘 수 있다. 그러한 집단은 전체적으로
예방의 목적을 가진다. 이러한 종류의 집단을 위한 지도는 『10대들과 대
화하기(*Talk with Teens*)』 시리즈(Peterson, 1993, 1995)에서 발견할 수 있다.
Peterson은 영재 청소년을 위해 두 권의 책을 냈는데, 그들에게 적합한 토
론 주제들이 제안되어 있다.

집단상담 모델은 또한 영재 아동의 부모를 지도하기 위해서도 개발되
어 왔다. 예를 들어, 영재 학생의 사회/정서적 욕구를 지원하기 위한 목적
의 국가 조직체인 SENG는 부모집단 모델을 개발하였고, SENG 촉진자가
부모지도 집단을 이끌어 갈 때 사용할 안내서를 출간하였다(Webb &
DeVries, 1993).

불행히도 영재 학생과 그 부모를 위한 집단 지도의 효능을 지지하는 경험적 연구는 아직 없다. 이런 연구는 집단 지도를 확실히 추천하기 전에 먼저 필요하다. 다만 일화적이고 임상적인 증거가 이러한 집단의 가치를 지지하고 있다. 영재와 부모 모두가 이러한 집단을 자발적으로 선택하여 참석한다는 사실 또한 그것이 필요하다는 것을 암시하고 있다. 심리학자들은 개인상담 센터나 공동체 단체에서 두 가지 유형의 집단 지도 모두를 저녁시간에 맞게 구성해서 제공할 수 있다. 영재 청소년과 그 부모들을 위한 집단 지도 촉진자들은 영재성에 관한 지식이 있어야 하며, 영재 개인과 그 가족에 대한 긍정적인 태도를 갖추어야 하며, 훌륭한 집단상담 기술을 지녀야 한다.

가족지도 모델

전통적인 지도를 하는 상담자들은 특히 학교가 아닌 외부 대학이나 공동체 클리닉에서 상담할 때 가끔 영재 학생 부모들을 만난다. 가족지도 클리닉에서 부모들이 가장 흔하게 언급하는 문제들에는 학교 문제, 부모의 관심 그리고 사회/정서적 발달에 관한 것들이 포함되어 있다(Moon, 2003a). 앞서 개인 모델에서 다룬 Silverman의 발달 모델에는 영재 아동의 부모를 대하는 것이 포함되어 있다. 예를 들어, Silverman은 경쟁에 관한 부모의 지각, 가족관계, 학교 밖에서의 자극 제공, 자기 훈련을 길러 줄 전략, 그리고 자신의 영재성과 나아가 자신의 더 나은 발달을 이해하도록 부모를 도와줄 필요성과 같은 문제들을 가지고 영재 아동의 부모와 상담한다(Silverman, 1991, 1993a).

영재 학생 부모를 위한 지도를 제공하는 대부분의 클리닉은 또한 통합적인 평가 서비스를 제공한다(Moon, 2003a). 만일 아동이 영재라는 평가 결과가 나오면, 부모에게 영재 아동에 관한 정보를 제공하는 일부터 지도

활동을 시작한다. 그리고 자녀의 발달을 지원하는 전략을 배우도록 도와
주며, 특화된 학교 서비스를 받도록 변호한다(B. Gridley, 개인적 대화,
2001. 5. 24; Wendorf & Frey, 1985; Wieczerkowski & Prado, 1991). 클리닉은
또한 부모들에게 앞에서 언급한 SENG 부모집단 모델과 같은 부모를 위
한 집단상담 모델들을 제공한다. 상담에서 주로 사용하는 전략은 심리교
육이다. 부모 지도 관련 출판된 문헌들은 교육심리학자, 상담심리학자,
학교 상담사, 학교 심리학자 그리고 임상심리학자 같은 개인치료 전통에
서 훈련받은 임상가들에 의해 쓰였다. 그 결과, 대부분의 제안된 모델은
충분히 체계적이지 못하다. 모델들은 부모와 아동을 하위 체계로 각기 따
로 분리해서 다루는 경향이 있으며, 가족 체계 내 상호작용보다는 모델의
가족 요소를 가지고 부모 지도에 초점을 두는 경향이 있다. 체계적 가족
모델은 다음 치료 모델 중 '가족' 부분에서 다룰 것이다.

치료 모델(Therapy Models)

앞서 언급한 것처럼, 영재를 위한 차별화된 심리치료 모델을 개발하는
데에는 별로 주의를 기울이지 않아 왔다. 실제로 이 책은 영재를 위한 차
별화된 개인 및 가족 심리치료 모델을 개발해 온 임상가들이 처음 출판한
보고서의 일부를 담고 있다. 선행 문헌을 검토해 볼 때, 영재 참가자들이
지만 물질남용 회복 집단과 같은, 다른 종류의 차별화된 집단치료 전략이
나 영재 학생을 위한 집단치료 모델을 보고한 출판 논문은 발견하지 못했
다. 따라서 집단치료 모델은 여기서 다루지 않을 것이다. 차별화된 개인
과 가족 심리치료를 다룬 보고서는 소수 있었다. 그래서 여기에서는 이
두 영역에 초점을 둘 것이다. 그러나 지도 모델의 경우 치료 모델의 효과
성을 검토한 경험적 지지는 거의 없다.

개인

Silverman(1993d)은 영재가 자살을 언급하거나, 강한 고립 또는 소외를 경험하거나, 분노를 표현 또는 조절하는 데에 어려움이 있거나, 성적으로 행동화하거나, 어떤 종류든 남용의 증거가 있거나, 만성적으로 미성취하거나, 우울해하거나 그리고/또는 외상이나 상실을 경험하면, 개인 심리치료가 적합하다고 믿었다. 이런 문제들은 다른 아동들과 청소년들이 개인 심리치료를 받으러 오는 문제와 유사하다. 영재 학생들이 개인치료를 받을 때, Silverman은 10세 미만의 아이들에게는 놀이치료를 사용하고, 그 이상의 아이들에게는 좀 더 어른용 기법을 사용할 것을 제안하였다. Silverman이 개인상담용으로 추천한 특별한 치료 기법으로는 감정을 공유하기 위해 내담자를 초대하기, 적극적으로 경청하기, 문제의 긍정적인 부분을 탐색하기, 내담자가 문제들을 분석하고 명료화하고 우선순위를 매기도록 도와주기, 개인 문제를 이해하고 해결하도록 도와주기 위해 독서치료를 활용하기, 변화시킬 수 있는 것들을 결정하기, 기본 가정을 점검하기, 모순된 점을 반영시키기, 목표 설정을 도와주기, 스트레스 감소 기법을 가르치기, 변화를 시도하기 전에 내담자에게 관찰하도록 요청하기, 진보를 인식하고 인정하기, 의뢰할 때를 알기 등이 있다. Silverman은 또한 가족 문제를 지닌 영재 내담자에게는 가족치료를 추천하였다. 치료사가 내담자가 치료사를 조종하게 하거나 영재성의 전형적인 측면을 오해하지 않도록 하기 위해, Silverman의 모델에서는 영재 아동과의 경험이 중요하다. 불행히도 Silverman의 접근을 경험적으로 연구한 것은 없으며, 모델은 영재와 재능 아동을 다룬 광범위한 경험을 기반으로 만들어졌다. 그녀의 모델은 영재에 대한 경험이나 이해가 부족한 초보 치료사가 사용할 때에는 효과가 없을지도 모른다. 그러나 Silverman이 추천한 일부 개입의 사용을 지지한 연구들이 있다. 예를 들면, 영재 내담자와 독서치료의 효과성을 지지한 경험 연구가 있다(Hébert, 1991, 2000).

가족

가족상담은 다음과 같은 문제를 지닌 영재 학생들에게 추천되어 왔다. 미성취, 이중 특수성, 가족 갈등 그리고/또는 이행(transition), 아동기 내면화 또는 외현화 장애(Moon, 2003a; Moon & Hall, 1998). Moon은 영재 아동 가족에 대한 가족치료의 네 가지 유형의 체계적인 접근을 검토하였다. 그것은 가족 FIRO 모델(Colangelo & Assouline, 1993), 구조적-전략적 접근(Frey & Wendorf, 1985; Moon, Nelson, & Piercy, 1993; Wendorf & Frey, 1985), 가상의 포스트모던적 접근(Bourdeau & Thomas, 2003; Moon & Thomas, 2003; Thomas, 1995, 1999) 그리고 통합적 접근(Moon et al., 1993)이다. 영재 아동을 전문으로 하는 대학 기반 임상가들은 이 모든 접근이 성공적이라는 보고를 하였고, 이에 근거하여 이 접근들은 유용하게 활용되고 있다. 이러한 접근의 활용에 대한 자세한 설명은 문헌에 나와 있다. 가끔씩 사례가 보고되긴 하지만, 추천된 개입의 효율성을 지지하는 연구는 거의 없고 각각의 모델을 비교한 연구도 없다.

특수 하위 집단을 위한 모델

이중 특수성

영재 학생 상담에서 평가는 중요한 문제이며, 이중특수학생을 효과적으로 상담하는 데에는 특히 더 중요하다(Colangelo, 2003; Moon & Hall, 1998; Webb et al., 2005). 불행히도 이중 특수성 분야에서 평가 오류는 흔하게 있는 일이며, 다음 두 종류의 오류가 발생한다. 즉, ① 영재 학생이지만 영재성을 오해받아 실제 장애를 갖고 있지 않지만 장애가 있는 것으로 잘

못된 진단을 받는 경우, ② 영재성과 장애를 동시에 갖고 있지만 영재성이 장애를 감추고, 장애가 영재성을 감추기 때문에 영재든 장애든 어느 쪽으로도 진단을 받지 못하는 경우다. 진단적 오류를 방지하기 위해 영재 학생의 이중 특수성에 관한 모든 평가는 영재 학생의 개인 평가 및 장애 관련 훈련을 받은 전문가에 의해 시행되어야 한다. 영재와 재능 아동에 대한 효과적인 진단을 위한 자세한 안내는 『영재와 정신건강: 오진단과 이중진단(*Misdiagnosis and Dual Diagnoses of Gifted Children and Adults*)』 (Webb et al., 2005; 윤여홍 역, 2009-역자 주)에 나와 있다. 이 책은 ADHD, 적대적 반항장애, 자기애적 인격장애, 강박장애, 기분장애, 학습장애 그리고 아스퍼거 장애를 포함한 많은 장애의 평가를 다루고 있어서 유용하게 사용된다.

평가를 통해 영재 학생이 장애를 동시에 가지고 있다고 확신한다면 상담이 도움이 될 수 있다. 이런 이중특수학생에게는 개인, 가족 그리고 집단상담을 추천한다(Mendaglio, 1993; Moon & Hall, 1998). Mendaglio는 이중특수학생을 위해 개인 또는 집단치료를 추천한다. 이중특수학생을 위한 개인 및 집단 치료 기술로는 구조화하기, 지각과정을 점검하기, 개방적인 질문하기 등을 추천하고 있다. 정서적 외상 그리고/또는 심각한 행동 문제를 지닌 이중특수학생에게는 개인치료를 추천한다. 능력과 장애 영역 간의 내적 불일치나 또래의 거절을 경험함으로써 좌절을 겪는 것과 같은 이중특수학생이 겪는 전형적인 문제들을 다룰 때에는 집단치료를 추천한다. Mendaglio는 다른 학생들도 자기와 유사한 문제를 공유한다는 사실을 알게 되는 것의 치료적 가치가 높기 때문에 이런 학생들을 위한 집단상담을 선호한다. 게다가 소집단은 이중특수학생에게는 다소 부족한 사회적 기술을 학습하기에 이상적인 수단이 되기도 한다. 이중특수학생의 행동에서의 긍정적인 변화를 자극하기에는 또래 피드백이 어른의 피

드백보다 좀 더 효과적일 수 있다. 그리고 집단은 또래의 건설적인 피드
백을 제공하기에 좋은 환경을 제시한다. Mendaglio는 또한 개인이나 집
단에서나 이런 학생들을 다루는 상담자들에게 인내심, 참을성, 그리고 이
중특수학생이 부딪히는 독특한 문제들을 이해하기와 같은 상담 촉진 성
향을 갖는 것이 핵심이라는 것을 강조한다. 마지막으로, Mendaglio는 이
중특수학생을 위한 개입은 성서석인 영역에 초점을 두면서 학생뿐만 아
니라 부모와 교사도 내담자로 여기는 전체적인 학생 체계를 다루며 다측
면적 접근을 취할 것을 추천하고 있다. Moon과 Hall도 일차적인 형태로
는 가족치료를 권장하지만 이중특수학생을 다룰 때에는 체계적 접근을
추천한다. 그들은 이런 학생들에게 가족치료를 추천한다. 그 이유는 부
모가 자신들을 내담자로 여기도록 확실하게 하여, 치료사가 부모와 함께
이중특수아의 병리적인 행동을 없애고, 적절한 학교 서비스를 받도록 변
호하며, 가정에서 지지적이고 정서적인 체계를 만들어 가도록 하기 때문
이다.

미성취자

미성취 연구의 현재 현황은 *Gifted Child Quarterly*(Reis & McCoach,
2000)에 실린 리뷰에 요약되어 있다. Reis와 McCoach는 문헌에서 규정해
온 여러 방향의 미성취 정의와 미성취와 연관된 것으로 알려진 개인 내 및
개인 간 요인들을 요약하였다. 또한 그들은 미성취를 극복하는 개입에 관
한 연구는 드물며, 개입을 다룬 연구조차 그 결과가 혼합되거나 결정적이
지 못한 경향이 있다고 언급하였다.

영재 아동과 가족 상담 전문 클리닉에서 가장 흔히 제기되는 문제가 바
로 미성취였다(Colangelo, 2003). 미성취자를 위한 임상적 권고가 제시되
어 왔는데(Colangelo; Rimm, 2003; Weiner, 1992), Colangelo는 미성취를 심

리 측정적 사건이 아닌 영재 학생과 그의 교사, 부모 또는 또래와의 관계로 볼 것을 권고하였다. 그리고 미성취 행동을 무시하고 성취 행동을 긍정적으로 강화함으로써 주의를 끄는 순환을 끊는 데에 초점을 둘 것을 권고하였다. Weiner는 주요 문제가 결핍된 보상 시스템인지, 인지 또는 정서적 장애인지, 수동-공격적 경향인지, 혹은 교육적 차이인지에 따른 다양한 형태의 미성취자를 위한 차별화된 개입을 추천하였다. 그는 앞의 세 가지 유형의 경우에는 상담 개입을, 그리고 마지막 유형의 경우에는 교육적 개입을 추천한다. 그는 결핍된 보상 체계를 지닌 미성취자를 위해서 Colangelo가 권고한 것을 추천한다. 인지 혹은 정서적 장애를 지닌 학생을 위해서는 앞서 언급한 이중특수학생의 것과 비슷한 것을 권고한다. 수동-공격적인 경향의 미성취자에게는 가족치료를 권고하는데, 학생이 치료에 기꺼이 참여한다면 치료는 성공할 가능성이 높다고 언급하고 있다. 다른 임상가들도 미성취에 대한 효과적인 치료 형태로서, 특히 초등 또는 중등 학교 단계의 학생들에게 가족치료를 가치 있는 것으로 지지하고 있다(Moon & Hall, 1998).

Rimm은 미성취 영재 학생의 미성취를 극복하기 위한 개입으로서 3초점 모델이라고 부르는 정교화되고 체계적인 모델을 발달시켜 왔다(Rimm, 1995, 2003). 비록 3초점 모델에 관한 독립적이고 과학적인 연구는 없었지만, Rimm(1995)은 미성취 행동을 도와주는 그녀의 가족성취 클리닉(Family Achievement Clinic)에 찾아온 5명의 학생 중 4명이 미성취를 극복하는 데에 성공했다고 언급하였다. 이 모델은 총 6단계로 이루어져 있다. 아동의 미성취의 범위와 방향을 결정하기 위한 광범위한 평가를 첫 단계로 시작하여, 두 번째 단계는 부모와 교사와의 회의를 통한 의사소통, 세 번째 단계는 학생, 또래, 형제, 부모 및 교사의 기대를 변화시키기 위한 개입, 네 번째 단계는 긍정적인 역할 모델 동일시를 통한 미성취자 격려, 다섯 번째 단계는 특별한 기술 결함 교정이다. 이러한 초기 5단계 이후에는 여섯 번째 단계로 여러 유형의 미성취자에게 맞게 차별화되고, 좀 더 목표화된 개입이 뒤따르게 된다. Rimm의 평가 모델은 미성취자를 세 개의 유형—의존적인, 지배적이고 순응적인, 지배적이고 비순응적인—으로 범주화했다. 모델은 개입과정을 끝내기 위해 세 가지 유형 각각에 대한 각기 다른 개입을 명시하고 있다.

그 밖의 개인차

성별과 인종에 따라서 어떤 경우에는 영재를 상담하러 데리고 오진 않지만, 이런 개인차는 영재 학생의 정체성과 발달에 영향을 끼칠 수 있다. 따라서 영재와 재능 아동을 다루는 상담자는 성별과 인종이 영재의 정체성 발달, 또래관계, 성취와 상담과정에 영향을 주는 방식을 인식하는 것이 중요하다(Ford, Harris, & Schuerger, 1993; Plucker, 1996, 1998; Reis, 1998). 예를 들어, 여자 영재들은 고정관념과 사회문화적인 조건 때문에 재능 발달을 도모하는 데에 내적 · 외적 장벽 모두에 부딪힌다(Reis, 2002). 또래 문화가 학업적 성취를 지지하지 않는 흑인계 미국인들 사이에서는 성취—친애 갈등이 발달할 수 있으며, 그러한 사례들이 가끔 존재한다(Clasen & Clasen, 1995; Ford, 1996; Steinberg, 1996). 상담에 영향을 줄 수 있는 그 밖의 개인차로는 성적 지향성(Cohn, 2002; Peterson & Rischar, 2000), 창의성(Fishkin, Cramond, & Olszewski-Kubilius, 1999), 그리고 앞에서 언급한 장애 등이 있다. 이런 이유로 영재 학생을 담당하는 심리학자들은 영재 집단 내에서 영재성과 개인차 모두를 알아야 할 필요가 있다.

5. 결 론

요약하면, 영재와 재능 청소년들은 독특한 사회적, 정서적 문제들을 갖고 있어서 차별화된 상담 개입을 해 주어야 하지만, 대부분의 심리학자는 이러한 문제들을 다루도록 훈련받지 못했으며, 경험적 연구들도 영재상담 실제를 위한 지침을 제시하고 있지 못하다. 현재 이 책은 영재 청소년을 다루는 임상가가 활용해 온 폭넓고 다양한 상담 모델을 요약해 놓음으로써 문헌에 주요한 공헌을 하고 있다.

〈표 11-1〉에 제시된 것처럼, 모델들은 이론적 기반, 영재성 개념 그리고 기본 가정들이 매우 다양하다. 그러나 각 모델의 상담과정에의 접근은 매우 유사하다. 모든 접근이 긍정심리학적 견해를 갖고 있으며, 의학적 치료 모델에 근거한 병리 지향적 접근보다는 적정의 발달을 촉진하는 상호작용적 기술을 강조하고 있다. 여기서 설명한 접근들은 높은 잠재성을 지닌 사람들과 함께 개발되었다. 그들은 인간 잠재력의 발달을 강조하며, 내담자를 존중하며, 치료과정에서 동반자 의식을 창출해 낸다. 모든 접근의 저변에 깔린 것은 내담자가 자기 안에 자신의 문제에 대한 해결책을 갖고 있다는 믿음이다. 논의된 모델에서 상담자의 역할은 자세한 치료 매뉴얼에 의해 명확하게 규정되기보다는 유동적이고 애매하다. 완전히 예측할 수는 없지만 치료적인 대화를 통해 창의적으로 드러나는 과정에서 내담자와 함께 일하는 변화 요원으로 보는 것이 바로 상담자인 것이다.

심리치료에서 새로운 길을 여는 것이 이 책의 원래 의도는 아니었지만, 여기에서 보고된 혁신적인 업적은 심리치료를 전반적으로 알릴 수 있는 계기가 된 것 같다. 아마도 심리학자들은 상담과정에서 모든 내담자가 능동적인 역할을 하도록 도와줄 수 있는 방법을 재능을 지닌 청소년과의 상담을 통해 배울 수 있을 것이다. 영재상담은 장점을 기반으로 한다. 잠재력의 최대 계발에 초점을 두면서 문제를 교정한다. 장점을 강화하면서 자기 반성, 목표 설정 그리고 자율성을 격려한다. 비록 이런 형태의 상담은 영재와 재능 아동 내담자에게 적합한 것 같지만, 넓은 범위에 있는 청소년들의 예방상담에서도 유익할 수 있다.

이론을 빌리자면, 이 책에서 소개된 상담 모델은 개인의 재능을 키우도록 영재 학생을 격려한다(Moon, 2003b). 즉, 어려운 목표를 설정하고 성취하는 능력과 만족할 만한 삶을 창조해 가는 능력인 것이다. 이 책은 영재 청소년 개인의 재능을 증진하는 상담 절차를 위해 여러 개의 잘 정립된 모델을 제공하고 있다. 대부분은 1~10회기로 한정된 단기치료 모델들로, 반복 검증하기에 충분하도록 구체적으로 설명되어 있다. 이 책은 검증된 상담 모델을 명료하게 제시하므로 영재 학생 개인의 재능을 발달시키도록 도와주는 효과성 평가를 위해 연구 공동체가 모델에 대한 경험 연구를 지속하는 데 자극이 될 것을 희망한다.

참고문헌

Benbow, C. P., & Stanley, J. C. (Eds.). (1983). *Academic precocity: Aspects of its development.* Baltimore: Johns Hopkins University Press.

Bette, G., & Kercher, J. (1999). *Autonomous learner model: Optimizing ability.* Greeley, CO: ALPS.

Bourdeau, B., & Thomas, V. (2003). Counseling gifted clients and their families: Comparing clients' and counselors' perspectives. *Journal of Secondary Gifted Education, 14,* 114-126.

Carroll, J. B. (1993). *Human cognitive abilities.* Cambridge, England: Cambridge University Press.

Clasen, D. R., & Clasen, R. E. (1995). Underachievement of highly able students and the peer society. *Gifted and Talented International, 10,* 67-76.

Cohn, S. J. (2002). Gifted students who are gay, lesbian, or bisexual. In M. Neihart, S. M. Reis, N. M. Robinson, & S. M. Moon (Eds.), *The social and emotional development of gifted children: What do we know?* (pp. 145-154). Waco, TX: Prufrock Press.

Colangelo, N. (2003). Counseling gifted students. In N. Colangelo & G. A. Davis (Eds.), *Handbook of gifted education* (pp. 373-387). Boston: Allyn & Bacon.

Colangelo, N., & Assouline, A. (1993). Families of gifted children: A research agenda. *Quest, 4*(1), 1-4.

Colangelo, N., & Assouline, S. G. (2000). Counseling gifted students. In K. A. Heller, F. J. Mönks, & R. J. Sternberg (Eds.), *International handbook of giftedness and talent* (pp. 595-607). Amsterdam: Elsevier.

Colangelo, N., & Peterson, J. S. (1993). Group counseling with gifted students. In L. K. Silverman (Ed.), *Counseling the gifted and talented* (pp. 111-129). Denver, CO: Love.

Csikszentmihalyi, M., Rathunde, K., & Whalen, S. (1993). *Talented teenagers: The roots of success and failure.* Cambridge, England: Cambridge University Press.

Dweck, C. S. (1999). *Self-theories: Their role in motivation, personality, and development.* Philadelphia: Psychology Press.

Falk, R. F., Piechowski, M., & Lind, S. (1994). *Criteria for rating the intensity of over-excitabilities.* Unpublished manuscript, University of Akron, Department of Sociology, OH.

Fishkin, A. S., Cramond, B., & Olszewski-Kubilius, P. (Eds.). (1999). *Investigating creativity in youth: Research and methods.* Cresskill, NJ: Hampton Press.

Ford, D. Y. (1996). *Reversing underachievement among gifted Black students: Promising practices and programs.* New York: Teachers College Press.

Ford, D. Y., Harris, J., & Schuerger, J. M. (1993). Racial identity development among gifted Black students: Counseling issues and concerns. *Journal of Counseling and Development, 71,* 409-417.

Frey, J., & Wendorf, D. J. (1985). Families of gifted children. In L. L'Abate (Ed.), *Handbook of family psychology and therapy* (Vol. 2, pp. 781-809). Homewood, IL: Dorsey Press.

Gagné, F. (1985). Giftedness and talent: Reexamining a reexamination of the definitions. *Gifted Child Quarterly, 29*(3), 103-119.

Gagné, F. (1998). A proposal for subcategories within gifted or talented populations. *Gifted Child Quarterly, 42,* 87-95.

Gagné, F. (1999). My convictions about the nature of abilities, gifts, and talents. *Journal for the Education of the Gifted, 22,* 109-136.

Gagné, F. (2000). Understanding the complex choreography of talent development. In K. A. Heller, F. J. Mönks, R. J. Sternberg, & R. F. Subotnik (Eds.), *International handbook of giftedness and talent* (pp. 67-79). Amsterdam: Elsevier.

Gallagher, S. A. (1985). A comparison of the concept of overexcitabilities with measures of creativity and school achievement in sixth grade students. *Roeper Review, 8,* 115-119.

Galton, F. (1869). *Hereditary genius: An inquiry into its laws and consequences.* London: Collins.

Galton, F. (1883). *Inquiries into human faculty and development.* London: Macmillan.

Gardner, H. (1983). *Frames of mind: The theory of multiple intelligences.* New York: Basic Books.

Gardner, H. (1999). *Intelligence reframed: Multiple intelligences for the 21st century.* New York: Basic Books.

Gottfried, A. W., Gottfried, A. E., Cook, C. R., & Morris, P. E. (2005). Educational characteristics of adolescents with gifted academic intrinsic motivation: A longitudinal investigation of school entry through early adulthood. *Gifted Child Quarterly, 49,* 172-186.

Greene, M. J. (2002). Career counseling for gifted and talented students. In M. Neihart, S. M. Reis, N. M. Robinson, & S. M. Moon (Eds.), *The social and emotinal development of gifted children: What do we know?* (pp. 223-236). Waco, TX: Prufrock Press.

Gross, M. U. M. (1993). *Exceptionally gifted children.* London: Routledge.

Hébert, T. P. (1991). Meeting the affective needs of bright boys through bibliotherapy. *Roeper Review, 13*, 207-212.

Hébert, T. P. (2000). Helping high ability students overcome math anxiety through bibliotherapy. *Journal of Secondary Gifted Education, 8*, 164-178.

Johnsen, S. K. (Ed.). (2004). *Identifying gifted students: A practical guide.* Waco, TX: Prufrock Press.

Kaufmann, F., Kalbfleisch, M. L., & Castellanos, F. X. (2000). *Attention deficit disorders and gifted students: What do we really know?* Storrs: National Research Center on the Gifted and Talented, University of Connecticut.

Kelly, K. R. (1991). A Profile if the career development characteristics of young gifted adolescents: Examining gender and multicultural differences. *Roeper Review, 13*, 202-206.

Kerr, B., & Cheryl, E. (1991). Career counseling with academically talented students: Effects of a value-based intervention. *Journal of Counseling Psychology, 38*, 309-314.

Kerr, K. B. (1993). Career assessment for gifted girls and women. *Journal of Career Assessment, 1*, 258-266.

Mahoney, A. S. (1997). In search of gifted identity: From abstract concept to workable counseling constructs. *Roeper Review, 20*, 222-227.

Maker, C. J., & Nielson, A. B. (1996). *Curriculum development and teaching: Strategies for gifted learners.* Austin, TX: ProEd.

Marland, S. P., Jr. (1972). *Education of the gifted and talented: Report to the Congress of the United States by the U. S. Commissioner of Education and background papers submitted to the U.S. Office of Education*, 2 Vols. Washington, DC: U.S.

Government Printing Office. (Government Documents, Y4.L 11/2: G36)

Mendaglio, S. (1993). Counseling gifted learning disabled: Individual and group counseling techniques. In L. K. Silverman (Ed.), *Counseling the gifted and talented* (pp. 131-149). Denver, CO: Love.

Mendaglio, S. (1995). Sensitivity among gifted persons: A multi-faceted perspective. *Roeper Review, 17,* 169-172.

Moon, S. M. (2003a). Counseling families. In N. Colangelo & G. A. Davis (Eds.), *Handbook of gifted education* (pp. 388-402). Boston: Allyn & Bacon.

Moon, S. M. (2003b). Personal talent. *High Ability Studies, 14*(1), 5-21.

Moon, S. M. (2006). Developing a definition of giftedness. In J. H. Purcell & R. D. Eckert (Eds.), *Designing services and programs for high-ability learners* (pp. 23-31). Thousand Oaks, CA: Corwin Press.

Moon, S. M., & Hall, A. S. (1998). Family Therapy with intellectually and creatively gifted children. *Journal of Marital and Family Therapy, 24,* 59-80.

Moon, S. M., Kelly, K. R., & Feldhusen, J. F. (1997). Specialized counseling services for gifted youth and their families: A needs assessment. *Gifted Child Quarterly, 41,* 16-25.

Moon, S. M., Nelson, T. S., & Piercy, F. P. (1993). Family therapy with a highly gifted adolescent. *Journal of Family Psychotherapy, 4,* 1-16.

Moon, S. M., & Rosselli, H. C. (2000). Developing gifted programs. In K. Heller, F. Mönks, R. Sternberg, & R. Subotnik (Eds.), *International handbook of giftedness and talent* (pp. 499-521). Amsterdam: Elsevier.

Moon, S. M., & Thomas, V. (2003). Family therapy with gifted and talented adolescents. *Journal of Secondary Gifted Education, 14,* 107-113.

Moon, S. M., Zentall, S. S., Grskovic, J. A., Hall, A., & Stormont, M. (2001). Emotional and social characteristics of boys with AD/HD and/or giftedness: A comparative case study. *Journal for the Education of the Gifted, 24,* 207-247.

Neihart, M., Reis, S., Robinson, N., & Moon, S. M. (Eds.). (2002). *The social and emotional development of gifted children: What do we know?* Waco, TX:

Prufrock Press.

Peterson, J., & Rischar, H. (2000). Gifted and gay: A study of the adolescent experience. *Gifted Child Quarterly, 44*, 231-246.

Peterson, J. S. (1993). *Talk with teens about self and stress: 50 guided discussions for school and counseling groups*. Minneapolis, MN: Free Spirit.

Peterson, J. S. (1995). *Talk with teens about feelings, family, relationships, and the future: 50 guided discussions for school and counseling groups*. Minneapolis, MN: Free Spirit.

Peterson, J. S. (1999). Gifted—through whose cultural lens? An application of the postpositivistic mode of inquiry. *Journal for the Education of the Gifted, 22*, 354-383.

Piechowski, M. M. (1979). Developmental potential. In N. Colangelo & R. T. Zaffran (Eds.), *New voices in counseling the gifted* (pp. 25-57). Dubuque, IA: Kendall/Hunt.

Piechowski, M. M., & Colangelo, N. (1984). Developmental potential of the gifted. *Gifted Child Quarterly, 8*, 80-88.

Piechowski, M. M., & Cunningham, K. (1985). Patterns of overexcitability in a group of artists. *Journal of Creative Behavior, 19*, 153-174.

Piechowski, M. M., Silverman, L. K., & Falk, R. F. (1985). Comparison of intellectually and artistically gifted on five dimensions of mental functioning. *Perceptual and Motor Skills, 60*, 539-545.

Plucker, J. A. (1996). Gifted Asian-American students: Identification, curricular, and counseling concerns. *Journal for the Education of the Gifted, 19*, 314-343.

Plucker, J. A. (1998). Gender, race, and grade differences in gifted adolescents' coping strategies. *Journal for the Education of the Gifted, 21*, 423-436.

Reis, S. M. (1998). *Work left undone: Choices and compromises of talented females*. Mansfield Center, CT: Creative Learning Press.

Reis, S. M. (2002). Gifted females in elementary and secondary school. In M. Neihart, S. M. Reis, N. M. Rovinson, & S. M. Moon (Eds.), *The social and emotional development of gifted children: What do we know?* (pp. 125-135). Waco, TX:

Prufrock Press.

Reis, S. M., & McCoach, D. B. (2000). The underachievement of gifted students: What do we know and where do we go? *Gifted Child Quarterly, 44*, 152-170.

Reis, S. M., & Moon, S. M. (2002). Models and strategies for counseling, guidance, social and emotional support of gifted and talented students. In M. Neihart, S. M. Reis, N. M. Robinson, & S. M. Moon (Eds.), *The social and emotional development of gifted children: What do we know?* (pp. 251-265). Waco, TX: Prufrock Press.

Renzulli, J. S. (1978). What makes giftedness? Re-examining a definition. *Phi Delta Kappan, 60*, 180-184, 261.

Renzulli, J. S. (1986). The three-ring conception of giftedness: A developmental model for creative productivity. In R. J. Sternberg & J. E. Davidson (Eds.), *Conceptions of giftedness* (pp. 53-92). Cambridge, England: Cambridge University Press.

Rimm, S. (1995). *Why bright kids get poor grades and what you can do about it.* New York: Crown.

Rimm, S. B. (2003). Underachievement: A national epidemic. In N. Colangelo & G. A. Davis (Eds.), *Handbook of gifted education* (pp. 424-443). Boston: Allyn & Bacon.

Robinson, N. M., Reis, S. M., Neihart, M., & Moon, S. M. (2002). Social and emotional issues: What have we learned and what should we do now? In M. Neihart, S. M. Reis, N. Robinson, & S. M. Moon (Eds.). *The social and emotional development of gifted children: What do we know?* (pp. 267-288). Waco, TX: Prufrock Press.

Schiever, S. W. (1985). Creative personality characteristics and dimensions of mental functioning in gifted adolescents. *Roeper Review, 7*, 223-226.

Schiever, S. W., & Maker, C. J. (2003). New directions in enrichment and acceleration. In N. Colangelo & G. A. Davis (Eds.), *Handbook of gifted education* (pp. 163-173). Boston: Allyn & Bacon.

Silverman, L. K. (1991). Family counseling. In N. Colangelo & G. A. Davis (Eds.), *Handbook of gifted education.* Boston: Allyn & Bacon.

Silverman, L. K. (1993a). Counseling families. In L. K. Silverman (Ed.), *Counseling the gifted and talented* (pp. 151-178). Denver, CO: Love.

Siverman, L. K. (1993b). *Counseling the gifted and talented.* Denver, CO: Love.

Siverman, L. K. (1993c). A developmental model for counseling the gifted. In L. K. Silverman (Ed.), *Counseling the gifted and talented* (pp. 51-78). Denver, CO: Love.

Silverman, L. K. (1993d). Techniques for preventive counseling. In L. K. Silverman (Ed.), *Counseling the gifted and talented* (pp. 81-109). Denver, CO: Love.

Silverman, L. K. (1998). Personality and learning styles of gifted children. In J. Van Tassel-Baska (Ed.), *Excellence in educating gifted and talented learners* (pp. 29-65). Denver, CO: Love.

Silverman, L. K. (2002). *Upside-down brilliance: The visual spatial learner.* Denver, CO: DeLeon Publishing.

Sowa, C. J., & May, K. M. (1997). Expanding Lazarus and Folkman's paradigm to the social and emotional adjustment of gifted children. *Gifted Child Quarterly, 41,* 36-43.

Spearman, C. (1904). "General intelligence," objectively determined and measured. *American Journal of Psychology, 15,* 201-293.

Sprenkle, D. H., & Blow, A. H. (2004). Common factors and our sacred models. *Journal of Marital and Family Therapy, 30,* 113-130.

Stanley, J. C. (1996). In the beginning: The study of mathematically precocious youth. In C. P. Benbow & D. Lubinski (Eds.), *Intellectual talent: Psychometric and social issues* (pp. 225-235). Baltimore: Johns Hopkins University Press.

Steinberg, L. (1996). *Beyond the classroom.* New York: Simon & Schuster.

Sternberg, R. J. (1985). *Beyond IQ: A triarchic theory of human intelligence.* Cambridge, England: Cambridge University Press.

Sternberg, R. J. (2000). Giftedness as developing expertise. In K. A. Heller, F. J. Mönks, R. J. Sternberg, & R. F. Subotnik (Eds.), *International handbook of giftedness and talent* (pp. 55-66). Amsterdam: Elsevier.

Sternberg, R. J., & Clinkenbeard, P. R. (1995). The triarchic model applied to identifying teaching, and assessing gifted children. *Roeper Review, 17,* 274-280.

Sternberg, R. J., & Davidson, J. E. (Eds.). (1986). *Conceptions of giftedness.* Cambridge,

England: Cambridge Unversity Press.

Tannenbaum, A. J. (1986). Giftedness: A psychological approach. In R. J. Sternberg & J. E. Davidson (Eds.). *Conceptions of giftedness* (pp. 21-52). New York: Cambridge University Press.

Tannenbaum, A. J. (2000). A history of giftedness in school and society. In K. A. Heller, F. J. Mönks, R. J. Sternberg, & R. F. Subotnik (Eds.), *International handbook of giftedness and talent* (pp. 23-54). Amsterdam: Elsevier.

Terman, L. M. (1916). *The measurement of intelligence: An explanation of and a complete scale for the use of Stanford revision and extension of the Binet-Simon intelligence scale.* Boston: Houghton-Mifflin.

Terman, L. M. (1925). *Genetic studies of genius: Vol. 1. Mental and physical traits of a thousand gifted children.* Stanford, CA: Stanford University Press.

Terman, L. M., & Oden, M. H. (1959). *Genetic studies of genius: Vol. 5. The gifted group at mid-life: Thirty-five years' follow-up of the superior child.* Stanford, CA: Stanford University Press.

Thomas, V. (1995). Of thorns and roses: The use of the "Brier Rose" fairy tale in therapy with families of gifted children. *Contemporary Family Therapy, 17*(1), 83-91.

Thomas, V. (1999). David and the Family Bane: Therapy with a gifted child and his family. *Journal of Family Psychology, 10,* 15-24.

Thurstone, L. L. (1931). Multiple factor analysis. *Psychological Review, 38,* 406-427.

Thurstone, L. L. (1938). *Primary mental abilities.* Chicago: University of Chicago Press.

Thurstone, L. L. (1947). *Multiple factor analysis: A development and expansion of the vectors of mind.* Chicago: University of Chicago Press.

Tieso, C. (2004). Patterns of overexcitabilities in identified gifted students: A hierarchical model. Unpublished manuscript.

Tomlinson, C. (1995). *How to differentiate instruction in mixed ability classrooms.* Alexandria, VA: Association for Supervison and Curriculum Development.

U.S. Department of Education, Office of Educational Research and Improvement. (1993). *National excellence: A case for developing America's talent.* Washington,

DC: U.S. Government Printing Office.

Van Rossum, J. H. A., & Gagné, F. (2006). Talent development in sports. In F. A. Dixon & S. M. Moon (Eds.), *The handbook of secondary gifted education* (pp. 281-316). Waco, TX: Prufrock Press.

VanTassel-Baska, J. (1994). *Comprehensive curriculum for gifted learners* (2nd ed.). Boston: Allyn & Bacon.

VanTassel-Baska, J. (1998). Counseling talented learners. In J. VanTassel-Baska (Ed.), *Excellence in educating gifted and talented learners* (pp. 498-510). Denver, CO: Love.

VanTassel-Baska, J., & Little, C. A. (Eds.). (2003). *Content-based curriculum for high-ability learners.* Waco, TX: Prufrock Press.

VanTassel-Baska, J., Zuo, L., Avery, L. D., & Little, C. A. (2002). Curriculum study of gifted-student learning in the language arts. *Gifted Child Quarterly, 46,* 30-44.

Webb, J. T., Amend, E. R., Webb, N. E., Goerss, J., Beljan, P., & Olenchak, F. R. (2005). *Misdiagnosis and dual diagnoses of gifted children and adults.* Scottsdale, AZ: Great Potential Press.

Webb, J. T., & DeVries, A. R. (1993). *Training manual for facilitators of SENG model guided discussion groups.* Dayton, OH: Ohio Psychology Press.

Wendorf, D. J., & Frey, J. (1985). Family therapy with the intellectually gifted. *The American Journal of Family Therapy, 13,* 31-38.

Wieczerkowski, W., & Prado, T. M. (1991). Parental fears and expectations from the point of view of a counseling centre for the gifted. European *Journal for High Ability, 2,* 56-72.

Weiner, I. B. (1992). *Psychological disturbance in adolescence.* New York: John Wiley & Sons.

Zentall, S. S., Moon, S. M., Hall, A. M., & Grskovic, J. A. (2001). Learning and motivational characteristics of boys with AD/HD and/or giftedness: A multiple case study. *Exceptional Children, 67,* 499-519.

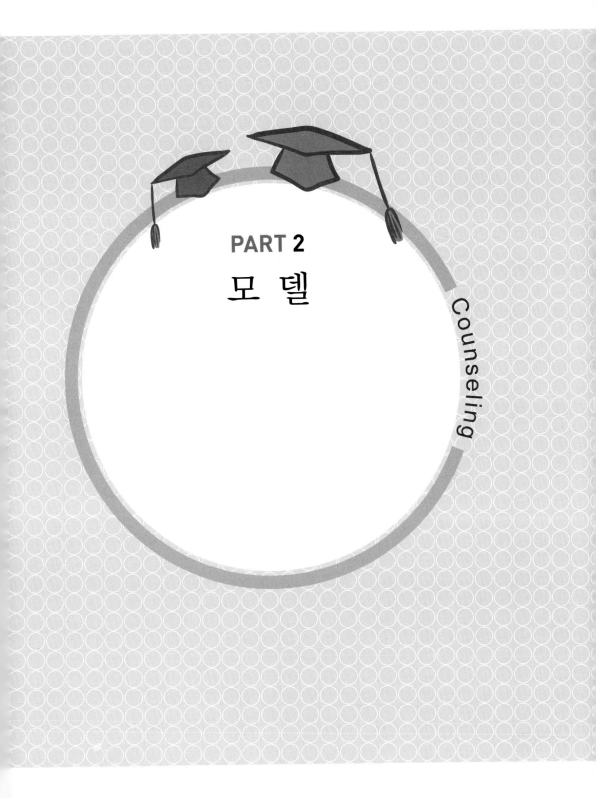

PART 2
모 델

Counseling

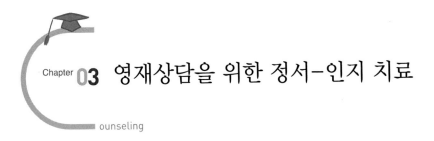

Chapter **03** 영재상담을 위한 정서-인지 치료

ounseling

Sal Mendaglio

1. 영재성 개념

영향

Terman(1926), Marland(1972), Renzulli(1978, 2002) 그리고 Gardner (1993)의 연구는 나의 영재성 정의에 영향을 끼쳐 왔다. 그들은 각자 영재성에 대한 고유의 견해를 제안하였다. 그들의 정의는 일차원적인 관점에서 다차원적인 관점까지, 지능에만 초점을 둔 접근방법에서 성격 차원도 포괄적으로 생각하는 접근방법까지, 그리고 잠재력에 초점을 둔 것에서 영재성을 통한 생산성을 고려한 것까지 다양하다. 나의 정의는 그저 이 네 학자의 서로 다른 견해를 포괄적으로 생각하는 데에 중점을 두기 위한 시도에 불과하다.

Terman의 정의에 따르면, 영재는 스탠퍼드-비네(Stanford-Binet) 검사나 그와 유사한 지능검사에서 상위 1%에 속하는 점수를 받는 사람들이다(Terman, 1926). Terman의 접근 방식은 나로 하여금 영재성이 엄청난 지적 능력을 의미한다고 믿게 만들었다. 영재성에 대한 이런 견해는 그의 관점이 지나치게 좁다고 판단하는 현대식 접근 방식과는 극적인 대조를 이루고 있다.

Marland(1972)는 영재성에 대한 다차원적인 개념을 제공함으로써 학생들이 여러 분야에서 (미국 정부 기금을 받을 자격이 있는) 영재아로 판별받을 수 있다고 하였다. 이 분야에는 지능, 창의성, 예술성, 리더십, 그 외에 특정 학문들이 포함된다. 영재성은 그들의 신체적 나이에 비해 훨씬 더 높은 수준에서 수행을 할 수 있게 해 주는 잠재적 능력과 관련이 있다고 본다. 이런 다면적 접근은 처음에는 직관적으로 이해하기 쉬운 편이지만, 수학 분야에서는 누구보다 뛰어난 학생이 다른 학문에서는 뛰어난 잠재력을 가지고 있지 못한 상황을 나로서는 수용하기 힘들었다. 그러나 잠재능력과 수행 간의 차이가 이해되었는데, 이는 영재 학생들의 학업적 미성취 현상이 이미 알려진 사실이었기 때문이다. 잠재능력과 수행 간의 차이를 명확하게 하지 않는다면 영재성이란 뛰어난 수행으로만 정의하는 단어가 되어야 한다.

Renzulli(1978)의 세 고리 개념에서는 **영재성**을 사람보다는 행동을 기술하는 단어로 사용한다. 영재적 행동은 평균 이상의 능력, 높은 수준의 과제 집착력, 높은 수준의 창의력의 세 가지 특성(즉, 3개의 고리)의 상호작용을 통해 드러난다. 평균 이상의 능력은 추상적 사고, 적응, 빠른 정보 처리와 같은 인지능력을 뜻한다. 과제 집착력은 노력, 결심, 집중력, 자신감, 높은 기준, 성취에 대한 갈망과 같은 동기적 특성을 뜻한다. 창의성은 사고의 융통성, 새로운 경험에 대한 개방성, 호기심, 위험 감수와 같은 특성을 뜻한다. Renzulli의 영재적 행동 개념에 익숙해지면서, 나는 영재성에 대한 나만의 견해를 구체화하도록 도전을 받았다. 내가 특출한 성취와 동일시했던 것, 즉 영재성을 영재 행동과 동일하게 생각하는 것은 특출한 잠재성에 중점을 둔 Marland의 접근 방식과 극적인 대조를 이룬다. Marland와 Renzulli는 잠재력과 수행 간의 차이점이 나의 영재성 정의에 결정적인 요소라는 것을 일깨워 주었다.

　Gardner(1993)의 다중지능(multiple intelligences: MI) 이론 또한 나의 영재성 정의에 영향을 끼쳐 왔다. Gardner는 초기에 논리-수, 언어, 운동감각, 음악, 공간지각, 대인관계, 자기통찰이라는 일곱 가지 지능을 나열하였다. 추후 그는 여기에 자연탐구와 영적 지능을 추가하였다(Gardner, 1999). Gardner(1993)는 지능을 "하나 또는 그 이상의 문화적 배경에서 가치가 있는, 문제를 해결하거나 산출물을 창조해 내는 능력"(p. 10)이라고 정의하였다.

　이상에서 논의한 다양한 관점으로부터 여러 가지 발상이 시작되었다. 이들 모두는 영재성 안에 지능을 함축하고 있었다. 그러나 지능의 수준에 관해선 서로 다른 견해를 가지고 있었다. Terman과 Marland는 우수한 지능이라는 개념에는 의견이 일치하는 듯하였고, Renzulli는 평균 이상의 지능이라는 개념을 내세웠다. 나는 Gardner가 이 부분에서는 명확하지 않다고 생각한다(예: 영재성은 그의 지능을 모두 소유한 것을 의미하는가? 혹은 각각의 지능마다 커트라인 점수(cut off score)가 있나?). Terman은 일원적인 관점으로 접근하였지만, Marland, Renzulli, Gardner는 다차원적 관점으로 해석하였다. Marland의 다차원적 접근 방식은 영재성에서 학생들에게 나타날 수 있는 영역, 특히 특정한 학문 분야에 초점을 맞추었다. Renzulli의 정의에서의 다차원성은 영재적 행동을 취하게 해 주는 세 고리에 초점을 두고 있다. Gardner에게 MI는 다차원성 자체를 의미한다. Marland는 그의 정의에서 잠재능력과 수행 모두를 의미하였다. 오로지 지능에만 초점을 둔 Terman의 접근 방식 또한 수행뿐만 아니라 영재들의 잠재능력을 강조하는 것이라고 볼 수 있다. 이에 반해 Renzulli와 Gardner는 산출을 강조하는 편이다. 그들은 사회적으로 인정받을 만한 형태의 산출에 더욱 초점을 두는 듯하였다. Renzulli는 영재적 행동과 창의적 산출을 동일시하는 반면, Gardner는 지능을 정의하는 데에 창의적 산출만을 중요하게 여겼다.

이러한 사상들로부터 세 가지 혼란스러운 부분이 존재한다. 지능은 다차원적인 것인가? 영재성은 산출 위주의 능력인가? 그리고 영재성은 특정한 가치를 보유하고 있는가? MI가 과거에는 지능에 관한 흥미로운 학설이었지만 지금은 그저 하나의 학설일 뿐이다. 더불어 이 학설은 시대가 변함에 따라 늘어나고 있는 지능의 가짓수를 포괄적으로 이해하기에는 방법론적으로 모순되는 부분이 많았다. 미성취는 영재성과 산출의 연관성에 모순이 되는 현상이며, 교사와 학부모 모두 잠재능력과 수행 간의 차이에 대해 너무도 잘 알고 있다. 영재성이 사회적으로 가치 있는 것이라는 견해는 사회에 혼란을 야기해 온 인물들, 현대뿐만 아니라 역사적인 인물들을 설명해 주지 못하고 있다.

정의

다음의 정의는 나의 영재상담 모델의 기초가 된다. 영재성은 다양한 현상들을 나타낼 우수한 지적 잠재력을 의미하며, 그중 일부는 사회적으로 수용 가능한 것들이다.

우수한 지적 잠재력

영재성의 중심에는 지적 잠재력이 있다. 나는 이것을 흔히 g라고 칭하는 일반지능(Spearman, 1927)과 동일하게 생각하며, 선천적인 능력이라고 본다. 내가 말하는 우수성이라는 단어의 사용은 지능을 의미하는 것이지 인간으로서의 가치를 평가하는 표현이 아니다. 인간의 가치는 모두 동등하기 때문이다. 웩슬러 검사(Wechsler scales; Wechsler, 2003)가 g를 측정하기에 매우 좋은 검사라는 증거가 있기 때문에 영재를 발굴하는 데에 이 검사를 사용하길 추천한다. 나는 지능과 관련하여 다중지능적(MI) 접근을 채택하기에 충분한 경험적 지지가 있다고는 확신할 수 없다. 나는 성취 혹은 산출물로부터 영재성을 구분하기 위하여 잠재력이라는 단어를 사용할 것이다.

많은 발현 가능성

영재성이 발현되는 방법은 무수히 많다. 나는 **지능**보다는 **발현**(manifestation)이라는 용어를 더 좋아한다. 인간의 탁월한 성취에서 우리가 보는 것은 특정한 영역에서의 우수한 지적 잠재력의 성과물이다. 만약 한 학생이 수학에 탁월한 능력을 보인다면, 그것은 수학이라는 과목에 쏠린 영재성의 결과물인 것이다. 이러한 발현이 다른 과목에서가 아니라 그 학과목에서 일어나는 것은 환경적인 영향 때문이다. 즉, 수학에서의 탁월한 성취는 반드시 수학적 지능 때문이라기보다 사회적 환경의 영향 때문일 수 있다는 것이다. 예를 들어, 음악이나 운동에서의 수월성은 부모님의 기대와 격려와 같은 환경적인 영향의 결과인 경우가 많다. 영재성의 정의가 중요한 이유는 잠재력이 개개인에게 선천적으로 주어지는 것이지만, 이 잠재력이 표현되는 방법은 개인과 환경, 특히 사회적 환경과의 상호작용의 결과인 것이다. 이는 곧 교육과 다른 기회의 부재 또는 부적절한 사회활동으로 인해 영재성이 전혀 발현되지 않을 가능성까지도 확대해 볼 수 있다. 내 생각에는 수월성이 실제 발현되거나 실현되지 않더라도 영재성은 충분히 존재할 수 있다.

사회적 수용성

영재성이 발현되는 형태는 사회적으로 적합하거나 부적합하거나 혹은 상을 받을 만큼 가치 있는 것일 수도 있다. 간단히 말해서, 영재성은 좋은 목적이나 나쁜 목적으로도 모두 쓰일 수 있는 우수한 지적 잠재능력이라는 것이다. 영재성을 사회적으로 가치 있다고 생각되는 산출물과 동일시한다면 영재성의 적용 가능성이 한정될 수 있다. 그렇게 되면 영재성은 선 혹은 미덕과 연관 짓게 된다. 영재성의 산출이나 발현은 사회의 발전이나 혼란을 초래하는 원인이 될 수 있다는 것이다.

현존하는 개념과의 대조

현존하는 개념들은 일반적으로 진보적이고 포괄적이다(Renzulli, 2002). 반면에 나의 정의는 보수적이고 매우 구체적인데, 이 말은 영재성에 대한 Terman의 접근을 말할 때에도 사용되곤 한다. 평균 이상의 능력보다는 우수한 능력에 초점을 두는 것이 영재라는 범주에 속하는 학생의 수를 줄일 수 있게 해 준다. 하지만 나의 정의는 현대의 포괄적인 개념의 요소에 가깝다. 우수 지능이라는 개념은 널리 알려진 Marland(1972)의 정의(Stephens & Karnes, 2000)에서 '탁월한 인지능력'이라는 말로 등장한다. 잠재력-산출의 차이는 Marland와 Gagné(2003)의 정의에서 나온다. 탁월한 잠재력이나 성취는 Marland의 정의에서는 결정적인 부분이다. Gagné는 영재성(gifted)과 (특수)재능(talented)이라는 단어로 이분화하였다. 영재성은 가공되지 않은 선천적 능력을 뜻하는 반면, (특수)재능은 영재성이 나타나거나 발현된 것을 의미한다. 일반적으로, Gagné의 'gift(원능력)'는 'giftedness(영재성)'와 유사하다. 즉, 그는 나의 단수 개념을 복수로 표현한 것일 뿐이다.

지능 또는 인지능력에 근거하여 영재성을 정의하는 것은 영재교육 분야의 연구와 실제 판별 사례에서 찾아볼 수 있다. 영재를 연구하는 연구원들은 보통 인지능력 검사 점수를 사용한다. 비슷하게, 영재교육 프로그램을 지원하는 학교 교육청은 학생 선발을 위해 지능검사 점수를 사용하곤 한다. 예를 들어, 캐나다와 미국의 영재교육 프로그램을 위한 학생 선발에서는 웩슬러 아동용 지능검사(Wechsler, 2003)로 IQ 130 이상의 점수를 사용한다.

특성

나의 영재성 개념은 인지적 그리고 정서적 두 가지 형태의 특성을 지닌다. 인지적 특성은 앞선 이해력, 효율적인 정보처리 능력 및 뛰어난 암기력을 포함한다. 이 외에도 다양한 인지적 특성이 있지만, 나의 상담에 특별히 유용하기에 이 세 가지 능력을 선택하였다.

나는 두 가지 기준을 가지고 광범위한 차별화된 특성 목록(예: Clark, 1997)에서 정서적 능력을 선택하였다. 특성은 우수한 일반지능뿐만 아니라 나의 영재성 정의와도 논리적으로 연결될 필요가 있었다. 왜냐하면 영재 학생이 지닌 특성에 대한 실증적 증거가 전혀 없기 때문에, 나의 영재성 개념에 기질을 연결시키는 것이 필요할 것 같았다. 이러한 특성들은 또한 내담자 기능의 정서적 혹은 정의적 영역과도 연관성이 필요했다. 영재 내담자들과의 상담에서 한 가지 주제가 떠올랐다. 그것은 강렬한 정서성이다. 나는 이 정서성을 이해하기 위한 방법이 필요했다. 세 가지 특성은 고조된 민감성, 고조된 자기비판, 정서적 강렬함의 기준에 딱 맞아떨어졌다.

🖎 **표 3-1** 고조된 다측면적 민감성의 측면과 차원

차원 / 지향	인지적	정의적
자기지향	자기 인식	정서적 경험
타인지향	조망 수용	공감

강렬한 정서성

고조된 민감성   고조된 민감성은 영재 개인에게 공통적으로 기술되는 특성 중 하나이며(예: Clark, 1997; Lovecky, 1992; Roeper, 1982; Silverman, 1993), 민감성을 기술하는 데에 공통 주제가 되는 것이 인식이다(Mendaglio, 1995). 기초 개념으로 인식을 사용하여, 나는 고조된 다측면적 민감성 (heightened multifaceted sensitivity: HMS; Mendaglio, 2003)이라고 부르는 민감성 모델을 계발하였다. HMS는 자신과 타인에게 생기는 행동과 감정 및 인지의 인식이 증가된 것을 나타낸다. 나는 이러한 인식이 지능과 연관이 있다고 생각하였고, 덧붙여 지능의 수준이 높아짐에 따라 인식도 높아진 다고 가정하였다. 이러한 견해하에 모든 사람은 민감하며, 영재는 그들의 영재성 때문에 고도의 인식을 표출하게 된다고 볼 수 있다. HMS 또한 영재성의 일부분이다. HMS는 사회환경, 특히 사회화 과정에 의해 형성되지만 그것에 의해 새로 창조되는 것은 아니다.

HMS는 네 가지 측면을 가지고 있는데, 두 가지는 자신을 향한 민감성을 나타내고 두 가지는 타인을 향한 민감성을 담당한다. 자기와 타인을 향한 고조된 민감성은 모두 인지적 그리고 정의적 차원을 가지고 있다(〈표 3-1〉 참조).

자기 지향적 HMS는 고조된 자기 인식(인지적 차원)으로 이루어져 있는 데, 이는 영재성을 지닌 사람들이 자기의 행동, 사고, 감정을 인지하고 있

기 때문이다. 자기 인식 중에서 이러한 측면을 지적으로 이해하는 것이 초점화다. 자기 지향적 HMS의 정의적 차원(즉, 정서적 경험)에서는 영재들이 자신의 정서성에 대해 강하게 인식하고 있을 것이라고 추측한다. 어떤 면에서 정서적 경험은 자기 인식의 특수한 경우다. 즉, 자신의 정서 상태에 대한 자기 인식을 의미한다. 여기서 말하는 **정서적 경험**이라 함은 Lewis와 Michaelson(1983)이 이 단어를 사용했을 때와 같은 뜻이다. Lewis의 정서 모델에 의하면, 정서적 경험은 우리가 "나는 행복하다." 혹은 "나는 슬프다."(즉, 우리가 스스로의 정서 상태를 인식하고 그것에 이름을 붙일 때)와 같은 말을 할 때에 발생한다. 이 표현에서 주의해야 할 점은 정서적 경험이란 정서 상태처럼 자동적으로 발생하는 것이 절대로 아니며 학습의 결과라는 것이다. Lewis에 따르면, 우리는 자신의 정서 상태에 주의를 기울이고, 정서 표현 방식을 생각해 내며, 우리가 있는 여러 가지 상황 '하나하나를 연결하여' 정서 상태를 밝혀내고, 이러한 경험에 가장 알맞은 정서 단어를 선택하여 표현할 줄 알도록 배울 필요가 있다. 이러한 것이 정서적 경험이다. 심리학자들은 정서적 경험이 선천적이라고 추측하는 경향이 있다. 그리고 그들은 "이러이러 하였을 때 너는 어떻게 느꼈니?"라고 물어보고 답변이 즉각적으로 나오지 않을 경우 그것을 내담자의 심리적 저항이라고 보는 경향이 있다. 어떤 경우에는 정서적 경험을 배울 기회가 없어서 적절한 답변을 하지 못할 수도 있다. 정서적 경험이 학습된다는 관점은 어린아이들이 자신의 정서를 이끌어 내는 질문에 대해 "몰라요."라는 반응을 보이는 부분을 이해하는 데에 특히 유용하다.

타인 지향적 HMS는 조망 수용(인지적 측면)과 공감(정서적 측면)으로 구성되어 있다. 조망 수용은 타인의 행동, 감정, 생각을 이해함을 뜻한다. 조망 수용에는 직접 관찰로만 알 수 있는 사실들(타인의 행동 등) 외의 추측이 포함된다. 우리는 타인의 감정과 생각을 직접 알 수 없다. 그래서 우리는 여러 가지 가운데 그들에 대한 사전 지식과 관찰에 근거하여 타인의 정서 상태와 생각을 추론해 내곤 한다. 다음의 사항을 중요하게 말해 두고자 한다. HMS는, 영재가 높은 조망 수용을 보이지만, 타인에 대한 추론의 산물이 그들의 내적 상태를 정확하게 기술함을 의미하지 않는다고 시사한다. 향상된 조망 수용이 정확성을 보장해 주지는 못하지만, 연습을 통해서 정확성은 더 좋아질 수 있다.

공감은 HMS의 최후 측면이다. 여기서 이것을 사용함에 있어 공감은 상담과 심리치료보다는 발달심리학의 접근 방식과 흡사하다(Mendaglio, 2005). HMS에서는 공감이 정서적 전염이나 타인의 감정을 대리 경험하는 것을 나타낼 때 유용하다. 이러한 형태의 공감은 상담과 심리치료에서 발생하곤 하지만, 내담자가 어떤 감정적 경험을 하고 있는지 알아내는 것이 목표는 아니다. HMS의 한 측면으로 영재 학생들, 특히 어린 영재 아동들은 타인의 감정을 간접적으로 체험하는 경향이 있다. 상담자와 심리치료사들도 때로 내담자들이 느끼는 점을 경험하곤 하지만, 치료과정에서 이러한 감정 교차가 공감의 목표는 아니다. Rogers의 심리치료적 관점에서 공감은 내담자의 내적 상태(즉, 사고와 정서)에 접근하고 또 그것과 상담자의 추론과 의사소통하는 두 단계 과정으로 이루어진다. 따라서 상담에서 공감은 조망 수용과 효과적인 대인 의사소통의 혼합인 것이다. HMS에서의 고조된 공감은 영재와 연관이 있는데, 영재는 영재성으로 인해 타인의 감정을 마치 자기 스스로 느끼는 것처럼 느끼는 경향이 있다.

독자들이 HMS를 엄청난 것으로 생각할까 봐 HMS에 대한 몇 가지 점을 분명하게 덧붙이고 싶다. 첫째, 고조된 민감성은 인지적이고 중립적인 용어다. 이것은 영재성의 한 부분으로 여겨진다. '인식'이라고 개념화되는 민감성은 인지적 과정이며, 지능과 논리적으로 연결될 수 있다. 공감을 포함한 HMS의 모든 측면은 개개인에 따라 긍정적 혹은 부정적 결과를 초래할 수 있다. 자기 인식과 정서적 경험은 사람에 대한 지식과 사람의 정서에 대한 조화가 인간적인 성장을 가져올 수 있다는 점에서 유익할 수 있다. 하지만 다른 한편에서는 그러한 강렬한 자기 지향적 HMS가 성장을 억누를 수도 있다. 즉, 자기 의식과 자기 감정에 대한 집착이 심하고 고통스럽다면 발달을 억누르는 결과로 이어질 수 있다는 것이다. 비슷하게, 타인 지향적 HMS도 성장을 불러올 수 있지만 괴로움을 안겨 줄 수도 있다. 타인의 관점에 대한 날카로운 이해와 감정의 조화가 자기중심적 사고에서 벗어나 이타적인 행동양식을 이끌어 낼 수 있다. 하지만 HMS의 이러한 측면들은 자기의 부재와 타인의 괴로움에 압도되는 결과만을 가져다줄 수도 있다.

한 가지 추가적인 HMS의 특성은 경험 표현 차원에서 드러난다. 정의에 의하면, 인지적 과정으로서의 HMS는 불명확하다. 내 생각에 HMS는 영재가 경험하는 특질이지만 그 경험의 결과가 반드시 표현되지는 않는다고 본다. 다시 말해, HMS의 존재—그리고 그것을 경험하는 것—는 영재성의 한 부분인 것이다. 즉, 그 경험이 표현되었느냐 혹은 어느 정도를 경험하였느냐는 영재의 사회화의 한 기능인 것이다. 예를 들어, 영재가 정서적 경험이나 공감의 결과를 표현하느냐 또는 표현하지 않느냐는 그들이 사회화 과정에서 배운 정서적 표현의 규칙에 달려 있다. 경험 표현 차원의 함축된 중요한 점은 바로 이것이다. 보지 못한다고 해서 거기에 그것이 없다는 것은 아니다.

고조된 자기비판　고조된 자기비판은 내가 영재성을 떠올릴 때마다 드는 두 번째 특성이다. 고조된 민감성과는 다르게, 고조된 자기비판(HSC)은 학자들의 문헌(예: Clark, 1997)에서 가끔 등장하는 영재의 특징이다. 자기비판은 자기에 대한 분석적인 접근이다. 영재 학생의 자기비판이라 함은 지력을 가지면 모든 것을 마치 '현미경으로 바라보는 것'처럼 주변 환경의 아주 사소한 부분까지 신경 쓰는 경향을 갖게 된다고 전제한다. HSC는 자기 자신을 정밀 검토하에 둔다는 것을 의미한다. 부정적 의미를 함축하고 있는 이 비판이라는 단어를 사용한 것은 자기 성찰적이고 평가적인 과정의 산물이 대부분 부정적이기 때문이다. 나는 이러한 자기 분석의 결과가 인간 성장을 향한 동기라고 믿는다. 하지만 불안, 우울 그리고 절망감과 같은 부정적인 결과를 가져올 수도 있다. 비록 HSC가 낮은 자존감으로 이어질 수는 있지만, HSC와 낮은 자존감이라는 용어는 다르다.

정서적 강렬함　정서적 강렬함(EI)은 내가 영재성의 한 부분이라고 보는 세 번째 특징이다. EI의 개념은 다음 한 문장으로 요약될 수 있다. 영재는 더 많은 것을 보기 때문에 더 많이 느낀다. 결과적으로 나는 영재가 보다 복잡하고 강렬한 정서적 삶을 경험할 잠재력을 갖고 있다고 믿는다. 물론 일반인의 경우에도 결과적으로 일어나는 정서의 경험과 표현은 문화적 요인과 사회화 요인에 달려 있다.

내가 영재성과 연관 짓는 이 세 가지 특성들은 몇 가지 공통적 주제를 가진다. 첫째, 그들은 영재성의 한 부분이지만 사회환경에 의해 형성된다. 둘째, 인지과정으로서 경험되었다 하더라도 반드시 표현되지는 않는다는 것을 가정한다. 셋째, 이러한 특성들은 중립적이지만 개개인에 따라 다양한 결과를 초래한다. 넷째, 이러한 특성들은 일반인에게도 명백히 나타날 수 있다. 즉, 지능의 수준에 따라 조금씩 다를 뿐이다.

정서의 인지 이론

영재의 정서성에 대한 나의 생각은 정서의 인지 이론에 의거한다(Lewis & Michaelson, 1983). 정서에 대한 이러한 접근은 말 그대로 우리가 자기 감정을 만들어 낸다고 보는 것이다. 즉, "네가 나를 화나게 하네!" 라는 표현은 부정확한 표현이다. [그림 3-1]에는 나의 인지 이론의 핵심이 제시되어 있다.

나의 정서의 인지 이론에서 정서는 발생 상황에 따라 자극 사건을 해석함으로써 그에 해당하는 감정을 발생시킨다. 여기서 해석이라 함은 다양한 인지과정, 예를 들어, 정보 처리, 특히 정서적 기억력, 상황과 사건과 연관된 자존감의 수준을 표시하는 데에 사용된다. 자극 사건들은 현실적일 수도 있지만 상상적일 수도 있다. 실제 발생한 사건일 수도 있지만 상상의 결과물일 수도 있다. 해석은 정서 생성에 대한 이러한 접근의 중심에 놓여 있다. 인지과정으로서 해석은 지능 수준에 따라 크게 변할 수 있다. 높은 수준의 지능은 빠른 정보처리 능력과 단기/장기 기억력과 직접적인 연관성을 가진다. 이러한 관점에서 볼 때, 보다 높은 수준의 지능은 보다 강렬한 감정을 일으킨다. 더 나아가, 보다 빠른 정보 처리는 새로운 정보가 들어옴에 따라 빠르게 감정의 기복을 일으킨다. 고조된 민감성과 자기비판과 같이, 정서적 강렬함은 중립적인 과정으로 여긴다. 그러나 정서적 강렬함의 결과는 긍정적 혹은 부정적일 수 있다.

정서를 이론화하는 과정에서 나는 다른 사람들(예: Greenberg, 2002)과 비슷하게 일차적 정서와 이차적 정서를 구분해서 언급한다. 이러한 용어에 대한 내 생각은 정서의 인지 이론에 기반을 두고 있다. [그림 3-1]에서 볼 수 있듯이, 일차적 정서는 자극 사건의 첫 번째 해석 단계에서 만들어진다. [그림 3-1]의 모든 요소에서 보이듯이, 이차적 정서는 추가적인 해

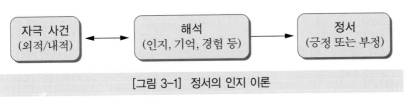

[그림 3-1] 정서의 인지 이론

주: 자극 사건은 개인에 의해 해석되며 정서는 창조된다.

석의 결과로 빚어진다. 추가적인 또는 이차적인 해석은 새로운 감정을 일으킨다([그림 3-2] 참조). 일차적 정서에서 해석은, 즉 '이 사건이 나의 안녕과 무슨 관련이 있는가?'라는 질문에 대한 답으로 보일 수 있다. 나의 안녕을 돕는다는 것이 답이면 긍정적인 감정이, 반대로 해롭다는 생각을 하게 되면 부정적인 감정이 생길 것이다. 이차적 정서 단계에서 개인의 해석은 다양한 궁금증을 안겨 줄 것이다. '내가 이 상황을 왜 이렇게 받아들이게 되는 것일까?' '나는 왜 이 상황을 개인적으로 받아들이는 것일까?' '내가 왜 감정 조절을 못하는 것일까?' '나에게 무슨 문제라도 있는 걸까?' 이렇듯 이차적 정서는 자기 스스로 하는 '이차적 추측'에 의해 발생한다. 일차적 정서가 사건에 대한 평가의 결과라면, 이차적 정서는 자기에 대한 평가의 결과라고 볼 수 있다.

이차적 정서의 주기적인 발생은 개인에게 도움을 요청하도록 한다. 정서적 경험이 일차적인 수준에 머무를 때, 정서는 개인적인 경험으로부터 일어나는 단기간의 붕괴다. 하지만 이차적 정서는 문제가 더 크다. 이차적 정서는 정신적 부담을 유의미하게 증폭시키기 때문이다. 이차적인 해석은 일차적 정서를 받아들이는 것을 방해한다. 이차적인 평가로부터 발생하는 감정은 기존의 감정에 더해진다. 사람의 자기 참조적 성향 때문에 이차적 정서를 받아들이는 것은 더욱 어려워진다. 감정이 자기와 연관되어 있을 때에는 감정을 분산시키거나 표현하는 것과 같은 흔히 사용하는 방법으로 감정을 호소하는 것이 더욱 힘들어진다. 사건에 대한 생각에서 벗어나는 것보다 자기에 대한 생각에서 벗어나는 것이 더욱 어려운 것과 같은 이치다. 자기 참조적 정서 표현은 사건에 결부된 감정을 표현하는 것보다 더욱 어려운 것 같다.

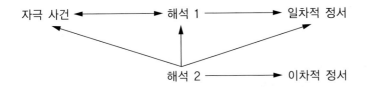

[그림 3-2] 일차적 정서와 이차적 정서

주: 일차적 정서는 자극 사건의 해석 1에 기인한다. 이차적 정서는 일차적 정서 과정에서의 어떤
   혹은 모든 요소의 이차적 해석에 의해 만들어진다.

가정

나는 영재 개인들이라는 표현을 자주 사용한다. 하지만 영재성에 대한
나의 생각은 영재성을 지닌 사람들이라는 표현에 더 가깝다고 본다. 영재
성을 지닌 아동이라는 표현을 사용하는 것은 이러한 영재 아동들이 많은
부분에서 일반 아동들과 비슷하다는 것을 말하는 동시에, 그들이 다른 아
이들과는 차별화된 영재의 특징들을 가지고 있다는 것을 강조하는 것이
다. 영재를 보다 효과적으로 다루기 위해서는 일반 지식과 영재성에 대한
지식이 모두 필요하다. 영재를 위한 효과적인 가르침, 양육 그리고 상담
을 위해서는 각 영역과 연관된 일반적인 원칙과 함께 영재들의 차별화된
특성을 잘 고려해야만 한다.

영재성을 수반하는 특징들은 인간의 특질을 강하게 부각시킨 모습이
다. 지능, 민감성, 자기비판 그리고 정서성은 영재들에게 고조된 형태로
발생한다. 이러한 특징들의 상호작용 효과는 영재 개개인에게 현실을 각
기 다르게 경험하도록 이끈다(일반적인 현실의 강화까지). 물론 영재 개인
들의 경험에 영향을 주는 공통적인 특성이 있긴 하지만, 그들이 모두 동
질 집단은 아니다. 영재 개인들은 선천적인 차이와 환경적인 차이의 결과
로 인해 독특할 수밖에 없다. 예를 들어, 사회화 연습을 강조하는 사회환

경은 그들의 독특함에 기여하는 의미 있는 힘이 된다.

나의 마지막 가정은 아동과 부모와 상담하는 일과 관련이 있다. 나는 어린 영재 아동들이 그들의 인지적 특성 때문에 부모와 교사의 기대를 알고 이해하고 있다고 가정한다. 그들의 이해력과 기억력은 중요한 어른들의 기대를 이해하고 기억할 만큼 앞서 있고 뛰어나다. 더불어 부모가 상담을 요청할 때쯤에는 이미 자녀들, 즉 영재들에게 이러한 기대를 계속해 온 상태일 것이다. 심리 자문을 요청하는 아동들이 겪는 적응상의 어려움이 영재 아동의 지식이나 기대에 대한 이해가 부족하기 때문인 경우는 거의 없다.

2. 성격 개념

성격

성격은 개인의 기질과 사회환경의 상호작용의 산물이다. 기질은 선천적이며 원재료를 형성하는데, 거기서 성격이 만들어진다. 개인이 경험하는 사회화 과정은 성격 발달에 가장 중요한 영향을 끼친다. 영향력의 발생과 지속 시간 모두를 고려해 볼 때 부모나 다른 양육자는 기질의 일차 형성자가 된다. 그들과 아동의 매일의 상호작용을 통해 기질적 경향은 성격적 특질이 된다. 나는 부모-자녀 상호작용의 초기 패턴이 지워지지 않는 자국을 남겨 평생 개인에게 영향력을 행사한다고 믿는다.

자아개념은 나의 상담 모델에서 사용하는 성격의 핵심 요소다. 자아개념은 본질적으로는 다차원적이며, 개념적으로는 다이론적으로 구성되어 있다. 자아개념은 학업적, 사회적, 신체적 그리고 도덕/윤리적 차원으로 구성되어 있다. 나의 자아개념은 반성적 평가, 사회 비교 그리고 귀인이 라는 세 가지 이론적 방향에 기반을 두고 있다(Pyryt & Mendaglio, 1994; Mendaglio & Pyryt, 1995).

자아개념의 다차원적인 본질에 대해서는 의견이 일치하는 듯하다(예: Harter, 1999; Marsh, 1990). 그러므로 나는 자아개념의 다차원적인 부분에 대해 논의하지 않을 것이다. 대신에 나는 자아개념의 다이론적 개념에 초점을 둘 것이다.

반성적 평가 지향은 사회환경이 자아개념을 창조해 내고 유지하는 데에 기여하는 점을 강조한다. 이런 관점에서 자아개념은 일차적으로는 부모와 같은 중요한 사람과의 매일의 상호작용으로부터 오는 사회적 산물이라고 볼 수 있다. 사람들은 보통 양육자와 다른 가족 구성원들이 주는 자기 참조적 피드백을 통해 '자기'라는 개념을 구성한다. 상호작용의 범위가 넓어질수록 교사나 급우와 같은 타인들이 중요한 인물에 포함된다. 이러한 접근 방식에서 중요한 타인들은 자아개념을 형성하는 데에 직접적으로 기여하게 된다.

사회 비교는 자아개념 발달에 기여하는 개개인을 강조한다. 사회 비교는 우리가 인간 기능을 수행하는 다양한 분야에서 타인들과 자신의 위치를 비교해 보는 자기 평가적 과정인 것이다. 예로, 학생들은 시험 성적과 과제 결과를 다른 학생들의 결과와 비교하곤 한다. 이렇게 타인과의 상호 관계적 비교의 산물(즉, 받은 결과가 다른 학생들보다 높건 낮건 간에)은 학생들의 학업적 자아개념에 부수적으로 영향을 줄 수밖에 없다.

귀인도 또한 자아개념 발달에 기여한다. 귀인은 개인이 경험하는 사건에 부여하는 의미를 나타낸다. 귀인과정에서 결정적인 요소는 자기 관찰인데, 이는 마치 자신을 다른 사람인 것처럼 여기며 자기에게 반응하는 것을 의미한다. 자기 관찰을 통해 얻어진 결과는 자아개념에 영향을 주기도 하며, 또한 자아개념의 영향을 받기도 한다. 이러한 과정을 가장 잘 적용한 곳이 학업 성취 영역이다. 학생들이 성공과 실패의 원인을 자신에게 어떻게 설명하는가는 자아개념을 반영하고 또 자아개념에 영향을 끼친다. 성공에 대한 원인적 귀인을 우연, 능력 혹은 노력 중 어디로 돌리는지에 따라 자아개념의 발달에 차별적 효과가 있다.

Dabrowski의 긍정적 분열 이론(theory of positive disintegration: TPD; Dabrowski, 1964, 1967)은 내가 영재 내담자들과 상담하는 데에 기저에 깔린 성격 이론이다. Freud(1949), Adler(1954), Sullivan(1953)의 이론과 같은 종합적인 이론의 전통 속에서 TPD는 성격을 포함하여 친숙한 심리학적 구성을 재구성한 복잡한 이론이다. 성격이 모든 사람에게 속해 있는 구성체라는 일반적인 견해와는 다르게, Dabrowski(1973)는 성격이 인간 성장의 최종점이 된다고 하였다. 성격은 심리적 성장과 발달의 특별한 과정을 경험한 사람들에 의해 성취된다. 긍정적 분열과정은 성격 발달에 필수적이다. 긍정적 분열과정을 통해, 자기중심적인 만족감을 주는 본능과 추동은 이타 행동을 하게 만드는 사회적 가치와 도덕으로 교체된다. 불안, 죄의식, 수줍음과 같은 강렬한 부정적 정서의 경험은 분열과정의 필수 요소다. 긍정적 분열은 성격을 형성한다. 심리학에서 아무렇지도 않게 사용되는 성격이라는 단어가 TPD에서는 긍정적이고 도덕적인 용어로 사용된다. 성격은 자기 인식, 자기 주도성, 순응의 개념을 모두 포함한다. Dabrowski(1973)는 진정한 인간이 된 사람들을 의미하는 데에 성격이라는 단어를 사용하였다. 이렇게 성격을 획득한 사람들은 상담자의 사무실에서는 볼 수 없다. 우리가 상담에서 만나는 사람들은 성장 경로에서 강한 정서적 경험을 한 사람들이다.

영재/영재 학생의 성격

앞에서 논의한 세 가지 특성―고조된 민감성, 고조된 자기비판, 정서적 강렬함―은 모두 영재의 성격의 한 부분(여기서 이 용어는 일반적인 심리학적 의미에서 사용된다)이다. 나는 고조된 민감성의 핵심인 인식이 클수록 그들의 경험의 질에 영향을 준다고 믿는다. 우수한 지능과 연관 있는 고조된 인식은 자아개념을 포함한 성격 발달에 영향을 준다. 반성적 평가의 관점에서 영재 아동들은 중요한 주변 사람들과의 언어적/비언어적 의사소통을 특히 잘 인식한다. 그 결과, 영재 아동들은 부모가 감추려는 부정적인 감정들도 감지할 수 있다. 사회적으로 비교할 때에도 영재 학생들은 자신의 성취를 비교하기 위해 적절하지 않은 참조인(예: 동급생보다는 유명한 역사적 인물)을 선택한다. 귀인의 관점에서 영재들은 자기 의식을 마비시킬 정도로 지나치게 자기를 인식한다.

권위에 의문을 제기하는 경향성 또한 내가 영재성에 귀인시키는 또 다른 성격 측면이다. 나는 이러한 경향성을, 어린 아동들이 초기에 자연스럽게 표현하는 우수한 지능의 중립적인 결과물이라고 본다. 하지만 시간이 지남에 따라 영재들은 타인을 좌절시키거나 조종하기 위해 의도적으로 권위에 의문을 제기하곤 한다. 권위에 대한 의문은 사회화 과정에 영향을 주는데, 아이들의 사회화 과정은 부모의 권위를 인정하는 것을 필요로 한다. 실제로 부모의 권위를 인정한다는 것은 사회화 과정의 주춧돌인 셈이다. 권위에 도전한다는 것은 개인위생과 식사 예절과 같이 특정한 사회에서 정상적으로 기능하기 위해 필요한 행동을 가르쳐 주려는 부모의 시도를 방해한다. 권위에 의문을 제기하는 것은 예를 들어, 교사와 같은 적법한 권위적 인물에게까지 확대될 수 있다. 이러한 권위에 도전하는 경향성은 영재 아동을 가르치거나 양육하는 어른들에게 나름대로의 걸림돌이 될 수 있다. 권위에 의문을 제기하는 것이 권위에 도전하는 것으로 발전할 때에 영재 아동들은 부적응아로 쉽게 진단받을 수 있다.

　일부 영재는 Dabrowski의 성격 이론과 연관된 특성들을 나타내고 있다. 특별히 일부 영재는 긍정적 분열과정과 연관된 앞선 발달 잠재력을 보여 주고 있다. 이러한 내담자들의 주요 특징은 남들을 지나치게 신경 씀으로써 이상적 자기와 실제적 자기 간의 차이를 경험하여 발생하는 강한 부정적인 정서를 지니고 있다는 것이다. 그들은 다른 사람들의 곤경에 몹시 슬퍼하며, 그들이 이상적인 삶을 살고 있지 않다는 사실에 괴로워한다. 사실상 모든 내담자는 강한 부정적 정서 때문에 상담을 원하지만, 이러한 정서를 지니게 된 원인은 다양하다. 모든 정서적 경험이 Dabrowski의 기준에 부합하는 것은 아니다.

3. 상담 모델

영향

　나는 상담과 심리치료, 그 외 여러 심리학 분야에 많은 공헌을 한 몇몇 이론가에게 영향을 받아 나의 상담에 대한 접근 방식을 발달시켰다. 상담과 심리치료 분야에서 나는 Rogers(1980)의 인간중심 치료, Perls(Perls, Hefferline, & Goodman, 1951)의 게슈탈트 치료, Ellis(2000)의 이성적 · 정서적 행동치료 그리고 Sullivan(1953)의 대인관계 이론에 강하게 의존해 왔다. 나는 상담과정을 지도하고 내담자의 경험을 개념화하는 데에 이 이론들을 참고해 왔다. 또한 이러한 개념화를 더욱 촉진하기 위해 나는 Piaget(Piaget & Inhelder, 1969)의 인지발달 이론, Lewis(2000)의 정서의 인지 이론 그리고 Dabrowski(1964, 1967)의 긍정적 분열 이론을 끌어들였다. 체계적이고 통합적인 상담 모델을 창조해 내기 위해 이 이론들의 요소를 선택하여 구성해 넣었다.

Rogers(1980)는 상담관계가 중요하다는 점으로 나의 접근에 기여하였다. 그가 밝힌 핵심 조건은 특히 관계를 형성하는 데에 중요할 뿐만 아니라 관계를 유지하는 데에도 중요하다. 상담과정 전체에서 수용, 공감, 일치(Rogers, 1951)의 조건을 이끌어 내는 것은 효과적인 상담의 필수적인 맥락이다.

Perls(Perls et al., 1951)의 인식과 직면 개념은 나의 접근 방식에 중요한 요소가 되고 있다. 게슈탈트 치료사들(Jacobs, 1989)과 비슷하게, 나는 자기 인식과 자기 수용의 의미를 인식이라는 단어 사용에 포함시켰다. 나는 내담자의 인식을 높이는 것이 유의미하게 치료적 가치를 지니고 있다고 믿는다. 그로 인해 이것이 나의 접근 방식에서 기본 목표가 되었다. 직면도 나의 접근 방식에 포함시켰다. 그러나 많은 내담자에게 너무 위협적인 Perls가 이야기하는 형태의 직면은 아니다. 내가 사용하는 직면은 내담자들과의 의사소통에서 차이점을 살포시 지적해 냄으로써 그들의 인식을 좀 더 이끌어 내는 것을 의미한다.

Ellis(2000)의 성격과 과제 개념은 나의 상담 모델에서 구체화되었다. 교훈적인 측면에서 나는 그의 성격의 ABC 기술을 사용하였는데, 이는 사람들이 결과(Consequence: C)를 만들어 내기 위해 믿음 체계(Belief system: B)를 사용하여 발생한 사건(Activating event: A)을 해석하는 것이다. 나는 상담 회기에서 내담자들이 사용한 개념에서 이끌어 낸 과제를 내주기도 한다. 이 부분은 상담 회기에서 진행된 내용과 내담자의 현실 세계를 이어주는 다리 역할을 하는 상담자의 필요성에 대해 Ellis가 강조한 것에 영향을 받은 것이다.

Sullivan(1953)의 관점은 사회적 상호작용의 영향이 인간 발달에 핵심임을 강조한다. 그의 이론을 사용하면서, 나는 현재의 문제가 내담자가 중요한 다른 사람들과 상호작용한 결과로 나온 산물이라고 개념화하는 데에 초점을 두었다. 비교적 명백한 반대의 증거가 있지 않는 한, 내담자의 이슈는 내담자 자신에게 있기보다, 중요한 주변 인물로부터 받은 피드백의 결과로서 만들어진 경우가 많다. 이러한 개념은 Sullivan이 원래 대인관계적일 수밖에 없다고 보았던 불안과 같은 정서에 대한 나의 접근 방식에까지 확대 적용할 수 있게 되었다.

다른 이론가들도 내가 내담자들의 경험을 이해하는 데에 도움을 주었다. Piaget(Piaget & Inhelder, 1969)의 인지발달 이론은 부모들이 자녀의 행동과 생각을 서술한 것을 이해하는 데에 매우 유용하다. 앞서 말했듯이, 나는 내담자의 해석이 어떻게 정서를 만들어 내는지를 내담자에게 가르치기 위해 Lewis(2000)의 정서의 인지 이론을 사용하였다. 또한 나는 내담자들에게 정서에 대해 가르치기 위해 Lewis의 정서 표현과 정서 경험에 대한 설명을 사용하였다. 마지막으로, 나는 내적 갈등으로 생긴 강한 부정적 정서를 경험한 내담자들을 이해하기 위하여 Dabrowski(1964, 1967)의 긍정적 분열 이론에서 나온 개념을 사용하였다.

상담의 정의

상담은 내담자가 제시하는 영역에서 내담자에게 심리적 도움을 제공하기 위해 상담자가 진행하는 상호작용 과정이다. 상담은 상담자와 내담자 간의 관계에 그 뿌리를 두고 있다. 상담관계는 단지 내담자의 요구를 충족하기 위해 형성되며, 한번 이러한 목표가 달성되면 상담과정은 종료된다. 상담자와 내담자는 상담 시 각자의 전문성을 가져와야 한다.

상담자는 상담 이론, 기법 그리고 제기된 다양하고 구체적인 문제뿐만 아니라 인간 발달과 같은 분야의 일반 지식에 대해서도 전문성을 지녀야 한다. 상담자는 상담과정 자체에 전문가인 것이다. 내담자는 자신의 인생 경험과 상황에 대한 지식의 전문가여야 한다. 즉, 내담자는 자기 자신에 대해 전문가인 셈이다. 상담자의 전문성은 늘 내담자의 전문성을 고려해야 하며 그에 맞추어야 한다.

나는 상담심리학 프로그램에서 대학원생을 가르치면서 이러한 상담의 정의에 도달하게 되었다. 가르친다는 것은 교수 자신이 가르치는 것으로 자신의 입장을 밝힐 것을 요구한다. 상담의 다양한 정의에 관해 토론하던 중, 학생들은 상담에 대한 나의 생각을 궁금해했다. 그들에게 상담의 정의를 설명하면서, 나는 상담의 본질에 대한 나의 견해뿐만 아니라 실제로 상담에서 내가 무엇을 하는지도 반영해야겠다고 생각했다.

도움이라는 표현에 심리적이라는 단어를 붙여 사용하는 것이 필요하다. 왜냐하면 심리학자라는 단어와는 다르게 상담자라는 단어가 비교적 자유롭게 사용되는 단어이기 때문이다. 상담자와 상담이라는 단어는 많은 단어와 결합하여 사용되곤 한다. 재정, 운동, 다이어트 등이 그 예들이다. 누구든지 자신을 칭할 때는 상담자라는 단어를 붙일 수 있다.

이러한 나의 정의에서 함축된 의미는 상담자의 도덕적 책임감이다. 상담관계는 내담자의 요구를 충족하기 위해 생겨난다. 상담자는 자신의 개인적·사회적 요구를 충족하기 위해 상담하지는 않는다. 한번 목표가 달성되면 상담과정은 종결되어야 한다.

상호과정은 나의 접근 방식의 두 가지 측면을 설명하기 위해 사용된다. 상담은 상담자와 내담자 간의 지속적인 대화를 통해서 일어난다. 과정이라 함은 빠른 진행이 아닌 점진적인 진행을 의미하는 용어다. 내담자는 제기된 문제를 명확히 하여 처음에 상담의 초점을 결정하며, 상담자와 내담자는 내담자의 요구에 함께 참여한다. 하지만 정작 상담이 종료될 때에 다루는 주제는 달라질 수 있는데, 상담자와 내담자 간의 상호작용의 결과로 이루어지기 때문이다. 상담자는 자신의 전문적 기술과 지식을 사용하고 또한 내담자의 독특성과 관점을 고려하므로 상담과정을 이끌어 가는 책임을 지닌다. 정의상 상담과정에 대한 책임이 상담자에게 있지만, 내담자도 내버려 두어서는 안 된다. 제기된 문제로부터 상담자가 밝힌 다른 주제로 넘어가는 것은 내담자의 동의하에서만 이루어져야 한다.

상담자의 역할

상담에서 상담자의 역할은 내가 발달시킨 모델을 사용하여 상담과정을 이끌어 가는 것이다. 이러한 지침은 융통성 있게 이루어지는데, 이는 선생님들이 수업 지도안을 구성하였지만 학생들의 요구에 따라 그것을 유연하게 적용할 수 있도록 준비하는 것과 같은 이치다. 지침은 내담자에게 민감한 방식으로 이루어지지만, 나는 상담과정을 이끌어 가는 것이 상담자의 책임이지 내담자의 몫은 아니라고 믿는다.

나의 모델에서 상담자는 상담과정에서 내담자의 요구에 따라 촉진자, 문제 해결자 혹은 교육자의 역할을 수행한다. 일반적으로 관계 형성에 초점을 두는 단계, 즉 상담 초기에는 촉진자의 역할이 가장 뚜렷하다. 하지만 상담의 어느 단계에서건 내담자의 감정이 명확하게 드러나거나 대화가 막다른 벽에 부딪혔을 때에는 촉진자의 역할을 취한다. 상담이 진행됨에 따라 상담자는 문제 해결자와 교사로서의 역할을 취한다.

상담의 시작 혹은 처음 전화로 대화가 이루어질 때, 상담자는 자신만의 접근 방식을 설명한다. 상담의 초기 단계에서 상담자는 촉진자의 역할을 취하여 내담자가 자기 이야기를 하도록 격려한다. 그 이후의 상담 회기에서는 내담자에게 개념들을 소개하며, 이 개념들이 그들의 경험을 이해하는 데에 어느 정도 도움이 되는지를 물어본다. 곧 필수적인 단계로서 상담자는 교수적인 접근 방식을 취하는데, 상담 회기 내에서 개념을 제시하며 내담자의 경험을 파악하는 데에 개념이 얼마나 적절한지 피드백을 요청한다. 이 상담 단계에서 초점은 내담자와 상담자가 내담자의 경험을 이해할 수 있는 개념적 체계를 형성하는 것이다.

　비지시적인 역할에서부터 지시적이고 교수적인 역할로의 전환이 의도적으로 이루어진다. 초기에 내담자는 당일 상담 회기의 내용을 결정한다. 상담자가 내담자의 상황을 더욱 깊게 이해하게 됨에 따라, 내담자에게 대화의 주제를 제안하고 자기 상황 분석을 해석하는 방식을 제시하면서 점점 더 적극적이 된다. 이러한 상담자의 역할 전환은 상담 절차의 적합성에 대한 내담자의 수용 수준을 따져서 매우 조심스럽게 이루어져야 한다.

내담자의 역할

　내담자는 반드시 상담을 받고자 하는 동기가 있어야 하며 상담과정에 적극적으로 임해야 한다. 나의 상담에 대한 정의가 상담자와 내담자의 상호작용 과정이라는 것을 고려할 때, 상담은 오직 동기를 지닌 내담자와만이 가능하다고 믿는다. 상담자는 내담자를 격려하여 상담자의 질문에 대해 솔직히 대답하도록 하고, 상담 회기에서 상담자가 말한 것을 진지하게 고려하도록 일깨워 준다. 영재 내담자들과 함께하며, 나는 그들의 문제가 무엇이든지 상담 회기에서 그들의 영재성이 작용하고 있음을 배워 왔다. 권위에 의문을 갖는 경향성은 자연스러운 것이라서, 상담자는 시작부터 미리 그들에게 상담자와 상담과정에 대하여 편하게 의견과 느낌을 말해도 좋다는 설정을 해 둔다. 특히 상담자는 내담자들에게 개념적 틀과 상담자가 내주는 과제에 대한 피드백을 제공하도록 격려한다. 이런 영역에서 내담자가 주는 정보는 상담 결과를 성공적으로 이끌어 주는 핵심이 된다.

목표

상담의 첫 번째 목표는 심리학적 전문성을 토대로 내담자들로 하여금 자신에게 닥친 문제에 맞설 수 있도록 도와주는 것이다. 이런 측면에서 상담은 응용심리학이라고 볼 수 있다. 대부분의 경우 상담은 내담자들이 문제를 해결하도록 도와주는 것이지만, 그들로 하여금 절대 변할 수 없는 상황을 묵묵히 수용하도록 해야 하는 경우도 있다. 내담자, 특히 영재 내담자와의 상담에서 하위 목표는 내담자에게 현재의 상황을 이해하도록 도와주는 것이다. 내 경험으로 보면, 일반인이 상담을 필요로 하는 경험을 이해하는 것보다 대체로 영재가 상담을 필요로 하는 경험을 이해할 필요성이 더 크다. 당면한 문제를 해결하도록 내담자를 도와주는 일에서 중요한 부분은 자신의 경험을 이해할 수 있게 도와줄 틀을 만드는 것이다. 그러나 개념화가 어떤 형태로 만들어지더라도 내담자들의 철저한 검토를 통과해야 한다. 그렇지 못하면 아무런 가치가 없다.

관계성

관계는 상담의 효과를 높이는 데에 매우 결정적인 요소다. 튼튼한 상담관계는 다음의 두 가지 이유로 필요하다. 첫째, 상담관계는 내담자에게 안전한 환경을 제공한다. 공감, 일치, 수용을 사용하여, 상담자는 내담자에게 더욱 비위협적인 자극을 제공한다. 이러한 자세는 그들을 취약하게 만드는 상황에서 편안함의 수위를 높여 준다. 둘째, 상담관계가 좋을수록 내담자가 밝히는 자기 관련 정보는 더욱 타당해진다. 내담자의 편안함도 중요하지만, 내담자의 정보를 계속 분석해 나가기 위해서는 상담자에게 주는 내담자 정보의 정확성 또한 매우 중요하다.

관계라는 영역에서 상담관계는 매우 특별한 관계다. 상담관계는 오직 한쪽, 즉 내담자의 요구를 충족하기 위해 이루어진다. 상호 관계의 특성을 갖는(혹은 가져야만 하는) 다른 관계와는 달리, 상담관계는 요구 충족이라는 측면에서 볼 때 오직 일방적이다. 상담의 목적이 일단 충족되면 관계는 종결된다.

평가

영재를 상담할 때, 나는 영재성이나 장애 여부를 결정하기 위한 전통적인 표준화된 심리평가를 하지 않는 쪽을 선호한다. 성인의 경우 그들의 영재성은 영재교육 프로그램을 졸업했다거나 의학, 법률 그리고 공학과 같은 직업 상태로도 미리 알아볼 수 있다. 나의 상담 목표에서는 이 정도의 기준치만 충족되면 괜찮다. 하지만 어린 내담자들의 경우에는 나에게 의뢰되기 전에 미리 판별을 받는다. 일반적으로 영재 학생들은 학교와 관계된 어려움(예: 학업적 미성취, 행동 문제) 때문에 심리평가를 받은 후에 의뢰된다. 나의 내담자들은 주로 사전에 판별된 영재이기 때문에 인지능력 검사를 거의 실시하지 않는다.

같은 맥락에서 주의력결핍 과잉행동장애(ADHD)나 아스퍼거 증후군과 같은 장애가 있는지를 공식적으로 평가하지 않는다. 두 가지 혹은 다중 특수성을 지닌 영재 학생의 부모나 교사는 그들을 상담에 의뢰하지만, 진단이 완전히 내려진 후에라야 가능하다. 나는 필요한 경우 인지능력 검사를 실시하긴 하지만, ADHD와 같은 『정신장애의 진단 및 통계 편람 제4판

(*Diagnostic and Statistical Manual: DSM-IV*)』(APA, 1994)에 열거된 장애를 진단하지는 않는다. 그러한 장애는 의학적 모델에 근거한 정신과적 문제다. 비록 나는 이러한 장애 관련 지식을 알고 있지만, 나의 상담과정을 이끌어 가는 데에 진단이 그리 유용한 것 같지는 않다. 정신과적/의학적 상태에 대한 진단은 의약적 개입, 즉 약물로 이어지지 상담과 같은 접근으로는 이어지지 않는다. 나의 상담 모델에서는 장애와 연관된 행동들을 기술하길 권장한다. 특히 성인 내담자나 부모들에게 장애를 고려하지 말고 장애와 연관된 행동을 기술하도록 요구한다.

　내담자들에 관해서는 그들이 제기한 문제들에 대한 기술 분석을 통해 측정한다. 자신의 문제를 세심하게 기술하도록 하면서, 나는 다양한 상담 개념들을 통해 내담자의 상태를 진단한다. 제일 먼저 그들이 제기한 문제에 초점을 두면서, 이러한 문제에 대한 나의 일반적인 지식을 사용하여 그 시점에서부터 평가를 시작한다. 예를 들어, 내담자에게 우울이 있다면, 나는 학습된 무력감(Abramson, Seligman, & Teasdale, 1978)이라는 렌즈를 통해 내담자가 기술하는 상황을 바라본다. 이 개념이 그 상황에 맞는지 동의하거나 동의하지 않는지를 보기 위해 나는 내담자들에게 개념을 적용해 보도록 권장한다. 내담자가 영재라면, 나는 언어와 분석 능력의 사용과 같은 인지적 특성이 드러나는지 찾아본다. 그가 우수한 지적 잠재력을 지닌 것으로 드러날 경우, 나는 고조된 민감성, 자기비판 그리고 정서적 강렬함과 같은 정서적 특징의 증거들을 찾아본다. 또한 나는 불안과 관련된 것에도 귀를 기울인다. 나의 평가는 언제나 나의 모델에 기초한 개념을 사용하여 진행하며, 내담자의 심리적 묘사를 통해 그것을 내가 상담과정에 통합할 수 있도록 하는 것을 목표로 한다.

과정

첫 회기에서 나는 몇 가지 목표를 달성하려고 노력한다. 제기된 문제에 대한 일반적인 생각을 갖는 것, 상담에서 나의 접근 방식을 설명하는 것, 그리고 '생각하는 것을 말해 보는 것'이다. 나는 내담자에게 제기된 문제를 가능한 한 자세히 기술하도록 권한다. 나는 나의 모델을 설명하고 그들이 말하는 것을 해석하기 위해 개념들을 사용하면서, 생각하는 대로 말함으로써 어떻게 정보를 처리하는지를 예를 들어 설명한다. 과제물 또한 나의 상담 모델의 일부인데, 나는 주로 첫 회기 끝에 이러한 과제를 내주곤 한다.

그 뒤의 회기에서는 다양한 활동을 한다. 내담자들에게 그들의 경험과 관련된 정서에 대해 집중적인 탐색을 해 보도록 권장한다. 나는 몇 가지 중요한 개념들을 미리 정해진 순서대로 소개하기 시작한다. 이러한 과정은 내담자들이 자기 경험을 바라볼 수 있게 해 주는 틀을 형성하는 데에 사용되며, 내담자가 이 '이론들'이 경험적 '자료'를 설명하고 있다고 느낄 때까지 상담자는 내담자와 함께 틀을 형성하고 개선한다. 과제 또한 이러한 가설적 구조를 평가하는 데에 사용된다.

나는 여러 형태의 단기치료(brief therapy)에서 진행되는 단기상담을 하지 않는 편이다. 하지만 나의 모델은 통찰치료나 역동적 접근에서 하는 기간을 크게 반영하지 않는다. 철학적으로 나는 상담 기간에 실용적인 태도로 접근한다. 내담자의 목표를 달성할 때까지 혹은 상담과정이 그다지 도움이 되지 않는 것 같다고 판단하기 전까지, 나는 내담자에게 할 수 있는 최선을 다한다. 내담자가 상담에 대해 만족하지 못할 경우 다른 상담자에게 외뢰할 것을 약속하면서 상담을 종결한다. 나의 문제해결 접근 방식에서 상담의 기간은 비교적 짧은 편이다. 내 경험으로는 상담 기간이 일주일에 한 번씩 해서 약 6~12회 사이인 경우가 대부분이다. 내담자의 상황이 특별히 복잡할 경우 상담과정은 때에 따라 1년에서 18개월까지 연장되는 경우도 있다.

나의 상담 모델의 단계는 다음의 〈표 3-2〉에 제시되어 있는데, 이것은 Meichenbaum (1985)의 개념 단계와 일반적으로 수용되는 모델(Cormier & Cormier, 1998)의 조합이라고 볼 수 있다. 나의 개념 단계는 몇 가지 목적을 수행하기 위해 고안되었다. 그것은 제기된 문제에 대한 탐색, 상담관계의 발전, 개념적 틀의 구상 그리고 목표의 구체화다.

Meichenbaum(1985)의 업적과 비슷하게, 개념적 틀은 내담자와 함께

✎ 표 3-2 상담 단계

단계	목표	상담자 활동
개념	• 관계성 발달시키기 • 제기된 문제 탐색하기 • 개념적 틀 공동 구상하기 • 목표 설정하기	• 핵심 조건의 사용(공감, 일치, 비판적이지 않은 태도) • 영재성(정의와 특성)과 정서성(인지 이론: 일차적 및 이차적 정서) 개념의 교훈적 적용
활동	• 과제 • 목표 달성을 위한 개념적 틀 수행하기	• 인식 연습 • 직면 • 인지적 재구성 • 경험적 태도 • 정서 인식 연습 • 정서 경험 연습 • 기타(제기된 문제를 언급하기 위해 만듦)
평가	• 내담자의 향상 정도를 측정하기	• 전 단계로 돌아갈 것인지 혹은 종결할 것인지의 진행을 결정하기
종결	• 내담자에게 주체감을 강화하기 • 시간적 비교 • 내담자가 쉽게 상담과정에서 나오도록 하기	• 성공적인 상담의 결정적 요소로서 일상생활에서 내담자의 개념 수행을 강조하기 • 상담의 초기 때와 현재의 기능을 대조하도록 내담자를 안내하기 • 추후 회기를 약속 잡기

구성한다. 나는 기준이 되는 개념적 풀(pool)에서 영재성의 정의 및 관련된 특징들, 정서의 인지 이론, 불안의 상호관계 이론, 인지 발달, 긍정적 분열과 같은 부분들을 가져왔다. 내담자들은 세세하게 자기 노출을 함으로써 자신의 상황을 설명해 왔다. 더불어 내담자들은 자신들이 생각하는 영재성과 영재성의 특징들도 제공해 준다. 영재성에 대한 내담자들의 의견은 개념적 틀을 만드는 데에 사용되는 아이디어 풀에 더해진다. 내담자들이 합의한 개념들은 그대로 받아들이고, 그렇지 못한 것들은 버려지곤 한다. 특정 개념이 상황에 대한 이해를 높이는 데에 도움이 되는지의 여부를 판단할 권한이 내담자들에게 있다는 사실을 아는 것은 매우 중요하다.

개념적 틀의 공동 구상과정에서 중요한 교훈적 요소는 저변에 깔린 가정에 대한 내담자의 인식을 증가시키는 데에 있다. 이성적 · 정서적 행동 치료사들(Ellis, 2000)과 유사하게, 나는 내담자들의 모호한 가정을 분명하게 만드는 것을 목표로 하고 있다. 나의 목표는 두 가지로 나뉠 수 있다. 첫째는 내담자들에게 자신의 추측이 자신의 행동과 감정을 유도한다는 사실을 가르치는 것이며, 둘째는 필요하다면 가정을 재구성하도록 도와주는 것이다. 영재들에게는 가정에 관한 자기 인식을 높여 주는 것이 자발적인 자기수정 과정을 유발하기에 충분하다.

정서성은 나의 접근 방식에서 중심이 되는 주제다. 개념적 틀은 영재성을 지닌 내담자들에게 자신의 강한 감정을 이해하도록 도와주는 일에 일차적으로 관심을 둔다. 그러기 위해서 나는 정서의 인지 이론과 영재성의 특징들을 이용한다. 내 목표는 내담자들이 감정을 이해함으로써 자기 감정에 대한 자기조절 능력을 더욱 키우도록 도와주는 것이다.

불안은 나의 상담 모델의 개념 단계에서 정서를 논할 때 특별한 주의를 요하는 부분이다. 나는 불안감이라는 것이 우리 스스로 대처할 수 없다고 확신하며 부정적인 결과를 예상하는 데에서 오는 괴로움이라고 생각한다. 더 나아가 나는 불안이 모든 형태의 심리적 어려움의 저변에 깔려 있다고 생각한다. 불안에 대한 이러한 관념들은 내담자들로 하여금 괴로운 상황을 개념화하도록 도와준다.

개념 단계에서 정서에 대한 초점화는 과제물로까지 확장하여 일상생활에서 정서성에 대한 인식을 증가시키는 것을 목표로 한다. 과제 하나는 정서 유발 상황 동안에 부정적 정서의 인식을 증가시키기 위해 고안된다. 더불어 과제는 일상생활에서 행동과 정서 저변에 깔린 가정에 대한 내담자의 인식을 향상시키는 것을 목표로 한다.

과제물들은 그다음 상담 회기에서 사용한다. 내담자가 과제를 해 오지 않았을 경우에는 그 이유를 분석한다. 과제를 해 왔다면 내담자를 긍정적으로 강화해 준다. 과제물에 대한 논의 또한 나의 상담 모델에서 사용된 변화의 본질을 내담자에게 가르쳐 주는 데에 사용한다. 완성된 과제물에 대한 논의 도중에 아무리 작은 변화라도 개선된 점에 내담자가 주의를 기울이도록 관심을 갖게 한다. 이러한 방식으로 나는 내담자에게 변화라는 것은 점증적으로 일어난다는 견해를 갖도록 가르쳐 준다.

상담 문제를 함께 해석하기 위해 상담관계를 확고히 하는 과정에서 나는 내담자가 상담으로부터 무엇을 얻고 싶은지를 함께 토론한다. 즉, 이것은 우리가 계속 함께 할 상담을 이끌어 줄 목표가 되는 것이다. 내담자들은 종종 초기의 애매하고 일반적인 진술에서부터 점차 구체적이고 분명한 목표를 세우는 단계로 발전하는 데 도움이 필요하다. 또한 나는 내담자에게 부정적인 용어보다는 긍정적인 용어를 사용하도록 권장한다. 영재 내담자들은 빨리 배우기 때문에 우리는 비교적 개념 단계를 빠르게 완수하고 다음 단계로 넘어갈 수 있다.

두 번째는 활동 단계다. 이 단계에서는 내담자의 변화를 조장하기 위해 두 가지 기법이 동원된다. 하나는 내담자와 내가 함께 발전시키는 개념적 틀로부터 가져오는 기법이며, 다른 하나는 다른 접근에서 뽑은 이미 만들어진 기존 기법들이다. 이러한 기법에 대한 나의 접근은 기법들이 연습이나 실험으로 분류된다는 점에서 게슈탈트 치료사들의 접근 방식과 유사하다. 연습이라 함은 치료사들이 메뉴에서 고르는 이미 만들어진 기법이며, 실험이라 함은 치료사가 내담자와의 상호작용에서 새로 개발한 기법을 말한다(Zinker, 1978). 다음의 '기법' 부분에는 내가 사용할 두 가지 방법이 모두 설명되어 있다.

기존에 있던 기법이건 새로 개발한 기법이건 간에 나는 첫 단계에서 발전시킨 개념적 틀과 기법 간의 연관성을 분명히 한다. 나는 내가 제안한 전략과 앞서 토론한 전략들 간의 연관성을 내담자들이 알도록 하는 것이 가장 중요하다는 점을 영재 내담자들과의 경험을 통해 깨닫게 되었다.

인지-행동 치료사들과 비슷하게, 상담 회기에서 배운 것을 내담자의 일상생활에 적용하도록 전이학습을 촉진하기 위한 과제를 내준다(Ellis, 2000; Meichenbaum, 1985). 과제에 대한 보고를 들으면서, 나는 하나의 과정으로서 변화라는 주제에 대한 교육을 계속한다. 나는 내담자에게 과제 수행 경험에 대해 자세히 기술해 달라고 요구한다. 이 과정에서 나는 그들이 얻은 것이 무엇인지를 스스로 볼 수 있도록 도와준다. 더 나아가 나는 그들이 겪은 변화와 그들의 행동의 관계를 이해하도록 도와준다. 일반적으로 이 시점에서 내담자들은 과제를 보고할 때에 자잘한 성과는 잘 보고하지 않는다. 일반적인 초기 반응은 아무런 변화가 없었다는 것이다. 하지만 그들이 자세히 기술하는 과정에서 비록 작지만 변화들이 점차 드러나곤 한다. 나는 내담자들이 이 '한 가닥의 변화'를 볼 수 있도록 도와주는 것이 중요하다고 생각한다. 그렇지 못하면 그들은 좌절하고 말 것이다. 나는 영재들과의 상담에서 질문으로 어떤 성과가 있었는지를 유도하기보다는 그들이 스스로 설명한 내용에 내포되어 있는 작은 변화를 잡아

내는 것이 더 효과적이라는 것을 깨달았다. 작은 변화를 알아내는 또 다른 방법은 시간적인 비교를 사용하는 것이다. 나는 내담자에게 상담을 시작하기 전과 과제를 수행하는 과정에서 그들이 주어진 상황을 어떻게 대처했는지를 비교하도록 한다. 나의 목표는 내담자들이 스스로 만들어 내는 초기의 작은 성과를 더 많이 인식하도록 하는 것이다. 더 나아가 나는 주체감을 강화한다. 그들이 만드는 성과는 기존의 낡고 비효율적인 패턴을 새로운 양식으로 바꿈으로써 얻은 결과인 것이다.

나의 상담 모델의 세 번째 단계는 평가다. 이 단계의 목표는 내담자의 향상을 측정하여 종료 단계로 갈지, 아니면 앞의 단계로 되돌아가서 반복해야 할지를 결정하는 것이다. 유의미한 발전이 없을 경우, 우리는 앞의 단계로 돌아간다. 예를 들어, 이 절차는 개념적 틀 또는 다른 상담 기법의 사용에 대한 재고가 필요하다. 내담자와 내가 모두 유의미한 발전이 있었다고 동의할 경우, 나는 상담 종료 가능성을 소개한다.

네 번째이자 마지막 단계는 종료다. 나의 상담 모델에서 종료는 단계이지 단순히 한 회기가 아니다. 이 단계는 두 가지 목표를 지닌다. 첫째, 나는 내담자가 주체감을 강화하길 원한다. 내담자들은 종합적이며 시간적인 비교를 한다. 그들은 상담의 시작과 함께 자기 상황에 대해 자세히 회상하도록 하고, 그것을 현재의 상황과 비교하도록 요청받는다. 특히 정서에 대해 강조하는 방향으로 상담과정을 검토한다. 이 논의를 하는 동안 나는, 여러 가지 상담 개념을 꺼낸 것은 내 쪽이지만 그것을 일상생활에 적용하고 개선점을 만들어 가는 것은 내담자의 노력이었음을 내담자에게 전한다. 둘째, 변화가 지속됨을 확신하는 동안, 나는 내담자가 상담과정으로부터 떠날 수 있길 원한다. 이 과정은 몇 번의 후속 상담 회기를 계획하는 것도 포함한다. 내 경험으로는, 상담과정이 길어질수록 후속 상담 회기의 횟수도 많아진다. 일반적으로 종료 후 한 달에 한 번의 회기를 갖는 정도가 적당하다.

기법

나는 기존의 것과 내가 개발한 것의 두 가지 상담 기법을 사용한다. 기존의 기법들은 인본주의적 그리고 인지-행동적 상담과 심리치료적 접근 방식에서 가져온 것들이다. 개발한 기법은 내담자와 함께 발전시킨 개념적 틀의 공통 요소에서 나온 것들이다.

다음은 기존의 상담 기법들이다.

- 상담자 조건: 내담자와 접촉하는 동안 도움을 주는 관계를 지속시키고 의사소통에서의 개방성을 향상하기 위하여 공감, 비판단적 태도 그리고 일치성(Rogers, 1951)을 사용한다.
- 직면: 내가 내담자의 인식을 향상하는 한 가지 방법은 의사소통에서 불일치가 있을 때 그것을 직면시키는 것이다. 나는 직면을 내담자의 자기 지식을 증가시키는 중요한 수단으로 본다. 내담자가 언어-비언어 또는 말-행동 간의 불일치를 드러내면, 상담자는 직면을 사용한다. 직면은 상담관계가 잘 형성되어 있을 때만 사용하며, 불일치 요소를 기술하는 것으로 이행한다. 게슈탈트 치료에서 현대의 직면 사용과 유사하지만, Perls의 공격적 스타일(Yontef, 1995)과는 대조적으로, 나는 내담자를 보다 깊은 자기 탐색으로 이끌어 내기 위해 직면을 사용한다.
- 인지적 재구성: 나의 인지적 재구성은 내담자의 가정에 초점을 둔다. 그리고 인식에 대한 게슈탈트식 관점을 반영한다. 일부 인지-행동 치료사들은 왜곡된 추론이나 비합리적인 믿음에 초점을 두지만

(Cormier & Cormier, 1998), 나는 강한 부정적 정서를 일으키는 내담자의 상황 해석 저변에 깔린 내담자의 가정에 초점을 둔다. 영재 내담자에게 이 기법을 적용하면서, 나는 단순히 그들의 가정을 인식하는 것만으로도 종종 잘못된 가정을 보다 논리적이고 이성적인 가정으로 교체하는 결과를 충분히 이끌어 낼 수 있음을 알았다. 이러한 형태의 인지적 재구성을 적용하는 경험을 함으로써, 나는 인식에 대한 게슈탈트식 관점이 특별히 영재 내담자들에게 적용될 수 있다고 믿는다. 즉, 인식 자체가 치유력을 지니고 있다(Jacobs, 1989).

- 과제: 과제라는 또 다른 인지–행동적 기법(Ellis, 2000; Meichenbaum, 1985)은 나의 상담 모델의 필수적인 부분이다. 과제는 나의 행동 지향적 접근 방식을 전달하기 위한, 그리고 상담 회기와 일상생활을 연결하기 위한 두 가지 목적에서 사용된다. 첫 상담 회기에서 과제를 내주어, 나의 접근 방식이 통찰 지향적 대화치료가 아닌 문제해결 치료라는 생각을 내담자들에게 강화시킨다. 더불어 과제는 자신이 처한 상황을 이해하는 것만으로는 문제를 해결하기에 충분하지 않다는 사실을 전달하는 역할도 한다. 변화가 일어나기 위해서는 일상생활에서 새로운 가정을 갖고 수행해야만 한다. 인지적 재구성은 내담자들이 기존의 잘못된 가정을 버릴 수 있게 해 주며, 과제는 새로운 가정을 설립하는 것을 도와준다. 개념적 틀을 구성하는 동안에 나오는 일반적인 대답은 "나는 이미 나에 대해서 잘 알고 있어요."라는 것이다. 자신에 대한 이해가 그들 스스로에서 오든 혹은 상담 회기에서 오든 간에, 이것이 일상생활에서 적용되었을 때만이 유용하다는 점을 전달하는 것이 과제의 목표다.

새로 개발된 기법은 다음과 같다.

- **경험적 태도**: 내담자에게 상담 회기에서 사용된 개념을 적용해 보려는 경험적 태도를 갖도록 가르친다. 개념적 틀로부터 나온 과제물은 실험과 유사하다. 나는 내담자들에게 과제(치료) 수행이 그들의 사고와 감정 및 다른 사람들의 반응에 끼치는 효과를 관찰하도록 요청한다. 하나의 개념이 효과적이라고 여기려면, 내담자들은 나의 상담 모델의 행동 지향성과 일관성 있게 일상생활에 적용함으로써 오는 긍정적인 효과를 볼 필요가 있다.

- **정서 인식**: 나는 정서 인식이 정서 조절의 선행 조건임을 가르쳐 준다. 제기된 문제와 관련된 감정을 묘사하는 것에서 더 나아가, 상담 회기 동안 일어나는 정서적 경험에도 주의를 기울이도록 초점을 둔다. 나는 잠재적 정서 경험을 나타내는 비언어적 단서만 있을 때 특히 이 방법을 사용한다. 일상생활에서 정서 경험을 자기 점검하도록 하는 과제를 통해 이 방법을 강화한다. 가끔씩 내담자들에게 다음 상담 회기에서 다룰 이야기들을 기록하도록 지시하기도 한다.

- **정서 표현**: 나는 내담자들에게 필요한 경우 감정을 표현하는 것이 중요하다고 가르친다. 목적은 감정의 표출이지 타인의 행동을 변화시키는 것이 아니다. 정서 표현 연습의 대상은 내담자의 중요 주변 인물들이다. 일부 내담자에게는 자기가 발달시킨 정서 억제 패턴을 바꾸는 것을 과제로 내주기도 한다. 다른 내담자들에게는 적절한 형태로 감정을 표현하도록 가르치기 위해 과제를 내준다.

- **기타**: 내담자의 제기된 문제를 개선하기 위한 목표로 사용되는 기타 기법들은 내담자와의 협조하에 생겨난다. 여기에는 공부 습관을 바꾸기 위한 행동 계획을 세우는 것, 학업적 미성취 아동에게 조직화 기술을 발달시키는 것, 그 외에 영재 아동들의 행동 문제를 효과적으로 다루기 위한 부모의 전략 등이 있다.

4. 적 용

문제 제기

나는 여러 연령대의 영재들의 다양한 사회적/정서적 적응 문제를 다루기 위해 이 장에서 소개한 상담 모델을 사용한다. 영재 성인들은 양육 문제, 관계성 문제, 실존적 위기와 같은 문제로 상담을 의뢰한다. 부모와 관계성 상담을 위해 나는 제시된 대로 상담 모델을 적용한다. 하지만 존재의 의미와 같은 경우에는 행동 변화를 위한 상담 기법보다는 내담자의 인식과 수용의 문제에 초점을 둔다. 영재 청소년들은 ADHD, 학습장애(LD) 혹은 아스퍼거 증후군과 같은 특수성이나 학업적 미성취의 문제로 상담에 의뢰된다. 또한 영재 학생들은 학교환경에서 종종 나타나는 사회적 어려움, 행동장애, 정서적 혼란 문제로 상담에 의뢰된다. 나의 상담 모델은 정신장애를 지닌 내담자를 위해 고안된 것은 아니어서 이 경우에 나는 조력 전문가에게 의뢰한다.

사례

개념적 틀의 구성은 나의 접근 방식의 기초를 담당한다. 나의 상담 모델에서 이러한 요소를 설명하기 위해 학업적 미성취 문제를 지닌 한 영재 학생과의 상담을 골랐다. 내담자는 16세의 여자 고등학생이며 영재교육을 받고 있었다. 다음의 대화는 내담자와의 처음 두 상담 회기의 일부다.

첫 번째 면담

상담자 상담의 첫 회기에서 목표 중 하나는 너의 문제가 무엇인지 파악하는 거야. 네가 문제에 대해 말할 때, 나는 나의 생각을 그대로 말해서 너의 문제에 관해 내가 어떻게 생각하고 있는지를 볼 수 있도록 할 거야. 나는 무엇을 할지 결정하기에 앞서, 너와 내가 모두 이해할 수 있는 방법으로 네가 경험하고 있는 것들을 이해해야 한다고 생각해. 자, 이제 시작해 보자. 왜 나를 만나고 싶어 했는지 말해 보렴.

내담자 네, 저는 고등학교 11학년 학생입니다. 학교 선생님과 대화하면서, 저는 무언가에 집중하는 것이 어려워 제가 ADD를 가진 것 같다고 말씀을 드렸어요. 말하자면 여섯 번이나 읽었는데도 아무것도 기억할 수가 없어요. 선생님은 제가 전형적인 ADD 증상을 가지고 있지는 않다고 했어요. 선생님이 지적하시길 저는 당장 일어나서 누군가와 말을 해야 하는 사람들과는 다른 종류인 내향적인 ADD일 수도 있다는군요.

상담자 [ADHD와 그 하위 유형에 대한 정보를 제공하며] 너의 선생님은 아마도 ADHD 중 부주의 유형을 말하시는 것 같구나.

내담자 네, 맞아요.

상담자 ……(부주의 유형은) 과잉행동적 요소를 지니고 있지는 않아. 학교 선생님은 너의 문제가 행동 부분이 아닌 집중력 부분일 거라고 말씀하시는 것 같은데 너는 이 문제를 올해 알게 되었니?

내담자 저는 중학교 영재교육(Gifted and Talented Education: GATE) 프로그램에 있었기에 어딜 보더라도 제가 아주 심각한 ADHD라고는 생각하지 않았어요. 우리 반의 다른 아이들은 정말로 심각한 문제가 있었고, 저의 경우는 경미하기 때문에 눈에 띄지 않았던 것이라고 봐요. 그게 전부예요.

상담자 그렇구나.

내담자 그리고 작년 10학년 때…… 나는 9학년 때 이미 10학년 수학과 10학년 과학을 이수한 상태였기 때문에 수업 3개를 온라인으로 수강했어요. 교실에서 듣는 수업은 스포츠 의학 하나였고, 거기서도 이미 95%로 끝낸 상태였어요. 지난 학기에는 10학년 AP사회, 10학년 AP영어, 10학년 스페인어 및 체육을 수강했는데, 이때 제 성적이 확 떨어졌어요(AP는 미국식 고등학교에서 대학과정을 미리 수강하는 선수학습 과정을 말함-역자 주). 사회에서 60점을 받았고, 영어도 거의 그 정도였으니까요.

상담자 충격을 받았겠구나.

내담자 예, 아니 아니요……. 그해 상반기에 다 잘되고 있다고 생각하고 있었는데, 그 학기에 처음으로 받는 점수가 사회에서 60점이었어요.

상담자 '이건 말도 안 돼.' 라고 생각했겠군.

내담자 예, 그리고 노력한 과목이건 아니건 간에 모든 과목 점수가 거의 이 정도였어요. 그래서 그냥 공부를 그만뒀어요. 그 이후로부터 제 공부 습관이 게을러졌어요.

상담자 그 전까지 공부 습관은 어땠는데?

내담자 제가 있던 영재교육 프로그램에서는 아무것도 안 해도 괜찮았어요.

상담자 그보다 더 전에는?

내담자 초등학교 때요? 그땐 더 쉬웠죠.

상담자 공부도 안 했는데 점수는 좋았단 말이지?

내담자 예.

상담자 너는 ADD 얘기를 했고, 우리는 너의 학교생활에 대해 잠깐 얘기를 했는데, 네가 나와 해결하고 싶은 것이 무엇인지 말해 줄 수 있니?

내담자 전 그저 상황을 극복할 방법을 원해요. 제가 큰 프로젝트를 하려고 자리에 앉으면, 저는 20분 정도 정말 열심히 해요. 그러고 나면 15분 정도는 아무것도 할 수가 없어요. 그러고 나서는 전혀 하고 싶은 의욕이 없다가 결국은 나머지를 해결하는 건 마지막 몇 분이에요. 앉아서 마음먹고 공부를 할 수가 없어요.

상담자 그래. 일단 네가 나에게 말해 준 것들을 내가 어떻게 생각하는지 네가 알았으면 좋겠다. 너의 상황을 ADHD라고 단정짓기보다 학업적 미성취라고 표현하는 것이 더 적절하다고 생각한다. 영재들과 상담을 할 때, 나는 영재성에 속한 특징들을 생각함으로써 그들을 이해하려고 해. 이게 잘 안 통하면 그제서야 나는 ADHD와 같은 다른 설명을 찾지.

내담자 음, 전 저에게 어떤 문제가 있다고[ADHD] 생각하고 싶지 않아요. 하지만 저를 공부 습관이 나쁜 불량한 사람으로 믿고 싶지도 않고요. 정말 전 제가 그것보단 나은 사람이라고 생각하거든요.

상담자 음, 일단 난 정말로 네가 불량한 사람이라고 생각하지 않아. 사실 학업적 미성취와 같은 너의 상황에 대해 내가 생각하는 것은 사람들이 종종 글로 써서 다룬 이야기들과 흡사해. 어떤 작가들은 학업적 미성취를 영재 학생들에게는 '예견된 위기'라고 했어. 나는 그것을 이렇게 해석한다. 너는 기본적으로 힘들지 않게 잘 나아가고 있었는데, 그러다 '벽에 부딪힌' 거야. 네가 AP 수업을 듣지 않았더라면 이런 상황을 조금 늦출 수 있었겠지만, 이런 상황은 결국에는 일어났을 거라고 생각해.

내담자 그런 것 같네요.

상담자 이러한 내 생각이 너에게 적용될 수 있는지 살펴보자. 너의 영재성 때문에, 초기 학교생활에서의 학습은 사실상 노력을 하지 않고 도 좋은 성적을 거둘 수 있었을 거야. 그러다가 AP 수업과 같이 좀 더 많은 노력을 요구하는 수업을 듣기 시작했을 때 너는 벽에 부딪혔고, 너의 성적은 급격히 떨어지기 시작한 거지.

내담자 예, 이해할 것 같아요. 제 경우를 적용해 보면 작년에 매일 밤 엄청난 양의 숙제에 매달리던 아이들이 있었는데, 난 집에서 교과서를 열어 본 적조차 없어요. 그러고도 69%의 점수를 받았어요. 결코 좋은 점수는 아니지만 진급은 할 수 있었으니까요.

상담자 그래. 만약 너보다 타고난 능력이 적은 아이가 너처럼 공부했다면 분명히 낙제했을 거야.

내담자 예.

잠시 후에 내담자는 공부 패턴을 바꾸는 일이 얼마나 힘들게 다가오는지에 대해 이야기한다. 나는 영재성의 특징을 소개하며 개념적 틀을 계속 구성한다.

내담자 그것을 바꿀 필요가 있다는 것은 저도 알아요. 그리고 그렇게 어렵진 않아요. 선생님은 업무 태도를 바꾸는 것이 큰 문제겠죠. 매우 광범위하니까요.

상담자 우리는 너의 학습 태도를 바꾸는 데에 힘쓸 거야. 하지만 내 방식에 따라 학습 태도라는 주제를 가져올 수 있도록 서로의 이해를 도모하는 것이 우선 필요하구나. 그래야 우리가 무엇을 할지를 생각해 낼 수 있어. 너는 이 방식이 괜찮니?

내담자 예, 좋아요.

상담자 너에게 제안을 하나 하지. 너는 네가 생각하는 그대로를 솔직하게 말해 주어야 해.

내담자　예.

상담자　나는 너의 상황을 이해하기 위해 영재성과 그 특징들을 사용하고
자 해. 나는 영재들이 모든 것을 평가하고 분석하려 든다고 생각
하거든. 이런 특징을 너에게 적용해 보자. 선생님들이 너에게 과
제를 내주었을 때 너는 "예, 제가 하겠습니다."라고 바로 대답하
지 않아, 아닌가?

내담자　당연히 아니죠. 그리고 선생님들은 이런 제 반응을 싫어해요. 가끔
씩 과제를 보면서 해결할 수 있는 더 좋은 방법이 떠오르곤 해요.
그 외의 경우에는 과제가 정말 바보 같고 그 과제를 하는 데에 시
간을 쓸 가치가 없다고 생각하기도 해요. 한번은 제 과학 선생님이
지구화에 관한 교재를 쓰라는 과제를 내주셨어요. 그렇게 애매하
게 말씀하시다니! 너무 바보 같은 숙제라고 생각해서 그냥 안 했어
요. 전 에세이나 반성적 글쓰기는 정말 싫어요……. 저는 느낀 점
은 잘 쓸 수가 없어요. 생각한 것은 잘 쓸 수 있지만요.

상담자　바로 거기 아직 우리가 다루지 않은 부분이 있어, 너의 정서적인
측면.

내담자　참 색상(true color)놀이 해 보셨어요?

상담자　그건 왜?

내담자　보시다시피, 저는 파란색 타입이에요. 저는 그렇게 생각하는 것이
아니라 이러니저러니라고 느끼는 사람 중 하나여야 해요.

상담자　난 참 색상이 뭔지 잘 모르겠는데. 느끼긴 하지만 그것을 표현하
지는 않는다는 것 같은데.

내담자　맞아요.

상담자　지금 우리는 영재성에 대한 내 생각의 핵심 요소에 대해 이야기

하고 있는데, 이게 바로 고조된 민감성이란 거야. 난 네가 영재이
기 때문에 매우 예민하다고 생각해.

내담자 예.

상담자 결론을 내려 보자. 지능이 높을수록 그 사람은 더 예민해. 나는 민
감성을 인식이라는 면으로 규정하기 때문이지. 민감성을 생각할
때면, 나는 경험과 표현을 확실하게 구분해. 아주 예민하다는 것
이 반드시 네가 그 느낌을 표현한다는 의미는 아니라는 거야.

내담자 [주의를 기울이며] 예.

상담자 너는 너 자신이 느끼는 것과 다른 사람들이 느끼는 것을 매우 잘
인식하고 있어. 그래서 너는 깊게 느끼고 있지. 그렇지만 네 주위
사람들은 그것을 절대로 모르고 있어.

내담자 맞아요. 사람들은 저를 차가운 사람이라고 생각해요.

상담자 하지만 너는 그런 사람은 아니야. 그렇지?

내담자 예, 예민함이 과잉반응을 일으키나요?

상담자 내 이론에 의하면? 당연하지!

내담자 정말 말이 되네요. 아시다시피 바로 이게 제가 영재교육 프로그램
에 들어가게 된 이유였어요. 바로 저에 대한 다른 아이들의 반응
에 대한 저의 민감성 때문이에요. 저는 키가 크고, 머리가 좋았으
니까, 다른 아이들이 "쟤 왕따 시키자."라고 생각했을 거예요.

상담자 그래서 너의 영재성 때문에 다른 아이들의 놀림거리가 되었고, 그
것이 너를 힘들게 했구나.

내담자 예.

상담자 또한 고조된 민감성은 이렇게 너에게 스트레스를 더해 줄 수 있
어. 다른 사람의 정서적 부담을 느끼고 떠안기 때문이지.

내담자 예. 제 친구 하나는 집에서 겪는 문제를 어느 날 제게 얘기한 적이

있어요. 그 친구는 정말 불쌍했어요. 가끔씩은 더 이상 들어줄 수 없다고 말할 정도로 나를 정말로 슬프게 해요. 그리고 기분이 진짜 안 좋아지기 시작해요. 그들의 감정을 저 스스로 느끼게 돼요.

[내담자와 학업적 미성취에 대한 탐색으로 돌아간다.]

상담자　이와 관련된 또 하나의 주제가 생각났어. 수년 동안 너는 너의 지능에 대해 긍정적인 피드백을 받았을 거고 영재라는 이야기를 들어왔을 거야.

내담자　예, 그랬던 것 같아요.

상담자　그리고 너는 영재와 노력도 하지 않는 학습을 연관시켰을 가능성이 높아. 시간이 지나면서 이 생각을 자아개념이나 정체성에 통합시켰을 수 있어. 나의 이론이 너의 경우에도 적용되었는지 보자. 성적 하락을 알아차리기 시작한 것은 언제지?

내담자　아마 9학년 수학과 과학 수업에서부터였을 거예요.

상담자　내 경험에 따르면 보통 수학과 과학에서 이런 현상이 발견되는데, 이 과목들은 수업 내용을 아느냐 모르느냐만으로도 성적이 갈리기 때문이야. 대충 찍어서 넘어갈 수 없다는 뜻이지. 다른 학과목들과는 달리, 상식으로는 해결되는 문제가 많지 않아.

내담자　수학과 과학에서 저는 그저 공부를 안 했어요. 중학교 때까지 사회와 영어는 아주 탁월했어요. 선생님들은 저의 수업이 매우 인상적이었다고까지 했어요. 그래서 나중엔 몇몇 프로젝트를 전혀 하지 않는데, 그래도 85%의 성적으로 통과했어요. [웃는다.]

상담자　그럼 나의 이론이 너에게도 해당되는 것 같구나. 너도 영재성과 노력도 하지 않는 학습을 연관시켜 생각할 수 있겠니?

내담자   예.

상담자   이 사실이 나에게 어떤 의미를 지니는지, 그리고 이 의미가 너의 경우에도 적용되는지 보자. 너는 '내가 만일 학교 공부에 노력을 쏟는다면 나는 영재일 리 없어.' 라고 생각할지도 몰라. 이게 아마 너의 정체성의 일부가 되었을 거야.

내담자   [놀란 목소리로] 예, 저도 제가 무언가에 노력을 해야 한다면 영재일 리가 없다고 생각해요.

상담과정이 끝나고, 나는 우리가 나눈 얘기를 요약한다.

두 번째 면담

상담자   지난주 상담에서 너는 어떤 생각이 들었니?

내담자   우리는 정체성에 대해 이야기했어요. 저도 어느 정도 동의하고요. 무엇이 정체성을 만들어 가는지, 그리고 무엇이 그렇지 않은지, 조금 이상하지만. 그러나 선생님이 그렇다고 생각하고 있고, 저도 그렇다고 생각하게 됐어요. 신기했어요.

상담자   괜찮다면 좀 더 자세히 이야기해 볼래?

내담자   전 영재라고 불리는 것이 저의 정체성의 일부라고 전혀 생각하지 않았어요. 사람들이 저를 똑똑하다고 생각하는 것이 제게는 중요하고, 일상의 대화에서 다른 사람들보다 높은 위치에 있는 것을 좋아해요. 16년이 지난 뒤에야 깨달았다는 사실이 신기해요.

상담자   그게 너에게 특별하게 다가온 부분이니? 다른 건 없고?

내담자   예, 그게 전부예요.

상담자   음, 네가 너 자신을 어떻게 보고 있는지, 그리고 무엇이 너에게 중요한지를 생각하며 정체성에 대해 이야기해 보자.

내담자　물질적인 것은 저에게 별로 중요하지 않아요. 물론 그런 것을 제가 가지고 있다면 좋겠지만, 그게 정말 제가 누구인지에 영향을 주지는 않잖아요.

상담자　음…….

내담자　예를 들어, 옷 같은 것은 별로 안 중요해요. 옷은 어떻게 입어도 별로 신경 쓰이지 않아요. 승마가 아마 유일하게 제가 신경 쓰는 부분일 거예요.

상담자　'난 승마를 한다.'는 것이 너의 정체성의 일부라는 건가?

내담자　예, 저희 가족은 매우 운동신경이 뛰어난데 저는 그렇질 못해요. 그래서 제가 잘할 줄 아는 운동경기에서 누구보다 뛰어날 수 있다는 것이 매우 중요해요. 그리고 제가 운동을 할 때에는 남들에게 드러내 보이는 것이 무엇보다 중요하고요. 이게 제 스타일인 것 같아요. 제가 조금 완벽주의자거든요.

상담자　완벽주의라는 것이 너에게 어떤 의미인지 궁금하구나.

내담자　무언가 제대로 되어 있지 않은 것을 견디지 못해요. 저에겐 그게 다예요. 다른 사람들의 경우, 나는 그들을 관찰하고 그들이 완벽주의자라고 말할 수도 있어요. 그들은 뭔가를 계속 반복해서 하기 때문이에요. 그러나 저는 첫 번째 장애물을 넘지 못하면 매우 당혹스러워져요. 그리고 그저 두 손 들고 떠나요.

상담자　너의 삶 전체에서 그렇게 하고 있니?

내담자　특히 학교에서 그렇죠. 왜냐하면 저에게는 학교가 쉬워야만 하기 때문이에요. 승마는 꼭 그렇지 않아요. 제가 최선을 다해야 한다는 것을 처음부터 알았어요. 아마 승마에 타고난 영재는 아무도 없을걸요…….

상담자   흠…….

내담자   ……그리고 승마 연습에 익숙해졌어요.

상담자   내가 보기에 그 분야를 선택한 것은 너 자신 같아. 누군가 너에게 승마를 강요한 건 아니지 않아?

내담자   저희 부모님도 제가 승마를 한다는 것에 그다지 찬성하는 분위기가 아니었어요. 그리고…… 제가 열 살 무렵에 전화번호부에 있는 모든 마굿간에 전화를 해서 어디가 가장 적절한 가격인지를 알아보고, 우린 그곳에서부터 시작한 거예요.

상담자   결심이 대단했군!

내담자   [웃는다.] 예, 정말 하고 싶었거든요.

상담자   너는 무언가 하고 싶은 것이 생기면 정말 깊이 빠져드는구나.

내담자   예. 그리고 부모님은 제가 제 돈을 털어서라도 말을 살 거라는 것을 아셨고, 결국 저에게 말을 사 주시고 매달 유지비도 다 지불해 주셨어요. [빙그레 웃는다.]

상담자   너의 결심을 보셨구나.

내담자   예, 아마 그에 대한 보상이었을 거예요.

상담자   응. 다시 완벽주의에 대해 얘기하고 싶은데. 너의 학교 공부에서 완벽주의가 어떻게 나타났지?

내담자   좌절감이죠!

상담자   자세히 설명해 주겠니?

내담자   과제를 하고서도 저 스스로에게 만족스럽지 못하면 그냥 제출하지 않았어요.

상담자   스스로에 대한 기대를 저버릴 수 없는 거군.

내담자   예. 당시 선생님들은 제가 자신에 대한 기대가 너무 높다고 하셨어요. 가끔은 프로젝트를 끝내지 못하고 있다가 바로 마감 날이 되어서야 "아차!" 하고 그동안 잊어버리고 있었음을 깨닫곤 해요.

상담자　그리고 불안감을 느끼겠지?

내담자　예.

상담자　나는 네가 합리화를 통해 과제에 대한 불안감을 떨쳐 버리는지 궁금하네. 예를 들어, 스스로에게 "별로 중요한 숙제는 아니야. 혹은 바보 같은 숙제."라고 말하기도 하는지…….

내담자　네, 정말 그래요!

상담자　"이 바보 같은 것을 내가 왜 해야 하지?"

내담자　맨날 똑같은 것만 시켜요. 정말 다루어야 할 내용은 손대지도 않아요. 선생님들이 게으른 거예요. 제가 왜 그들을 위해 숙제를 해야 하나요? 저는 아마 상당히 괜찮은 합리화를 하고 있는 것 같아요.

상담자　과제를 다 끝마쳐 놓고 나서 보니 "이건 정말 쓰레기야. 차라리 제출 안 하고 말지!"라고 생각해 본 적도 있어?

내담자　예!

상담자　과제에 대한 불안감을 떨치기 위해 정말 다양한 방법을 동원하는구나.

내담자　그저 창의적일 뿐인걸요. 기대치가 있고, 그걸 만족시키지 못하면 그냥 내려놓아요. 그저 빠져나갈 궁리만 하는 거죠. 절대로 노력하고 또 노력해서 해내는 스타일이 아니에요. 여태까지 뭐든지 한 번에 다 할 수 있던걸요. 제가 한 방에 하지 못한다면 제가 두 번째나 세 번째 만에는 해낼 수 있나요?

상담자　네가 늘 한 방에 그리고 매우 빠르게 모든 것을 해결해 왔다는 사실이 과제에 대한 너의 접근 방식에 영향을 줬다는 것을 드러내는구나.

[고조된 자기비판의 특징에 대해 소개한다.]

상담자   나는 이런 과정이 정말로 완벽주의인지 궁금해. 오히려 자기비판에 가깝다고 생각한다. 너는 과제를 보고 "나는 이 과제를 잘해야 하지만 그렇게 하지는 않고 있어."라고 생각하고 있어. 즉, 너는 너의 수행을 비판하고 있는 거야. 그러고는 남들의 기대치가 아니라 자신의 기대에 부응하지 못한 너 자신을 비판하는 거야.

내담자   예. 그리고 부모님은 제 성적에 대해 늘 오케이였다는 사실이 웃겨요. 아마 부모님도 아셨을 거예요. 저한테 추가로 더 많은 압박감을 주면 전 그걸로 끝이라고. 아마 하던 것보다 덜 공부했을 거예요.

상담자   음.

내담자   학교에서 60점대일 거예요. 내 친구들이 60점대를 맞으면 그들은 아마 망할걸요. 때때로 전 제가 어렸을 때에 부모님이 제게 좀 더 압박감을 주시길 바랐어요.

상담자   음.

내담자   그러나 그 상황에서 한 걸음 물러나요. 그리고 생각해요. "오케이, 누군가의 기대를 고려한다면 무슨 일이 생길까?" 전 저 자신에게 엄격하기 때문에 그건 제게 무리일 거예요.

상담자   자기 기대와 다른 사람의 기대치 모두를 맞춰야만 한다면 정말 다 내려놓고 싶을 거야.

내담자   예. 누군가 저를 비판하려 든다면 저는 그냥 반격할 거예요……. 제가 그냥 듣고는 있지만 주의 깊게 듣지는 않을 거예요. 그러고 싶지도 않고요. 왜냐하면 과민감성 뭐 그런 것 때문에.

상담자   알겠네.

내담자   일종의 방어 기제예요.

상담자   너의 상황에서 일어나고 있는 일들은 모두 민감성과 자기비판의
         결과지.

내담자   예.

상담자   나는 자기비판이 너에게 어떻게 작용하고 있는지 좀 더 알고 싶
         어. 시나리오를 줄게. 예를 들어, 너희 어머님께서 "넌 도대체 숙
         제를 어떻게 하는 거니? 좀 이렇게 할 순 없니?"라고 핀잔을 준다
         면 넌 어떻게 할 것 같니?

내담자   "그래, 그럼 엄마가 할래요?"라고 답변하겠죠. 그리고 매우 방어
         적으로 변할 거예요. 엄마의 목소리는 일종의 우월함이 내포된 말
         투예요. 전 그런 것을 잘 다루질 못해요.

상담자   우월함이라는 것이 너에게는 어떤 의미이지?

내담자   그것은…… 아마 그들이 저보다 더 낫다는 생각을 하는 것은 아니
         겠지만 적어도 제가 그들보다 못하다고 생각한다는 의미인 것 같
         은데요.

상담자   그들이 너보다 무엇을 더 잘해야 하는지 알고 있다고 생각하는
         것이 가능할까? 마치 네가 무엇을 하고 있어야 하는지를 아는 것
         처럼?

내담자   예.

상담자   이건 네가 말한 것과 별반 다르지 않네. 난 그저 파악하고 싶을 뿐
         이야.

내담자   그들이 저보다 더 잘 알고 있다고 생각하는 건 아니에요. 그들은
         제가 잘못 알고 있다고 생각하겠죠. 정말 오랫동안 이런 식으로 생
         각해 왔어요. 이런 식으로 저에 대한 지적을 해석해 오지 않은 때
         가 없는 것 같아요.

상담자   그래서 네가 하고 있는 일이나 너에 대한 지적이 있을 때마다 그게
         너의 전형적인 반응일 거야. 너는 그들이 너를 바보로 만든다고 생
         각했어. '너에 대한 암묵적 비판'이라는 표현이 이해가 가니?

내담자   예!

상담자   즉, 너는 너에 대한 지적을 암묵적인 비판으로 받아들인 거군.

내담자   예.

상담자   그리고 비판을 위협으로 지각하고 있고. 그래서 너는 방어적이 되
         어 반격을 하는 거구나.

내담자   맞아요. 우리 아빠는 그 점에서 진짜 나빠요. "숙제 하고 있니?"라
         고 말씀하시는데 저는 앉아 있다가 당황하게 돼요. 아빠는 제가 앉
         아 있는 모습을 보면 제가 숙제를 하고 있는지 안 하고 있는지 아
         시겠죠. 저는 퉁명스럽게 대답하게 돼요. 인간적인 면에서 저와 아
         빠가 꽤 비슷한 편이라 그런지 아빠도 퉁명스러워지고, 별로 안 좋
         은 상황이 연출되곤 해요.

상담자   좋아, 그럼 내가 아버지 역할을 하지. "그래, 지금 숙제 하고 있니?"

내담자   [웃음] 아빤 그런 말투로 말씀하시지 않아요.

상담자   뼈가 있는 말투로 말씀하시나 보구나.

내담자   네. 아빠는 "그래! 지금 숙제는 하고 있니?"라고 말씀하세요. 제가
         숙제를 하고 있지 않다는 것을 아시고, 당장 시작하라는 의미를
         내포하듯이 말이에요. 그리고 저는 "아~빠!!!!!"라고 말대꾸해요.

상담자   잠깐의 만남에서 많은 내용을 나누었구나.

내담자   예.

[영재성의 개념, 민감성, 정서적 경험 그리고 정서 표현에 대한 토론]

내담자   저의 오빠와 언니도 매우 지적이지만, 저처럼 감정적이지는 않아
         요. 저에게는 영재성과 지적인 면이 같이 있어요. 지적이라는 것
         은 제가 영재들처럼 똑똑하다는 것이지만, 영재는 정서적으로 보
         다 많은 부담을 갖게 돼요. 제 친구들도 모두 다 똑똑하고 성적도
         좋아요. 특히 내가 강조하는 나의 절친은 영재교육에서 만난 다른
         친구들과 조금 달라요. 하지만 매우 똑똑해요.

상담자   네가 지능과 영재성에 대해 말하는 것이 흥미롭구나. 이 점에 대
         한 너와 나의 관점을 비교해 보자. 나는 매우 똑똑한 것과 영재라
         는 것을 구분하지 않는데, 나에게 영재성은 곧 똑똑하다는 것을
         의미하지. 나는 민감성이 지능과 관련 있기 때문에 지능이 높을수
         록 민감성은 더 커진다고 생각해. 정서에서의 차이점에 대한 나의
         해석은 경험과 감정 표현 간에는 차이가 있다는 거야. 그래서 같
         은 지능을 가진 두 사람이 있다면 그들의 민감성 또한 같은 수준
         이어야 하며, 이 말은 곧 그들이 둘 다 매우 감성적일 가능성이 있
         다는 의미지.

내담자   그런가요?

상담자   감정 표현에서의 차이의 근원은 사회환경에 있어.

내담자   아, 알겠어요.

상담자   그것을 바라보는 한 가지 방식은 민감성이 정서를 창조한다는 거
         야. 그들이 표현하거나 하지 않거나 하는 것은 또 다른 문제야.

내담자   정서적인 문제는 어디에서 작용하나요?

상담자   정서적 경험과 정서 표현 간에는 차이가 있어. 정서적 경험은 민
         감성의 한 부분이지만 정서 표현은 환경에 달려 있지.

내담자   아, 알겠어요.

상담자   만일 네가 감정 표현을 억제하는 환경에 놓여 있다면, 너는 자신의

감정을 표현하지 않는 법을 배우게 될 거야. 우리는 부모님과 같은 다른 사람들로부터 받은 피드백을 통해 감정을 표현하는 방식을 배우게 돼. 처음에 감정 표현에 대한 부모님과 타인의 반응이 우리가 감정을 표현할지 말지, 그리고 어떻게 표현해야 하는지를 가르쳐 주게 되지. 경험이 차지하는 부분이 바로 그 부분이야. 우리의 민감성을 표현하느냐 마느냐는 우리가 자란 환경에 달려 있어.

내담자 아, 이제 알겠어요. 사람들은 여자아이들이 울어도 괜찮다고 하지만 감정적이라는 이유로 좋지 않은 시선을 주기도 해요. 난 이런 게 싫어요. 그래서 나는 감정을 표현하지 않는 편이에요. 마치 열여섯 살짜리 남자아이와 같은 감정 표현을 가진 것 같죠.

상담자 너는 감정을 억누르기 위해 노력을 하는구나.

내담자 네. 그리고 지금은 감정을 표현하지 않은 대가를 치르고 있는 것 같아요.

상담자 대가라는 것은 무엇이지?

내담자 모든 것이 제 안에 갇혀 있다는 사실이죠. 한 친구는 저와 자주 비교되는데, 그 친구는 무언가 와 닿는 구석이 많아요. 그 친구는 늘 달라요. 아주 감급하죠. 늘 관심을 원해요. 남자친구도 늘 필요하고요. 그 친구는 늘 자신의 문제를 누군가에게 털어놓아야 하며 그럴 때마다 정말 감정적이에요. 저는 여기 앉아서 생각하곤 해요. '그래, 아마 같은 기분을 가진 사람이 너 혼자는 아닐 거야. 정말이야.' 저는 제 마음을 표출하지 않는 법을 알기 때문에 더 완고해지게 돼요. 특히 더 그 친구처럼 행동하고 싶지 않거든요. 그래서 모든 것을 제 안에 담아 두어요.

상담자 그렇지만 표현하기는 해야 할 텐데…….

내담자 [동시에] 표현하기는 해야…….

상담자 그리고 감정은 표현해야 해.

내담자 그래요. 하지만 제가 정말 믿고 털어놓을 사람이 거의 없어요. 초등학교 때 일어난 일 때문에 한 가지 제대로 배운 것이 있어요. 아는 것이 힘이에요.

상담자 그래.

내담자 제가 만약 누군가에게 무언가를 말한다면…….

상담자 너에게 불리하게 사용하겠지.

내담자 바로 그거예요!

상담자 만약 그럴 확률이 있다면 나도 감정을 드러낼 위험은 감수하지 않을 거야.

내담자 맞아요. 정말 누군가에게 확고한 신뢰가 있어야만 해요.

상담자 너도 알다시피 정체성과 자아개념으로 돌아가서 생각해 보자. 나는 감정이라는 것이 자아개념의 중심에 있다고 생각해. 자아의 가장 내면에 위치한 감정을 드러내려면 아주 안전하다고 느껴야만 한다는 거지. 안전하다고 느끼지 않는 이상 감정 표현을 감수할 리가 없어. 거절당할지도 모르잖아?

내담자 그것뿐만이 아니에요. 아주 많은 사람은 저만큼 비밀이 많지 않아요. 사람들이 다른 사람에게 자신에 관한 이야기를 한다 해도 그들에게는 큰일이 아니죠. 하지만 제가 말한 이야기를 누군가 다른 사람들에게 말한다면 그걸로 끝이에요. 전 끝이라는 거예요. 모든 것을 어렵게 제 안에 숨겨 두는 데엔 다른 이유가 없어요. 세 명 이상이 저에 대한 사적인 것을 알고 있다면 저는 매우 불안해질 거예요.

상담자 우리가 지금 이야기하는 것은 내가 전에 감정 표현에 대해 말했던 것의 좋은 예가 되는구나. 네가 초등학교 때 그런 나쁜 일을 겪지

	않았다면 지금과 같은 방법으로 감정을 다루지는 않았을 거야.
내담자	그럴 거예요. 더불어 부모님이 저를 약간 어른 취급을 한 것도 이 유가 돼요.
상담자	그래 맞아.
내담자	저는 감정적으로 어른 취급을 받아 왔어요. 제가 여섯 살 때쯤이 었는데, 제가 '증오해'라는 단어를 사람이나 사물에 사용하면 부모님은 그 말을 하지 말라고 하셨죠. 그 정도로 강한 의미를 가진 단어라는 거예요. 여섯 살 난 아이가 무언가를 증오하다니! 게다가 제가 흥분해서 폭발해 버리는 경우도 있었다고 들었어요.
상담자	그래서 어른 취급을 받음을 시작으로 학교에서의 경험이 더해진 거구나. 난 너의 감정 표현 방식에 다른 원인이 있다고 생각한다. 하지만 아무래도 이 두 가지가 너에게 중요한 사건인 것 같아.
내담자	맞아요.
상담자	하지만 우리는 너의 감정을 '표현'하는 것에 관한 이야기를 하고 있어.
내담자	맞아요.
상담자	경험을 이야기하자는 것이 아니야.
내담자	예, 경험이야 아주 많으니까요!
상담자	그리고 난 표현이 민감성을 작동시킨다고 본다. 민감성은 감정을 생성해 내지. 감정이 표현되느냐 안 되느냐는 환경과 우리가 배운 감정 표현의 법칙에 의해 정해지는 것이야.
내담자	그리고 엄마가 여기 계셨다면 집에서 제가 감정을 표현할 기회가 얼마든지 있었다고 말하실 거예요. 분명히 있긴 했어요. 하지만 제가 감정을 표현하면 저의 자아개념에 죄책감이 생겨요. 제가 잘못한 것처럼 느껴요.

상담자 　그럼 그런 죄책감의 원인은 뭐지?

내담자 　몰라요. 우리 집은 잘살아요. 그리고 부모님은 늘 말씀하셔요. "우리는 잘사니까 너는 다른 사람들을 도와야 한다."라고요. 맞는 말이에요. 그래서 제가 남들을 충분히 돕지 못하면 죄책감이 들어요. 전 뉴스나 영화도 잘 볼 수가 없어요. 그 사람들이 너무 불쌍해서요. 제가 의사나 심리학자가 될 수 없는 깃도 그 때문일 기예요. 여름에 여성회에서 열린 여성들을 위한 승마 캠프에 갔는데, 저에게는 가장 스트레스를 준 시간이었어요. 일단 어려웠어요. 그 당시 몸이 좀 아팠거든요. 그리고 마음도 아팠어요. 여성들과 아이들과 하루하루를 보내면서 전 매일 울었어요. 누군가에게 제가 느낀 점들을 얘기하려 하면 그들은 "그래? 그럼 너는 그들에게 가능한 한 좋은 경험을 주도록 노력해 봐."라고 하셨어요.

상담자 　네가 감정을 표현해도 다른 사람들은 너를 이해하지 못하는구나.

내담자 　맞아요, 이해 못해요.

상담자 　나는 너의 경험을 고조된 민감성의 면에서 이해해. 너는 다른 사람의 고통에 대한 그들의 감정과 인식을 그대로 느끼기 때문에 다른 사람들의 곤경에 깊이 영향을 받는 거야.

　이러한 대화는 개념적 틀이 완전히 구성될 때까지 계속되었다. 다음번 상담 회기에서는 내담자의 학업적 미성취를 이해하기 위하여 개념적 틀이 사용되었다.

참고문헌

Abramson, L. Y., Seligman, M. E. P., & Teasdale, J. D. (1978). Learned helplessness in humans: Critique and reformulation. *Journal of Abnormal Psychology, 87,* 49-74.

Adler, A. (1954). *Understanding human nature.* New York: Fawcett.

American Psychiatric Association. (1994). *Diagnostic and statistical manual of mental disorders* (4th ed.). Washington, DC: American Psychiatric Association.

Clark, B. (1997). *Growing up gifted: Developing the potential of children at home and at school.* Upper Saddle River, NJ: Merrill.

Cormier, S., & Cormier, B. (1998). *Interview strategies for helpers.* Pacific Grove, CA: Brooks/Cole.

Dabrowski, K. (1964). *Positive disintegration.* Boston: Little, Brown.

Dabrowski, K. (1967). *Personality-shaping through disintegration.* Boston: Little, Brown.

Dabrowski, K. (1973). *The dynamics of concepts.* London: Gryf.

Ellis, A. (2000). Rational emotive behavior therapy. In R. Corsini & D. Wedding (Eds.), *Current Psychotherapies* (6th ed., pp. 168-204). Itasca, IL: F. E. Peacoak.

Freud, S. (1949). *An outline of psychoanalysis.* New York: Norton.

Gagné, F. (2003). Transforming gifts into talents: The DMGT as a developmental theory. In N. Colangelo & G. A. Davis (Eds.), *Handbook of gifted education* (3rd ed., pp. 60-74). Boston: Allyn & Bacon.

Gardner, H. (1993). *Frames of mind: The theory of multiple intelligences.* New York: Basic Books.

Gardner, H. (1999). *Intelligence reframed: Multiple intelligences for the 21st century.* New York: Basic Books.

Greenberg, L. S. (2002). *Emotion-focused therapy: Coaching clients to work through their feelings.* Washington, DC: American Psychological Association.

Harter, S. (1999). *Developmental approaches to self-processes.* New York: Guilford

Press.

Jacobs, L. (1989). Dialogue in Gestalt theory and therapy. *The Gestalt Journal, 12,* 25-67.

Lewis, M. (2000). The emergence of human emotions. In M. Lewis & J. M. Haviland-Jones (Eds.), *Handbook of emotions* (2nd ed., pp. 265-280). New York: Guilford Press.

Lewis, M., & Michaelson, L. (1983). *Children's emotions and moods: Developmental theory and measurement.* New York: Plenum Press.

Lovecky, D. V. (1992). Exploring social and emotional aspects of giftedness in children. *Roeper Review, 15,* 18-25.

Marland, S. P., Jr. (1972). *Education of the gifted and talented: Report to the Congress of the United States by the U.S. Commissioner of Education.* Washington, DC: U.S. Government Printing Office.

Marsh, H. W. (1990). *Self-Description II manual.* Macarthur, Australia: Publication Unit, Faculty of Education, University of Western Sydney (Macarthur).

Meichenbaum, D. (1985). *Stress inoculation training.* New York: Pergamon Press.

Mendaglio, S. (1995). Sensitivity among gifted persons: A multi-faceted perspective. *Roeper Review, 17,* 169-172.

Mendaglio, S. (2003). Heightened multifaceted sensitivity of gifted students: Implications for counseling. *Journal of Secondary Gifted Education, 14,* 72-82.

Mendaglio, S. (2005). Counseling gifted persons: Taking giftedness into account. *Gifted Education International, 9,* 204-212.

Mendaglio, S., & Pyryt, M. C. (1995). Self-concepts of gifted students: Assessment-based intervention. *Teaching Exceptional Children, 27*(3), 40-45.

Perls, F., Hefferline, R., & Goodman, R. (1951). *Gestalt therapy integrated: Excitement and growth in the human personality.* New York: Dell.

Piaget, J., & Inhelder, B. (1969). *The psychology of the child.* New York: Basic Books.

Pyryt, M. C., & Mendaglio, S. (1994). The multidimensional self-concept: A comparison of gifted and average-ability adolescents. *Journal for the Education of the Gifted, 17,* 299-305.

Renzulli, J. S. (1978). What makes giftedness? Reexamining a definition. *Phi Delta*

Kappan, 63, 619-620.

Renzulli, J. S. (2002). Emerging conceptions of giftedness: Building a bridge to the new century, *Exceptionality, 10*(2), 67-75.

Roeper, A. (1982). How the gifted cope with their emotions. *Roeper Review, 5*(2), 21-24.

Rogers, C. (1951). *Client-centered therapy.* Boston: Houghton Mifflin.

Rogers, C. R. (1980). *A way of being.* Boston: Houghton Mifflin.

Silverman, L. K. (Ed.). (1993) *Counseling the gifted and talented.* Denver, CO: Love.

Spearman, C. E. (1927). *The abilities of man.* New York: Macmillan.

Stephens, K. R., & Karnes, F. A. (2000). State definitions for the gifted and talented revisited. *Exceptional Children, 66,* 219-238.

Sullivan, H. S. (1953). *Interpersonal theory of psychiatry.* New York: Norton.

Terman, L. M. (1926). *Genius studies of genius: Vol. 1. Mental and physical traits of a thousand gifted children.* Stanford, CA: Stanford University Press.

Wechsler, D. (2003). *Wechsler Intelligence Scale for Children—Fourth Edition: Technical and interpretive manual.* San Antonio, TX: Psychological Corporation.

Yontef, G. (1995). Gestalt therapy. In A. S. Gurman & S. B. Messer (Eds.), *Essential psychotherapies: Theory and practice* (pp. 261-303). New York: Guilford Press.

Zinker, J. (1978). *Creative processes in Gestalt therapy.* New York: Random House.

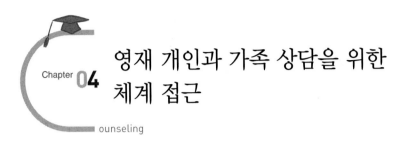

Chapter **04**

영재 개인과 가족 상담을 위한 체계 접근

ounseling

Volker Thomas, Karen E. Ray, and Sidney M. Moon

1. 서 론

이 장에서는 Thomas의 체계적 사고와 개입에 중점을 둔 가족치료의 배경과 Ray의 교육 체계에서의 가족과의 경험을 통합한 우리의 관점들을 다룰 것이다. 우리는 개인의 관점 이상으로 넓게 사고하는 것이 중요하다는 점에서 의견이 일치한다. 우리의 틀은 분명히 체계적이며, 가족이라는 집단은 더 큰 집단의 영향을 받는다는 점을 포함하고 있다. Ray는 체계적 사고란 가족에게 끼치는 영향력을 포함하여 가족 구성원들 간의 영향력 뿐만 아니라 내담자의 삶의 맥락을 생각하는 것으로 보고 있다. Ray는 개인차와 그것이 상담에 어떻게 영향을 주는지를 전문적으로 서술하였다. Thomas는 이러한 차이점이 가족의 상호작용 패턴과 영재성에 대한 그들의 정서 반응과 관계 있다고 기술하고 있다. 세 가지 상담 모델 중 두 가지를 체계적으로 나타낸 점과 영재 학생을 대상으로 이러한 상담방법을 사용하면서 통찰을 제시하였다는 점에서 이 장에 끼친 Moon의 영향력은 간접적이다.

여기서 우리는 우리의 지향점에서 사용된 개념과 용어를 가져와 사용할 것이며, 이들은 서로 동일한 의미를 가질 것이다. **치료사와 상담자**는 가족을 상담하는 임상가를 의미한다. **치료와 상담**은 이러한 가족과의 상담 과정을 의미한다. 가족 구성원들과의 상담 목표는 영재 아동만이 아닌 가족 구성원 모두에게 영향을 끼치는 것이며, 이는 가족 구성원 모두가 판별된 아이의 영재성에 영향을 받기 때문이다. 또한 모든 가족 구성원도 영재 아동에게 명시적으로 혹은 암묵적으로 영향을 끼치기 때문이다. 따라서 상담은 개인, 부모 혹은 모든 가족 구성원과의 상담으로 이루어질 수 있다.

2. 영재성 개념

영향

우리는 여러 사건과 장소에서 연결되어 둘 다 영재상담 분야로 오게 되었다. 벨린-블랭크 영재교육센터(Belin-Blank Center for Gifted Education)가 영재 학생을 위한 가족상담 접근을 개발하는 데에 관심을 둘 당시, Thomas는 아이오와 대학교에서 근무하는 가족 치료사였다. 그와 영재교육센터 소장인 Nick Colangelo는 명확히 제시해서 평가할 수 있는 상담 모델을 개발하였다. 지난 12년 동안, Thomas는 퍼듀 대학교의 교수로, 퍼듀 영재교육 자원 연구소(Purdue Gifted Education Resource Institute: GERI) 소장인 Sidney Moon과 함께 협업하였다. Ray의 아들은 수학 영재 청소년 연구 (Study of Mathematically Precocious Youth: SMPY; Stanley, 1996)에서 주최한 미네소타 대학교의 봉사활동 프로그램에 합격하였다. 이 프로그램에 참가할 자격이라는 것이 어떤 의미인지를 이해하기까지 Ray에겐 다소 시간이 걸렸다. 그녀가 어느 정도 이해하게 되었을 때, 그녀는 아들을 위해 영재 학생을 위한 프로그램을 찾았고, GERI를 발견하게 되었다. 그녀는 Julian Stanley와 John Feldhusen에게 초기에 영향을 많이 받았는데, 그들은 Ray의 아들에게 꼭 필요한 서비스를 제공한 여름 기숙 프로그램을 만든 사람들이다. 또한 그녀는 자신이 상담한 영재 학생과 상담을 하거나 자문을 해 준 가족들에게 영향을 많이 받았다. 하지만 아무래도 그녀에게 가장 큰 영향을 준 사람들은 Barbara Kerr, Susan Jackson, Jean Peterson, Linda Silverman, Nick Colangelo다.

정의

영재성이란 내면에 다면체의 수정을 함유한 정동석과 같다. 외면은 평범하여 다른 돌과 크게 구별되지 않는다. 물론 우리는 지리학자들이 정동석을 쉽게 발견할 수 있음을 안다. 내면은 다양한 색상, 크기, 구성, 구조의 수정으로 되어 있다. 가로, 세로에는 아무것도 질서 있게 배열되어 있지 않다. 정동석에서 수정을 빼낸다면 이것은 다시 심도 있는 조사과정을 거치게 된다. 무게와 크기를 재고, 결정 조직의 구조를 분석하고, 엑스레이를 투과시킨다. 그러나 수정을 제거하면 정동석의 특징은 바뀌어 더 이상 정동석이 아니게 된다. 영재성은 요소로 쉽게 분리시킬 수 없는 총체적인 개념이라는 점에서 정동석과 유사하다.

가장 많이 사용하는 영재성의 정의는 Marland(1971)의 것으로, 영재성의 다양한 측면을 기술하고 있다.

> 영재와 재능 아동은 그들의 뛰어난 능력 때문에 능력 있는 전문가들
> 에게 판별된다. 이 아동들이 자신과 사회에 기여할 수 있는 잠재력을
> 인식하기 위해서는 일반교육이 제공하는 것 이상의 다른 차별화된 교
> 육 프로그램 그리고/또는 서비스를 필요로 한다. 뛰어난 성취를 할 수
> 있는 아이들이란, 다음의 능력과 적성 중 하나 이상을 소유함을 뜻한
> 다. ① 일반 지적 능력, ② 특수 학문 적성, ③ 창의적이거나 생산적인 사
> 고, ④ 리더십, ⑤ 시각 및 공연 예술 적성, ⑥ 정신운동 능력(pp. I-3~I-4)

이 정의는 특정한 능력에 초점을 두고 있는데, 이러한 면은 특별한 프
로그램에 참여할 아이들을 발굴하는 데에 매우 중요하다고 여겨 왔다. 더
나아가 교육 체계에서 문제가 있으면 영재 아동의 가족에게 상담치료를
받게 하였다(Moon & Hall, 1998; Wierczerkowski & Prado, 1991). 영재성이
비록 한 가지 분야에서만 분명해도, 이는 전체의 한 부분이기 때문에 총
체적인 방식에서 언급될 필요가 있다.

Columbus Group(1991)의 정의는 영재들의 어린 시절에 나타나는 '고
르지 못한 발달(uneven development)'을 강조한다.

> 영재성은 앞선 인지능력과 고조된 강렬함이 합쳐져 규준이 되는 일
> 반 사람들과는 질적으로 다른 내적 경험과 인식을 창조하는 비동시적
> 발달과정이다. 이러한 비동시성은 지적 용량이 높을수록 증가한다.
> 영재들의 독특성은 이들을 특히 취약하게 만들며, 그들의 능력을 최
> 적으로 발달시키기 위해서는 양육, 교육 그리고 상담에서의 수정이
> 필요하다.

비동시적 발달(Silverman, 1997)이라 함은 고르지 못한 발달을 의미한다. 즉, 어떤 분야에서는 앞선 발달을 보이지만, 다른 분야에서는 나이에 적합한 발달을, 그리고 또 다른 분야에서는 오히려 느린 발달을 보인다. 이러한 현상은 영재 자신에게도 좌절감을 느끼게 하며, 인지능력과 비례한 사회적 기술이나 소근육 운동 기술을 기대하는 주변 사람들에게도 혼란을 야기한다. 이러한 현상은 영재이면서 어떤 영역에서는 장애를 동반하는 특수성을 지닌 사람에게서 가장 생생하게 드러난다(예: 학습장애, ADHD, 정서장애, 아스퍼거 증후군). 비록 비동시적 발달 현상이 심하지는 않더라도, 상담자는 가족 접근, 영재성, 정상과 비정상 발달, 그 외에 제기되는 특수한 문제에 효과가 있기 위해서는 전문성을 지녀야 한다. 비동시성과 관련된 관심이 정상적인 발달 사건인지, 영재성의 발현인지, 또는 비정상적인 방향으로 흘러간 표시(예: 소년/소녀 가장과 같은 경우, Bowen, 1978)인지를 이해하는 것이 중요하다.

영재성의 다른 정의에는 생물학적, 심리사회적 또는 인지적 견해가 있다(Moon & Hall, 1998). 생물학적 접근은 유전과 신경학적 연구로부터 나왔으며, 영재성이 물려받을 수 있는 특징인지를 함축하는 유전적인 요인에 초점을 둔다. 생물학적 견해를 이해하는 것이 중요한데, 이는 가족 구성원 중 한 명이 영재일 경우 다른 구성원들 또한 영재일 확률이 매우 높기 때문이다. 우리가 선호하는 일종의 체계적 접근을 하는 상담자들은 이런 점을 인식할 필요가 있다. 하지만 가족 내에서 한 명의 자녀가 부모보다 더 높은 지능을 가지고 있어서 가족을 직간접적으로 이끌고 관리하는 경우도 가능하다. 이러한 역할 전환은 대부분의 가족 체계 접근에서 중요하게 고려해야 한다.

심리사회적 정의는 교육에서 흔히 찾아볼 수 있으며, 지적 능력과 동기, 자아개념, 성취에 대한 지지와 장벽 그리고 과제 집착력과 같은 다른

요인들을 포함한다(Moon & Hall, 1998). 영재를 상담치료로 이끄는 상당수
의 이유는 교육과의 부조화에서 생기기 때문에(Webb, 1993), 영재 가족
구성원들이 교육 체계를 대하는 태도를 이해하는 것이 매우 중요하다. 또
한 이런 경우에는 학교의 시각을 이해하는 것, 즉 선생님들과 학교 관계
자들에게 중요한 것이 무엇인지를 아는 것도 매우 중요하다. 교육에서는
영재 판별에 대한 인지적 접근 방식을 자주 사용하지만, 가족 치료사들에
게는 그것이 가장 낯선 부분일 수 있다. 이러한 접근은 지능검사나 적성
검사 점수에 의존하여 능력의 수준을 결정한다. 지능검사에는 다양한 문
제가 있지만 영재를 판별하기 위해서 자주 사용된다(Sternberg, 1990).

이러한 접근 방식 모두는 각각의 장점이 있다. 그들은 가족 치료사에게
영향을 미치며, 가족의 복잡성을 좀 더 깊게 이해할 수 있게 해 준다. 하지
만 가족이 수용하는 영재성의 정의를 다루는 것과 영재성의 정의가 해당
가족의 기능에 미치는 영향을 조사하는 것은 더욱 중요하다. 영재성을 이
점으로 보고 있는지? 영재성이 스트레스 요소를 동반하고 있는지? 가족의
구성원들이 영재성을 어떻게 기술하고 반응하는지? 영재성 주변으로 가
족이 잘 조직되어 있는지(Moon, Jurich, & Feldhusen, 1998)? 영재성을 분명
하게 알고 있는지? 영재성에 집착하는 것이 가족에게 어떤 역할을 하는
지? 어떤 마찰을 피하도록 해 주는지? 만일 가족 구성원 중 일부가 영재임
을 가족이 알아차리지 못한다면, 영재성과 그에 따른 학업적 요구 사항에
집중함으로써 어떤 문제를 줄여 줄 수 있는지? 마지막으로, 우리는 영재
성의 다양한 수준(예: 경도, 중도, 최고도)이 개인과 가족의 능력 수준에 맞
춘 개입을 필요로 한다는 점을 이해한다.

특징

영재성에 관해 글을 쓰는 저자들은 영재들의 다양한 특징, 예를 들면 과
흥분성, 완벽주의 또는 민감성과 같은 특징들을 열거하곤 한다(예: Lovecky,
2000). 이러한 개념적 조각들은 종종 영재 청소년들을 다루는 전문가들의
관찰에 기원을 두고 있으며, 영재성에 대한 생각에 훌륭한 출발점이 된
다. 하지만 이러한 특징들이 영재들의 일관된 특징인지 또는 다른 사람들
보다 영재들에게서 좀 더 자주 보이는 특징인지를 판가름할 만큼의 연구
근거가 충분하지 않다고 생각한다. 우리는 영재들이 이러한 특징들을 가
지고 있는 모습을 확실히 보아 왔지만, 또한 동일한 특징을 가지지 않은
영재들도 많이 보아 왔다. 비슷하게, 이러한 특징을 가지고 있거나 가지
고 있지 않은 일반 사람들을 보아 왔다. 한편으로는 복잡성과 정확성에
대한 욕구, 추상적 사고의 조기 발달, 복잡한 패턴을 빠르게 이해할 줄 아
는 능력(Lovecky, 1994), 뛰어난 암기능력, 넓고 복잡한 지식 기반, 다른 사
고 처리 전략의 활용(Butterfield & Feretti, 1987), 환경을 변화시키고 문제를
발견하고 해결하기 위해 독특한 사고 패턴을 사용하려는 경향, 고차원적
관계성을 개념화하는 능력(Sternberg & Davidson, 1985)과 같이 인지 기능
과 연관된 특징들을 연구해 왔다. 하지만 어떤 특징들이 존재한다고 해
도, 표현은 인종–민족적 집단 구성원에 따라 다양하다(Robinson &
Clinkenbeard, 1998). 몇몇 특징은 상담에 대한 체계적 접근 방식에 깊게 연
관되어 있다. 예를 들어, 한 사람이 가족환경을 구성하려는 성향을 가진
동시에 가정 내의 문제점도 발견한다면, 이 사람은 가족 기능을 위한 책
임을 과도하게 가지고 있는 것이라고 할 수 있다.

영재와 비영재 간의 차이점은 그들이 지닌 특징의 종류라기보다는 정
도의 차이(a matter of degree)라고 할 수 있다(Rogers, 1986). 이것은 가족 상

담자가 취할 유용한 입장이다. 영재성과 관련한 공통점에 대한 지식을 가지고 있는 것도 중요하지만, 우리의 시각은 이러한 특징들이 가족 체계 내에서, 그리고 가족이 속한 더 큰 체계(예: 학교, 공동체) 내에서 어떻게 작용하고 있는지에 초점을 둔다. 가족 상담자는 또한 인지적 강점이 가족 상담에서의 자산임을 강조할 수 있을 것이다. 이러한 초점화는 상담자로 하여금 전체 체계에 대한 중심을 유지하는 동시에 개인차(예: 영재성 수준, 인종-민족적 배경, 적응)를 다룰 수 있게 해 준다.

가정

영재성에 대한 우리의 일차적 가정은 영재성이 하나의 체계 안에 내포되어 있다는 것이다. 처음에는 가족 체계 안에서 시작하여 다음은 학교, 그다음은 사회다. 사람들은 자신만의 고유한 특징을 갖고 태어나며, 그들이 경험하는 것과 가정 안에서의 위치가 다르기 때문에 같은 가정에 속해 있더라도 실제로는 서로 다른 환경에서 자라는 것과 다름이 없다. 영재들은 성별, 인종과 민족, 사회경제적 수준, 그리고 수반되는 장애뿐만 아니라 성격에서도 유의미한 차이가 있다. 문제는 이러한 차이 자체에 있는 것이 아니라 개인, 가정, 학교 그리고 사회에서 그 차이에 어떻게 적응하느냐에 있다. 우리는 변증법적인 시각에서 영재성을 본다. 영재성은 종종 다양한 이점을 수반하지만 그에 따른 대가도 있다. 사람은 사고나 창조에서 큰 기쁨을 얻을 수 있지만, 사회적 무질서와 타인으로부터 의도되지 않는 소외도 경험한다. 이는 영재성이란 영역이 일반적이지 않아서 다른 사람들이 대처하기 힘들 수 있기 때문이다. 특권이라는 것은 그저 영재성의 앞면일 뿐이며, 뒷면에는 차별이 존재한다. 영재성의 기초는 유전적이며 뇌에 기반을 둔 것 같지만, 영재성의 개발과 표현은 개인의 환경으로부터 크게 영향을 받는다.

3. 성격 개념

성격

성격은 가족 치료사가 치료에 적용하기 어려운 개념이다. Thomas는 결혼이나 가족치료에서는 잘 다루지 않고 대신에 관계성에 초점을 두는 편이다. 하지만 성격은 심리학에서 개인차 접근 방식의 주춧돌이 되는 부분으로, Ray의 배경이 되는 부분이다. 성격이라는 단어는 자신과 주변 환경에 대해 지각하고 관계하고 사고하는 전반적이고 지속적인 패턴으로 넓게 정의되면서, 넓은 범위의 맥락에서 사용되고 있다(American Psychiatric Association [APA], 2000). 성격 특질은 적응적이거나 비적응적이다. 만약 누군가의 성격이 유연하지 못하고 스트레스의 요인이 된다면, 이를 인격장애라고 부른다(APA). 비록 성격의 표현은 환경에 의해 영향을 받지만, 성격이 유전적인 영향을 강하게 받는다는 증거는 증가하고 있다(McCrae, 2000). 기질은 전통적으로 세상에 대한 아동의 접근 방식을 기술하는 단어로 자주 쓰여 왔으며, 이는 선천적이라고 생각한다. 반면에 성격은 성인의 지각, 행동, 상호작용 패턴을 의미하는 것으로 더 많이 사용된다(Diener, 2000). 하지만 기질과 성격을 같은 구성체로 보는 사람들도 있다(T. Berndt, 개인적 대화, April, 2005). Ray가 성격이라는 용어를 사용할 경우, 이는 아동과 성인 모두에게 적용하는 것이며, 성격 발달에 끼치는 유전적인 영향과 환경적인 영향을 모두 염두에 둔 표현이다.

우리는 한 사람의 성격을 가족의 문제를 일으키는 원인으로 보곤 한다.

하지만 그뿐만이 아니라 그 사람이 속한 집단 전체의 지각, 행동, 상호작용의 면에서 그 사람의 지각, 행동, 상호작용을 본다. 특정한 종류의 성격 평가도 없이 가족 체계의 시각에서 보는 것이 가능하며, 오히려 이러한 접근 방식이 더 흔한 편이다. 하지만 우리는 현재의 전반적이고 지속적인 상호작용 패턴에 주의를 기울이게 되는데, 이런 점에서 우리는 가족의 성격을 전체 하나의 성격으로 다룬다고 말할 수 있다. 가족치료의 목적은 종종 가족에게 어려움을 가져다준 기존의 여러 상호작용 패턴을 변화시키는 것으로 한다.

영재의 성격

우리는 영재성과 연관된 뚜렷한 성격 패턴이 있다고 믿지는 않는다. NEO 성격검사 도구(NEO Personality Inventory-R: NEO PI-R; Costa & McCrae, 1992)의 용어를 빌리자면, 우리는 신경증 환자이거나 건강하거나, 외향적이거나 내향적이거나, 도전적이거나 보수적이거나, 쾌활하거나 아니거나, 양심적이거나 아니거나 등 여러 가지 유형의 영재들을 보아 왔다. 우리는 MBTI검사(Myers-Briggs Type Indicator; Myers & Myers, 1980)에서도 비슷한 결과를 얻었다. 영재들은 내향적이거나 외향적일 수 있고, 감각적이거나 직관적일 수 있고, 사고형이거나 감정형일 수 있으며, 판단형이거나 인식형일 수 있다. 가족을 다루면서 우리는 각각의 가족 구성원들이 이 집단에서 어떤 역할을 하는지에 대한 깊은 이해를 형성하려 한다. 이렇듯 우리는 가족 구성원 각자의 지각, 행동, 상호작용의 다양함에 주의를 기울인다. 하지만 우리는 영재를 개인의 영재성에 특정한 어떤 성격 요소를 가지고 있는 사람이라고 보지는 않는다.

4. 상담 모델

영향

교육과 전문 훈련

　Thomas의 초기 영향은 가족 체계 접근 방식에서 나왔다. 경제학으로 첫 번째 학위 과정을 위해 독일의 괴팅겐 대학교에서 훈련을 마친 뒤, 그 다음에는 카셀 대학교에서 사회복지를 공부하였다. 그러고는 미국으로 건너와 미네소타 대학교에서 결혼과 가족치료를 주 전공으로 가족사회학 박사과정을 완료하였다. 이곳에서 아이오와 대학교에서 Nicholas Colangelo와 함께 연구했던 David Olsen, Pauline Boss, William Doherty 와 함께 연수를 받게 된다. Colangelo, Sidney Moon, John Feldhusen은 모두 영재 학생 상담과 개념화를 위해 가족 체계 사고방식을 채택하는 데에 큰 영향을 준 인물들이다.

　Ray는 웨스턴 미시간 대학교에서 중등교사 자격과 함께 미국학 연구로 학사 학위를 얻었다. 교사로 근무한 뒤, 위노나 주립대학교에서 지역사회 상담학 석사 학위를 받고 현재는 퍼듀 대학교에서 상담심리학 박사과정에 있다. 영재성과 연관된 특수성을 규준 발달과 대면하여 보는 그녀의 통찰력은 그녀의 교육 배경을 말해 주고 있다. 그녀의 대학원 과정은 특히 인간-환경 상호작용, 사람의 자산과 강점, 온전한 성격, 단기 개입 그리고 직업 발달에 중점을 두면서 상담심리학의 시각에 초점을 두었다 (Gelso & Fretz, 1992). 내담자 중심의 상담, 체계 접근, 예방, 인지-행동적, 인본주의적, 해결중심, 이야기식, 게슈탈트적 접근 방식 모두 그녀의 연구에 영향을 주었다. 석사 연구원으로 상담자 역할을 하는 중에 그녀는 종종 가족을 상담하게 되었으며, 구조적이면서 보웬(Bowen)식의 개입에 관해 공부하기 시작하였다.

체계적 접근을 사용한 상담 모델

체계적 접근을 사용한 상담 모델 또한 우리에게 영향을 주었다. 이 시점에서 우리는 마치 하나의 상담 모델을 사용하고 있는 듯 서술해 왔다. 그것은 체계적 모델이다. 사실상 우리는 모델을 내담자들과 그들의 요구에 맞추려고 노력한다. 그럼으로써 우리는 체계 시각 내에서 여러 가지 모델을 그대로 사용하거나 거기서 상담방법을 따오곤 한다. 체계 시각에서 영재를 상담할 때, 우리는 세 가지 모델 중 하나를 사용하길 권장한다(Thomas & Moon, 2004). 그 세 가지는 벨린-블랭크 센터 모델(Belin-Blank Center model; Colangelo & Davis, 1997), 구조-전략을 결합한 접근방법(Haley, 1976; Minuchin, 1974), 가상의 포스트모던 접근 방식(Freeman, Epston, & Lobovits, 1997; White & Epston, 1990)이다. 이들은 이야기식 그리고 해결중심 사고에 의존하였다. 벨린-블랭크 센터 모델은 영재 학생과 그들 가족을 위한 용도로 개발되었고, 다른 두 방식은 영재 집안에서 공통적으로 발견되는 강점에 딱 들어맞는 방식이다. 구조적-전략적 접근 방식은 가족 체계 역할의 두 가지 영향을 결합하고 있다. 가상의 포스트모던 접근 방식은 영재들의 언어능력과 뛰어난 상상력이라는 강점을 이용한 것이다. 이 장에서 몇몇 부분은 세 가지 접근 방식 모두에서 동일한 요소를 제공할 것이며, 모두 한 단락에서 다룰 예정이다. 여기서 상담의 정의, 상담의 목표, 상담자와 내담자의 관계 그리고 상담의 과정을 설명할 것이다. 다른 주제들 또한 세 가지 모델 모두에서 제시될 것이며 그 세부 사항들은 각기 다른 모델에 의거할 것인데, 상담자의 역할, 내담자의 역할, 평가와 같은 주제는 특정한 한 모델에서 자세히 다룰 것이다.

각 모델에 대한 전체적인 해석과 각각의 접근 방식에 대한 보다 자세한 설명도 제시되어 있다.

상담의 정의

상담은 역동적인 과정이다. 자신의 삶, 강점 그리고 문제에 전문가인 사람은 체계(예: 자신, 가족, 학교, 사회)적 과정과 역동성, 인간 발달, 건강, 병리학, 다양성, 그리고 치료 기법 분야에 전문가라 할 수 있는 상담자에게 도움을 구하곤 한다. 이 과정을 통해 상담자와 내담자는 상담의 목표와 전략 그리고 목표 달성에 필요한 자원을 파악한다. 우리는 종종 가족 체계 내에서 첫 번째 과업이 가족 모두가 상담 회기에 필요한 전문 지식을 가지고 있다고 그들에게 확신을 불어넣는 것이라고 본다. 이에 따른 필연적인 결과는 우리가 상담자로서 조언이나 가이드를 제공하지 않는다는 것이다. 우리의 목적은 가족 내에서 문제를 스스로 해결할 수 있는 능력을 개발하도록 도와주는 것이지, 해결하기 힘든 문제가 있을 때마다 우리를 찾아오라는 것이 아니기 때문이다. 이러한 정의를 뒷받침하는 근본적인 이유는 이러한 방침이 상담에 참여한 모든 이에게 가장 정중한 자세라고 생각하기 때문이다. 우리에게도 합당하고 이러한 접근 방식을 통해 생성된 시너지 효과는 우리의 개입을 보다 강하고 지속적이게 만들며, 성공적인 상담을 위한 책임감을 공유하게 만든다.

Ray는 약 6개월간의 전문 상담 경력을 통해 이러한 관점을 발달시켰다. 그녀는 15세의 마약 밀매업자를 상담하였는데, 그녀는 문제가 많은 어린 소년에게 지도와 조언을 줄 수 있는 사람으로서 자신의 전문가 역할을 즐기고 있었다. 사회적인 분위기는 이 소년이 도움을 받기에는 너무 멀리 나아갔으나, 여전히 매우 중대한 지도와 조언이 필요한 종류의 사람이라는 입장이었다. Ray는 그의 배경을 조사하고 소년 및 그의 가족을 알게 된 뒤, 자신이 소년의 입장이라면 소년이 노력하고 있는 만큼 잘할 수 없을 거라는 결론을 내리고는 어떠한 조언이나 지도도 하지 않았다. Ray는 곧 내담자 중심이 되어서 소년의 가족과 함께 상황을 개선하려고 작업하였다. 상황이 이렇게 되자 그녀는 자신의 전문가로서의 역할을 재고하게 되었고, 수년에 걸쳐 다양한 전문 분야에서 전문가의 체계 개념을 발달시켰다.

Thomas는 영재 아동과 그 가족을 처음 대하면서 그들이 많은 지적 자원을 가졌다는 것을 깨달았지만, 가족 내에서(예: 원가족) 그리고 가족 외에서(예: 학교, 친구) 작용하는 다양한 이유로 인해 지적 자원들을 볼 수도 깨달을 수도 없었다. 가족으로 하여금 이러한 지적 자원에 접근하여 그것을 자신들의 상황에 반영하도록 도와주는 것이 '망가져 가는' 가족에게 필요한 전부였다(Thomas, 1995).

목표

전체적으로 우리의 목표는 가족 구성원들 간의, 그리고 한 가족과 그 가족이 상호작용하는 다른 체계와의 관계를 개선하는 일이다(Robbins & Szapocznik, 2000). 우리의 계획은 제시된 문제를 변화시키는 것이 아니라 문제의 맥락을 변화시키는 것이다. 이 차이는 미묘하지만 대단히 중요하다. 다른 치료의 틀에서는 목표가 문제의 해결이나 성과와 연관되어 있을 수 있다. 그러나 우리는 가족 체계 안에서 일어나고 가족과 상황 사이에서 일어나는 과정에 중점을 두기 때문에, 우리가 이 과정에 영향을 주는 만큼 가족은 스스로 문제를 해결할 수 있게 된다. 여기서는 세 가지 상담 모델을 제시하기 때문에 우리가 사용하는 용어가 때에 따라 다를 수 있다

✎ 표 4-1 영재 개인과 가족 상담을 위한 세 가지 체계적 모델의 비교

	벨린-블랭크 모델	구조적-전략적 모델	가상의 포스트모던 모델
영향	가족 체계 접근; 영재교육 개념	구조적 가족치료(Minuchin, 1974); 전략적 가족치료(Haley, 1976)	포스트모던 철학자(Wittgenstein, Foucault, Derrida); 이야기치료; 해결중심 치료(White & Epston, 1990)
상담의 초점	가족의 정서적 및 관계적 역동성, 특히 결속력, 통제력 및 친밀감과 관계 있는; 응집력과 적응력	위험 요인 경감시키기; 보호 요인 증가시키기; 가족 구성원 간의 및 가족과 다른 체계 간의 상호작용 패턴	고려하지 않은 가능성을 고려하기 시작하기 위해 현재의 상황에 대한 깊은 설명을 촉진하기; 예외적이면서 독특한 결과를 발견하기
목표	가족 구성원 간의 관계성 개선; 가족과 다른 체계 간의 관계성 개선	가족 구성원 간의 관계성 개선; 가족과 다른 체계 간의 관계성 개선	가족 구성원 간의 관계성 개선; 가족과 다른 체계 간의 관계성 개선
상담자 역할	전문성과 방향성 제공자; 자문가; 가족 체계의 임시 구성원; 동맹자	전문성과 방향성 제공자; 가족의 상호작용을 관찰하고 참여함; 상호작용 패턴을 적극적으로 변화시킴	촉진자, 공동 창조자, 치어리더; 가족 구성원들의 힘을 북돋아 주는 사람; 부당한 일에 도전하는 사람
내담자 역할	문제를 개념화하고 해결하기; 제안점을 시행하기	상호작용 패턴을 변화시키는 데 가족이 개방적인; 체계적으로 사고하는 것을 배우기 위해 지적 능력을 사용하기	인생을 재인증하기; 장점을 재발견하기; 장점에 따라 행동하기
관계성	상담에 결정적인 요소로서의 관계성; 가족 체계의 임시 자문가, 그 결과 다중 체계 내에서 기능함; 변화를 가능케 하는 치료적 동맹	상담에 결정적인 요소로서의 관계성; 가족 체계의 임시 자문가, 그 결과 다중 체계 내에서 기능함; 변화를 가능케 하는 치료적 동맹	상담에 결정적인 요소로서의 관계성; 가족의 재인증 과정에서의 임시 자문가; 변화를 가능케 하는 치료적 동맹
평가	가족 적응력과 응집력 척도 III(Olson, Portner, & Lavee, 1985) 가족환경 척도(Moos & Moos, 1986)	학교 기록에서 정보를 얻음; 상담 진행 중에 가족을 관찰	평가 정보를 얻기 위해 가족과 상의

(계속)

기법	밀착 감소시키기; 친근감 증가시키기; 결속력 증가 시키기	참여하기; 정보 제공과 코칭; 현재를 다루기; 재구성하기; 동맹과 경계를 다루기; 약속 제정하기; 위험 요인 감소시 키기; 보호 요인 증가시키기; 상호작용 패턴을 재구성하기	검사, 경이로운 질문, 깊은 설명; 독특한 결과를 밝힘; 이야기가 가득한 문제를 재인증하기
상담에서의 성격	특별히 관련 있지 않음	개인의 접근에 관한 정보를 제공	상상력, 창의성 및 언어적 강점 이 꼭 필요한 것은 아니지만 도 움이 됨
과정	사무적; 정보 기반	상담 회기는 가족의 전형적인 기능을 반영하고, 그로 인해 때로는 강렬해짐	창의적이고, 예견할 수 없으며, 에너지 넘치는

(〈표 4-1〉 참조). 우리가 벨린-블랭크 모델을 사용하고 있다면, 우리는 밀 착을 완화시키는 것에 대한 이야기를 할 것이다. 구조적-전략적 모델에 서는 가족 구성원들 간의 상호작용 패턴이나 가정과 다른 체계의 관계가 개선되도록 하기 위한 제안을 할 것이다(Robbins & Szapocznik, 2000). 포스 트모던적 치료 접근을 사용하고 있다면 우리는 문제를 외현화하거나 가 족 구성원들이 말하는 이야기를 다시 표현해 보도록 말할 것이다. 우리가 꾸준히 전체 체계를 변화시키는 생각을 계속하고 있다는 것이 가장 중요 한 개념이다. 가족 체계 전문가(Hoffman, 2001)들은 이러한 변화가 몇몇 가 족 구성원에게 불안감을 안겨 줄 수도 있다고 언급하고 있으며, 우리도 이 사실을 염두에 두고 있다.

관계성

내담자와 우리의 관계는 가족치료에서 매우 결정적인 요소다. 우리는 가족 구성원 개개인과 관계를 형성하고, 일시적으로 가족 체계 안으로 들어가며, 가족의 기능에 영향을 주는 가족 외부 체계들에 대한 인식을 유지하거나 직접 개입하곤 한다. 예를 들어, 한 아이의 영재성이 가족 내에 긴장감을 불러일으킬 수 있다(Silverman, 2000 참조). 우리는 영재와 가족 구성원의 다중관계 속으로 개입해 들어감으로써 변화를 만들어 낼 수 있다고 생각한다. 관계는 우리의 상담과정에 기초가 되며, 우리의 개입이 안전하고 가족에게 자연스럽게 접근할 수 있도록 해 주는 주춧돌을 제공해 준다.

전화로 하든 직접 만나든 간에 우리는 가족과 처음 접촉하면서 공감적 경청을 통해 관계를 시작한다. 우리는 그들과 만나는 동안 가족 상호작용에 영향을 주는 각 체계와 가족 구성원 각각에 대하여 신실한 관심을 주어 관계를 계속 형성해 나간다. 우리는 공감과 적극적 경청을 사용하며, 가족 내에서와 가족과 상황 간에 어떤 과정이 진행 중인지에 집중하면서 질문을 하고 필요한 정보를 공유한다. 비록 우리는 어려운 과정, 상호작용, 주제에 관해 솔직하게 말하면서 가족의 어려움을 언급하는 것이 안전하다고 설득은 하지만, 상담에서 강점을 발견하고 잘 진행되는 과정이 있어야 상담자와 내담자의 동맹이 생긴다(Lopez, Snyder, & Rasmussen, 2003). 이러한 과정을 통해 우리는 가족 내에서 평형 상태를 유지하는 힘이 매우 강하면서 동시에 혼란스러운 상황으로 몰고 갈 수도 있다는 것을 계속 인식하고 있다. 그래서 기존의 가족 체계 내에서 계속 있어 왔던 역기능적인 상호작용을 유지하는 방식으로 참여하는 것을 경계하고 피하는 것이 우리에게는 중요하다.

기법

임상 가족을 다루면서 가족 자체적으로 상호작용 패턴을 변화시키는
세 가지 모델 모두에서 사용된 기법들은 현재에 충실하기, 재구성하기 그
리고 경계와 연합을 사용하기(working with boundaries and alliances)를 포
함하고 있다(Minuchin & Fishman, 1981). 각각의 모델에서 사용되는 상담
기법들은 아래에 자세히 설명되어 있다. 현재에 충실하기에서는 상담자
가 가족 구성원들에게 상담자와 만나는 동안에도 평상시처럼 행동할 것
을 권장한다. 이는 가족 구성원들에 대한 엄청난 신뢰가 바탕되어야만 가
능하며, 그들에게 두려움을 줄 수도 있음을 언급해야만 한다. 그들이 편
안해지면 평상시 행동하던 방식대로 행동하기로 제정한 약속(Minuchin &
Fishman)은 가족 구성원들이 상담자에게 그들의 상호작용을 직접 보여 줄
수 있으며, 그로 인해 상담자는 변화를 일으킬 수 있는 개입과 제안을 할
수 있게 된다. 또한 이 약속은 가족이 상호작용의 내용에 관해 말하지 않
도록 하는데, 이는 변화보다는 주지화를 하게 하고 침체에 빠지게 만들기
때문이다. 상담 회기에서 가족 구성원들이 평소 하던 대로 상호작용 패턴
을 재현하도록 성공적으로 격려할 수 있는 상담자는 상담을 잘 진행하고
있는 사람이다. 왜냐하면 개인이나 가족은 남들이 보는 것처럼 정확하게
자기들의 상호작용을 잘 보고하지 못하며, 상담자 앞에서는 평상시와는
다르게 행동하기 때문이다.

재구성하기(Haley, 1976; Minuchin & Fishman, 1981)는 가족 구성원들이
그들에게 문제가 되어 왔던 상황들을 다른 시각에서 바라보는 실험을 하
도록 해 주는 유용한 기법이다. 기존의 전통적인 재구성은 반만 남은 물
잔을 보고 반이나 차 있다고 표현하는 것이다. 우리는 가족이 사건과 행
동을 보다 다방면에서 바라보게 하여, 골치 아픈 일이지만 긍정적인 측면

을 발견할 수 있도록 도와주기 위해 재구성을 이용한다. 예를 들어, 한 가족이 영재 학생들을 모욕하는 교사에 대해 전반적으로 불평을 하고 또 항의하는 말과 15세 된 딸의 무례함에 대해 불평한다면, 우리는 가족과 함께하면서 교사의 무뚝뚝함과 무지함을 위로하고, 또한 열다섯 살짜리가 하는 무례한 행동을 관찰하고 분석하고 평가하는 기회가 된다고 짚어 준다.

우리는 또한 부모님이 딸에 대해 얼마나 많이 염려하는지를 믿는 우리의 믿음을 그들에게 알려 준다. 문제를 대면하는 가족의 경우, 가족 구성원 개개인의 연합이 가족 내부보다는 가족 외부의 인물 주변으로 형성되곤 한다. 예를 들어, 10대들은 자기 가족보다는 친구의 가족과 연합하기 쉽다. 가족 구성원들 간의 경계나 가족과 다른 체계 간의 경계는 너무 엄격하거나 너무 유연해서 가족을 하나로 묶을 만큼 튼튼하거나 숨 쉴 여유를 줄 만큼 유연하지 못하다. 이러한 경계와 연합의 문제를 다루어 적절한 행동을 지지하기 위해서는 연합 체계를 변화시킨다. 예를 들어, 다른 가족 구성원들이 반대하지 않는다면, 우리는 10대 영재들이 가족상담 회기에 다른 영재 친구를 초대하는 것을 권장한다.

벨린-블랭크 센터 모델

단계 1: 평가　벨린-블랭크 센터 모델(Colangelo & Davis, 1997)은 5~6회기의 단기 회기로 구성되어 있으며, 가정의 결속, 통제력, 친밀함과 연관된 가족의 정서적이고 관계적인 역동성에 초점을 둔 강점기반(strength-based) 모델이다(Doherty, Colangelo, & Hovander, 1991). 세 접근 방식 중 이 모델이 상담자의 전문성과 방향성에 가장 의존하는 모델이다. 이 모델에 잘 맞는 가족은 구체적인 문제를 가지고 있고, 문제 해결을 위해 특정한 정보를 필요로 하는 가족이다. 우리는 가족 적응력과 응집력 척도 III(Family Adaptability and Cohesion Scales III: FACES III; Olson et al., 1985)와 가족환경

척도(Family Environment Scale: FES; Moos & Moos, 1986)에 근거한 평가로 단계 1을 시작한다. FACES III는 가족의 적응력과 응집력을 평가하기 위해 사용하며, FES는 가족환경의 유형을 판별하기 위하여 표현 지향, 구조 지향, 독립 지향, 성취 지향, 도덕/종교 지향, 갈등 지향 등 열 가지 차원의 가족의 사회환경을 측정한다. 이 두 가지 도구를 함께 사용하면 가족에 대한 많은 정보를 얻을 수 있다. 우리의 상담 목표에 대해 가족의 동의를 얻어 냈을 시 우리는 단계 2로 넘어간다. 이것이 단기치료 모델이며, 영재 가정이 지닌 개념적이며 문제 해결을 잘하는 강점을 활용한다(Thomas & Moon, 2004). 개입이 정보 제공과 문제 해결을 포함하지만, 이러한 접근 방식은 가족 구성원들 간 그리고 가족과 다른 체계 간의 관계에서 발생하는 과정에 초점을 두므로 치료 목적에 관하여 주지화하지는 않는다.

단계 2 : 기법   단계 2에서 우리는 다루고 있는 상담 문제에 맞게 다수의 상담 기법을 사용한다. 가족이 너무 밀착되어 있다면 우리는 가족 구성원들 간에 좀 더 적절한 수준의 친근감을 키워 주는 쪽으로 지지한다. 상담 주제가 학교와 관련된 것이라면 우리는 가족이 학교와 접촉할 시 필요한 정보를 제공한다. 예를 들어, Thomas는 초등 영재교육 프로그램에서 미성취하여 학교 가기를 두려워한 7세 소녀의 가족을 상담한 적이 있다. 평가 단계에서 FACES III와 FES의 결과는 딸과 엄마의 관계가 밀착되어 있다는 것과 아버지는 딸과 엄마 모두에게 신경을 안 쓰고 있다는 것을 나타내었다. 동시에 가족은 높은 성취 지향적이었으며 갈등은 회피하는 분위기였다. 이러한 결과에 근거하여 Thomas는 아버지가 어머니와 한 팀이 되어 딸에 대해 대단히 비판적인 한 선생님과의 마찰을 직면할 전략을 세우는 것을 목표로 하자고 제안하였다. Thomas는 부모와 역할극을 실시하였다. 그리고 나서 딸에 관한 내용을 건설적으로 설명하는 과정 중에 부모와 선생님과의 만남에도 함께 참석하였다. 부부관계가 나아짐에 따라 딸은 학교 가는 것에 대한 두려움도 감소하였고, 선생님은 보다 지지적으로 변하였고, 딸의 성적도 좋아졌다.

구조적-전략적 모델

단계 1: 평가   구조적-전략적 모델은 관계 문제를 어떻게 체계적으로 볼 수 있는지를 가르침으로써 가족의 지적 능력을 강조하였으며(Thomas & Moon, 2004), 제정한 약속과 역설적인 개입을 통해 주지화를 피하였다 (Minuchin, 1974). 이러한 접근 방식을 사용할 시 단계 1에서 정보를 충분히 수집해야 한다. 학교 시험과 성적표는 학교에서의 성취에 관한 정보를 제공하며, 상담에서의 상호작용과 가족의 입력 내용은 가족 역동성에 관한 정보를 제공한다. 이러한 평가를 토대로 상담자는 치료를 위해서 가족을 문제나 임상 범주로 분류한다. 영재가 포함된 문제 범주 가족은 주로 가정과 학교의 상호작용에 대한 지도와 정보를 더욱 필요로 한다. 이러한 점 때문에 상담자가 학교 체계와 영재교육에 관한 전문 지식을 가지고 활동하는 것이 중요하다. 임상 범주에 속한 가족은 구조적-전략적 개입에 가장 적합한 이슈들을 가지고 있다. 개입의 두 가지 수준 모두에서 상담자는 문제를 야기하는 위험 요인을 완화시키는 데에, 그리고 문제를 개선해 줄 보호 요인을 증가시키는 데에, 그리고 실용적이고 달성 가능하며 문제에 초점을 두고 잘 짜인 개입 방식을 만들어 내는 데에 집중한다 (Robbins & Szapocznik, 2000). 한번 역기능적 상호작용 패턴이 발견될 경우, 상담자는 단계 2에서 보다 기능적인 패턴으로 전환할 수 있도록 가족들과 함께 작업을 해야 한다.

단계 2: 기법   Minuchin과 Fishman(1981)은 단계 2에서 사용될 다음의

기법들을 제시하였다. 문제 가족은 가족이 속한 체계와의 상호작용에 대한 코칭과 정보를 통해 도움을 받는다. 합류하기는 상담치료 과정 전체를 통틀어서 중요한 기법으로 자리하는 첫 번째 상담 기법이다. 상담자는 가족 내에 참여하여 가능할 때마다 가족 구조 내의 규칙들을 계속 유지시키고(특히 인종/배경이 다를 경우 중요하다), 가족 구성원들이 문제에 대해 말하는 방식과 문제와 상호작용하는 방식을 추적하고, 가족의 스타일, 속도, 기분을 모방(즉, 맞추기)해야 한다(Robbins & Szapocznik, 2000).

가상의 포스트모던 모델

우리의 가상의 포스트모던 모델(de Shazer, 1985; Freeman et al., 1997; White & Epston, 1990)은 이야기와 해결중심 치료에 사고를 통합한 것이다. 이 방법은 상상력과 잘 결합되며, 그 결과 창의성이 인생을 변화시킬 수 있다. 영재 가족은 종종 뛰어난 상상력과 언어적 강점을 지녔으며, 잘 지내고 있는 그들 삶의 영역에서의 재능도 뛰어나다. 이러한 경우에 우리는 해답이 이미 거기에 있다고 생각한다. 상상력과 언어적 강점의 결합 그리고 이미 존재하는 해답은 이 접근 방식에서 사용할 충분한 도구가 된다.

단계 1: 평가 단계 1은 평가다. 하지만 세 가지 접근 방식 중 가장 비형식적이다. 우리는 임상적 면담으로부터 얻은 정보를 활용하여 각 가족 구성원들이 상담 회기에서 말하는 이야기에 집중한다. 이 모델을 사용할 시에는 그들 이야기의 진실성 여부를 확인할 필요가 없는데, 이는 변화를 만들어 줄 요소들이 이미 존재하며 내담자의 특별한 문제는 무관해지기 때문이다.

단계 2: 기법 이야기식 관점에서 제기된 문제에 접근한다면 우리는 내담자들의 이야기를 재구성하는 것을 도와주곤 하는데, 이는 내담자들이 소개하는 자신과 타인들에 관한 이야기를 변화시키는 것이 상황을 직접적으로 변화시킬 수도 있기 때문이다. 우리는 내담자들이 진보와 변화를 가로막는 그들의 삶에 대한 '얕은 설명'에서 진보를 허용하는 복잡하고도 '깊은 설명'으로 움직여 가도록 도와준다(Geertz, 1973; White & Epston, 1990). 얕은 설명으로 묘사된 이야기는 융통성이 없고 정형화되어 있을 수 있으나, 깊은 설명을 통해 묘사된 이야기는 다양한 관점으로 상황을 바라보는 것을 가능케 한다. 이는 마치 사다리 위에 서 있는 것이나 회사로 가는 새로운 길을 모색하는 것 혹은 단순하게 신발끈을 다르게 묶어 보는 것에서 오는 관점의 변화와 같다. 우리는 가족이 직면한 문제와 비슷한 내용의 동화 얘기를 꺼내기도 하지만, 이야기의 끝은 용기, 에너지, 화합을 조장하곤 한다(Thomas, 1995). 혹은 가족 구성원들이 자신이 원하는 결말을 가진 자신만의 동화를 창작해 낼 수도 있다. 어떤 면에서 이러한 방법은 상담에 대해 다소 여유로운 접근처럼 보이지만, "어떤 방식으로든 이전에 경험해 보지 못했던 방식으로 자기 삶을 경험하게 하는 것"(J. Diamond, 개인적 대화, 2002)은 성장에 유용한 매개체로 작용한다.

해결중심 틀(de Shazer, 1985)을 가지고, 우리는 문제에 관한 이야기를 듣고, 가족 구성원들 각자가 일어났으면 하고 바라는 것이 무엇인지 물어본다. 그리고 나서 우리는 그들이 원하는 해답이 이미 존재했던 시기를 찾는다. 물론 현재 대면한 문제의 범위 밖에서다. 해결중심 치료의 핵심은 가족이 문제 해결에서 성공적이었던 때를 주목하고, 그 당시의 상황을 가능케 했던 차이점들을 찾아 그 시기를 모사하는 것이다. 이때 핵심 개념은 사람들이 자신이 하고 있는 일에 대한 적절한 이유를 갖고 있으며, 자신을 힘들게 하는 행동에서 얻을 수 있는 이점을 탐색하는 것이 변화를 향한 길을 열어 줄 수 있다는 것이다(Berg, 연도 미상).

우리는 상담을 하면서 그들에게 해결과정을 척도화하라고 요구한다. 즉, 자신들이 문제 해결을 위한 노력을 얼마나 많이 하고 있는지를 주기적으로 측정하라는 것이다. 척도화는 자기가 이미 만들어 온 진보보다 해야 할 일이 얼마나 많이 남아 있는가에 주목하는 경향이 있는 치료의 초기 단계에 유용하다. 우리는 단순하게 그들 상황이 10점 척도에서 몇 점인지 등급을 매기도록 요구한다. 점수 기준은 그들이 상담을 찾게 된 시점을 기준으로 하며(예: 1점), 그들이 더 이상 상담을 필요로 하지 않는다고 느낄 때를 10점으로 본다. 대부분 내담자들이 처음 상담자를 찾기로 결정한 때와 첫 상담 회기 사이의 시간 동안 상당히 많이 개선한다. 그리고 우리는 그 개선점들을 가져다준 요인이 무엇인지 물어보며, 가족들로 하여금 이미 효과적인 행동 방식을 취하고 있다는 것을 발견하도록 도와준다. 그리고 나서 그들의 목적을 달성하기 위해서 무엇이 더 필요할지를 물어보는 대신, 10점 척도에서 1점을 올리기 위해서는 무엇을 해야 할지를 물어본다. 1점이라는 것은 현재 가능하며 작지만 꾸준한 변화를 만들어 줄 개선점을 뜻한다.

단계 2에서 상담이 진행되는 동안에 가족이 경험해 온 개선의 여부를 추적하는 용도로 척도 질문을 사용한다. 예를 들어, 아버지가 두 번째 상담 회기와 세 번째 상담 회기 사이에 10점 척도에서 4점에서 5점으로 향상된 수치를 보여 주었다고 하면, 상담자는 척도에서 1점의 향상을 만들어 내도록 가족 구성원을 도와준 일이 무엇인지, 그리고 5점은 4점과 어떻게 다른지를 물어본다.

상담자의 역할

알다시피 상담자의 역할은 상담과정 내내 지속적으로 변한다. 초기에는 의사와 환자라는 의학적 모델에서처럼 직접적인 해답과 방향을 기대하며 가족 치료사를 찾곤 한다(Bordeaux, 2001). 이러한 경우 상담자의 첫 번째 역할은 도움을 줄 수 있는 다양한 접근 방식을 제공하는 교육자 혹은 설득자가 된다. 다음 단계에서 상담자는 어떤 문제를 함께 해결할지 정리해 내는 협상자의 역할을 하게 되는데, 이때 다루는 문제는 실제 대면한 큰 문제와는 다른 경우가 많다(Moon & Thomas, 2003). 그리고 나서 상담자는 연합 단체와 치어리더의 역할을 담당하는데, 가족과 합류하여 내담자들이 자신의 강점을 찾고 자신의 지적 자원을 집행하도록 한다. 한 번 한 분야에 집중해서 상담이 이루어지고 가족의 강점과 지적 자원을 발견하고 나면, 상담자는 이 문제와 관련한 특별한 전문가가 되어 가족이라는 하나의 중요한 위원회의 위원장 역할을 하게 된다. 위원회는 학교, 직장, 공동체와 같은 다른 독립체와 연결되어 있어서, 가족이 이들과 상호작용하게 되면, 상담자는 이들 집단이나 지도자와 종종 연락을 취해야 한다. 종종 상담자는 전방 정찰병의 역할을 수행하기도 하는데, 무기나 추가 병력의 지원을 요청하기 위함이다. 전쟁을 지지하거나 반대하는 사람들을 자극하기 위한 의도가 아니라는 것을 알아주기 바란다. 이는 그저 상담자의 일에 대해 비유를 들어 설명하고 있는 것이다. 요점은 조언을 주기도 하고 상황을 지적해 주기도 하지만, 정작 실제로 실행에 옮기는 일을 하는 사람은 내담자 가족이다. 상담자는 몇 가지 지시 사항과 충고를 주고는 있지만 정작 등산가들에게 산을 오르게 내버려 두는 아우트워드 바운드(Outward Bound: 야외에서의 도전적 모험을 통해 청소년에게 사회성, 리더십, 강인한 정신력을 가르치는 국제 기구—역자 주) 트랙의 안내자처럼 행동할 수도 있다. 상담의 종료 단계에서 상담자는 가족의 여정과 성장을 축하하기 위해 가족과 함께 축배를 드는 관리자가 된다.

내담자의 역할

내담자가 개인이건, 가족이건, 학교이건 간에 상담자는 그들을 적극적이고 목표 지향적이며 자신의 목표 달성을 위해 자기만의 전문성을 사용할 줄 아는 사람으로 여긴다. 그러므로 내담자는 상담자의 아이디어와 충고를 수동적으로 받아들이는 존재가 아니다. 이러한 시각은 초기에 긴장감을 불러일으키는데, 이는 가족이 종종 개인병원을 찾을 때와 비슷한 기대를 하며 상담에 오기 때문이다. 그들은 증상을 말하고, 상담자는 문제를 진단하고 해결책을 처방해 준다. 그러면 가족은 집에 가서 이를 행할 것이다. 이러한 상황은 지극히 수동적인 역할이며, 가족 체계 접근과는 정반대가 되는 경우라고 볼 수 있다. 다행히도 상담자가 이처럼 많은 사람을 대할 때, 영재들은 적극적인 자세를 취하는 경우가 많다. 그들은 기대한 것보다 더 많은 조언에 마음이 누그러지는 듯하다.

평가

평가는 영재와 그들의 가족을 상담할 때에 필수적인 요소이며, 우리가 실시하는 평가의 종류는 우리가 사용할 개입 모델에 따라 결정된다. 각각의 접근 방식마다 다른 평가 방식은 뒤에 나오는 부분에 설명되어 있다. 하지만 어떤 접근을 취하든 우리는 임상적 면접을 통해 가족으로부터 정보를 수집하며, 그들이 어떤 말을 하고 어떤 말을 하지 않는지를 관찰하고, 가족 구성원들 간에 어떠한 상호작용 패턴이 있는지 알아내고, 다른 정보 자원을 조사한다. 포스트모던 접근 방식에서의 평가는 정보 수집을 위해 상담자가 임상 면접에 크게 의존한다는 점에서 구조적-전략적 모델에서의 평가와 비슷하다. 그러나 벨린-블랭크 모델은 가족 외부로부터 얻은 정보에 더 의존하는 편이다. 어떤 모델을 사용하는지에 상관없이 우리가 사용하는 유효한 또 하나의 도구는 바로 가계도다(McGoldrick, Gerson, & Shellenberger, 1999). 이것은 가족 구성원들 간의 상호작용 패턴, 가족사 그리고 문제의 패턴에 대한 정보뿐만 아니라 가족의 생물학적 조합을 시각화하여 가족사를 설명하는 시각적 방법이다. 우리는 영재 가족들이 가계도에 대한 상당한 조언을 제공할 수 있으며, 가족 전체와 구성원들 각각에 끼치는 체계적 영향력을 빠르게 파악할 수 있다는 사실을 발견하였다.

우리는 가족 체계에 대한 평가의 중요성은 인정하지만, 체계적 접근을 사용할 시 우리의 훈련과 경험을 통해 개개인에 대한 특정한 종류의 평가의 활용이 더 중요하다고 생각한다. 일상적인 가족 체계 접근에서 광범위한 종합검사가 필요하다고 보지는 않지만, 몇몇 검사 도구를 선택해서 쓰면 유용한 경우가 많다. 특히 영재들을 상담할 때는 신뢰성 있는 지능검사나 적성검사의 결과가 중요시된다. 하지만 집단 지능검사 결과는 개인 지능검사만큼 신뢰롭지 못하며(Schecter, 1992), 영재 집단에 유용하게 사용되기에는 지능 상한선이 너무 낮은 경우가 많다. 현재 통용되는 개인 지능검사들이 모두 다 낮은 상한선 문제를 공유하고 있어서(Feldhusen, 1991; Feldhusen & Jarwan, 1993) 유용하지 못한데, 이는 우리가 상담하는 영재들이 어떤 종류의 영재성을 어느 정도로 지니고 있는지를 아는 것이 중요하기 때문이다. 서로 다른 영재성의 수준은 가족 역동성에 달리 영향을 준다.

더불어 확인된 환자들이 영재성과 더불어 학습적, 정서적 또는 신체적

장애를 가진 이중특수 환자일 가능성을 고려하는 것도 매우 중요하다 (Olenchak & Reis, 2002). 특히 학습장애는 전략이나 명백한 미성취를 보상하기 때문에 자신과 가족 모두에게 감추어져 있을 수 있다.

그뿐만이 아니라 상담심리학자들은 교육과 진로 상담에 전문 지식을 가지고 있다. 학교와 직장 세계는 가족이 주기적으로 접하는 체계일 뿐만 아니라 가족의 사고에 영향을 주기 때문에, 이런 곳에서의 적응 관련 정보는 가족에게 영향을 주는 외적 요인에 관한 정보의 중요한 원천을 제공하기도 한다.

직업의 세계를 평가하기 위해 사용하는 다양한 도구가 존재하지만, 우리가 일상적으로 사용하는 것은 NEO 성격검사(NEO PI-R; Costa & McCrae, 1992), MBTI 성격유형검사(Myers-Briggs Type Indicator; Myers, McCaulley, Quenk, & Hammer, 1998), 그리고 커리어 키 검사(Career Key Indicator; Jones, 1990) 등 몇 가지가 있다. 이들의 기능은 서로 대치할 수 없으며, 각각의 도구를 개별적으로 이용하는 것이 가능하다. NEO PI-R은 사람들과의 상호작용에 대한 넓은 이해를 가능케 하는 성격에 대한 정보를 제공해 준다. MBTI는 이용자에게 매우 편리한 형식으로 상호작용 방식을 검사할 수 있다. 커리어 키 검사는 개인-환경 적합성에서 미래 직업 선호에 대한 유용한 정보를 제공한다. 어떤 도구를 사용할지의 선택은 상담자가 가족에 대한 충분한 정보를 가진 후에 결정한다. 교육과 직업 체계의 문제를 발견하기 위해서, 가족 구성원들 간 상호작용의 뚜렷한 결핍이 없는 경우를 밝히기 위해서(거의 흔치 않은 현상이다), 그리고 상담자와 가족이 투자한 시간과 노력에 미치지 못하는 결과를 낳는 가족을 상담할 경우에는 이런 종류의 평가가 더 많이 필요하다.

과정

우리는 우리가 상상했던 것보다 훨씬 더 다양한 상담을 경험하기 때문에, 햄릿의 "호레이쇼, 이 세상에는 당신들의 학식으로는 도저히 꿈에도 생각할 수 없는 일들이 많이 있다네."(Hamlet, 제1막, 제5장)라는 대목에 상담을 빗대어 보곤 한다. 우리는 내담자들이 자신이 속한 체계의 전문가이며 많은 과정을 직접 이끌어 가는 사람이라는 점을 지각하기 때문에, 우리가 어떤 상황을 접할지는 알 수 없다. 처음 몇 회기는 내담자가 누구든지 비슷하게 흘러가지만, 그 후에는 상황이 각기 다르게 극적으로 흘러간다. 상담의 초기 회기에서 우리는 정보를 수집하는 동시에 그들의 상황 저변에 깔린 과정을 찾기 시작한다. 가족 전체가 상담에 참여한다면, 대화가 없는 경우를 제외하고는 대체로 많은 대화가 오간다. 우리가 한 명의 내담자와 마주한다면, 내담자가 여러 명인 경우보다는 내담자는 더 조용히 있게 된다. 우리는 비록 내담자를 일대일로 마주하더라도 우리가 체계적 시각을 사용한다는 것을 언급하길 원한다.

영재 아동과 가족의 상담을 기술하는 최선의 방법은 아마도 시각을 공유하고, 상황을 분석하고, 상담자와 내담자의 관계에서 무엇을 만들어 낼지에 열려 있음을 표현하는 것이다. 물론 이러한 접근은 많은 영재 가족의 강점을 활용하는 것이다. 우리가 이러한 강점을 기꺼이 신뢰하는 동안, 일어나고 있는 상황에 대해 주지화하게 되는 덫에 걸리지 않는 것이 중요하다. 이러한 점 때문에 우리는 대부분의 상담자들이 그러듯이 내담자들의 감정에 주의를 기울인다.

우리는 문화적 차이를 수용하기 위해 노력한다. Sue 부부(1999)는 다양한 인종-민족 집단과 관련한 문제를 제시하였다. 예를 들어, 아시아계 가족을 대할 때 우리의 정보 수집은 보다 제한적일 수 있으며 상담방법은 보다 지시적일 수 있다. 아프리카계 미국인 가족을 상담할 때에는 공통점에 기반을 둔 평등한 관계를 형성하기 위해 좀 더 자기 노출이 섞인 반응을 한다. 아메리칸 원주민 가족을 상담할 때에는 핵가족 외의 친척들을 포함하는 것을 잊지 말아야 하는데, 그들 문화에서는 이러한 부수적인 접촉이 중요하기 때문이다. 개입방법을 언급하면서 우리는 영재와 그들 가족의 치료가 영재교육이 갖고 있는 많은 문제를 안고 있음을 지적하고자 한다. 백인 중산층 내담자의 경우는 문제를 지나치게 많이 표현하는 경향이 있으며, 소수 민족–인종 집단과 가난한 사람들은 과소 표현하는 경향이 있다.

상담과정은 격렬하며 정서적으로 부담이 되는 일이다. 우리는 상호작용의 리듬을 사람들 서로 간의 접근과 뒷걸음질의 반복—그리고 우리에게도 접근하고 도로 뒷걸음치는 것—으로 본다. 성장과 변화에는 종종 퇴행이 있다고 본다. 초기에는 딱딱한 사고를 가지고 있으나, 거의 대부분 상담 회기가 진행됨에 따라 마음이 누그러진다. 비록 사람들은 문제에 관해 우리를 보고 눈물을 흘리기도 하지만, 우리는 자주 그들과 기쁨의 순간을 함께하곤 한다.

흐르는 강물의 이미지는 치료과정의 적절한 비유가 될 수 있다. 아름답지만 급류와 함께 요동치는 강물의 강한 흐름을 상상해 보자. 표면은 거칠고 사납다. 강기슭에는 숲이 무성하여 비밀스럽기까지 하다. 이 강을 헤치고 나아갈 때, 우리는 강물을 차갑고 가을의 찬바람처럼 느끼게 되며, 강바닥의 물결은 우리의 발목을 잡아당긴다. 강의 중심 쪽으로 걸어갈 때, 우리는 강바닥의 미끄럽고 단단한 이끼가 낀 바위를 느낄 수 있게 된다. 또한 우리는 강물에 따라 실려오는 온갖 종류의 부스러기들—나뭇가지, 박스, 강 위에 떠오른 신비한 돌멩이들—을 발견하게 된다. 떠 있다라는 단어는 정확한 표현이 아니다. 왜냐하면 강물의 속도에 실려오기 때문에 위험한 미사일과 같이 되어 버린다. 우리는 또한 강물에 있는 한 가족을 발견한다. 그들은 물을 휘돌며 헤매고 있으며, 서로에게 부딪히며, 우리와 충돌하기도 한다. 모든 것이 혼돈되고 혼란스러우며 같은 장면이 계속해서 반복되는 것만 같다. (이러한 장면은 강이 여러 종류의 빙빙 돌기를 포함하고 있음을 나타낸다. 이것은 현실성이 떨어지지만, 그럼에도 계속 상상하기를 권하는 바다. 상상을 위해서.) 모두가 익사할 위험에 처해 있으며, 결국 우리는 결단을 내린다. 우리는 강물 위를 향하고, 어깨폭만큼 다리를 벌려 한 발짝 한 발짝 조심스럽게 이끼가 낀 바위들 틈 사이를 디디며 강물을 거슬러 오른다. 서로의 팔을 잡고 서로를 뒤흔들며 중심을 잡으려 한다. 서로를 잡아당김으로써 우리는 표류하는 물체들을 피하며 서로 가까이 다가간다. 모두가 힘을 합함에 따라 강물은 속도를 늦추며, 물결은 약해지고 수온은 높아진다. 이 시나리오에서는 수년에 걸쳐 많은 사람이 모이더라도 결국 강물에서 빠져나오지 못한다. 하지만 핵심을 파악하기 바란다. 다른 사람들의 삶에 뛰어드는 것은 힘든 경험이 될 수 있지만, 우리의 전문 지식은 그들에게 새로운 삶을 살아가도록 해 줄 중심점과 닻을 제공해 준다.

우리의 상담과정은 비교적 짧아서 6~10회기를 넘지 않는다. 우리는 이 기간이 영재 가족들이 흡수되고 자신의 극도로 바쁜 삶 속에 잘 들어맞기에 적합하다고 본다. 운동에 비유하여 상담 회기를 연습 세트와 반복이라고 한다면, 어떤 내담자는 운동장 다섯 바퀴로 한 세트만을 뛰지만, 다른 내담자는 장시간 동안 여러 세트를 뛴다. 초기 단계는 평가를 거치기 때문에 한 번 혹은 두 번의 상담 회기가 걸리지만 상황이 복잡한 경우에는 상담회기가 조금 더 길게 지속된다. 본론으로 들어가기 시작하면 문제, 체계, 스케줄에 따라 지속 시간이 변한다. 우리는 목적 달성을 축하하기 위한 마지막 회기에 돌입하려고 최선을 다하며, 우리가 배운 것(우리 또한 무언가를 배우기 원한다)을 검토하고 공식적인 종료를 선포한다. 가족과 함께 하는 상담과정이 성공적으로 끝날 경우, 종료 단계는 가족이 적극적으로 동의하는 무엇인가가 된다. 만약 아니라면 종료 없이 상담 단계 도중에 향상은 멈춰 버린다.

5. 적 용

문제 제기

우리는 다양한 환경에서 일을 해 왔기 때문에 다양한 문제를 경험한다. Thomas는 결혼과 가족 클리닉에서 일해 왔다. 이러한 환경에서는 부모들이 학교 관련 문제로 자녀를 데리고 오는 경우가 종종 있다. 그는 이것들을 체계적으로 개념화하며, 증상이 가족에게 어떤 기능을 하고 있는지를 고려하면서 가족 전체와 상담한다. 예를 들어, 한 학생이 학교에서 계속해서 싸움을 하고 가족은 그 학생에게 집중한다면, 가족이 주목하지 못하고 있는 부분은 무엇인가? 결혼생활의 곤란? 가족 구성원의 죽음? 가정 내 불화나 반항심과 같은 가족 문제에 관한 서비스를 받기 위해 상담을 찾는 가족들도 있다. 다른 가족들은 가족 구성원의 우울이나 불안과 관련해서 찾아오곤 한다.

Ray는 지역사회 정신건강센터와 학교환경에서 다방면에 걸친 전문가로 활동해 왔다. 이러한 배경에서 그녀는 폭넓은 연령 계층에 걸친 다양한 문제들을 보아 왔다. 영재에게는 관계성 문제(주로 연애), 학대 그리고 약물남용과 관련된 문제도 있지만 우울, 불안 및 학교 관련 문제가 가장 많다. 그녀는 영재들에게 영향을 준 학습된 상호작용 패턴과 더불어 이러한 문제들 중 다수에서 신체적, 유전적 요소를 본다. 이러한 시각은 내담자와 그들의 현재 상황의 인식뿐만 아니라 경험사, 생리학, 성격 그리고 환경 간의 역동성을 의식하는 체계적 접근으로 이어진다. 거의 모든 문제가 다측면적인 것같이 보이며, 깊은 이해와 치료를 위해서는 복잡한 사고를 요구한다. Ray가 사용한 개입은 그다지 복잡한 것 같진 않으나, 그 뒤에 숨겨진 사고는 다층적이며 때때로 혼란스럽다. 이러한 방식으로 문제와 관련한 사고를 하는 데에 한 가지 어려운 점은 상담자에게도 혼란스러운 경우가 종종 발생한다는 것이다. 이러한 접근의 긍정적인 측면은 문제로 뛰어드는 다양한 접근점이 있으며, 개입을 실행할 때에도 다양한 각도에서 접근할 수 있다는 점이다.

우리 두 사람은 모두 기꺼이 이차적인 자원도 활용한다. 예를 들어, 상담만으로 충분한 안식을 주지 못한다면 우울이나 불안 치료 약의 처방을 위해 의사에게 의뢰한다. 내담자나 가족 구성원이 약물중독이나 약물남용과 관련한 문제를 제기한다면, 우리는 12단계 프로그램에 참여할 것을 권한다. 우리는 상담과 더불어 명상, 운동, 봉사 활동 참여, 저널 쓰기, 자신을 소중히 보살피기 그리고 사회적 접촉을 시도하기를 권장하는데, 상담해 왔던 다양한 내담자에게 이 방법들이 치료에 효과적임을 발견했기 때문이다. 내담자의 체계에 건설적인 무언가가 있다면, 그것은 상담치료를 통한 변화에 기여할 수 있다.

사례: 가상의 포스트모던 접근

Sam이라는 17세의 고등학교 11학년 소년이 지방에서 올라와 Ray에게 상담을 받으러 왔다. 학교에서 그의 성적과 행동은 타의 모범이 되는 수준이었다. 그는 다양한 분야에 관심이 있었고, 퀴즈 대회와 토론 모임, 관현악단과 같은 학교 활동에 참여하였으며, 또한 컴퓨터 게시판을 설립 · 운영하였다. 이러한 그의 활동은 부모님의 지원을 받고 있었는데, 부모님은 두 분 다 그와 열두 살짜리 동생이 다니는 지역의 교사다. Sam이 호소한 문제는 자신의 학교생활이 행복하지 않다는 것이었다. 평가 단계는 세 차례에 걸쳐 진행되었는데, 한 차례는 Sam 자신과의 면담, 그리고 두 차례는 Sam의 어머니와의 전화 통화로 이루어졌다. Sam이나 어머니 모두 가족 내에서 문제로 여길 수 있는 어떠한 점도 보고하지 않았다. 오히려 그들은 다수의 긍정적인 경험담을 이야기해 주었다. 그들은 모두 Sam에게는 대하기 편하고 활동적인 친구들이 있다고 믿었으며, 정신질환이나 약물중독을 암시할 만한 증상도 전혀 보고되지 않았다.

Sam의 학교에서의 불행감은 그가 학교에 있는 동안 일어난 일과 관계 있는 것 같지 않았고, 오히려 11학년(한국 학제로는 고2에 해당─역자 주) 말에 빨리 고등학교를 졸업하고 싶어 하는 그의 마음에 있었다. 11학년 1학기에 이미 졸업하기에 충분한 학점을 이수하였고, 그 학년 말까지 필수 과목은 거의 모두 수료하였다. 한 가지 예외는 바로 행정학 수업이었는데, 이 과목은 졸업 필수 과목으로 대부분 12학년에 듣는 과목이다. Sam은 11학년 2학기 자습 시간으로 되어 있는 시간에 행정학 수업을 들으려 했으며, 그렇게 되면 1년 앞서 조기졸업을 할 수 있었다. 학교에서는 행정학 과목을 11학년에도 수강할 수는 있지만, 졸업장을 얻기 위해서는 4년간 수업을 들도록 요구하는 '출석 시간'을 필수로 하고 있었다. Sam은 AP 과목을 포함해서 학교에서 제공하는 모든 최상위 수업과정을 이미 완수하였다고 설명하였다. 그는 자신이 학업적으로 고등학교 이상의 수준에 있다고 느끼고 있으며, 한 학기 필수수업을 이수하기 위해 그것도 한 학년 아래 수업을 들어야 한다는 것이 두렵다고 설명하였다. 그는 사회적 상황이 자기에게 편안하다는 점을 인정은 하지만, 만일 자신이 다른 상황에 있었더라도 긍정적인 사회적 상황이었을 것이며, 자기에게 맞는 학업적 상황을 갖기 위해서는 대학에 갈 필요가 있다고 말했다. 즉, 상담을 받고자 한 그의 목표는 현재 상황에서 벗어날 방법을 찾는 것이었다.

Ray는 가능한 몇 가지 해결책—일반교육학 학위(General Education Diploma: GED) 획득하기, 교장의 승인 받기, 지역 내의 복수 등록 체제 이용하기—을 제시하였다. Ray와 Sam은 선택할 수 있는 방안들을 살펴보고, 위험 요인과 보호 요인을 찾아보았다. 부모님은 그의 조기졸업을 찬성하지만, 갖고 있는 지식으로 볼 때 그의 목표를 이룰 방법이 없다고 생각하였다. 그들은 Sam이 정규 졸업장을 받을 수 있고 당연히 그럴 자격이 있다면서 원칙적으로 GED 시스템을 이용하는 것에 반대하였다. 그들은 고등학교 교장의 결정에 도전한다면 자신들의 직업에 영향이 미칠까 봐 염려된다고 하였다. 더불어 지난 3년 동안 출석 시간 필수 사항에 대한 다른 호소들도 많았으나, 교육위원회는 각 사례마다 규정을 지키도록 하였다. 아마도 Sam의 사례가 학업적으로 가장 좋았지만, 행정관리 측은 그의 요청과 이미 거절된 이전 사례들 간에 유의미한 차이점을 발견하지 못하였다. 복수 등록이 꽤 가능성이 있어 보였지만, 자세히 살펴보니 가족에게 경제적 부담이 클 확률이 분명했다. 왜냐하면 비록 학교담당 교육청에서 학비는 지불하겠지만 그 외의 비용들, 특히 가장 가까운 대학까지의 교통비도 꽤 비쌌다. 이 선택은 또한 Sam에게 불필요하고 원치 않는 고등학교 과목을 들어야 하는 부담을 안겨 주는데, 두 학기 모두 고등학교 캠퍼스 내에서 반나절을 보내야 하기 때문이다. 아직 드러나지 않고 인식되지 않은 그 외의 다른 가능성을 살펴보기 위해, Ray와 Sam은 상황에 대해 보다 깊이 설명하도록 함께 최선을 다했다. 그러나 가족은 할 수 있는 모든 가능성을 이미 다 숙고한 상태였다.

문제에 대한 해결책을 찾는 일은 Sam과 그의 가족이 삶의 모든 분야에서 잘 지내고 있다는 것을 의미하였다. 그들은 단지 기존의 해결 방식을 새로운 상황에 적용해 보려 했을 뿐이다.

이 사례는 좀 더 큰 체계가 가족 체계에 미치는 영향력이 두드러진 경우다. 가족은 필연적으로 안정적이며 서로에 대해 지지적이고, 그들은 서로의 삶에 깊이 연루되어 있으며, 적정 수준의 친근감을 유지하고 있으며, 가족 구성원들의 상호작용도 긍정적이다. Ray는 원하는 상황을 규정하고 사건이 어땠으면 좋을지에 대한 이야기를 만들어 내는 데에 집중하였다. Sam과 가족이 원하는 이야기는 분명했다. 고등학교 관계자가 믿지 않더라도 Sam은 고등학교를 마친 것과 다름없었다. 그는 앞으로 나아가고 있었으며, 그러기 위해서는 도움이 필요했다.

이 시점에서 Ray는 정보를 얻기 위해 대학 입학 관계자와 자신의 동료들(영재와 재능아의 자문인과 상담자)과의 접촉을 시도하였는데, 그들이 과거에도 비슷한 상황을 다뤄 본 적이 있어서 뭔가 아이디어가 있을 것이라고 믿었다. 대학 입학처에서 이러한 질문에 답해야 하는 경우는 비교적 흔했으며, 그녀는 그 때문에 유사한 상황에 적절하게 반응하기 위한 규칙이 개정되어 있다는 사실을 재빨리 발견하였다. 그들은 Sam과 같은 상황에 처해 있던 학생들이 특별한 능력이 많고, 동기 부여가 되어 있고, 대학교의 사회적 상황에 쉽게 적응한다는 것을 발견하였다. 더 나아가 가장 중요한 것은 그들이 고등학교 졸업장이나 고등학교 관계자의 추천서가 없는 학생도 기꺼이 받아 준다는 사실이었다. 그들이 요구하는 것은 Sam의 고등학교 성적표, 표준화된 대학 입학시험 결과(Sam은 이미 가지고 있었다), 그리고 대학 입학 지원서였다. Ray가 이 상황을 Sam과 가족에게 제시했을 때 가족은 활기를 되찾게 되었다. 믿을 수 있는 이야기였기 때문이다. Sam은 최상위 대학 중 몇 개 대학에 지원하였으며, 그중 다수에 합격하였다. 그는 고등학교 졸업장 없이도 내년 가을에는 대학에 입학할 것을 결정하였다. 그는 고등학교 11학년의 남은 기간 동안 지지를 얻기 위해 Ray를 계속 만났다. 두 사람은 Sam에게 방해물들이 닥쳤음에도 불구하고 자신만의 이야기와 접근을 창조해 내는 Sam의 능력에 관해, 그를 지원하는 가족의 능력의 독특함에 관해, 그리고 그들이 사는 작은 마을에서 그들이 얼마나 독특하였는지에 대해 이야기를 하였다. 어떤 면에서 이 경우는 흔치 않은 상담 상황인데, 이는 제기된 문제가 해결되었기 때문이다. 하지만 가상의 포스트모던 접근의 강점 중 하나는 문제를 독특한 시각으로 바라보는 창조성과 개방성이다. 비록 제기된 문제가 해결되었지만, Ray는 문제를 만든 체계 특징은 여전히 존재하며 문제의 여지가 남아 있다고 생각하였다.

Sam이 대학교 1학년을 마친 후, Sam의 어머니는 그의 성적표를 받은 후에 Ray에게 전화를 걸었다. 다니는 엘리트 학교에서 Sam은 믿을 수 없을 정도로 놀라운 성적을 내고 있었다. 그는 어머니에게 학업적 그리고 사회적 요구에 잘 적응하는 모습을 보였고, 자신의 결정에 따른 결과에 만족하고 있다고 보고하였다.

이런 상담 상황은 가족의 의사소통과 문제해결 능력에 문제가 없다는 점에서 흔치 않은 상담 사례로 드러났다. 하지만 Sam은 가족뿐만 아니라 그에게 영향을 주는 더 큰 체계의 정책과 결정으로 인해 상당한 고통을 겪었다. 그러나 결국에는 더 상위 수준의 체계가 궁극적인 해결책을 제시해 주었다.

한편 Thomas(1995, 1999)는 가상의 포스트모던 접근 방식으로 상담한 두 명의 영재 아동과 가족에 대해 보고하였다. 첫 번째 가족(Thomas, 1995)은 7세의 고도의 창의적 영재 소녀가 학교 가기를 두려워한다는 이유로 상담을 원했다. Thomas가 가족에게 Grimm의 동화 『찔레꽃(Brier Rose)』을 들려주었을 때, 소녀는 이 동화에서 나온 상상의 주인공과 자신을 강하게 동일시하였고, 그들은 학교 문제에 대해 창의적인 해결책을 만들어 낼 수 있었다. 두 번째 가족(Thomas, 1999)은 12세의 고도의 학업적 영재 소년이 자신을 '괴짜'라고 놀리고 정기적으로 자극해 오던 아이들과 학교에서 싸웠다는 이유로 상담을 원했다. 소년의 어머니는 학교와 집에서의 그의 행동 때문에 아들을 '골칫거리'로 표현하였다. 그러나 그는 학교에서 좀 더 바른 행동을 하라는 부모님의 요구에 방어적으로 반응하곤 하였다. 소년은 '골칫거리 가족'이라고 표현하였고, 이 때문에 Thomas는 그 비유를 사용하게 되었다. Thomas는 골칫거리 인물을 나타내기 위해 소년에게 플라스틱으로 된 수스 박사(그림책 작가인 Dr. Seuss―역자 주) 인형을 주었으며, 소년이 화가 날 때 골칫거리 가족에게 조언을 구하라고 요구하였다. 결국 소년은 자기 말을 주의 깊게 들어주고 도와주는 한 명의 친구를 얻음으로써 학교와 집에서 자기가 당하는 부당함에 맞서 싸울 대체방법들을 만들어 내기 시작하였다. 부모님은 곧 이 문제가 아들에 대한 공정함과 정당성의 문제라는 것을 이해하셨고, 이후 아들을 적극적으로 지지하기 시작하였으며, 가정 내에서의 긴장감은 줄어들었다. 학교에서 열린 부모―교사 간담회는 학교에서 이 소년을 좀 더 보호하도록 결정하였고, 그에 따라 소년은 보다 도전적이고 개별화된 과제를 제공받게 되었다. 그 결과, 소년은 더 이상 가족의 골칫거리가 아니었으며, 영리한 12세 소년처럼 행동하게 되었다.

6. 결 론

영재와 그들 가족을 상담하는 우리의 접근 방식은 임상 경험과 상담에 대한 체계 접근의 결합에 기반을 두고 있다. 영재 개인의 상담과 관련한 경험적 증거가 거의 없기 때문에(Moon, 2002), 우리는 계속해서 새로운 방안을 시도해 보며 결과를 평가한다. 영재 내담자를 상담하기로 선택한 사람들은 전형적인 상담 기술과 더불어 영재 개인에게 영향을 끼치는 상황적 요인과 상담 문제에 대한 견고한 지식을 필요로 한다는 것을 우리는 믿는다. 그러나 우리는 상담자들이 영재를 상담하는 데에 보람을 느끼고 있음을 발견하였고, 보다 많은 상담자들이 특별히 영재성 관련 학술대회와 학술지에서 얻을 수 있는 정보를 최대한 활용하면서 영재와 그들 가족 상담을 맡는 것을 보길 희망한다.

참고문헌

American Psychiatric Association. (2000). *Diagnostic and statistical manual of mental disorders* (4th ed., Text Rev.). Washington, DC: Author.

Berg, I. K. (n.d.). *Hot tips*. Retrieved February 20, 2006, from http://www.brief-therapy.org/insoo_essays.htm

Bordeaux, B. (2001). *Therapy with gifted clients: Honest disagreement is often a good sign of progress*. Unpublished manuscript.

Bowen, M. (1978). *Family therapy in clinical practice*. New York: Aronson.

Butterfield, E. C., & Feretti, R. P. (1987). Toward a theoretical integration of cognitive hypotheses about intellectual differences among children. In J. G. Borkowski & J. D. Day (Eds.), *Cognition in special children: Comparative approaches to retardation, learning disabilities, and giftedness* (pp. 195-233). Norwood, NJ: Ablex.

Colangelo, N., & Davis, G. A. (Eds.). (1997). *Handbook of gifted education* (2nd ed.). Boston: Allyn & Bacon.

Columbus Group. (1991, July). *Unpublished transcript of the meeting of the Columbus Group*. Columbus, OH.

Costa, P. T., Jr., & McCrae, R. R. (1992). *Revised NEO personality inventory (NEO-PI-R) and NEO five-factor inventory (NEO-FFI) professional manual.* Odessa, FL: Psychological Assessment Resources.

Diener, E. (2000). Subjective well being: The science of happiness and a proposal for a national index. *American Psychologist, 55,* 24-43.

de Shazer, S. (1985). *Keys to solution in brief therapy.* New York: W. W. Norton.

Doherty, W. L., Colangelo, N., & Hovander, D. (1991). Priority setting in family change and clinical practice: The family FIRO model. *Family Process, 30,* 227-240.

Feldhusen, J. F. (1991). Identification of gifted and talented youth. In M. C. Wang, M. C. Reynolds, & H. J. Walberg (Eds.), *Handbook of special education: Research and practice.* New York: Pergamon Press.

Feldhusen, J. F., & Jarwan, F. A. (1993). Identification of gifted and talented youth for educational programs. In K. A. Heller, F. J. Mönks, & A. H. Passow(Eds.), *International handbook of research on giftedness and talent* (pp. 223-252). New York: Pergamon Press.

Freeman, J., Epston, D., & Lobovits, D. (1997). *Playful approaches to serious problems: Narrative therapy with children and their families.* New York: W. W. Norton.

Geertz, C. (1973). Thick description: Toward an interpretive theory of cultures. In C. Geertz, *The interpretation of cultures* (pp. 3-32). New York: HarperCollins.

Gelso, D. J., & Fretz, B. R. (1992). *Counseling psychology.* Fort Worth, TX: Harcourt, Brace, Jovanovich.

Haley, J. (1976). *Problem-solving therapy.* San Francisco: Jossey-Bass.

Hoffman, L. (2001). *Family therapy: An intimate history.* New York: W. W. Norton and Company.

Jones, L. K. (1990). The Career Key: An investigation of the reliability and validity of its scales and its helpfulness to college students. *Measurement and Evaluation in Counseling and Development, 23,* 67-76.

Lopez, S. J., Snyder, C. R., & Rasmussen, H. N. (2003). Striking a vital balance: Developing a complementary focus on human weakness and strength through positive psychological assessment. In S. J. Lopez & C. R. Snyder (Eds.), *Positive psychological assessment* (pp. 3-20). Washington, DC: American Psychological Association.

Lovecky, D. V. (1994). Exceptionally gifted children: Different minds. *Roeper Review, 17,* 116-122.

Lovecky, D. V. (2000). The quest for meaning: Counseling issues with gifted children and adolescents. In L. Silverman (Ed.), *Counseling the gifted and talented* (pp. 29-50). Denver, CO: Love.

Marland, S. P. (1971). *Education of the gifted and talented* (Report No. 72-5020). Washington, DC: U.S. Office of Education.

McCrae, R. R. (2000). Emotional intelligence from the perspective of the Five-Factor Model. In R. Bar-On & J. D. A. Parker (Eds.), *The handbook of emotional intelligence* (pp. 263-276). San Francisco: Jossey-Bass.

McGoldrick, M., Gerson, R., & Shellenberger, S. (1999). *Genograms: Assessment and interventions.* New York: W. W. Norton and Company.

Minuchin, S. (1974). *Families and family therapy.* Cambridge, MA: Harvard University Press.

Minuchin, S., & Fishman, H. C. (1981). *Family therapy techniques.* Cambridge, MA: Harvard University Press.

Moon, S. M. (2002). Counseling needs and strategies. In M. Neihart, S. M. Reis, N. M. Robinson, & S. M. Moon (Eds.), *The social and emotional development of gifted children: What do we know?* (pp. 213-222). Waco, TX: Prufrock Press.

Moon, S. M., & Hall, A. S. (1998). Family therapy with intellectually and creatively gifted children. *Journal of Marital and Family Therapy, 24,* 59-80.

Moon, S. M., Jurich, J. A., & Feldhusen, J. F. (1998). Families of gifted children: Cradles of development. In R. C. Friedman & K. B. Rogers (Eds.), *Talent in context: Historical and social perspectives on giftedness* (pp. 81-99). Washington, DC: American Psychological Association.

Moon, S. M., & Thomas, V. (2003). Family therapy with gifted and talented adolescents. *Journal of Secondary Gifted Education, 14,* 107-113.

Moos, R., & Moos, B. (1986). *Family environment scale manual* (2nd ed.). Palo Alto, CA: Consulting Psychologists Press.

Myers, I. B., McCaulley, M. H., Quenk, N. L., & Hammer, A. L. (1998). *MBTI manual: A guide to the development and use of the Myers-Briggs Type Indicator* (3rd ed.). Mountain View, CA: Consulting Psychologists Press.

Myers, I. B., & Myers, P. (1980). *Gifts differing.* Palo Alto, CA: Consulting Psychologists Press.

Olenchak, F. R., & Reis, S. M. (2002). Gifted students with learning disabilities. In M. Neihart, S. M. Reis, N. M. Robinson, & S. M. Moon (Eds.), *The social and emotional development of gifted children: What do we know?* (pp. 177-192). Waco, TX: Prufrock Press.

Olson, D., Portner, J., & Lavee, Y. (1985). *FACES III Manual.* St. Paul, MN: Family Social Science.

Robbins, M. S., & Szapocznik, J. (2000, April). *Brief strategic family therapy* (NCJ 179825). Washington, DC: U.S. Department of Justice, Office of Justice Programs, Office of Juvenile Justice and Delinquency Prevention.

Robinson, A., & Clinkenbeard, P. R. (1998). Giftedness: An exceptionality examined. *Annual Review of Psychology, 49,* 117-139.

Rogers, K. B. (1986). Do the gifted think and learn differently? A review of recent research and its implications for instruction. *Journal for the Education of the Gifted, 10,* 17-39.

Schecter, J. (1992). Comparing different measures of intelligence. *Understanding Our Gifted, 4,* 14-15.

Silverman, L. (1997). The construct of asynchronous development. *Peabody Journal of Education, 72,* 36-58.

Silverman, L. (2000). Counseling families. In L. Silverman (Ed.), *Counseling the gifted and talented* (pp. 151-178). Denver, CO: Love.

Stanley, J. C. (1996). In the beginning: The study of mathematically precocious youth.

In C. P. Benbow & D. Lubinski (Eds.), *Intellectual talent: Psychometric and social issues* (pp. 225-235). Baltimore: Johns Hopkins University Press.

Sternberg, R. J. (1990). *Metaphors of mind: Conceptions of the nature of intelligence.* New York: Cambridge University Press.

Sternberg, R. J., & Davidson, J. E. (1985). Cognitive development in the gifted and talented. In F. D. Horowitz & M. O'Brien (Eds.), *The gifted and talented: Development perspectives* (pp. 37-74). Washington, DC: American Psychological Association.

Sue, D. W., & Sue, D. (1999). *Counseling the culturally different: Theory and practice.* New York: John Wiley & Sons.

Thomas, V. (1995). Of thorns and roses: The use of the "Brier Rose" fairy tale in therapy with families of gifted children. *Contemporary Family Therapy, 17,* 83-91.

Thomas, V. (1999). David and the family bane: Therapy with a gifted child and his family. *Journal of Family Psychotherapy, 10,* 15-24.

Thomas, V., & Moon, S. (2004, September). *Therapy with gifted children and their families.* Workshop presented at the 62nd Annual Conference of the American Association for Marriage and Family Therapy, Atlanta, GA.

Webb, J. T. (1993). Nurturing social-emotional development of gifted children. In K. A. Heller, F. J. Mönks, & A. H. Passow (Eds.), *International handbook of research and development of giftedness and talent* (pp. 525-538). New York: Pergamon Press.

White, D., & Epston, D. (1990). *Narrative means to therapeutic ends.* New York: W. W. Norton.

Wierczerkowski, W., & Prado, T. M. (1991). Parental fears and expectations from the point of view of a counseling centre for the gifted. *European Journal for High Ability, 2,* 56-73.

Chapter **05** 발달적 견해

ounseling

Jean Sunde Peterson

1. 영재성 개념

영향

여러 학교급(초/중/고-역자 주)에서 19년 동안 영어교사로 일하면서, 나는 '영재교육'이나 '영재 아동의 욕구'에 대해 아무런 감흥을 느끼지 못했다. 나는 늘 구성주의 접근으로 문학과 작문을 가르쳤으며, 수업에서 경험에 대한 강조와 개방적인 과제를 제시하는 것으로 뛰어난 능력을 지닌 학생들에게 도전, 자율성 그리고 창의력을 향상할 기회를 제공한다고 여겼다. 순진하게도 나는 다른 교사들도 나랑 똑같은 것을 제공한다고 생각하였다. 1980년대 초, 학교에서 일어난 영재 학생을 위한 특별 프로그램에 대한 압력에도 그다지 자극되지 않았다.

하지만 뒤늦게 깨우친 다른 많은 사람처럼, 나는 결국 영재 학생들의 학교에서의 경험을 향상하기 위해 엄청난 노력을 쏟게 되었다. 나는 유치원부터 고3까지(K-12) 교육에 몸담은 24년 중 마지막 5년 동안은 영재 학생을 위한 복잡하면서도 다면화된 고등학교 프로그램을 담당하였다. 그중 한 가지로 매주 12시에 10시간짜리 토론 집단을 실제로 진행해 왔고(Peterson, 1990), 여기에 정서적인 내용도 포함시켰다. 이 토론 집단을 통해 나는 10대 영재 학생들이 겪는 사회적, 정서적 관심사를 알게 되었으며, 10대 영재들에게서 받은 영감을 가지고 상담교육학 박사과정 이전에 먼저 연구의 방향을 잡을 수 있었다.

아이오와 대학교의 벨린-블랭크 영재교육센터(Belin-Blank Center for Gifted Education)에서의 대학원 조교생활은 나로 하여금 영재 아동 및 10대 그리고 그들 가족을 상담 치료하는 일에 종사할 기회를 제공해 주었다. 그 후에는 영재 중학생을 대상으로 소집단 상담도 진행했다. 그 뒤 몇 년 동안 내가 상담자 교육자로서의 두 번째 경력을 쌓기 시작함에 따라 두 곳의 약물중독 치료 센터에서, 그리고 문제 청소년들을 위해 두 곳의 학교에서 시간제 상담자로 일하였다. 여기에서 나는 정말 특별한 능력을 지닌 사람들을 만나곤 했다. 작은 개인 상담실의 내담자들 중 반 이상이 이미 뛰어난 능력을 지닌 사람들이었다. 그들 모두는 내게 영재성과 관련한 정서적인 문제에 관해 알 수 있는 기회를 주었다. 나의 영재교육에서의 '정서 교육과정'(Peterson, 2003)의 개념화는 이러한 경험으로부터 왔다고 볼 수 있다.

최근 몇 년 동안, 나의 관점을 크게 변화시킨 인물들이 있다. 1980년대 초, Roger Taylor는 영재 학생들의 욕구를 충족하기 위한 지역사회 서비스 프로그램을 운영하였다. 영재 아동의 사회·정서 발달을 위한 그의 열정은 나의 회의적인 생각에 도전해 왔으며, 동시에 흥미를 불러일으켜 주었다. 내가 고등학교 프로그램을 설립한 지역의 영재교육 담당자였던 Penny Oldfather는 사회 · 정서 발달을 위한 매주 토론 그룹이라는 당시 흔치 않던 나의 생각을 지지해 주었다. 그는 현재 조지아 대학교에 있다. 지금은 퍼듀 대학교에 있지만 당시 아이오와 대학교에 있었던 Volker Thomas는 나에게 결혼/가족치료에 관해 가르쳐 주고 지도 · 감독해 주었으며, 다양한 체계에 속한 영재성에 대한 시각을 형성하도록 도와주었다. Dierdre Lovecky(1992)는 나의 전문가로서의 경험, 특히 민감성과 강렬함 영역에서의 경험에 큰 반향을 일으킨 전문 서적에서 첫 번째 논문을 발표한 사람이었다. 국립영재아동학회(National Association for Gifted Children: NAGC)에 참가하기 시작하였을 때, 나는 Tracy Cross(볼 주립대학교)와 Lawrence Coleman(지금은 톨레도 대학교에 있는)을 만났는데, 이들 모두 영재 아동의 학업 외의 분야에 관심과 흥미를 가지고 있었다. 또한 NAGC를 통해 나는 Michael Piechowski(1999)를 개인적으로 알게 되었는데, 그는 영재교육에 Dabrowski(1967)의 과흥분성 개념과 정서 발달을 가져왔으며, 정서지능과 영재성에 관한 통찰력으로 이 분야 연구를 지금까지 계속하고 있다.

내 연구의 대부분은 질적 연구방법을 사용하고 있으며, 위에서 거론한 사람들은 다양한 현상에 대한 주관적 경험을 탐구하려는 내게 큰 영향을 주었다. 연구와 관련하여 주류파 교사들과 다섯 곳의 비주류 단체에 속한 사람들의 용어를 연구했다는 것을 말해 두고 싶다. 그들은 영재성(giftedness)이라는 용어에 관해 토론하였다. 나는 주류 문화에 속한 교사들이 그들 사이에서 이 현상을 특이하게 개념화하였다는 것을 알게 되었을 뿐만 아니라(사십 가지가 넘는 다양한 '정의'), 제기된 주제에 반영되었듯이 즉석에서 나온 그들의 기준이 비주류 단체 교사들의 것과는 상당히 다르다는 것을 알게 되었다. 분명히 영재성은 상황 제한적이며, 문제를 내포한 구조이지, 보편타당하게 동의되고 있지는 않다. 그럼에도 불구하고 학교 장면에서 드러나는 특별한 능력이라는 점에서 지적 영재성(그리고 다른 재능 영역에서도)의 벨커브(종 모양의 정상분포곡선을 의미-역자 주)의 상단 끝자락에 위치한 사람들은 특별한 욕구를 가지고 있으며, 문화적 배경과는 상관없이 전문적인 배경뿐 아니라 일반적인 배경에서도 일부 용어가 그들에게 적용될 수밖에 없다는 점을 주장한다. 여기서 나는 높은 수준의 지적 영특함을 반영하는 것으로 영재성이라는 용어를 주로 사용한다.

정의

나는 영재성을 이 분야의 다른 많은 개념을 대할 때보다 극단적으로 좁게 보거나 극단적으로 넓게 본다. 내가 상담해 온 사람들의 대부분이 영재들이기 때문에 여기서는 학교에 재학 중인 영재에 관해서만 언급하려고 한다. 물론 학교 경험은 현재와 미래의 삶에 엄청난 영향력을 행사한다. 나는 협의의 관점과 광의의 관점을 설명할 것인데, 이는 영재교육 프로그램이 뛰어난 능력의 아동들을 올바르게 양육하기 위해 필요하다는 나의 믿음과 연결되어 있기 때문이다.

나의 영재성 정의는 누가 특수학교 프로그램에 들어갈 것인가에 관련하여 상당히 좁은 시야를 반영한다. 이는 영재 학생을 위한 교육이 일반 교육과정이 충족하지 못하는 또는 충족할 수 없는 결정적인 교육적 욕구를 채워 줄 수 있다면, 이러한 교육과정은 고도로 차별화된 교수 학습 없이 이질적이고 포괄적인 교실에서는 그들의 욕구가 채워질 수 없는 학생들에게 초점을 맞출 필요가 있다는 점에서 일맥상통한다. 그러므로 나는 영재성을 주류 사회에서 중요하게 여기지 않거나 비주류 사회에서 중요하게 여기는 영역들을 포함하여, 일부 영역—예를 들어 일반 능력이나 특정 분야에서의 능력 혹은 재능—에서 공식적/비공식적 검사에서 상위 2~3%에 속하는 능력을 지닌 경우라고 정의한다. 높은 학업 성취를 필수 조건으로 여기지 않는다. 사실 이 정의는 학업에서 좋은 성적을 얻는 학생들을 반드시 포함시키지는 않는다. 성실하고 높은 학업 수행을 하는 평균 이상의 학생들이 꼭 필요로 하는 학업적 욕구들은 크게 차별화된 교육과정이 없어도 교실에서 충분히 충족될 수 있다. 그들은 오히려 충분히 도전을 받으며 만족해한다. 물론 교사들은 이런 학생들과 다른 모든 학생을 위해 차별화된 교수 학습과 접근 방식을 사용해야 하며, 소수의 상위 학생들을 위한 영재교육 프로그램을 반대하지는 않는다. 하지만 매우 중요한 **욕구**를 충족해 주는 것(예: 심화를 넘어서)이 목표라면, 특수교육 프로그램에서처럼 특별 프로그램의 초점은 지극히 일반적이거나 특정 영역에서의 욕구가 되어야 한다. 그러한 욕구 기반 기준을 가지고 영재교육 지지자들은 필요시 프로그램을 옹호한다.

나의 관점은 영재성을 개념화하는 점뿐만 아니라 서비스 제공 면에서 넓은 편이다. '영재' 판별이 넓은 범위의 뛰어난 능력을 포함한다면, 그리고 영재교육 프로그램이 비주류 집단의 학생들을 발견하고 도와주기 위한 의도를 갖고 있다면, 프로그램은 그에 맞추어 개발되어야 한다. 모든 영재 아동이 특별 프로그램의 공통점인 더 많고 더 **빠른** 요소들을 필요로 하거나 즐기는 것은 아니다. 이러한 요소들은 미국의 주류 문화가 개인적이고 뚜렷하고 경쟁적인 성취를 가치 있게 여김을 반영한다(Peterson, 1999). 프로그램이 아이들에게 맞춰져야 하지 아이들을 프로그램에 맞추어서는 안 된다. 그러므로 이러한 프로그램들은 소수 집단 문화에서 가치 있다고 평가되는 재능도 인정해 주어야 한다. 일반적으로 지배 문화의 교사들에게는 익숙한 동기나 근로 윤리 그리고 여러 종류의 산출물을 장려하기가 어려운 비주류 문화와 인종 집단으로부터 온 아동들과 뚜렷한 장애나 감추어져 잘 드러나지 않은 장애를 가진 아동을 위한 프로 그램이 부족할 뿐만 아니라 비주류 영재 아동을 위한 프로그램도 부족하 다(Peterson 참조). 나의 연구(Peterson & Margolin, 1997)는 주류 사회의 선 생님들(영재 프로그램을 이끌고 가르쳐 온 사람들을 포함하여)이 주류 문화에 서 가치 있게 여기는 항목들, 특히 언어능력, 자기 주장력, 사회적 편안함, 경쟁적인 학업 수행 그리고 학교 활동에의 참여(즉, 일반적으로 미국 학교 들이 가치 있게 평가하는 친숙한 항목들)를 반영하는 행동에서 '드러난 영재 성' 만을 추구한다는 사실을 강조하고 있다. 확실히 영어에 익숙하지 못하 고 주류 사회의 가치(예: 경청, 양육, 사심 없는 봉사, 극기, 무에서 유를 창조하 기, 예술적 표현, 어른 공경하기)와는 다른 능력을 중요시하는 사회에서 온 영재 학생들은 '사람 눈에 띄지 않거나' 잘 판별되지 않는다(Peterson). 나 는 프로그램들이 언어 그리고/또는 교육적 결손을 지닌 우수하고 재능 있 는 학생들의 욕구에 맞춘 학업적 개선책을 제공해야 한다고 믿는다. 그들 과 그 외 다른 사람들은 분명히 학교에서 좋은 성과를 내고 있는 우수~평 균 수준의 학생들보다도 특별 프로그램을 더욱 필요로 한다.

학교와 프로그램의 두 가지 모두 매우 중요한 욕구를 충족해 주는 것이 중요함을 인식하고 있지만, 인지적인 부분보다 정서적인 부분에 좀 더 집 중되어 있다는 점에서 나의 관점은 넓은 편이다. 정서는 학교와 미래의 성공의 기초가 되며, 정서적인 욕구가 만족되지 못할 경우 영재 아동들은 학교에서나 집에서 혹은 자신들 내부에서 학업상 그리고 대인관계 면에 서 학습하고 효과적으로 기능할 만큼 편안함을 느끼지 못할 것이다. 나의 관심은 그들이 세상에서 효율적으로 기능할지, 스스로에게 편안해할지, 그리고 발달과정에서의 도전적인 부분을 성공적으로 잘 극복해 낼 수 있 을지에 있다.

나는 학업적으로 뛰어난 학생들만을 발굴하는 프로그램들이 다양한 이유로 인해 단기/장기적으로 성취지향 학교환경에서 좋은 성과를 거둘 수 없거나 거두지 못하는 많은 우수한, 재능 있는 그리고 지적으로 영특한 학생들을 인정하지 않는다고 믿는다. 사실상 선생님으로서의 나의 이전 경험은 항상 미성취 영재 학생들을 염두에 두고 있었으며, 나의 연구들 또한 그들에게 집중되어 있었다. 나는 미성취가 종종 가족(고기능 또는 저기능)이나 사회적(순조로운 또는 힘든) 배경과는 상관없이 발달 문제와 관련되어 있다고 결론을 내렸다. 불행히도 종종 언급되는 '영재 아동'에 관한 많은 결과는 일반화가 될 만큼 충분히 포괄적인 사례들에 기초해서 나오지 못했으며, 그리하여 뛰어난 성취를 하고 학업적으로 동기 부여가 되어 있는 정형화된 모습에 잘 맞지 않는 사람들을 받아들이지 못하는 가정을 만들어 내고 있다.

　나는 영재를 위한 교육이 오히려 학업적으로 좋은 성적을 내지 못하거나 행동 문제를 지닌 뛰어난 능력의 학생들에게 제공되어야 한다고 믿는다. 프로그램들은 비참할 정도로 운영진 수가 부족하며, 그로 인해 누구한테나 똑같이 적용되는 수업과정, 단지 선수 과목으로만 이루어진 고등학교 프로그램, 그리고 교실에서 영재 학생들의 욕구를 들어줄 수 있는 영재교육 교사나 담당자의 시간 부족과 같은 현상을 초래한다고 나는 분명히 인식하고 있다. 프로그램들이 '문제아들'을 포함한 비전형적인 영재 학생들에게 좀 더 세심하게 맞추어져야 한다고 생각한다. 전에 언급한 민감성과 과흥분성은 그들을 어려운 상황에서 특별한 위기 상황으로 몰고 갈 수도 있다. 가장 중요한 것은 프로그램이 학교과정 중에 그 학생들의 가능성을 인정하고 적절한 지원을 해 줌으로써 매우 중요한 욕구들을 충족해 줄 수 있게 된다는 점이다. 그들의 원능력은 그 외의 어떠한 장소에서도 환영받지 못하는 경우가 많다.

　더불어 안정감이 부족한 삶 때문에 몇몇 뛰어난 아동들은 학업적 격차

를 경험하곤 한다. 그들에게는 더 많고 더 빠른(more and faster) 프로그램
이 제공되지 않을 수 있으며, 이는 사실상 맞지도 않는다. 이러한 프로그
램의 부적합성은 그들에게 부정적인 메시지를 제공하며, 교사들에게도
그들에 대한 부정적인 인식을 강화할 뿐이다. 그 외 다른 프로그램들을
나열해 보면 다음과 같다. 능력을 인정하기, 그들에게 다른 뛰어난 능력
의 학생들과 함께 발달 문제를 토론하게 하기, 사회화 격차를 줄이기, 스
트레스 요소를 줄여 주기, 비평가 환경을 제공하기, 그리고 문화 간 간격
을 메워 주기다. 만일 상위 수준의 과목이 제공된다면 차별화 교육과정은
고등학교 단계에서는 그다지 문제가 되지 않는다. 하지만 교실 내에서 학
생들의 능력이 거의 동질적이라 하더라도 교사는 학생들의 학습 스타일,
스트레스 정도, 교사-학생 관계에서의 어려운 점을 고려하여 수업 방식
에 차이를 둘 필요가 있다.

특징

Lovecky(1992)가 영재성에 대해 언급한 내용들은 아직도 나에게는 유
용하다. 그녀는 영재들의 다섯 가지 특징을 기술하였다. 즉, 확산적 사고,
과흥분성, 민감성, 지각력 그리고 목표 지향적 생명력(entelechy)이다. 내
가 영어교사였던 시절에 확산적 사고를 가진 사람들(구조적이고 순차적인
수업 방식을 선호하는 수렴적 사고자와는 대조된다)은 내 수업에서 최고의 작
가이자 사상가였다. 그들은 문학에서 이질적 사고들을 결합시킬 줄 알았
으며 다양한 시각에 개방적인 사람들이었다. 나는 학업 생활에서 병행 정
규교육과정에서 그리고 개인적인 삶에서 혼란을 초래하는 그들의 과흥분
성을 인정한다. 나는 문학적인 측면뿐 아니라 연애관계, 친구관계, 학교
생활과 관련된 즐거움과 실망, 부모의 별거나 이혼 · 죽음으로 인한 상실,

이사, 부모의 실직, 심각한 병, 사고, 부모의 결혼생활에서의 긴장감과 같
은 가정 내의 변화에서 나타나는 그들의 과민반응을 관찰하였다. 이 학생
들은 에세이에서 독특하면서도 때로는 시적인 통찰력을 나타내곤 하였
다. 나도 일련의 폭넓은 영역에서 뛰어난 노력을 하게 하며 활동에 참여
하도록 추진력을 발휘하는 그들이 지닌 동기 부여의 힘을 목격하였다.

　나는 이 학생들이 언어와 문학에서 장점을 갖고 있지만, 위의 다섯 가
지 요소는 또한 교실 내에서 문제를 일으킬 수 있어서 교사와 또래와 가
족과의 관계에 영향을 끼치며, 학생들을 내적으로 동요하게 만든다고 결
론을 내렸다. 이러한 특성들은 또한 교실에서 학습에도 문제를 일으킬 수
있다. 확산적 사고는 집중을 방해할 수 있기 때문에 예를 들면, '정답'이
라고 하는 것에 도전장을 내밀면서 일부 교사를 괴롭힐 수 있다. 그러한
사고가 또한 다수의 정신활동이 그날 하루의 막을 내리는 것을 방해하게
되면 불면증도 일으킬 수 있다(불면증은 토론 집단 구성원들이 자주 보고한
문제다). 확산적 사고는 심지어 주의력결핍 과잉행동장애(ADHD; APA,
2000)로 혼동되기도 한다. 마음은 교실과 사회적 정보의 여러 조각으로부
터 자극을 받아 그 반응으로 춤을 추면서, 흥분성은 관계와 교실 행동 그
리고 집중을 방해하기도 한다. 또한 전문가들은 이를 병리적으로 보기도
한다(Webb et al., 2005).

　민감성은 두려움과 불편감 그리고 상실로 인한 슬픔에 영향을 끼치며,
정상적인 발달적 이행에도 영향을 준다. 또한 민감성은 또래관계에 영향
을 주기도 한다. 높은 기대의 내적·외적 메시지에 대한 민감성은 완벽주
의를 일으키고, 영재들은 적절한 사회적 그리고 학업적 위험을 감수하기,
합리적인 기준을 설정하기, 학습과정을 즐기기, 프로젝트를 시작하거나
멈추기, 긴장을 풀기, 놀기, 자기와 다른 사람을 긍정적으로 보기 등을 못
하게 된다. 정의와 공평성에 대한 민감성, 되어야만 하는 명료한 비전 그

리고 극도의 도덕적 가치는 이 세상(그리고 특정한 세계)에서 사는 것을 극
도로 어렵게 만든다. 우울, 강박 행동 그리고 섭식장애는 궁극적으로 두
려움, 분노, 환경적 '폭격' 그리고 통제 욕구에 대한 반응으로 극도로 민
감한 사람들에게서 특히 그러한 성향을 가진 경우에 흔히 나타난다
(American Psychiatric Association, 2000 참조).

게다가 민감한 영재들은 '잡담'이 어렵다는 것을 알게 된다. 사전 지식
이 없이 새로운 지적 도전을 받게 되면, 그들은 재빨리 자기 능력을 의심
하고 무장 해제 상태가 되어 취약함을 느낀다. '다르다'는 느낌에 휩싸이
게 되고 직간접적인 괴롭힘에 취약해진다. 그리고 고도로 기능하는 부모
와 자기와의 분리에 어려움을 느낀다. 영재는 심지어 어린아이조차 무의
식적으로 실존적인 문제에 휩싸이게 되는데, 이것을 입 밖으로 말할 수는
없다. 그들은 또한 학교에서의 수행 말고 다른 것은 잘 알지 못한다고 느끼
고 올바르게 인식하지 못한다고 느낀다. 그들은 취약함의 이미지를 보호하
기 위해서 감정을 부정하거나 자신을 엄격하게 덮어 버린다(Peterson, 1998).
그 점에서 동성애자들은 특히 도전을 받는다. 그리고 한 연구(Peterson &
Rischar, 2000)에서는 일부 사람은 균형과 배출구를 찾기 위해, 학교에서는
구조화된 안전한 장소를 얻기 위해(p. 238), 그리고 자신들이 '배제'된다
면 삶에서 중요한 사람들이 자신을 수용하지 않는 현실을 보상하기 위하
여(p. 239) '과잉 참여'하게 된다는 점을 발견하였다.

영재의 지각력은 나와 부모의 관계, 그리고 가족, 또래, 교사와 자기 자
신과의 관계를 포함한 관계성의 뉘앙스를 매일의 기능에 끼치는 잠재된
부정적인 영향과 함께 강하게 느낀다는 것을 의미한다. 특히 즐거움과 만
족감이 동기를 수반한다면 목표 지향적 생명력은 어떤 사람들에게는 안
녕감을 제공해 준다. 그러나 자기 반성, 휴식 그리고 회복 시간은 거의 남
아 있지 않을 수도 있다.

가정

나는 영재 학생을 상담할 때 임상적인 경험에 기반을 두고 다음과 같은 가정을 한다.

- 영재 학생은 사회적·정서적으로 복잡하다.
- 과민감성이나 과흥분성은 영재성과 연관된 다른 특징들과 마찬가지로 개인적이고 대인관계적인 어려움에 작용할 수 있다.
- 영재 학생은 정확히는 자신이 '다른 사람들의 면목을 세워 줘야 하고' 그렇게 할 수 있는 사람으로 대부분 여기고 있다고 믿는다.
- 영재 학생으로서 방어를 많이 하고 자신의 이미지를 통제하지만, 외부에는 도움을 잘 요청하지 않는다.
- 영재 아동과 청소년도 그들보다 능력이 덜한 같은 나이 또래와 같은 발달 과업에 직면하지만, 영재들은 영재성과 관련된 특정한 도전을 받는다. 그리고 그들의 발달 경험은 질적으로 다르다.
- 개인은 가족, 학교, 또래, 종교 집단, 정규과정 활동, 각각의 교실, 학급 집단과 같은 몇몇 체계의 일부이며, 상담가는 그들이 이러한 조직과 협상하는 것을 도울 수 있다.
- 학교 상담가는 영재 학생들의 삶에 중요한 역할을 한다.
- 다른 학교 관계자들뿐만 아니라 학교 상담가도 영재아에 대해서 도움이 못되는 태도를 지닐 수 있다. 예를 들어, 영재성이 좋음, 편함, 문제없음, 불공평한 혜택, 거만 또는 엘리트주의를 의미한다고 보는 식이다.
- 대부분의 영재 학생은 학교나 그 밖의 다른 곳에서 상담받는 것을 꺼린다(Peterson, 1990 참조).

영재 아동과 청소년도 괴로운 생애 사건과 단순히 '성장하는' 것과 연관된 염려로부터 배제될 수 없음을 인식하면서, 나도 추가적으로 일반적인 가정을 더 세운다.

- 모든 사람은 자기 이야기를 들어 주고 또한 진지하게 받아들여지길 원하는 욕구를 지니고 있다.
- 소심한 사람도 외향적인 사람도 모두 다 인정받고 '알려지길' 원한다.
- 모든 사람은 자신들이 얼마나 강하고 성공한 사람인지와는 상관없이 지지를 필요로 한다.
- 모든 사람은 때때로 스트레스를 받는다.
- 모든 사람은 때때로 사회적으로 부적절하고 불편하다고 느낀다.
- 모든 사람은 때때로 미래에 대해 걱정한다.
- 모든 사람은 자신이 얼마나 부드럽고 자신감 넘치는 사람처럼 보이는지와는 상관없이, 사회 · 정서적인 문제에 관하여 솔직하게 이야기하는 연습이 필요하다.
- 모든 사람은 때때로 외모를 치장한다.

2. 성격 개념

성격

나는 성격 발달에 관한 여러 가지 접근을 통합하려는 Costa와 McCrae (1994)의 흥미로운 시도를 알게 되었다. 그들은 다양한 성격 이론에서 여섯 가지 상호 관련 요소—기본 경향성, 외적 영향, 특성 적응, 자기개념,

객관적 전기 그리고 역동적 과정―를 발견하였다. 체계지향 상담자로서 나는 적응력을 키우기 위해 기본 경향성이 외적인 영향, 예를 들어 문화, 가족 역동성, 사회경제적 수준, 그리고 객관적인 '사건'과 상호작용하고, 결국에는 자기개념 즉, 성격에 복잡하게 영향을 끼친다고 믿는다. 성격은 역동적이며, 개인의 삶에 끼치는 외적 영향력은 성격을 의미 있게 형성해 나간다. 그러나 기본 경향성은 무엇이든 중년의 변화를 예측 가능하게 만 든다(Helson & Moane, 1987 참조). Costa와 McCrae는 성격이 20대에는 안 정화되는 경향이 있으며, 이러한 견해는 청소년기 동안에 의미 있는 기복 을 겪은 사람의 경우는 종종 안정화가 좀 더 후에 이루어진다는 나의 임 상적 관찰을 반영한다고 언급하였다. 성격은 극적으로 또한 긍정적으로 변화할 수 있다는 가능성을 열어 두는 것이 임상에서는 매우 중요하다.

영재의 성격

영재성은 지적 능력, 수행 재능, 과민감성, 완벽주의 그리고 동기와 기본 적인 기질(예: 외향성, 위험 감수, 양심, 수줍음)이 중첩되어 있어서, 예를 들 어 잠재적으로 기본 경향성을 악화시키거나 억제할 수 있다. 학교 수행 수 준, 외적 영향에 대한 적응 그리고 교육의 양은 전기적 기준(biographical benchmarks)과 관련되어, 의심할 여지 없이 영재 개인의 자기개념 발달에 중요한 역할을 한다. 그러나 정상분포곡선 능력이 반영하는 것이 어떤 특 질인지 또는 어떤 영역인지에는 상관없이, 영재성이란 영재들이 자기들 의 정체성으로 통합해야 하는 상이함(differentness)을 나타낸다(Mahoney, 1998). 발달과정상의 여러 지점에서 그들은 자기 능력에 대해서 불편할 수 도 있다. 그리고 그러한 불편감은 하나 또는 그 이상의 여러 환경(예: 가정, 학교, 지역사회, 친구 집단)에 적응하는 능력에 영향을 끼칠 수 있으며 성격 변화를 일으킨다. 또한 자신이 속한 다양한 환경도 예를 들어 거만해지거나, 위축되거나, 주장을 강하게 하거나 또는 믿을 만한 사람이 되도록 영향을 줄 수 있다. 인생 초기에 형성된 성취와 미성취의 '습관'(Peterson, 2000; Santiago-Rivera, Bernstein, & Gard, 1995 참조)은 성격 발달에 영향을 주기도 한다.

3. 상담 모델

영향

몇몇 이론가는 내담자의 문제를 개념화하는 방법에 공헌을 하였다. Adler(1927/1954; Gilliland & James, 1998)의 견해는 초기에 중요한 영향을 끼쳤다. 즉, 인생에서의 중요한 문제는 사회적인 문제이며, 소속되고 공헌하고자 하는 욕구를 포함한 사회적 관심은 생산성과 행복감과 관련되어 있다. 더불어 나는 인간 발달에 대한 Erikson(1968)의 견해를 인식하면서 발달적 고착과 발달적 이행을 인식하게 되었고, 개인과 가족을 상담할 때와 청소년들과 심리교육적인 작업을 할 때 이 점을 모두 다 유용하게 사용하고 있다.

나는 종종 학교에 다니는 어린 내담자의 문제와 개인 내담자가 제기한 문제를 개념화하는 데에 가족 체계 틀을 사용한다. 여기서 일차적인 영향은 Minuchin(1974)의 구조적 체계 틀이며, 하위 체계, 역할, 가족 항상성 그리고 개인과 가족의 경계에도 관심을 기울이고 있다. Breunlin, Schwartz와 MacKune-Karrer(1992)의 상위 틀이 또한 나에게 가족을 평가하고 접근점을 제공할 도구를 제공하였고, 그것으로부터 나는 어린 아동을 포함하여 개인 내담자를 상담할 기법을 창조했다. 이런 기법들 중 하나를 이 장의 뒤에 제시된 사례에서 사용하였다. 일반적으로 나는 가족 체계로의 접근이 한 개인에게 그리고 비난하는 것에 초점을 두지 않고, 오히려 모든 사람을 하나의 가족 안에 포함시킬 수 있고 가족 집단 전체뿐만 아니라 가족 구성원 각각에게 긍정적인 결과를 가져오게 할 수 있다는 사실이 맘에 든다. 가족 체계로 훈련을 받은 학교 상담자는 때때로 성취나 행동 문제에서는 정규 상담 시간이 지난 후에라도 학교에서 가족을 상담하기 위해 스케줄을 융통성 있게 정한다. 그들은 또한 체계 시각을 학생 개인을 상담할 때도 적용할 수 있다.

　내가 사용하는 기법은 또한 다른 영향도 받았다. 나는 사람에게 자아실현의 능력이 있다는 Rogers(1951)의 신념을 빠르게 받아들였는데, 그로 인해 나는 수월하게 상담에서 장점에 초점을 두고 있다. 또한 가족 내에서의 분명하고도 직접적인 의사소통을 강조한 Satir(1988)도 나에게 영향을 주었다. 그것은 체계 내에서 모든 사람의 말을 경청하기, 치료에서의 융통성과 다양성, 긍정적인 행동 결과를 얻기 위해 기꺼이 가족과 함께 친밀한 접촉을 하기다. 나는 글쓰기를 즐기며, 질적 연구에서와 더불어 상담에서도 언어를 꽤 의식하고 언어에 관심을 갖고 있다. 따라서 나는 종종 White와 Epston(1990)의 개인상담 내담자에게 편지 쓰기 기술을 사용한다. 이것은 회기와 회기 사이 기간 동안 상담에서 얻은 점을 지지하고 강화해 주기 위해 사용한다. 내담자는 기꺼이 나에게 상담 회기 동안 노트 필기를 허락해 준다. "그래서 나는 우리가 한 말을 정확하게 기억해 낼 수 있다." 특히 영재 개인들에게는 패턴과 주제가 서로 얽혀 있기 때문에 나는 노트 필기한 것에 근거하여 그들에게 이 점들을 반영해 줄 수 있다. 마지막으로, 나의 친구이자 자주 공동 집필하는 John Littrell(1988)은 간결한 해결중심 상담에 대한 나의 인식을 계속 키워 주었으며, 나는 서

서히 그의 신봉자가 되어 갔다. 나는 전진하길 좋아하며 해결중심 상담이 지닌 긍정적인 비전을 좋아한다. 이제 나는 상담자 연수교수로서 이 점을 기술 훈련에 정기적으로 통합하고 있다.

마지막으로, 나는 상담에서 직면을 거의 사용하지 않는다. 왜냐하면 특히 아동과 청소년을 다룰 때에는 장소가 학교건 치료 센터건 관계없이 상담이 안전하다고 느껴야 하며, 상담을 지속시키기 위한 의지를 발생시켜야 한다고 믿기 때문이다. 일반적으로 나는 성인보다 젊은 내담자의 신뢰를 얻는 것이 더 힘들다고 믿는다. 그리고 나는 정말로 비판적이면서 고압적으로 행동하는 중요한 성인들처럼 행동하길 원치 않는다. 대신에 거짓 사고나 불일치를 분명히 밝히기 위해서 미묘하면서도 상호 관계적으로 참여하는 접근을 사용하는데, 여기에는 온화한 유머도 포함된다.

상담의 정의

나는 대학원생들에게 나이, 능력 그리고 맥락과는 상관없이 처음 상담하는 내담자와의 상담을 기술할 방식을 파악하도록 요청한다. 우리는 나이와 발달 수준에 따라 다음의 문장들이 적절하고 효과적임을 알게 되었다.

- 상담은 자신의 인생에서 무엇인가 해야 할 일이 있는 정상적인 사람들을 위한 것이다.
- 상담자는 사람들이 느끼고, 생각하고, 즐기고, 또 싫어하고, 혼란을 겪는 것이 무엇인지를 알기 위해 주의 깊게 경청한다.
- 상담자는 사람들을 더 괜찮다고 느끼고 좀 더 효과적으로 살아가도록 도울 수 있다.

- 상담자는 사람들이 무엇인가 벽에 부딪혀 있다고 느끼지 않도록 도울 수 있다.
- 상담자는 사람들에게 변화를 일으키도록 도울 수 있다.
- 상담은 인생에서 문제를 예방하고 또한 문제가 더 악화되지 않도록 도울 수 있다.
- 상담지는 사람들에게 자신의 장점을 발견하고 그것을 확인하도록 도울 수 있다.
- 상담자는 사람들에게서 좋은 점을 찾아내며 판단하거나 비판하지 않는다.
- 상담자는 조언을 제공하기보다는 사람들이 자신의 문제를 해결할 수 있도록 도와주려고 노력한다.
- 상담자는 혼란스럽거나 복잡해 보이는 일들을 이해하도록 도와줄 수 있다.
- 상담자는 위기 상황 동안 그 사람을 직접 이끌어 내거나 안전한 항구를 제공해 줄 수 있다.
- 상담자는 사람들이 적은 도움으로도 전진해 나가는 방법을 알아낼 수 있다고 믿는다.

상담은 적어도 어느 정도는 모든 연령의 정상인들이 지닌 발달 문제에 초점을 둔다는 점에서, 그리고 매일 생활과 연관된 스트레스 요인과 복잡한 감정을 다루도록 도와주는 데에 초점을 둔다는 점에서 도움을 주는 다른 전문직과는 구분된다. 병리적인 것에 초점을 두기보다 개인의 강점과 개인의 성장에 초점을 두는 것은 또한 다른 분야의 일과 상담을 구분해 준다. 또한 상담은 과거에 집착하지는 않지만 과거를 고려하면서 예를 들어 합리적인 계획, 의사결정, 관계의 어려움, 상황적 압박감 등과 관련이 있는 현재에서의 단기과정을 강조한다. 상담자는 다른 조력 전문직보다 는 좀 더 다양한 장소에서 여러 형태(예: 개인, 소집단, 대집단, 가족)의 상담 을 진행할 수 있다.

상담자의 역할

자기 반성(self-reflection)

영재 개인을 상담하는 상담자는 어느 연령의 영재 내담자에게도 충분 히 제시될 수 있도록, 성취, 미성취, 영재성, 오만함, 학년, 교사, 외향성 및 내향성에 관한 자신의 감정에 대해 자기 반성을 하는 것이 중요하다. 또한 상담자는 성취나 미성취와 같은 복잡하면서도 독특한 현상에 대해 단순하고 선형적인(linear) 견해를 갖지 않도록 해야 한다. 그리고 상담자 는 자신의 능력을 드러내기 위해 상담 회기에서 경쟁적인 한 수 앞서기에 빠지지 않도록 주의하는 것이 중요하다. 또한 상담자는 영재 내담자가 멋 있거나 공손하거나 준비되어 있거나 희생되었다는 느낌을 주거나 지나친 기대에 억눌려 있다는 느낌을 줄 때 영재 개인을 구해야 한다는 유혹에 빠지지 않도록 주의해야 한다. 특히 영재가 매력적일 수 있는데, 상담자 는 도움이 못되는 정도까지 드러내 놓고 그들에게 지나치게 마음 쓰는 것 을 피해야 한다. 특히 깊이 관여하는 부모의 자녀를 다룰 때에는 자녀를 도와서 경계와 적절한 자기 충족감을 발전시키도록 하여 궁극적으로 건 강한 차별화 수준을 이룰 수 있게 하는 것이 중요하다.

내담자의 세계로 들어가기(entering their world)

상담자들은 보기에도 유능한 영재들을 실제 사회 및 정서적인 모습보 다 더 강하고 더 자신감 있고 더 능력 있는 사람으로 보기 쉽다. 학교에서의 성공 수준과는 상관없이 그들의 성취나 미성취에 지나치게 관심 두는 일은 피하는 것이 중요한데 그들의 삶에서 중요한 어른의 집착이 문제가 될 수 있기 때문이다. 영재는 복잡한 현상을 명확하게 표현할 수 있는 능력과 뛰어난 통찰력을 지닌 사람으로, 상담자가 매우 심혈을 기울이는, 함께 상담하고 싶은 내담자가 될 수 있다. 그러나 다른 사람을 감동시키는 데에 익숙한 사람은 감동을 받을 필요가 있다. 또한 그들은 비판을 섞어 가면서 동요를 조장하는 강한 언어 주장으로 상담자를 테스트할 수도 있다. 더욱이 당당한 외양으로 끔찍한 상황과 경험을 은폐할 수도 있다. 상담자는 이를 마음에 담아 무엇이 제시되든지 비판하지 않고 침착함을 유지할 필요가 있다. 상담자는 다른 내담자들과 상담할 때 못지않게 영재 내담자의 세계 속으로 들어가 특정한 맥락 속에서의 영재성과 발달과의 교차에 관하여 배울 필요가 있다.

발달적 초점(a developmental focus)

사실 나는 상담에서 발달이 초기에 초점이 되어야—그리고 때때로 단독으로 초점이 되어야—한다고 믿는다. 영재성은 발달적 이행을 어렵게 만들 수 있다. 왜냐하면 가난, 집을 떠남, 전학, 친구와 헤어짐 그리고 새로운 지역으로의 이사와 같은 동요를 일으키는 생활 사건을 만날 때 과민 감성과 강렬함이 덧씌워지기 때문이다. 변화란 상실을, 그리고 상실은 슬픔을 의미한다. 그리고 능력이 덜한 또래 친구들이 인식하지 못하는 것과 같이, 영재 청소년들도 그러한 현상을 더 이상 의식적으로 인식하지 않는다. 사실 심리교육적 정보는 어떤 나이의 영재 내담자라도 어려운 상황에서 인지 조절을 하도록 도와줄 수 있다.

나의 경험에 의하면, 제기된 문제의 배경으로 또는 순행적으로 정보가 제공될 때 영재 내담자는 발달과 관련해 도움이 될 만한, 흥미 있고 자신

을 안심시키는 정보를 찾는다. 발달적 불안을 정상화하는 일은 특히 중요
하다. 왜냐하면 많은 영재 아동과 청소년은 스스로 '해결'해야 한다고 믿
고 있으며, 아마도 두려움과 의심을 드러내면 이미지가 실추될까 봐 두려
워하여 또래나 가족들과 고민을 함께 나누지 않기 때문이다. 나는 그들의
고민이 '이해가 된다'는 점을 종종 언급한다. 상담자는 복잡한 영재들이
스스로, 자신의 행동, 자신의 상황, 또는 자기 자신이나 가족의 발달 단계
를 이해할 수 있도록 진심으로 도울 수 있다. 상담자는 영재가 발달적으
로 '성장할 수 있게' 도와줄 수 있다.

타당화(validation)

확실히 단지 성취자, 미성취자, 범죄자 또는 스타 연주자라는 것 이상
으로 아동, 청소년, 성인, 아들, 딸, 친구로서 영재 개인이 하는 이야기를
들어주고 그들을 인정해 줄 필요가 있다는 점에서, 영재는 어느 누구와도
별반 다르지 않다. 그들은 자기 지능을 인정받을 필요가 있다. 왜냐하면
미성취하는 개인에게 학업적 자기 신뢰감은 시간이 지나면서 부식되기
때문이다. 만일 그들이 동성애자라면(Peterson & Rischar, 2000), 미성취자
라면, 또는 완벽주의자라면, 그들은 자신이 '불량품'이 아니라는 이야기
를 들을 필요가 있다. 그들은 할 수 있고, 더 나은 사람이 되어야 하고, 더
잘해야 하고, 현재가 아닌 미래에 초점을 두어야 한다는 메시지를 계속
들어 왔을 것이다. 상담자는 현재 그들의 있는 그대로를 수용할 수 있으
며 그들의 고민을 인정할 수 있다. 내담자가 취약함과 불안이 드러날까
봐 불안해한다면 특히 중요하다. 또한 상담자는 미성취, 완벽주의, 가해
자가 되는 것 또는 피해자가 되는 것으로부터 변화를 약속할 수 있다. 사
실 미성취자들은 미성취 때문에 희생하기보다는 가족이나 기관으로부터
필요한 것을 얻을 수 있도록 격려받아야 하는 사람들이다. 이해하자면 어

러운 환경에서 미성취하는 젊은 내담자들은 자발적으로 학업적 고민을
언급하지 않는다. 생활에서 다른 면들이 훨씬 더 두드러질 수 있기 때문
이다. 학교에 초점을 두는 것은 그들에게는 꽤 힘든 일이다. 그러한 경우
에 부정적인 면을 긍정적인 면으로 재구성하는 것이 영재 아동 상담에는
꽤 효과적일 수 있다(예: "너는 부모의 관심을 얻기 위해서 꽤 열심히 공부해야
만 했구나. 그래서 도움을 받을 수 있게 되었구나." "너의 친구들이 네가 말하고
행동하는 것에 주의를 기울이는 것을 보니 너의 지도력을 볼 수 있구나.").

내담자의 역할

내담자는 상담자보다 더 열심히 상담에 임해야 한다. 상담자는 날카로
운 관찰자가 되어야 하고, 민감해야 하며, 내담자와 함께 진행하는 여러
상담 단계에서 내담자를 준비시켜야 하는 책임을 갖는다. '저항'이라고
생각되는 행동은 내가 상담 회기에 포함시켜 온 것들을 감당할 능력이나
준비의 부족을 반영하는 것으로 대신 여긴다. 적절한 적응력을 키우는 것
또한 상담자의 책임이다. 그러나 일반적으로 나는 젊은 내담자에게 상담
에 협조적으로 임하길 기대한다. 즉, 상담자가 내주고 우리가 함께 동의
한 '숙제'를 완성하기, 상담 밖에서 통찰과 새로운 기술을 반영하고 적용
하기, 내담자가 새로운 인식을 할 수 있게 살짝 밀어 주는 것을 상담자에
게 허용하기, 그리고 상담의 근본적인 신조인 좀 더 효율적인 삶으로 향
해 나아가도록 주도성을 갖기를 기대한다.

목표

나의 접근에서 상담의 목표는 증가된 자기 인식, 향상된 기술 그리고

개인적 성장이며, 이 모든 것은 건강한 사회·정서 발달을 촉진해야 한
다. 병리적 증상에 대해 확실히 주의는 기울이겠지만, 나는 임상적 진단
을 목표로 상담을 시작하지는 않는다. 사실 나의 기본적인 접근은 일상생
활과 정상 발달에의 도전에서 발생한 문제들을 다루는 것과 확인된 병리
적인 문제를 다루는 것 간에 크게 다르지 않다. 상황과는 상관없이, 나는
발달을 계속 염두에 둔다. 다른 한편으로, 예를 들어 고도의 영재성은
DSM-IV(APA, 2000)의 진단 범주에 들어 있지 않지만, 나는 극도의 다름을
가족과 그 외의 다른 체계에 영향을 주는 어느 중요한 일탈처럼 개인과
가족이 '담당해야'만 하는 것으로 취급한다. 나는 고도의 영재성이 개인
의 사회, 정서 그리고 인지 발달에—그리고 내가 가족을 상담한다면 아마
도 가족 발달에까지도—끼치는 영향에 초점을 둔다.

관계성

협조적이고 편안한 상담관계는 효과적인 상담의 기본이다. 영재 개인
은 다른 사람들만큼이나 이 점을 필요로 한다. 그러나 영재 내담자와 신
뢰성 있는 관계를 형성하는 것은 특히 어려울 수 있다. 왜냐하면 그들은
과민감한 안테나와 '아무도 날 이해하지 못해. 나는 다르니까.'라는 가정
과 외상이 있는 경우에는 가장 두터운 층의 불신이 있기 때문이다.

나는 처음에는 발달에 초점을 둠으로써, 그리고 나서 '정상 발달'과 영
재성의 맥락에서 느낌과 행동을 정상화하는 데에(예: "네가 그런 식으로 반
응하는 것은 일리가 있어.") 초점을 둠으로써 관계를 형성한다. 또한 나는
영재성, 특히 발달적 도전과 생애 사건에 대한 과민감한 반응과 관계된
타당한 정보를 제공함으로써 관계를 형성한다. 나는 지속적으로 주의를
기울이며, 미세한 상담 기술을 적용할 뿐만 아니라 상담 회기 시작에서는

담소를 나누며 필요한 때에는 공손한 유머를 사용하기도 한다.

평가

전형적으로 나는 제기된 문제가 미성취일 경우 이에 관한 복잡한 비형식적인 평가를 수행한다. 만일 지적으로나 신경학적으로나 또는 신체적인 제약이 없고, 환경도 일반적으로 성취를 유도한다면, 나는 미성취의 문제가 영재 개인의 통제하에 있다고 생각한다. 나는 현상의 복잡함을 탐색하면서 앞에서 언급한 미성취에 기여하는 잠재된 요인들을 명심해 두고 있다. 그러나 근본적으로 나는 발달을 염두에 둔다. 발달과 관계된 도전은 학교 성취에 강력한 영향을 줄 수 있으며, 발달적 진전은 또한 미성취를 해결할 잠재력을 지니고 있다.

나의 발달 지향적 연구에서 미성취 영재의 약 20%는 고등학교 졸업 전에 성취자로 바뀌었으며(Peterson & Colangelo, 1996), 41%는 고등학교 때보다 대학 때에 더 잘 성취하였다는 것(Peterson, 2000)을 발견하였다. 미성취자들은 고등학교 때에는 성취자들보다 더 적은 과목들을 수강하였지만 더 '쉬운' 과목을 수강하지는 않았는데, 이 현상은 대학 입학 시험 점수에서 성취자들보다 단지 약간 더 낮은 점수 결과를 얻은 결과에 기인한다(Peterson & Colangelo). 그러나 과목 선택과는 상관없이 미성취자의 87%는 대학에 다녔으며, 다른 연구(Peterson, 2002)에서처럼 일부 고도의 고등학교 미성취자들은 정말로 4년 내에 대학을 졸업하였다.

또 다른 연구(Peterson, 2001)는 한때 미성취 청소년이었으나 지금은 성공한 여자들은 고등학교 때에는 '안달복달' 하던 학생들이었음을 발견하였다. 그 질적 연구에서 교사 그리고/또는 부모의 무관심이 주요 테마였지만, 청소년기 동안 성취하는 멘토를 가지고 있었고 성취 지향 환경에 놓여 있다는 것이 후에 미성취를 극복하는 데에 밀접한 연관이 있었다. 종종 20대 기간에 진로방향을 잡긴하지만, 일부 남자는 30대 중반까지도 학업적으로 성취를 시작하지 못했다. 이 연구에서 그리고 한 종단 연구에서(Peterson, 2002) 보니 다양한 발달 과제 업적의 수렴은 성인기 초기나 성인기에 학습 동기가 증가된 것과 동시에 일어났다. 문제 가족이나 과기능 가족(즉, 자녀가 스스로 해야 할 일을 부모가 자녀를 위해 다 해 주는 가족)으로부터 거리를 두어야 긍정적으로 발달할 수 있었으며, 성취한 개인은 결국 편안하게 집으로 다시 돌아올 수 있었다.

나는 비형식적인 평가(해결 중심 형태가 아닌)를 위해, 그리고 개인상담과 소집단 상담 모두에서 성취에 관한 사고를 불러일으키기 위해 때때로 다음과 같은 질문을 한다.

- 너의 성취나 미성취를 두고 어른들은 얼마나 많이 '야단법석'을 떠니?
- 그들은 학교 성취에 관해 뭐라고 말하니(또는 그들의 태도는 어떠하지)?
- 너의 성취나 미성취에 관하여 가장 관심을 두는 사람은 누구니?
- 만일 네가 갑자기(혹은 점차로) 반대의 모습이 된다면 뭐가 달라질까?
- 네가 얻은 것은? 혹은 잃은 것은 무엇이지?
- 누가 알아차렸니?
- 너는 어떻게 느끼니?

과정

개인, 부부 또는 가족을 상담하는 상담실에서 근무하는 동안 나는 거의 대부분을 단기로, 그것도 종종 5회기 미만으로 상담을 진행하였고, 10회기 이상으로 진행한 경우는 거의 없었다. 그 이후로 지금은 관련된 문제와 관심사에 관한 자세한 내용과 감정을 내가 알 수 있을 정도로 충분히 이끌어 낸 이후, 그 개인이나 가족 그리고 다룰 수 있는 문제를 설정한다. 나는 이러한 설명을 서두르지 않는다. 왜냐하면 자세한 내용들이 종종 중요한 측면을 비춰 주어, 그로 인해 감정과 의미를 반영할 기회를 갖는 이점을 얻어 관계를 형성할 수 있기 때문이다. 그러나 나는 의도성을 일정 수준 유지하고 문세 지향 언어로 확장되는 것을 막기 위해 내담자의 이야기를 자주 의도적으로 중단시킨다. 나는 상담 회기에서 1명 이상 여러 사람과 상담하는 경우 말을 할 수만 있다면 가장 나이 어린 사람부터 시작하여 모든 사람이 말할 수 있도록 확실히 해 둔다. 나는 모든 사람이 들을 수 있길 원한다.

그리고 나서 제기된 문제에 의거하여 나는 남아 있는 거의 모든 상담 회기를 어느 정도 해결 중심 모드로 이동하며, 마지막에는 상담을 정기적으로 진행하여 상담 경험에 대해 자기 반성을 하고 사고와 감정을 명확하게 하는 기술을 발달시키도록 내담자를 도와준다. 상담의 종결에 앞서 우리가 그때가 되면 일종의 종료를 할 수 있을 거라 믿는다고 언급하면서, 나는 약 2회기에 주로 종결을 확실하게 다루어 준다. 나는 종결과 그에 수반되는 상실감과 변화의 감정에 대한 의도적인 과정의 복잡함에 민감하다. 그래서 과민감성에 대한 생각을 마음에 새기면서 머지않아 다가올 이행을 조심스럽게 처리한다.

나는 영재 내담자들이 협조적인 일에 대한 진가를 인정하고 잘 반응한다는 점을 발견하였다. 그들은 자신에 관한 신뢰할 수 있는 피드백을 고마워한다. 그리고 정확한 반영이 결정적인 신뢰를 형성하도록 도와준다. 일반적으로 뛰어난 능력을 지닌 내담자들 또한 향상된 기술을 인정받는 것에 잘 반응한다. 일반 사람들만큼 뛰어난 능력을 지닌 사람들에게도 이러한 타당화가 필요하다는 점을 이해하는 것이 상담자에게는 매우 중요하다.

기법

간략 상담(brief work)

주로 간략 상담만 가능한 학교와 해결할 문제를 드러내는 임상 상황에서 단기의 해결중심 접근을 사용할 때, 나는 다양한 단기 접근 옹호자들이 권장하는 방향을 반영하는 다음과 같은 질문들을 사용한다(예: de Shazer, 1985; Littrell, 1998; Watzlawick, Weakland, & Fisch, 1974).

- 네가 상담을 받는 이유는 무엇이니?
- 그 점이 네게 어떻게 문제가 되지?
- 문제를 해결하려고 지금까지 어떤 노력을 기울였니?
- 너는 어떻게 하면 문제를 크게 만들 수 있다고 생각하니?
- 너는 어떻게 해야 문제를 축소시킬 수 있니?
- 이것이 문제가 되지 않은/않았던 때에 관해 말해 보렴.
- 그것이 문제가 되지 않았던 경우에 너는 어떻게 다르게 행동했니?
- 너는 그것을 어떻게 이루어 낼 수 있었지?
- 비록 작은 일이라도 문제를 해결하기 위해 시작하고자 한 일은 무엇이니?
- 그것을 언제 할 수 있다고 생각하지?
- 문제를 해결한다면 너의 인생은 어떻게 달라질까? 너는 어떻게 달라질까?
- 네가 달라진 때를 누가 처음 알아차릴까? 그다음은? 그들은 무엇을 알아차릴까?

'부분 대화(parts talk)'로 문제를 외현화하기

'완전히 엉망'이라고 느끼는 내담자의 감정을 반박하기 위하여 아마도 두 번째 회기부터 시작하게 되겠지만, 나는 앞에서 언급한 '내적 가족 체계' 측면의 상위 틀(metaframeworks)에 대해 그래픽을 사용하여(Breunlin et al., 1992) 문제를 외현화하려고 시도한다(White & Epston, 1990). 나는 종종 두꺼운 종이 위에 중심점 주변으로 여러 개(아마도 20~30개)의 이웃한 원을 그려서 내담자나 내가 자기의 어떤 '부분'이라고 생각하는 것을 나타내곤 한다(예: 착한 아들 부분, 걱정하는 부분, 신뢰하는 부분, 불신하는 부분, 화난 부분, 좋은 친구 부분, 완벽주의자 부분, 미성취하는 부분, 예민한 부분, 당황한 부분). 나는 어떤 부분을 가장 의지하는지, 그리고 어떤 부분이 문제를 일으키는지를 질문한다. 우리는 의지하거나 문제를 일으키는 것에 따라 그 부분에 색깔을 칠한다. 내가 그들에게 말한 것과 같이, 내담자들은 확실히 '단지 큰 성질 덩어리는 아니다.' 우리는 색칠한 부분이 다른 부분을 어떻게 방해하거나 축소시키는지에 관해 이야기를 나눈다. 이후의 상담에서 나는 "지난주에 당신은 얼마나 성질을 냈나요? 1부터 10까지의 크기에서 얼마만큼의 크기로 유지할 수 있었나요?" "당신의 성질 부분이 그렇게 컸을 때 다른 부분은 어떻게 영향을 받았나요?"라고 묻는다. 간단히 말하자면, 내담자는 많은 부분으로 구성되어 있으며, 우리는 그중에 오직 일부분만이 문제라는 것을 밝혀낸다. 내담자는 문제와 적당한 거리를 두고 어느 정도 객관적이 됨으로써 외현화할 수 있게 되며, 자신이 문제의 크기를 조절하는 주체자임을 느낄 수 있게 된다. 이러한 기술은 어느 연령대를 막론하고 학교에서 하는 간략 상담 아동으로부터 상담소에 있는 성인에 이르기까지 효과적이다. 또한 고질적인 발달적 이행 문제와 가족 의사소통 문제를 해체하는 데에도 효과적이다. 나는 이 장의 결론에 제시한 내담자의 상담 사례에서 이 기술을 적용했다.

내담자가 나를 신뢰하게 되자마자, 나는 내담자와 다른 사람들이 오직 부정적으로만 보아 왔던 것들을 재구성하면서 내담자의 장점을 언급하려고 시도한다. "많은 사람이 그렇게 하지 못하는데, 당신은 상담을 받으러 올 만큼 배짱이 있습니다."라고 말할 수 있다. "당신은 이러한 긴장되는 시간 동안에 어머님의 욕구를 알아차리는 꽤 민감한 사람인 것 같군요." "당신은 승리자입니다." 또는 "당신은 성공에 높은 가치를 두는 가족 내에서 실패할 용기를 가진 사람입니다."라고 관찰한 내용을 언급할 수 있다. 만일 청소년들이 '체계'와 싸우고 있다면, 나는 그들에게 "이기적이 되라."라고 함으로써 스스로를 희생시키기보다 그들이 원하는 것을 얻으라고 격려한다.

탄력성에 주의를 기울이기

탄력성에 관한 문헌은 장점을 인식하는 데에 도움이 된다. 다음의 목록은 종종 논의되는 탄력성 요인들을 편집한 것이다(Higgins, 1994; Rak & Patterson, 1996; Werner, 1986). 이러한 요인들과의 관련은 어린 아동들을 포함해서 어려운 상황에 있는 사람들에게 희망을 제공해 줄 수 있는 잠재력을 갖고 있다(예: "심지어 매우 어려운 생활 속에서도 너에겐 뭔가가 있어. 연구자들은 이러한 점들이 아이들로 하여금 미래에 좀 더 나은 삶을 살 수 있도록 도와준다는 점을 발견해 왔는데, 너는 여러 요소들을 갖고 있구나.").

- 문제해결 기술
- 다른 사람들과 함께하는 능력
- 상황에 대한 낙관적인 시각
- 의미 있는 인생에 대한 긍정적인 비전
- 자발적으로 기민해질 수 있는 능력

- 새로운 경험에 대한 열망
- 인생의 초기에 잘 지속되어 온 일차적인 양육자
- 가정에서의 구조화
- 집, 양육자, 친구 외의 역할 모델
- 순행적 시각
- 자기 이해
- 지능

대부분의 탄력성 요소 목록에 지능이 포함된다는 사실은 영재들에게 희망을 제공한다. 지능과 연관된 과민감성은 앞에서 언급했듯이 어려움을 더욱 악화시킬 수 있지만, 일반적으로 지적 영특함은 '사물을 파악할 수 있도록' 도와줄 수 있고, 유용한 인지 구조를 세울 수 있게 도와줄 수 있으며, 혼란스러운 상황을 잘 이해할 수 있게 도와줄 수 있다(Peterson & Ray, 2006b 참조). 상담자는 내담자의 상황에 적용 가능한 요소들을 짚어 줄 수 있으며, 내담자의 생존 능력에 삶이 지속될수록 더욱 강해지고 현명해진다는 믿음을 심어 줄 수 있다(예: "너는 네가 필요로 하는 것을 어떻게 하면 얻을 수 있는지를 잘 알 수 있을 것이다. 나는 그 일이 언제 일어날지는 잘 모르지만, 너는 잘 알 것이라고 믿는다." 또는 "네가 준비가 되었을 때 너는 네게 필요한 일들을 할 거야."). 다중 외상(트라우마) 속에서 살아남은 영재 생존자에 관한 나의 연구(Peterson, 2006b)에서는 생존과 회복을 도와주는 여러 요인 중에서 직관적 지능과 긍정적인 시각 그리고 다른 사람과 함께 어울릴 줄 아는 능력의 중요성을 강조하고 있다.

활동

다양한 사람, 특히 수줍음이 많고 불안해하거나 그리고/또는 믿음이 약

한 사람들이 상담을 편안하게 느끼도록 하기 위해 또는 곤경에서 벗어나
도록 상담과정을 도와주기 위해 나는 때때로 뛰어난 능력을 지닌 사람들
에게 내 책에 실려 있는 활동지를 사용한다(Peterson, 1993, 1995, 2006a).
그들은 새로운 방식으로 생각을 깊게 하면서 일할 수 있게 된 것과 활동
을 통해 자신에게 새로운 단어를 표현하게 된 데에 감사해하는 것 같다.
활동지는 완성하는 데에 보통 3~5분 정도 소요되지만, 심지어 여러 회기
동안 대화할 수 있도록 도와줄 수 있다. 활동에는 다음과 같은 체크리스
트, 문장 완성, 척도 등급 매기기 연습 등이 포함되어 있다.

- 나는 나 자신에게 _____하도록 허락하고 싶다.
- 3개의 자기(self)
- 가족의 역할(30개 정도 나열하기)
- 가족의 가치(척도 등급 매기기 연습, 언어로 표현된 25개의 가치에서)
- 중요한 사람들로부터의 선물
- 학습 스타일(척도 등급 매기기, 선호도를 나타내는 25개의 문장에서)

　이러한 활동들은 전형적으로 어린 내담자들에게 빨리 자기반성을 할
수 있게 해 준다. 가족의 역할 연습은 가족 토론에 효과적으로 촉매 역할
을 한다. 왜냐하면 가족 구성원들이 여러 역할 목록에서 다르기 때문이
다. 내담자 개인은 또한 이러한 활동을 통해 가족의 역할에 대해 곰곰히
생각해 볼 수 있는 이점이 있다. 영재 아동과 청소년들은 능력 때문에 때
때로 부적절하게 가정에서 어른 수준의 책임감을 느끼고 있으며, 과도한
복종을 요구받기도 한다. 활동은 그러한 역할에 대한 감정을 표현하고 좀
더 '아이' 역할을 하기 위한 전략을 탐색할 기회를 제공한다.
　제기된 문제와는 상관없이, 나는 우울, 자살 사고 그리고 폭력 사고의

가능성을 늘 경고한다. 나의 연구(Peterson, 1997, 2002) 결과, 영재 학생들은 학교 상담사가 그들과 관계를 맺을 수 있고 그들의 염려를 이해할 수 있다는 점을 종종 믿지 않을뿐더러(Peterson, 1990), 영재들이 자신의 고통을 교사나 부모한테 이야기하지 않는 경향(Peterson, 2002; Peterson & Rischar, 2000)이 있음이 드러났다. 괴롭힘에 관한 국가 연구(Peterson & Ray, 2006a, 2006b) 결과, 피해자들은 자신들이 괴롭힘을 당하고 있음을 어른에게 말하지 않는 경향이 있었으며, 많은 사람이 괴롭힘을 멈추게 할 수 없음에 절망감을 느꼈고, 8학년 영재 학생의 29%(남학생 영재의 37%)가 폭력적 사고를 지녔음이 드러났다. 상담자들은 어린 영재 내담자들을 주의 깊게 관찰할 필요가 있다.

소집단 활동

나는 영재 아동과 청소년을 대상으로 반구조화되고 초점화된, 그러나 융통성 있는, 발달 지향 소집단 활동을 하는 것을 찬성하는 강한 편향을 갖고 있다. 그러한 집단은 학교에서 통합, 지지 그리고 편안함을 느낄 기회를 제공하며 또한 학생들이 자기 인식을 높이고, 통찰을 얻고, 정체성 문제를 탐색하고, 자존감을 향상하고, 다문화와 또래 문화에 대한 편견을 깨뜨리도록 도와준다. 집단에서 학생들은 잠시 동안 경쟁적이고 평가 중심의 환경에서 안전한 장소, 즉 아무도 지배하지 않고 성적도 매기지 않고 아무런 판단도 하지 않는 이상적인 곳으로 이동하게 된다. 집단은 안전하고 긍정적인 장소를 제공하여 또래, 고용주, 미래의 파트너 그리고 미래의 자손들과 관계 맺는 법을 배우게 하며, 피드백을 주고받고, 자기 옹호를 하고, 도움을 요청하고, 스트레스 상황에 대처하고, 강한 감정을 조절하게 한다. 집단은 또한 발달과 관련한 유용한 심리교육적 정보를 제공해 준다. 영재 학생들을 능력과 나이에 맞춰 동질 집단으로 묶는 것은 신뢰감을 형성할 가능성과 집단 구성원들이 함께 발달적 이행을 토론하면서 공통성을 발견할 가능성을 높여 준다. 집단 크기는 구성원들이 서로 경청하고 있음을 느낄 수 있을 정도로 비교적 작아야 하지만, 사회적인 정보가 충분히 많을 정도로 커야 한다. 촉진자는 구성원들이 '매우 복잡 미묘한 뭔가에 단어를 붙여 말할' 때 그들을 칭찬함으로써 정서적인 관심을 표현함을 축하해 주는 집단 문화를 만들어 낼 수 있다.

이러한 기법들이 있음에도 불구하고, 내가 특히 청소년들에게 그리고 외상으로 상처를 입은 사람들 또는 사별한 사람들에게 좀 더 덧붙이고 싶은 점은, 그들이 정체성을 만들어 내기 위해 고군분투하거나, 방향성을 찾거나, 성숙한 관계를 형성하거나 또는 가령 집을 떠나는 동안 그들에게 안전한 항구가 되어서 그들 삶에서 어렵고 두려운 시간을 잘 견뎌 낼 수 있도록 도와주거나 발달 단계를 잘 밟아 나갈 수 있도록 도와주고 싶다는 것이다. 나는 여러 번 그러한 자세를 취해 왔으며, 그러한 일을 하는 데에 나 자신을 의심하지 않았다. 전형적으로 젊은 내담자들은 자율성에 한계가 있고, 학기가 끝나면 집으로 돌아가야만 한다. 상담자는 학대나 방치에 대해 공동체가 지원 서비스를 해야 함을 경고할 수 있지만, 그렇다고 하더라도 비유적으로 말하자면 조력 전문가들이 아동과 청소년 옆에 늘 서 있을 수도 없고 대처 전략을 탐구하는 데에도 한계가 있다. 나는 비판하는 부모들을 피한다. 어떤 상황이나 개입과는 상관없이 부모는 부모이며, 귀에 거슬리는 부모의 비판은 아동의 자아감에 부정적으로 영향을 주게 된다. 가정 상황이 매우 역기능적일 때, 부모가 어떻게 달리 행동할 것인지 잘 모를 것이라고 말은 하지만, 일반적으로 아이가 안전하게 지내면서 생존하기 위해 무엇을 할 수 있는지에 초점을 두려고 노력한다.

그래픽 삽화

나의 영재상담 모델은 순행과 반응 요소를 모두 다 갖고 있다([그림 5-1] 참조). 발달 문제를 예방하거나 좀 더 잘 발달하도록 하기 위해 상담자들은 정서적인 부분을 연결하는 데에 필요한 기술을 형성하고, 다양한 발달적 도전에 관한 심리교육적인 정보를 제공하고, 발달적 이행 이전과 이행 동안에 보조를 해 주고, 삶에 도전하는 사건이 발생했을 때 지지적인 존재가 되는 데에 초점을 둘 수 있다. 이러한 전략과 자세는 특히 학교 상담자에게 적절하지만 다른 장소에서도 사용될 수 있다. 이러한 형태는 다른 상황에서보다는 학교에서 좀 더 실현 가능하다. 이상적으로 보면 사회·정서적 건강이 결과적으로 나타난다.

상담이 필요하고 요구될 때, 즉 여러 문제가 겹쳐지거나 교차될 때, 제기된 문제는 주로 발달 문제, 교실 문제, 사회 문제, 환경적인 요소, 자기 기대와 타인 기대로 인한 스트레스 그리고 과민감성의 범주에 속하기 쉽다. 과민감성은 문헌에서 보면 영재성과 자주 연관이 되는 영역이다. 상담자는 발달적 그리고 체계적 견해로부터 문제들을 개념화하고 적당한 때에 간략한, 해결 중심적인 접근을 사용한다.

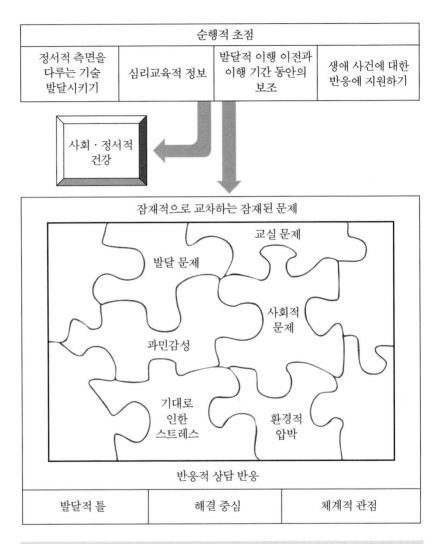

[그림 5-1] 영재 아동과 청소년을 위한 상담 개념화

4. 적 용

문제 제기

나는 자발적이지 않은 아동이나 청소년들을 많이 상담해 보지 않았다. 영재 내담자들은 전형적으로 고도로 성취하거나 유의미하게 미성취하는 아이들이다. 제기된 문제는 어떤 면에서는 주로 발달과 관련이 있다. 앞에서 언급한 예방 지향 토론 집단에 있던 일부 청소년은 그들이 속한 집단에서 편안함과 신뢰를 얻은 후에야 학교나 그 밖의 장소에서 개인상담을 받았다.

고도 성취자 문제

기억에 남을 만한 고도 성취 청소년들은 자아정체감, 자율성, 가족과의 분리, 방향 찾기, 성 지향성, 지역사회 내에 있는 광신적 지도자 유형의 재능 멘토에서 벗어나기, 어린 시절의 성학대, 남자친구로부터의 학대, 내외적 압력에 의한 스트레스, 폭발적 분노, 불안, 섭식장애, 부모 이혼, 형제의 ADHD 진단, 가족 구성원의 말기 질병, 과잉 스케줄로 꽉 찬 느낌, 물질 남용, 가족 혼란, 부모의 물질 남용, 우울 또는 자살 사고와 관련 있는 문제들을 다루고 있었다.

미성취자 문제

기억에 남을 만한 미성취 영재는 부모나 다른 가족과 심각한 갈등 상황에 놓여 있거나, 가족과 분리되려고 투쟁하거나, 학교 일로 좌절되거나, 물질 남용에 처해 있었다. 일부는 극도로 수줍어하였고, 대학에 가지 못할까 봐 걱정하였고, 방향을 잃었고, 대학에서 학업적으로 성공하지 못하였다. 일부는 강력한 사회적 기술을 지니기도 했지만, 다른 학생들은 외로웠고, 은둔해 있고, 좌절되었고, 실망하였고, 우울감에 자살을 생각하였다. 많은 사람은 다르게 학습하거나, 복잡하게 생각하거나, 고도로 창의적이었다. 일부는 완벽주의로 신음하였다. 화가 나고 불순종하는 미성취자들은 권위에 도전하였다.

일부 미성취자는 가정과 학교환경 둘 다 잘 맞지 않는 것 같았다. 어떤 미성취자는 힘든 생애 사건과 가족 스트레스를 겪었으며, 일부 미성취자는 부모의 실직을 경험했으며, 이혼 후 독살스러운 부모 사이에 껴 있거나, 이혼한 부모로부터 무시당했거나, 혼합가족에 적응하는 데에 어려움을 겪었거나, 숙제를 할 만한 조용한 장소가 없었거나, 가정에서 성인에 해당하는 책임을 맡기도 했다. 어떤 경우에는 발달적 이행이 문제인 것 같았다. 일부 미성취자는 자기 자신 또는 다른 사람의 높은 기대로 인해 압도되기도 했다.

상담을 하게 된 문제가 무엇이든 간에, 나는 전형적으로 발달적 틀(즉, 개인이 어떤 발달 단계에 있는지, 그리고 어떤 발달 과업이 문제를 일으킬 수 있는지)로부터 시작하곤 한다. 동시에 나는 확실하게 인정할 수 있는 장점을 찾는다.

미성취는 흔하게 제기되는 문제다. 나는 미성취를 일으키는 많은 상황과 특성들이 있다고 믿는다. 종종 미성취 영재는 내가 이끄는 소집단에서 가장 뚜렷하고 관심을 불러일으키는 구성원이었다. 그들의 행동과 학교에 대한 관점은 주로 이해할 만하다. 나는 미성취자들이 경쟁적인 학교환경에 잘 맞지 않음을 인정한다(Rimm, 1995). 측정해야 하는 다른 가치를 무시한 채 지배 문화의 개인적이고 경쟁적이고 과시적인 성취 지향(그리고 미국의 학교)이 기준이 됨을 나는 믿지 않는다. 나는 일부 미성취자의 이상주의와 정의에 대한 민감성이 경쟁심과 '눈에 띔'이 일부 고도의 성취 가능한 개인에게는 불편하다는 개념과 연관되어 있음을 알았다. 게다가 비주류 문화에서 온 학생들은 책의 지식에 의존하지 않는 학습에, 지식보다는 지혜에, 지식의 실용적인 응용에, 그리고 다른 사람들에게 봉사하는 것에 가치를 둔다. 그런데 이런 것들은 교사가 영재성이나 동기 부여를 반영하는 것으로 여기는 행동 목록에 있지 않다(Peterson, 1999). 동기는 물론 바라보는 자의 시각에서 해석하기 때문에, 교사와 부모는 그들이 잘할 수 있는 비학업적이고 비경쟁적인 사업에 투자하는 미성취자들이 강렬한 동기를 놓치곤 한다.

미성취에 기여하는 다른 요소들도 있다. 미성취자들은 학습장애를 갖고 있거나 교수 스타일과 학습 스타일의 부적합한 경험을 하기도 한다(Neihart & Olenchak, 2002). 의존성 또는 지배성, 불안을 달래거나 순간적인 통제감을 제공하는 것은 학교에서의 성공에 부정적으로 영향을 끼친다(Rimm, 1995). 미성취자들은 발달적 도전에 어려움을 겪거나, 발달이 정지되거나, 비동시성 발달을 겪는다(Silverman, 1997). 비동시성 발달이란 사회 또는 정서 발달이 인지 발달에 비해 뒤떨어져 있는 것을 말한다.

게다가 체계 관점에서 미성취자들은 반학교, 반교육 또는 반권위적 태도를 포함해 학업 성취를 지지하지 않는 가족의 가치에 충성심을 표현하는 것일 수도 있다. 단순히 '하지 않는 것'은 또한 수동 저항을 나타낸다. 아마도 엄청 통제받는다고 지각하는 환경에서 아동이나 청소년이 통제할 수 있는 오직 한 가지가 성취일 것이다. 미성취는 또한 부모가 서로 힘을 합하거나 함께 생활하도록 하는 기능도 한다(Minuchin & Fishman, 1981 참조). 그 학교와 관련된 일은 사이가 좋지 않은 부모를 이어 주는 방법이 되기도 한다.

가족의 문제 또는 가족과 관계된 개인의 문제

영재가족에는 미성취 외에도 고도의 영재성, 불면증, 학년 속진, 이중 특수성(영재성과 장애), 대학 조기입학, 외로움이나 친구 문제, 우울증, 자살 사고, 적대적 반항, 극도의 완벽주의, 자폐 증상, 물질 남용, 범죄 행위, 또는 극도의 떼부림과 관련된 문제를 지닌 아동이나 청소년이 있다. 영재 아동들은 또한 부모의 결혼 스트레스, 부모의 불안, 가족 구조의 부재(예: 합리적인 수면 시간 또는 숙제를 할 시간과 공간의 부재 등), 가족이 문제나 장애를 지닌 형제에 초점 두기 또는 부모화(아동이 부모 역할을 담당하기)와 관련한 문제를 드러내기도 한다.

그 외의 문제

심각한 병리를 지닌 개인을 상담은 하지만, 나는 그들을 주로 그 분야의 전문가에게 의뢰한다. 복잡한 문제인 경우에는 정신과 의사와 심리학자와 함께 협력하여 일을 한다. 나는 대부분 제1차(소집단에서처럼 개인이 발달 과업에 잘 대처할 수 있도록 주도적으로 도움을 주는), 제2차(작거나 잠재된 문제가 심각해지는 것을 예방하는) 그리고 제3차(현재의 문제가 더 악화되는 것을 예방하고, 재발을 방지하고, 문제를 재해결하는) 예방 형태의 일을 한다(Baker & Gerler, 2004, pp. 43-44).

사례

다음은 미성취 영재와의 2회기 상담 중 두 번째 회기에서 발췌한 내용이며 체계적 관점을 잘 드러내고 있다. 심리교육적 정보 사용, 발달 과업에 초점 두기(정체성, 분화, 방향), 능력의 인정, 내적 가족 체계 개념의 적용(Breunlin et al., 1992), 그리고 문제의 외현화다(White & Epston, 1990). 나는 어린 아동과 청소년뿐만 아니라 성인들에게도 이러한 접근을 다양하게 사용해 왔다.

Rob(가명)은 말이 별로 없는 진지한 사람으로, 관계에 지나치게 초점을 두고 있다. 발췌된 내용에서 나오는 많은 짧은 문장들은 마치 '빨리' 이야기한 것 같은 상상이 들지만, 우리는 빠르게 말하지 않았다. 전형적으로 그는 잠시 멈추고 심사숙고한 후에 반응하였다. 대학 1학년 말인 지금, 그는 기말시험을 잘 보지 않으면 대학을 떠나야 한다. 첫 번째 회기 동안, 그는 심각한 학업적 미성취와 오랜 기간 지속된 훈련의 부재('시간을 그냥 흘려 보내는 것')를 드러내었다. 그의 부모는 그가 유치원에 입학하기도 전에 이혼을 하였고, 어머니는 재혼하였다. 그의 학업 상황과 기말 시험은 엄청나게 느껴져, 나는 '에베레스트 산' 비유를 사용하였다.

두 번째 회기에서 우리는 '일'에 대해 논의하였다. 그리고 일에 대한 부모의 태도에 관해 물어보았다. 그는 일에 대한 양부의 태도는 잘 모르지만, 친부는 정신건강센터에서의 일을 좋아하며, 어머니도 교사의 일을 만족해한다고 말하였다. Rob은 내가 그의 일을 학교와 연관 지어 말하는 것에 흥미를 보였으며, 일에 대한 태도는 부모님이 지닌 태도보다는 좀 '낮다'고 하였다. 그는 학교와 일 간의 유사점을 나열할 수 있었다. 우리는 일에서의 의미를 발견하자는 생각을 탐색하였으며, 부모님이 지닌 일의 의미를 그는 어떻게 지각하고 있는지 이야기를 하였다. 나는 그의 구체적인 언급에 대해 칭찬해 주었다. 그는 Gardner(1983)의 다중지능에 관한 간단한 심리교육적 정보를 주의 깊게 듣고는 자기는 논리/수학적 지능보다 언어적 지능이 더 강하다고 하였다. 또한 고등학교 때 체육도 '괜찮았고' 음악에도 감각은 있다고 하였다. 나는 그러한 장점들을 인정해 주었고, '엔진과 기계를 파악해 내는' 그의 능력을 그가 '기댈 수 있는 또 다른 장점'이라고 틀을 잡아 주었다. 그는 자신이 개인 내적 지능은 지닌 것 같지 않다고 생각하였으며, 나는 그 점을 머릿속에 기억해 두었다.

그러고 나서 그의 고등학교 성취환경을 평가하였다. 왜냐하면 이 점은 자기평가뿐만 아니라 미성취가 후에 긍정적인 학업 적응으로 바뀔 수 있는지의 여부에도 잠정적으로 중요한 요소라고 보기 때문이다(Peterson, 2001 참조). 누가 항상 학업 성취자였는지를 말해 달라고 하자, 그는 친한 친구인 Richard("그는 나하고 비슷한 성격을 가졌어요.")라고 하였다. 나는 지능도('원재료인') 비슷하다고 생각하는지를 물어보았다.

내담자 아니요. 그는 나보다 조금 높아요

상담자 그 점을 어떻게 아니?

내담자 잘 모르지만 그는 ACT에서 35점을 받았어요.

상담자 그가 35점을 받았다는 것을 넌 어떻게 생각하니?

내담자 무슨 말이죠?

상담자 사람들은 어떻게 생각하니? (Rob은 어깨를 으쓱 들어 올린다.) 너는 몇 점을 받았니?

내담자 30점대가 2개요.

상담자 매우 높네, 음. 그래서 너의 '매우 높음'과 그 친구의 '매우 높음' 간의 차이는 무엇이라고, 뭐가 다르다고 생각하니?

내담자 모르겠어요.

상담자 내 느낌에 너와 Richard는 비슷한 수준인 것 같아.
왜냐하면 너희들은 거의 같기 때문에 원재료—정신적 영특함 면에서 꽤 비슷하기 때문이야. 너는 Richard와 너 자신을 많이 비교하니? [나는 그의 능력을 인정해 주고 있다.]

내담자 아니요.

상담자 방금 넌 편안해지고 괜찮아 보이는구나.

내담자   네.

상담자   이해하건대, 나는 너희들이 매우 비슷하다고 장담하지. 그는 35점을, 너는 30점대를 맞았어. 너희 둘 다 ACT를 받은 너희들 또래 친구들 집단 속에서 백분율 점수가 높은 측에 속해. 전혀 나쁘지 않아. 너희 둘 다. ACT는 네가 학교에서 배운 것들을 기초로 테스트하는 검사야. 그리고 만일 네가 고등학교 기간 동안 학업적으로 굉장히 강력한 학생이 아니라면……

내담자   아니에요.

상담자   그래서 차이는 있을 수 있지. Richard는 매우 동기가 높은 학생이지. 그래서 자신이 A를 받고자 한다면 그렇게 하는 학생이야. 아마도 그는 가장 어려운 수학과 과학을 수강했을 거고, 자세한 사항에도 주의를 기울였을 거야.

내담자   그렇지요.

상담자   그 점이 너희들이 받은 높은 점수들 간의 차이일 거야. 너의 능력, 즉 공부하는 데에 필요한 너의 원재료에는 의심할 여지가 없는 것 같은데? 아마도 너와 Richard를 도와준 원재료는 같을까?

내담자   아니요.

상담자   사람들은 누구나 한 번쯤은 자기 능력을 의심한다고 생각해. 네 인생에서 언제 자신의 능력을 의심하는 그런 사람이 되었는지 궁금하네.

내담자   성적이 떨어진 후예요.

Rob은 뛰어난 다른 성취자들에 대해 설명하였다.

상담자   자라오면서 네가 그 사람들과 다른 점은 무엇이니?

내담자 　아마도 그들과는 성장방법 면에서 다를 거예요.

상담자 　어떻게 다르지?

내담자 　잘 모르겠어요. 부모님은 좀 더…… 제가 해결할 때까지 내버려
　　　　두시는…… 그러다 일이 잘못되면 그때엔 개입을 하시고, 그러면
　　　　나는 다시 제자리로 가게 되고, 그러면 부모님은 다시 날 내버려
　　　　두시곤해요.

상담자 　그거 흥미롭네. 부모님은 네가 힘들어할 때까지 내버려 두시다가
　　　　그때에 개입을 하시는구나. 만일 부모님이 널 그렇게 계속 기르지
　　　　않으셨다면 너는 다시 넘어지기 시작했겠지.

내담자 　아마도요. 부모님께서 물러나신 후에.

상담자 　음, 그 점에 대해 넌 어떻게 생각하니?

내담자 　잘 모르겠어요. 일종의 날 괴롭히는 행동 같아요.

상담자 　개입하는 것이, 아니면 개입하지 않는 것이?

내담자 　개입하지 않으신 거요. 난 부모님이 항상 개입해야 한다고 생각했
　　　　어요.

상담자 　그렇다면 그런 점을 단어로 표현한다면 아마도 미성취가 작용한
　　　　거겠네.

나는 내적 가족 체계의 상위 틀의 '부분' 언어를 소개한다(Breunlin et
al., 1992).

내담자 　아마도요.

상담자 　또한 작용을 했다면? 너의 말로 말해 보렴. 어떤 작용을 한 것 같아?

내담자 　해로운.

상담자 　너에게?

내담자　제게요.

상담자　그것 말고 얻은 점은 뭐가 있지?

내담자　독립성이요, 아마도. 저 자신에게 좀 더 책임감을 갖는 법을 가르쳐 준 것 같아요.

상담자　그렇구나. 그래서 넌 책임감을 갖게 되었구나. 독립성과 너 자신에 대한 책임감을 갖는 것, 이 두 가지는 매우 좋은 양면성이네. [내가 신뢰를 가졌다고 믿자마자 나는 장점에 초점을 둔다. 또한 나는 주체감을 인정하고 있다.]

내담자　네.

상담자　넌 어떻게 하는 것이 책임을 지는 것인지를 배우고 있는 거야. 아마도 어떤 면에선 Richard보단 나을걸.

내담자　네, 그것은…… Richard의 엄마가 선생님은 아니지만 대학에서 근무하시고, 그의 아버진 큰 회사의 CEO시고. 그들은 정말로…… 그의 엄마는 항상 뒤에서 결과를 기대하세요.

상담자　그래서 Richard는 아마도 성취에 대한 압박감을 가졌을 거고 기대한 만큼의 성과를 올렸어야 했겠지. 너는 Richard가 외부로부터 제공받은 동기에 영향을 받은 것이라는 말을 하는 것 같구나. 너는 스스로 너의 내부에서 그것을 찾아야 하는 처지고. 아마도 Richard는 네가 독립적으로 스스로 동기를 찾는 것을 칭찬하고 존경하는 것 같아.

내담자　음, 아마도요…… 네.

상담자　네가 아마도 다른 곳에서는 동기를 찾지 않을 거라는 생각이 드는구나. 너는 내부에서 그것을 찾고 있지. 그것이 너의 장점이야. 아마도 Richard는 좀 더 성인이 될 때 그것을 내부에서 찾기 시작할 거야. 너는 이미 하고 있는 것을. 아마도 그렇게 하는 것에 약

간 화가 날 수도 있겠지. [장점에 초점을 둔다.]

내담자 아마도요.

[······]

상담자 기능으로 돌아가 보자. 네가 힘들어하면 너의 부모님은 개입을 하셨고, 그러면 너는 다시 나아졌어. 즉, 미성취가 일종의 작용을 한 거야. 미성취가 부모님을 개입하게 만들었고 일종의 성취를 이루게 한 거지. [나는 여기서 일반적이고 확장된 재구조화를 사용하고 있다.] 문제 해결. 단기간의 효과가 있었지. 단지 그렇게 생각한 것뿐이야. 일종의 가설과도 같은 거지. 우리는 어떤 작용을 했느냐를 다루었어. [나는 증상이 어떤 작용을 하였나를 계속 강조한다.]

내담자 음, 네.

상담자 마치 네가 그들에게 주의를 기울이도록, 그래서 개입하도록 만든 것같이 들리네.

내담자 몇 번은요.

상담자 넌 뭔가가 필요했겠지. 무슨 일이라도 일어나길. 밖에서 들여다보니 충분히 이해하겠네. 자, 지금 너는 대학에서 홀로 외로운 싸움을 하고 있어. 학업을 계속할지 말지를 고민하면서.

내담자 [고개를 끄덕인다.]

나는 문제를 외현화하기 시작했다.

상담자 바보같이 보일지는 모르겠지만, 나는 일종의 상징이 필요할 때마다 이 조그만 인형을 손에 들고 다녀. [10cm의 플라스틱 인형]. 이 인형은 실제 독일 만화의 캐릭터로 여기에서는 친숙하진 않지만 좋은 상징물로 사용할 수 있지. 자, 이 인형이 미성취를 나타낸다고 하자. 마치 '놀면서 시간을 보내는 것'과 같이, 또는 수업에서 해야 할 과제를 하지 않은 때를 의미한다고 하자. 얘는 네가 A와 B 학섬을 받게 하는 좋은 자실을 사용하지 않도록 너를 방해하지. 너의 여러 가지 많은 부분 중에서 일부분이 미성취야. 너는 흥미로운 이야기와 흥미로운 인생을 사는 복잡하고 흥미로운 다중조직체야. 그런데 미성취자들이 흥미로운 사람들임을 알게 되었어. 전형적이지는 않지만, 그들은 고무도장과 같은 사람이야[다시 한 번 재구조화한다.]. 자, 이제 너 자신이 어떤 사람이든 간에 이 미성취 부분으로 인하여 너는 힘든 시간을 겪고 있어. 그것이 너의 인생을 지배하고 있는 것과 같지. 너의 이 부분이 어떻게 너에게 영향을 끼쳐 왔는지를 알고 싶어.

내담자 마음이 좀 편안해지네요.

상담자 좋아.

내담자 아마도 좀 더 개방적이 되면서 좌절도 되고요.

상담자 그래서 두 개의 긍정과 한 개의 부정이 있네. 이 같은 점에서조차 두 가지의 면을 가질 수 있다는 것이 흥미롭구나.

내담자 전 확실치 않아요.

상담자 오케이. 자, 미성취가 너의 부모님의 관심을 이끌어 내었고, 너를 좌절시켰고, 너를 편안하게 만들었고, 개방적으로 만들었어. 미성취가 너 외에 또 누구에게 영향을 끼쳤을까?

내담자 부모님이요, 제 생각에는.

상담자 지금 그들이 영향을 받고 있니?

내담자	잘 모르겠어요.
상담자	그들이 영향을 받았는지는 의문이 드는구나. 너는 부모님과 함께 있지 않잖아.
내담자	확실치 않아요.
상담자	너는 부모님이 영향을 받았으면 하니?
내담자	확실치 않아요. 아니요. 단지—적절한 단어는 아니지만—영향을 받았을 거예요.
상담자	단어로 표현한다면?
내담자	알다시피, 그들은 저를 잘 알고 있어요. [그는 인형을 쳐다본다. 그 순간에 그는 문제를 외현화하고 있다.]
상담자	아버지도 이 점을 인식하고 있다고? [나는 인형을 가리킨다.]
내담자	아버지요? 네, 확실히.
상담자	그의 반응은? [나는 인형을 가리킨다.]
내담자	내가 알기엔 별 반응 없었어요.
상담자	반응이 있길 바랐니?
내담자	이제 더 이상은 아니에요.
상담자	전에는 원했지만 이제는 더 이상 원치 않는다고?
내담자	네.
상담자	이 시점에서 너는 스스로 값을 치르고 있어.
내담자	이젠 다 내거예요. [이것은 소유권을 나타내는 중요한 언급이다.]
상담자	너의 엄마도 그에 관해 이야기하시던?
내담자	아니요.
상담자	그래도 괜찮아?
내담자	네.
상담자	좋아. 자, 이제 나는 이 인형을 저쪽에다 놓으련다. [나는 인형을

움직여 탁자 저 끝에 갖다 놓았다.] 솔직히 난 저 인형을 치워 버리고 싶어. [나는 인형을 책장 뒤에다 놓았다.]

내담자　좋아요.

상담자　달라진 점은? [여기서 나는 해결 중심으로 옮겼다.]

내담자　음, 전 아마 앞으로 약 2년 동안은 아무런 궁금함도 없을 거예요.

상담자　오케이. 지난번부터 했던 대로 에베레스트 산이 여기에 있다고 생각해 보자. 에베레스트 산이 가는 길에 있지 않기 때문에 너는 미래를 좀 더 내다볼 수 있어. 좋아, 이 녀석이 가는 길을 막고 있지 않다면, 그 밖에 일을 망치는 것으로 뭐가 있을까? 그 부분이 동시에 네게 있다면?

내담자　글쎄요. 자신감이요.

상담자　계속 말해 보렴. 그건 꽤 중요한 부분인데. 네가 그 부분을 형성한다면 너의 리더 부분이 이 녀석을 책임진다면 어떤 점이 다를까? 에베레스트 산 주변을 돌아보렴.

내담자　확실치 않아요. [앞으로 기울이면서 강렬하게 바라본다.]

상담자　그럼 그 인형을 다시 데려오자. 이 인형은 꽤 힘이 세. 좋아, 너의 이 부분은 무엇을 나타내지?

내담자　잘 모르겠어요.

상담자　음, 지난번에 우리는 뭔가에 몰두되어 있음을 말했지.

내담자　네……. 아마도 그런 것 같아요.

상담자　좋아, 만일 네가 어딘가에 몰두되어 있지 않다면 너의 인생에서는 무슨 일이 생길까? 너의 인생을 내가 잘 모르니까.

내담자　행복할 것 같아요. 좀 더 행복할 것 같아요. 어딘가에 몰두하지 않는지, 잘 모르겠어요.

상담자　너는 그 사람의 지나간 과거를 잘 볼 수 없구나.

내담자 그런 것 같아요.

상담자 꽤 힘이 센, 통제력을 지닌 부분. 만일 그가 널 통제하지 않는다면 너의 행동은 달라졌을까?

내담자 네, 확실히 달라졌을 거예요. 좀 더 초점을 맞추어 생활했겠지요.

상담자 사회적으로는 어떨까? 만일 이 녀석이 너를 지나치게 통제하려고 노력하지 않았다면? 어떤 변화가 있었을까?

내담자 아마도 그 일에서 편안해지지 못했을 거고, 그냥 일상적인 일로 생각하지 못했을 겁니다.

상담자 그럼 편안해지지 못했고 일상적인 일로도 생각하지 못했다면 너의 인생은 어땠을 것 같니?

내담자 훨씬 더 지루했을 거예요.

상담자 일상적이고 편안해지는 것은 지루하진 않다는 뜻이구나. 내 말이 맞니?

내담자 네, 적어도 제겐요.

상담자 그래, 만일 이 녀석이 거기에 있지 않고 블록을 쌓거나 뭐든지 방해를 한다면 너의 삶은 훨씬 더 지루했겠네.

내담자 아니요, 제 말은 그런 의미가 아니라 큰 문제는 아니라고 말하는 겁니다.

상담자 그거 흥미로운 생각이네. 네가 '편안해진다고' 말했을 때, 나는 네가 걱정이 없다는 것을 의미하는 것으로 생각하고 있었지.

내담자 네, 그러나 '게으르지는' 않아요. 아니에요.

상담자 오케이. 나에게 명료하게 해 주는구나. 고맙다. 그래서 그를 완전히 없애고 싶다고 확신하지 못하는구나.

내담자 그래요, 알다시피…… 그를 없애지 못하겠어요. 아마도 그를 진정시키거나 벽장 속에다 감추든지 하겠지요.

상담자 좋아, 그를 길들이든지 벽장 속에 넣어놓든지 해도 여전히 그는 거기에 있는 거야. 그러나 너는 책임을 지고 있고. 만일 그를 약하게 해 놓는다면 네가 생각하기에 어느 수준까지 성취할 수 있을 것이라고 보니?

내담자 지금보다는 훨씬 더요. 확실하게는 말할 수 없네요.

상담자 만일 그를 숨겨 놓는다면 두려운 점이 있니? 너의 다른 면이 두려워할까?

내담자 무슨 말이에요?

상담자 단지 궁금할 뿐이야. 약간 지루하지만 그렇게 걱정이 없는 것은 아닌 삶에 대해 별 관심이 없는 것같이 느껴져서. 아마도 성취를 어떻게 느낄 것인지 전혀 알지 못하는 다른 면이 있는가 생각되네. 그건 아마도 일종의 두려움일 것 같은데.

내담자 네.

상담자 성취에 대해 두려운 점은 무엇이지?

내담자 두렵다…… 잘 모르겠어요. [그는 깊은 생각에 잠긴 듯 보였다.]

상담자 2.0이나 3.0을 받는 너 자신, 그리고 엄마와 친구들이 그 사실을 안다고 상상할 수 있겠니?

내담자 전 여전히 미성취하고 있다고 말할 수 있을 것 같은데요.

상담자 말하자면 넌 성적표에서 한 단계 올라가 있는 거야. 사람들은 작은 양의 증가로 발전해 나가지? 한꺼번에 한 단계에서 다른 단계로 뛰어넘기는 어렵거든. 그러나 몇 개월에 걸쳐 한 번에 한 개의 시험에서 눈에 띄는 점수로 발전하는 것은 가능해. 그 점을 상상해 보자. 그렇게 했을 때에도 두려움 같은 것이 느껴지니?

내담자 계속 향상해 나가야겠지요. 그렇게 해야만 해요.

상담자 계속 향상해 나가는 것에 관해 두려운 생각이 드니?

내담자	노력하는 것이 재미있을 것 같아요.
상담자	재미있는 노력이다. [미소를 짓는다.]
내담자	네.
상담자	너는 전혀 알지 못했지만, 너는 좋은 머리를 가졌어. 그런데 그 무엇인가가 네가 학업적으로 성공하는 데 도약하지 못하게 막고 있어. 한동안 그래 왔어. 우린 이 녀석이 너에게 크게 영향을 끼치고 있는 이유가 뭔지 확실치 않아. 그렇지만 너의 이 부분이 이러한 방해를 할 때마다 너의 다른 부분은 죽게 되지. 그러나 나는 느껴. 적어도 어느 정도까지 이런 점을 돌려놓을 수 있는 너의 부분이 있다는 것을. 그 부분이 더 행복할 것이며, 고착되지 않을 거야. 이건 너의 리더 부분의 일이 될 거야. 리더 부분이 이 녀석을 흔들어 일으켜 세우고, 그를 적극적으로 몰아세워. 결국엔 시험에서 좋은 성적을 거둬 축하하게 될 거야.
내담자	음, 네.

거의 상담이 끝나 갈 무렵, 나는 고착 사고와 인생의 다음 단계—그의 사례에서 보면 성인기로 진출하는—로 나아갈 수 없음을 결부시켜 생각하였다. 나는 '이 녀석'이 그를 계속 가두고 꼼짝 못하게 고착되게 만든다고 추측하였다. 그러나 아마도 그의 다른 대부분이 열심히 진행해 나갈 것이라고 제안하였다. 우리는 상담을 계속 진행했다. 그는 단지 시험과 관계된 위기 때문에 상담에 왔고, 이번 상담을 끝으로 그의 상담은 종결되었다.

참고문헌

Adler, A. (1954). *Understanding human nature* (W. B. Wolf, trans.). New York: Fawcett Premier. (Original work published 1927)

American Psychiatric Association. (2000). *Diagnostic and statistical manual of mental disorders* (4th ed., Text Rev.). Washington, DC: Author.

Baker, S. B., & Gerler, E. R., Jr. (2004). *School counseling for the twenty-first century.* Upper Saddle River, NJ: Pearson/Merrill/Prentice Hall.

Breunlin, D. C., Schwartz, R. C., & MacKune-Karrer, B. (1992). *Metaframeworks: Transcending the models of family therapy.* San Francisco: Jossey-Bass.

Costa, P. T., Jr., & McCrae, R. R. (1994). Set like plaster? Evidence for the stability of adult personality. In T. F. Heatherton & J. L. Weinberger (Eds.), *Can personality change?* (pp. 21-41). Washington, DC: American Psychological Association.

Dabrowski, K. (1967). *Personality shaping through positive disintegration.* New York: Little, Brown.

de Shazer, S. (1985). *Keys to solution in brief therapy.* New York: Norton.

Erikson, E. H. (1968). *Identity: Youth and crisis.* New York: Norton.

Gardner, H. (1983). *Frames of mind: The theory of multiple intelligences.* New York: Basic Books.

Gilliland, B. E., & James, R. K. (1998). *Theories and strategies in counseling and psychotherapy.* Boston: Allyn & Bacon.

Helson, R., & Moane, G. (1987). Personality change in women from college to midlife. *Journal of Personality and Social Psychology, 53,* 176-186.

Higgins, G. O. (1994). *Resilient adults overcoming a cruel past.* San Francisco: Jossey-Bass.

Littrell, J. M. (1998). *Brief counseling in action.* New York: Norton.

Lovecky, D. (1992). Exploring social and emotional aspects of giftedness in children. *Roeper Review, 15,* 18-25.

Mahoney, A. S. (1998). In search of the gifted identity: From abstract concept to workable counseling constructs. *Roeper Review, 20,* 222-226.

Minuchin, S. (1974). *Families and family therapy.* Cambridge, MA: Harvard University Press.

Minuchin, S., & Fishman, H. C. (1981). *Family therapy techniques.* Cambridge, MA: Harvard University Press.

Neihart, M., & Olenchak, F. R. (2002). Creatively gifted children. In M. Neihart, S. M. Reis, N. M. Robinson, & S. M. Moon (Eds.), *The social and emotional development of gifted children: What do we know?* (pp. 165-175). Waco, TX: Prufrock Press.

Peterson, J. S. (1990). Noon-hour discussion groups: Dealing with the burdens of capability. *Gifted Child Today, 13*(4), 17-22.

Peterson, J. S. (1993). *Talk with teens about self and stress: 50 guided discussions for school and counseling groups.* Minneapolis, MN: Free Spirit.

Peterson, J. S. (1995). *Talk with teens about feelings, family, relationships, and the future: 50 guided discussions for school and counseling groups.* Minneapolis, MN: Free Spirit.

Peterson, J. S. (1997). Bright, troubled, and resilient, and not in a gifted program. *Journal of Secondary Gifted Education, 8,* 121-136.

Peterson, J. S. (1998). The burdens of capability. *Reclaiming Children and Youth, 6,* 194-198.

Peterson, J. S. (1999). Gifted—through whose cultural lens? An application of the post-positivistic mode of inquiry. *Journal for the Education of the Gifted, 22,* 354-383.

Peterson, J. S. (2000). A follow-up study of one group of achievers and underachievers four years after high school graduation. *Roeper Review, 22,* 217-224.

Peterson, J. S. (2001). Successful adults who were once adolescent underachievers. *Gifted Child Quarterly, 45,* 236-249.

Peterson, J. S. (2002). A longitudinal study of post-high-school development in gifted individuals at risk for poor educational outcomes. *Journal of Secondary Gifted*

Education, 14, 6-18.

Peterson, J. S. (2003). An argument for proactive attention to affective concerns of gifted adolescents. *Journal of Secondary Gifted Education, 14*, 62-71.

Peterson, J. S. (2006a). *The essential guide to talking with teens: Ready-to-use discussions for school and youth groups.* Minneapolis, MN: Free Spirit.

Peterson, J. S. (2006b). *Gifted and traumatized: A study of adolescent development.* Manuscript in preparation.

Peterson, J. S., & Colangelo, N. (1996). Gifted achievers and underachievers: A comparison of patterns found in school files. *Journal of Counseling and Development, 74*, 399-407.

Peterson, J. S., & Margolin, L. (1997). Naming gifted children: An example of unintended 'reproduction.' *Journal for the Education of the Gifted, 21*, 82-100.

Peterson, J. S., & Ray, K. E. (2006a). Bullying among the gifted: The subjective experience. *Gifted Child Quarterly, 50*, 252-269.

Peterson, J. S., & Ray, K. E. (2006b). Bullying and the gifted: Victims, perpetrators, prevalence, and effects. *Gifted Child Quarterly, 50*, 148-168.

Peterson, J. S., & Rischar, H. (2000). Gifted and gay: A study of the adolescent experience. *Gifted Child Quarterly, 44*, 149-164.

Piechowski, M. M. (1999). Overexcitabilities. In M. A. Runco & S. R. Pritzker (Eds.), *Encyclopedia of creativity* (Vol. 2, pp. 325-334). San Diego, CA: Academic Press.

Rak, C., & Patterson, L. E. (1996). Promoting resilience in at-risk children. *Journal of Counseling & Development, 74*, 368-373.

Rimm, S. (1995). *Why bright kids get poor grades and what you can do about it.* New York: Three Rivers Press.

Rogers, C. (1951). *Client-centered therapy.* Boston: Houghton Mifflin.

Santiago-Rivera, A. L., Bernstein, B. L., & Gard, T. L. (1995). The importance of achievement and the appraisal of stressful events as predictors of coping. *Journal of College Student Development, 36*, 374-383.

Satir, V. (1988). *The new peoplemaking.* Palo Alto, CA: Science and Behavior Books.

Silverman, L. K. (1997). The construct of asynchronous development. *Peabody Journal of Education, 72*(3/4), 36-58.

Watzlawick, P., Weakland, J. H., & Fisch, R. (1974). *Change: Principles of problem formulation and problem resolution.* New York: Norton.

Webb, J. R., Amend, E. R., Webb, N. E., Goerss, J., Beljan, P., & Olenchak, F. R. (2005). *Misdiagnosis and dual diagnosis of gifted children and adults: ADHD, Bipolar, OCD, Asperger's, Depression, and other disorders.* Scottsdale, AZ: Great Potential Press.

Werner, E. (1986). Resilient children. *Young Children, 40,* 68-72.

White, M., & Epston, D. (1990). *Narrative means to therapeutic ends.* New York: Norton.

Caryln L. Saunders

1. 영재성 개념

영향

영재성에 관한 나의 접근에 영향을 준 요인들은 엄격한 통계적 정의(표준화된 지능검사에서 상위 2%)에서부터 특정 영역에서의 초기 천재적 행동에 대한 포괄적 정의에 이르기까지 그 범위가 다양하다. (나의 18개월 된 손녀딸은 키위와 냉동딸기를 포함하여 다양한 음식을 즐겨 먹는다. 이 아이는 영재인가?)

정의는 큰 그림의 단지 일부분에 지나지 않는다. 나는 상당히 포괄적이고 발달의 여지를 갖고 있는, 예를 들면 마리아 몬테소리(1964)의 지능에 대한 교육 가능성 가정과 그로 인한 IQ의 불일치와 같은 이론들에 대부분 영향을 받았다. Barbara Clark(1983)도 유전적 능력과 환경적 영향 간의 상호작용에 대하여 언급하고 있다.

영재성 개념을 정의하는 일은 지능의 개념에 달려 있다. 따라서 지능을 이해하기 위한 보편적인 접근을 간단히 검토하는 것이 유용할 것이다. 복잡성이 문제다. 24명의 유명한 이론가에게 지능의 정의를 내려 달라고 부탁했더니 그들은 24개의 다른 정의를 내놓았다(Sternberg & Detterman, 1986).

한 가지 영향력 있는 접근은 심리측정적 접근이다(American Psychological Association Task Force, 1995). 심리측정적 접근이란 보통 IQ 검사나 성취검사 같은 흔히 의뢰된 검사에 의한 평가 결과를 의미한다. 이러한 검사는 원래 Alfred Binet가 정신지체 아동을 행동문제 아동과 변별하기 위해 고안한 것이었지만, 이제는 선발 목적—초등학교와 중등학교에서 특별 프로그램과 서비스를 받기 위한 입학—으로 이 검사들이 사용되고 있다. Julian Stanley(1979)는 상위 수준의 프로그램 대상자 선발에서 학교 성적이나 추천서보다는 선행시험 점수에 좀 더 주의를 기울이는 것이 중요하다는 것을 강조하였다. 사실 이러한 검사들은 학업 성취를 예견하는 데에 어느 정도 정확하다.

이런 단일 접근에 대한 비판으로 다중지능 이론이 제기되었다. Gardner (1983)는 언어, 논리, 수, 그리고 공간과 같이 좀 더 자주 의뢰되고(또한 검사되는) 능력뿐만 아니라 음악, 신체-운동, 그리고 여러 형태의 개인 지능들을 포함시켰다. 또한 다중지능 이론 영역 속에 Sternberg(1985)의 삼위일체 이론이 있다. 이 이론은 분석적, 창의적, 실용적 지능인 3개의 기본 지능으로 구성되어 있으며, 오직 분석적 기술만이 주류 검사에서 측정된다.

정의

영재성에 대한 간단한 정의는 규정하기 힘들지만, 나는 지속적으로 개념을 빨리 이해하고 독창적이고 창의적인 방식으로 응용하는 사람이 영재라고 믿는다. 영재 아동은 일반 아동들보다 훨씬 빨리 배운다. 그들은 또한 표현에서 창의성을 더 많이 드러낸다. 참으로 영재 아동은 그들이 비슷한 만큼 서로 다를 수 있으며, 이런 점으로 인해 영재성을 규정하는 것 자체가 문제라는 것이 현실이다. 정서적인 견지에서 볼 때, 영재성이 사건, 감정의 깊이, 정확한 관찰력 그리고 완벽주의에 대한 반응에서 좀 더 강렬함을 초래한다고 믿는다. 상담의 목적을 위해 나는 영재 아동의 지적인 면보다는 정서적이고 성격적인 면에 좀 더 관심을 두고 있으며, 영재성이 강할수록 일부 성격적인 속성 또한 더 강하다는 점을 상기하고 있다.

영재성에 대한 폭넓은 견해와 연관된 많은 속성을 테스트할 검사가 아직은 없기 때문에, 나의 견해에 근거한 정의는 양적인 것이라기보다는 질적인 것이 될 것이다. IQ 점수를 말하는 것이 아니라 학생의 지적 능력에 영향을 줄 수 있는 모든 요소를 고려해 볼 때, 특히 상담의 견지에서 다중지능이 속한 정의가 왜 매력적인지를 알기는 어렵지 않다.

시장의 요구(교육 체계)는 영재성을 규정짓는 데에, 해당 학교 교육청에서 '영재'로 충분히 자격이 있다고 여기는 점수에 미치는 대상으로 인식하는 단일 접근을 더 선호하는 것 같다. 그 아이는 영재일 수도 있고 아닐 수도 있다. 따라서 교육계의 실제 현실로 볼 때 통계적인 오류는 고려하지도 않고 서로 다른 학교 교육청끼리 수치도 다양한 상태로 단지 IQ 숫자 하나에만 의존하여 영재성을 판별한다. 이 숫자는 경제성에 따라 교육청이 교육 서비스를 제공할 수 있는 아동의 수를 가지고 커트라인 점수를 결정하기도 한다. 이러한 IQ 점수는 순전히 지역적으로 자기 기준에 따라 어느 교육청에서는 125인데 반해 옆의 교육청에서는 135가 되기도 한다. 이렇게 적용되다 보니 같은 아동이라 하더라도 어느 교육청에서는 IQ 130을 영재로 보지만, 더 높은 기준 점수를 적용하는 다른 교육청에 속한 구역의 집으로 가족이 이사를 가게 되면 이 아이는 더 이상 영재가 아닌 것이 된다.

특별 프로그램 대상자 판별에서 이런 접근은 어느 한 아동을 고려하더라도 동등하지 않을뿐더러 서비스를 필요로 하는 많은 학생이 제외되기도 한다. 나의 견해로 볼 때 이러한 접근은 교육적 입장에서는 너무 협소하고, 인지적인 요소와 정서, 신체, 가족 그리고 사회성을 모두 고려하는 상담 입장에서는 너무 넓다.

학교 프로그램에 대한 나의 입장은 가장 훌륭한 영재 프로그램이란 영재 프로그램이 아니라 IQ와는 상관없이 모든 학생을 위한 개별화 교육계획이라고 본다. 영재성의 정의는 너무 복잡하고 다양해서 한 검사에서 특정한 점수를 얻는 사람으로 서비스의 제공을 제한할 수 없다는 것이 나의 의견이다. 더욱이 영재로 판별하는 것만으로는 아이의 요구를 충족하기 위한 서비스를 고안하는 일을 단순화하지 못하기에 특별한 관심 그 이상이 되지 못하며, 또한 학생 개인의 욕구가 다루어질 것이라는 보장도 하지 못한다. 각 학생을 위한 계획은 '영재인가' 혹은 '아닌가' 라는 이분화된 사고를 피하는 것이다. 이 계획의 목표는 특정한 검사 점수에 과도하게 주의를 기울이지 않으면서 아이의 학습과 발달에서 기회와 장벽 모두를 지목하기 위해 많은 내적 및 외적 요소들을 들여다보는 것이다.

나는 가끔 미성취 영재학생들을 다루기 때문에 학업적 미성취를 규정짓는 일이 그다음 순서다. 이는 일반적인 용어로 보자면 아동이 자신의 능력만큼 하지 않음을 의미한다. 그러나 곧 문제에 부딪힌다. 내용은 파악했지만 성적이 낮은가? 검사에서도 미성취하는가? Delisle(1992)은 **미성취** (underachieving)와 **비생산적**(nonproductive)인 것을 변별하고 있다. 즉, 비생산적인 사람들은 학업적으로는 위험하지만 심리적으로 문제가 있지 않은데, 그들은 자신의 능력을 신뢰하고 있기 때문이다. 반면에 미성취자들은 학업적ㆍ심리적으로도 위험한데, 자존감이 낮고 수동적인 학습 스타일 때문이다.

미성취를 규정짓는 문제는 중요하다. 왜냐하면 영재학습 프로그램 대상자로 받아들이는 것은 IQ 점수뿐만 아니라 학업성취 검사 점수와 성적에도 달려 있기 때문이다. 그래서 아이들이 생산적이지 않다면 그들은 영재 프로그램에 들어갈 만하지 않다는 무언의 메시지를 담고 있다. 생산성을 방해하는 방해물을 감소시키고 제거하는 수단으로 영재 프로그램을 보는 것이 좀 더 도움이 되는 접근일 것이다. 이 같은 생산성 문제는 교사들이 연수교육에서는 조금 더 정확해질 수는 있지만, 대체로 영재 아동을 잘 판별하지 못한다는 것을 의미한다.

가정

내가 다루는 영재 아동에 대한 나의 가정에는 자신의 정서 발달을 지원받기 위해 기댈 수 있는 관계성에 대한 그들의 기본 욕구가 포함되어 있다. 그들은 영재들이기 때문에 자신이 또래들과 다르다는 느낌이 그들을 소외시키고 있음을 가정하고 있다. 따라서 가끔 그들은 자기가 자신을 수용하도록 도와주고 자기의 욕구와 느낌을 부모와 교사들에게 전달할 누군가를 필요로 한다. 나는 성취와 자존감이 매우 가깝게 연결되어 있고 영재가 된다는 것은 그림을 복잡하게 만든다고 가정한다. 만일 학생이 새롭고 도전이 되는 과제에 노출되지 않으면 그들은 배우지 않는다. 따라서 숙달과 성취 경험을 놓치게 된다. 나는 대부분의 어린아이는 처음에는 다르게 공언하지만 결국은 좋은 성적을 받고자 한다고 여긴다. 나는 미성취 저변에 깔린 원인이 단순한 학업 기술 부족이라기보다는 가정의 역동성에 그 근원이 있다고 가정한다. 또한 나는 부모가 진정으로 자녀의 행복과 전반적인 성공에 마음을 쓴다는 것을 가정한다.

2. 성격 개념

성격

Maslow(1970)는 위계적 욕구에서 개인이 심리적 발달의 더 높은 수준으로 진보하기 위해 낮은 수준의 욕구를 충족해야만 한다는 것을 주장한다. 발달 이론은 신체적으로, 정서적으로, 사회적으로 그리고 지적으로 모든 단계에 걸쳐 진보해 가는 순차적인 순서를 지닌 발달 단계가 있다는 생각에 기초한다. Webb, Meckstroth와 Tolan(1982)은 영재 아동들의 발달이 여러 영역에서 대개 **비동시적**이라서(즉, 그들은 생물학적으로는 7세이지만 지적으로는 12세, 정서적으로는 5세의 연령을 지니고 있다) 평가와 치료를 복잡하게 만든다고 지적하였다. 교류분석(Berne, 1964; Harris, 1969)은 유아기로부터 성인기, 부모가 되기까지 개인의 정서 발달에 초점을 두고 있다. 사람이 성숙해지면서 이러한 단계들은 덜 실제적이고 더 행동적이 된다. 교류분석은 또한 가족에게 상호작용과 서로에게 미치는 영향에 관해 가르치기 위하여 유용한 어휘를 제공하고 있다. 가족 체계 접근에서는 생애 사건이 가족 전체에 미치는 영향을 반드시 고려해야 한다. 만일 부모가 실직하면 아이들은 불안해한다. 이사나 조부모의 죽음 또는 부모의 이혼 등 모든 것은 아이의 학습에 영향을 끼친다. 더 중요한 것은 이러한 사건들이 가족의 일상사와 구조에 영향을 끼치며, 그러한 변경이 잠재적으로 학습 습관을 뒤엎을 수 있다. 게다가 가족 내에서 주요한 변화를 동반하는 체계적 정서 반응은 가끔 부모들이 이러한 점을 인식하지 못한 채로 아이에게 깊은 영향을 끼치게 된다.

영재의 성격

나는 영재와 연관된 별개의 성격이 있다고는 생각하지 않는다. 또한 영재 성인들이 다른 사람들보다 일부 특질을 더 강하게 갖고 있다고도 생각하지 않는다. 이러한 특질은 개개인마다 다양하다. 어떤 사람은 유머 감각을 드러내지만, 어떤 사람은 매우 상세함을 지향하며, 어떤 사람은 매우 빠르고 활동적이다. 그럼에도 불구하고 어떤 특질들, 예를 들어 개념을 빨리 파악하는 능력, 우수한 기억력, 그리고 새로운 방식의 문제해결 능력과 같은 특질들은 영재에게서 더 자주 나타나는 것 같다.

3. 상담 모델

영향

영재 아동 상담은 영재를 교육하는 사람들이 갖고 있는 똑같은 고정관념으로 인해 어려움을 겪고 있다. 즉, 영재들은 똑똑하기 때문에 특별한 도움 없이도 잘 지낼 것이라고 여긴다. 그래서 영재 집단을 상담하기 위한 뚜렷한 모델이 거의 존재하지 않는다. 영재성은 '치료' 받아야 하는 진단명인가? 그렇지 않길 바란다. 오히려 나는 영재성을 상담 상황에서 아동이 지닌 매우 중요한 부분의 하나의 속성으로 여기는 모델을 가지고 상담을 한다. 치료에서 의학적인 모델을 사용하지 않는 사람일지라도, 정신건강 전문가는 영재성 너머로 우울이나 불안, ADHD 그리고 시각 문제와 같은 의학적인 개입이 필요한 문제들을 인식하고 있어야 한다. 여기서 나는 영재 아동 상담자로서 나의 업무 가운데 미성취가 매우 큰 부분을 차지하고 있기 때문에 미성취에 관해 글을 쓴 저자들을 언급하고자 한다.

Mandel과 Marcus(1988)는 소위 미성취 심리학에 관한 방대한 양의, 그러나 가끔 모순된 문헌을 종합적으로 요약하여 제시하였다. 그들은 미성취 영재 학생이 학교에서 제한된 학업 프로그램을 받는 것과 더불어 개인적인 적응의 어려움과 관련이 있을 수 있어서, 교정 단계에서는 이 두 가지 변인을 모두 다 고려해야만 한다고 결론을 내린 Pirozzo(1982)의 말을 인용하였다. Mandel과 Marcus는 이전 연구들이 미성취자들을 주로 하나의 접근을 가지고 다루는 동질 집단으로 여긴 점을 강조하면서 미성취에 대한 차별화된 진단과 치료에 초점을 두었다. 그들은 미성취자를 과불안장애, 품행장애, 학업장애, 정체성 장애 그리고 적대적 반항장애의 다섯 가지 유형으로 구분하였다.

Rimm(1986)은 비록 많은 문제가 심리학자 없이도 교정될 수 있다고 언급하면서도, 심리학자들이 학생, 부모 그리고 학교에 초점을 두는 3초점(Trifocal) 접근을 고안하였다. Rimm은 미성취자를 한쪽 좌표에는 지배성 대 의존성으로, 다른 쪽 좌표에는 순응 대 비순응으로 구분하여 2×2 표를 제시하였다. 그리고 미성취자의 유형에 따른 뚜렷한 사례를 제공하였고, 또한 미성취 행동을 유발하는 많은 가족관계 패턴을 하나씩 집어냈다. 영재성은 혼합된 가족 요인에 첨가되는 중요한 차원이다.

Baker, Bridger와 Evans(1998)도 비슷하게 개인, 가족 그리고 학교 문제를 포함하는 3개의 미성취 모델을 탐구하였다. 각 모델은 미성취를 예견하는 변인들을 제시하였다. 결합된 모델은 가장 강력한 예견력을 지니고 있으며, 현상이 복잡하다는 것을 암시하고 있었다.

Kanevsky와 Keighley(2003)는 개인면담에 근거한 연구에서 영재 피험자들이 '교육'으로 제공되는 활동에서 지루함과 도덕적 분노감을 느꼈음을 발견하였다. 교육과정에서의 이탈은 그들이 부적설하다고 여기는 경험에 대한 일종의 '명예로운' 반응이었다.

Siegle과 McCoach(2003)에 의하면 성공자를 특징짓는 세 가지 중요한 요소가 있다. 성공자들은 ① 학교 경험에서 가치를 발견하고, ② 성공할 수 있는 기술을 갖고 있다고 믿으며, ③ 자신의 환경을 신뢰하고 그 안에서 자신이 성공할 수 있다고 믿는다. 따라서 그들은 자기 조절 행동을 더 잘하게 되는 것이다.

학생이 미성취(즉, 자기 능력 수준보다 현저하게 낮게 수행하는 것)하는 데에는 여러 가지 이유가 있다. 영재가 미성취하는 데에는 여러 가지 이유가 복합적으로 작용한다. 미성취자들에 대한 연구는 왜 미성취가 발생하는지에 대한 이유를 제시해 주진 않는다. 그러나 미성취에 끼치는 여러 가지 요인에 대한 실마리를 주고 있다. 종합적으로 이런 요인들을 언급하는 것은 미성취를 회복시키는 데에 긍정적인 결과를 가져올 수 있기 때문이다. 그러나 Pecaut(1979), Mandel과 Marcus(1988)가 강조했듯이 학생의 성격 유형에 따른 차별화된 치료가 최상의 결과를 낳을 수 있다. Peterson과 Colangelo(1996)는 미성취에 대한 관심을 고등학교에서뿐만 아니라 아마도 중학교 이전부터 가질 필요가 있다고 결론지었다.

이 장에서 언급된 저자들은 아동과 가족 및 학교 환경에 대한 주의 깊은 평가의 중요성을 언급하였다. 그들은 또한 미성취와 상담의 필요성을 발달적 입장에서 보며, 이러한 지향성이 치료과정을 이끌어 가고 있다.

또 다른 흔한 요소는 해결할 문제에 대한 통합적 접근의 중요성인데, 이
것은 상담자뿐만 아니라 정신과 의사, 영양학자, 안과 전문의, 사회복지
사, 심리학자 그리고 교육자와 같은 여러 다양한 분야의 임상가들이 갖고
있는 입장이다.

　나의 상담 참조 준거는 여러 가지 기본 영향력—상담에서의 핵심 조건
(Carkhuff, 1984), 치료에서의 자기 노출(Jourard, 1964), Maslow(1970)의 위
계적 욕구, 그리고 교류분석(Berne, 1964; Harris, 1969)—을 반영한다. 위계
적 욕구 이론은 치료과정에서 성장을 측정하는 지표일 뿐만 아니라 차별
화된 진단에 대한 발달적 접근을 위한 버팀목이 되기도 한다. 핵심 조건은
공감, 진술성 그리고 긍정적 존중을 의미하며, 내담자에게는 개방성과 자
기 탐색을 격려한다. 치료사와 내담자 모두 상호 자기 노출은 신뢰과정, 자
기 수용 그리고 관계 속에서의 친밀감을 촉진한다. 교류분석은 미성취 문
제 저변에 깔려 있을 부모-자녀 관계의 역동성에 대한 이해를 제공한다.

　나는 이러한 접근들이 흔하게 사용되고 있고 신뢰할 수 있는 것으로 본
다. 나는 전문 경력과정을 거치면서 어느 한 사람의 이론보다는 치료환경
에서 이론을 적용할 만큼 아는 것이 더 중요하다는 생각에 도달하게 되었
다. 이론은 변화를 위한 처방에 근거를 제공하고, 내담자에게 그 근거를
제시할 방법을 제공한다. 이론은 내담자에게 권고 사항을 전하기 위한 언
어와 새로운 개념을 이해할 수 있는 틀을 제공한다.

상담의 정의

　상담이란 내담자가 사고, 감정, 반응 그리고 동기를 탐색할 수 있게 상
담자가 분위기를 조성하는 독특한 관계를 의미한다. 상담자는 공감과 수
용의 분위기를 조성하여 내담자가 개방성과 정직성을 증진하도록 하며,

그 결과 내담자는 행동에서 변화를 실험해 보게 된다. 자기 탐색은 자기 노출에 의해 촉진되는데, Jourard(1971)는 이것을 건강한 성격으로 가는 열쇠라고 하였다. 자기를 남에게 드러내는 사람들은 수용을 경험한다. 수용은 성장을 위한 자기 신뢰를 허용한다. 물론 비판에 대한 위험도 있다. 그래서 사람들은 피하려고도 한다.

상담자는 개방형 질문과 적절한 자기 노출을 가지고 내담자의 자기 노출을 격려한다. 그리고 내담자의 노출에 대한 부정적인 반응은 삼간다. 내담자가 다른 사람이 부정적으로 판단하는 행동을 밝혔을 때는 다음과 같은 도움이 되는 반응들을 제공해 준다. '알겠습니다. 당신에게는 어떻게 나타났나요?' 또는 '당신이 원하는 결과를 얻었나요?' 이러한 종류의 반응들은 권위적인 인물로부터 어떻고 말을 듣는 것과는 대조적으로 내담자에게 자기 자신의 관점에서 행동을 변화시키고 평가하도록 해 준다.

상담자의 역할

상담자의 역할은 연구자, 반영자, 관계자, 부모 모델 그리고 개인 탐색을 지지해 주는 사람의 역할을 담당한다. 상담자는 내담자를 위해 함께 길을 걸어갈 의향을 갖고 있는 사람이다.

내담자의 역할

내담자는 이상적으로는 참여자 중 한 사람으로 사고와 감정의 진정한 표현자 역할을 한다.

목표

상담에서의 나의 전반적인 목표는 다음과 같다. 학생의 자존감과 자율성을 향상하기, 책임자로서 부모가 타고난 가족의 위계를 재건하기, 숙제 문제를 둘러싼 구조와 한계를 설정하기, 가족 내에서 전반적인 의사소통을 증진하기, 하나의 통합된 팀이 되도록 부모를 돕고 서로를 지지해 주기, 미성취가 꼭 필요한 표현 형태가 되지 않도록 학생이 자신의 욕구를 잘 이해하고 좀 더 직접적으로 표현할 수 있도록 돕기 등이다. 나의 초기 목표는 합리적인 대안들을 탐색할 수 있도록 아동의 상황을 평가하는 것이며, 대개 목적 중 하나는 성취와 생산성을 회복하여 기회가 열리고 차단되지 않도록 하는 것이다. 이러한 목표에 도달하기 위한 중요한 단계는 부모나 교사보다도 학생들 자신이 미성취 행동으로 인해 상처를 더 받는다는 점을 알도록 도와주는 것이다.

나의 접근이 진짜 지루함이라는 문제를 대충 얼버무리는 것으로 보일 수도 있다(Kanevsky & Keighley, 2003). 그러나 나의 경험으로 볼 때 지루함이라는 사실 대 장기간 참여의 부족을 반영하는 지루함에 대한 미로 같은 주장을 자세히 살펴야 한다. 이런 중대한 때에는 지능검사와 성취검사가 유용할 수 있다. 만일 문제가 되었다면 학생은 교사가 자기에게 더 도전이 되는 과제로 속진을 허락할 수 있을 정도로 자신이 그 과제를 잘 숙달했음을 나타낼 방법이 필요할지도 모른다. 그러나 상위 수준으로 올라가는 단계를 숙달하지 못한다면, 그들은 자기 위치 이상의 상위 과제를 제공받지는 못한다. 상담자들은 미성취자가 부모와 교사에게 신뢰를 얻을 수 있도록 도울 필요가 있다. 만일 지능검사와 학업성취 검사 점수가 높다면, 더 좋은 성적을 얻는 데에 방해가 되는 행동을 극복하는 것이 상담의 그다음 목표가 된다.

비록 이 방법은 나의 일반적인 접근은 아니지만, 때로 고등학생에게는 학교를 자퇴하고 대학 조기 입학이나 온라인 과정 이수, 또는 학생의 특별한 관심 영역(예: 예술, 음악, 외국어, 전자공학)을 반영하는 특별 프로젝트와 같은 다른 대안학습 방법을 찾도록 추천해 왔다. 이러한 종류의 시도는 부모의 전폭적인 지지와 협조하에 조심스럽게 이루어져야 한다. 왜냐하면 아동은 가정과 학습을 위해 선택한 어느 상황에서든지 모두 지지환경이 필요하기 때문이다. 일부 교육청 소속 학교는 이제 컴퓨터 교수-학습을 통해 홈스쿨을 지지하고 있으며, 이용 가능한 교재도 만들고 있다.

관계성

학생과의 관계성에 대한 목표는 교사나 부모 또는 또래 친구와 다른 사람이 되는 것이다. 이 말은 그들 '에게' 말하는 것 이상으로 그들에게 귀 기울이는 것을 의미한다. 이것은 패배를 자초하는 행동을 묵인하지 않고 그들의 감정을 인정한다는 것을 의미한다. 이것은 그들의 발을 현실에 두고 있으면서 그들이 지닌 꿈을 지지하는 것을 의미한다. 이것은 그들이 진정한 관계를 경험하도록 나 자신의 감정과 반응을 그들에게 솔직하게 표현하므로 그들을 존중하는 것을 의미한다.

부모와의 관계성은 부모가 멘토와 안내자가 되어 양육 능력에 자신감을 되찾을 수 있도록 하는 것이다. 상담자의 일관성과 신뢰성 제시는 부모와 아이에게 특히 수업을 준비하고 공부하는 목표 행동이 어떻게 결과를 얻는지에 관한 강력한 선례가 된다. 결과 측정은 성취한 학년으로 한다. 가족과의 관계성은 전체적으로 책임 있는 부모와 함께 원래의 위계를 재설정하는 것에 목표를 두고 있다. 이것은 힘겨루기에서 아동의 편에 서지 않고(오히려 가족에게 협상 기술을 안내해 주고) 또한 부모가 아이의 행동에 대한 반응을 조심스럽게 살펴보도록 도와줌으로써 이루어진다.

평가

영재학생 평가에 대한 나의 접근은 그들을 개별적으로 다루도록 나의 능력을 최대화하는 데에 있다. Delisle(1992)은, 그들이 단지 미성취자로 낙인이 찍히지 않도록 하고 학습장애, 발달 문제 그리고 정서 문제를 교정하기 위한 적절한 개입을 할 수 있도록 학생들을 개별적으로 다루는 것의 중요성을 강조하였다.

평가과정은 실제로 적어도 처음 한 달이나 혹은 접촉을 통해 이루어져야 하며, 여기에는 부모면담, 표준화된 검사, 검사 결과에 따른 피드백, 중재안 고안하기 등이 포함되어야 한다. 일반적으로 나는 Mandel과 Marcus(1988)가 제시한 부모와 자녀용 진단적 면담 모델을 따른다. 그러나 처음 약속에서는 배경 정보를 얻기 위해 언제나 부모만 실시한다. 나는 부모에게 성적표, 과제 표본 그리고 표준화된 검사 결과의 복사본을 갖고 오도록 전화를 통해 요청한다.

만일 수년 동안의 성적표를 검토할 수 있다면, 나는 언제 그리고 어디서 성적이 하락하기 시작하였는지를 알 수 있다. 이 정보는 질병, 상해, 가족 외상, 또는 지리적인 이사와 같은 일들이 있었는지를 파악하는 초기 면접과 함께 이러한 요소들이 아이의 지적 그리고 학업적 기능을 방해하는지의 여부를 알아보기 위해 상관관계를 파악할 수 있다. 또한 과목의 수와 난이도뿐만 아니라 결석과 지각같이 학교 및 성적과 관계된 행동 패턴을 조사할 수 있다(Peterson & Colangelo, 1996 참조).

낮은 성적은 수업에 참여를 저조하게 만들기 때문에 하강의 악순환이 된다. 처음에는 모두 A학점이다가 부모가 도움을 요청한 시점에 D와 F로 이루어진 성적표를 보는 일은 그다지 드문 일이 아니다. D와 F는 백분위 98% 이상의 지적 능력을 지닌 아동에게서도 나타날 수 있다. 또한 널뛰기 성적의 가능성도 있다. 어느 학기에서는 수학이 높은 성적, 영어는 낮은 성적을 보이다가도 그다음 학기에는 수학과 영어 성적이 뒤바뀌기도 한다. 이러한 문제는 지능이나 학습 능력이 부족해서가 아니라 동기가 부족해서 생긴다.

미성취 영재 학생은 패배를 자초하는 행동에 참여하는 것으로 설명할 수 있으며, 그러한 패턴은 서로 강화를 주기 시작한다. 과제를 하지 않아 성적이 하락하고, 성적 하락은 자존감에 영향을 주고, 이것은 다시 지식을 숙달할 수 있다는 자기 능력에 대한 믿음에 영향을 끼친다. 이러한 파급 효과는 학습 활동에 참여하고 싶은 마음이 들지 않게 만들고, 그로 인해 또래에 비해 기본 지식이 감소되고, 이것은 검사 수행에 영향을 끼치고, 나아가 성적 하락을 가져온다.

장시간 경과하면 하락 추세는 좀 더 분명해진다. 첫째, 성적이 떨어진다. 그리고 학업성취 검사 점수가 하락한다. 마지막으로 언어성 IQ 검사 점수에도, 특히 기본 상식, 수학, 어휘력 같은 습득된 기술을 측정하는 영역에서 영향을 끼치게 된다. 이해와 추상적 추론 기술은 미성취에 영향을 덜 받는 경향이 있다. 보통 부모는 미성취에 의해 IQ 점수가 영향을 받는다는 점에 놀란다. 대부분의 부모는 IQ 점수가 일생에 걸쳐 비교적 안정적이라는 것을 잘 알고 있다. 그러나 아동이 이미 배운 것을 검사하는 방법으로만 학습 능력을 측정할 수 있다는 데에 많은 부분 IQ 검사의 오류가 존재한다. 새로운 정보를 파악하고 처리하는 능력을 검사하는 새로운 형태의 항목은 거의 없다.

학생을 평가하기 위해 학교에서 실시하는 표준화된 검사로는 주로 집단집필 지능검사와 아이오와 기초능력 검사(Iowa Tests of Basic Skills:

ITBS)와 같은 종합 성취검사가 있다. 좀 더 최근에 이러한 검사들은 주 전체 평가를 포함하고 있지만, 나는 이것이 결과 표시방법 때문에 그다지 유용하지 않다고 여기고 있다. 나는 아동 개인의 학업 성취에 대한 평가가 아니라 교수방법과 학교 수행에 대한 평가가 더 많이 이루어진다고 믿는다.

각 성취검사 보고서는 아동이 지도와 도표 사용과 구두점과 같은 좀 더 특별한 기술뿐만 아니라 읽기와 수학과 같은 핵심 과목에서 자기 학년 수준으로 학습하고 있는지에 대한 개관을 보여 준다. 이것은 아동의 학업 기술이 일반적으로 저하되어 있는지 또는 한두 과목에서 낮은지를 결정하는 데에 유용하다. 한두 과목에서의 낮은 점수는 앞에서 언급한 성적표보다는 학습 문제가 있음을 가리킨다. 만일 같은 검사에서 나온 결과를 연속적으로 볼 기회가 있다면 시간에 따른 학업 성취의 진보를 추적해 볼 수 있을 것이다. 숙제를 거의 하지 않고 학습에 참여하지 않은 기간이 길다면, 그것은 궁극적으로 학업성취 검사 점수에 영향을 끼칠 수 있다. 그러나 매우 똑똑한 젊은 사람들에게는 이런 영향이 일어나지 않을 수 있다. 왜냐하면 그들은 단지 듣기만으로도 대부분의 학습 내용을 흡수할 수 있었기 때문이다.

웩슬러 아동용 지능검사(WISC-III)에서 언어성 검사 점수와 비교해 보면, 동작성 검사 점수는 미성취에 영향을 받는 것 같지 않다. 동작성 점수가 유의미하게 언어성보다 낮으면 미성취 행동이라기보다는 일반적인 문제를 가리킨다고 볼 수 있다(예: 깊이 지각이나 우에서 좌로의 탐색 곤란). 특히 차이가 통계적으로 유의미한 수준이라면(20점 이상) 성취를 방해하는 요인에 관한 단서를 제공한다. 예를 들어, 시각과정과 시각-운동 협응의 곤란은 읽기, 철자 및 쓰기에 영향을 끼친다. 만일 이러한 기술이 결핍되어 있으면 쓰기 과제의 산출은 힘이 들고 질은 떨어진다. 일반적인 학습

장애의 개념, 특히 읽기장애는 언어성 점수가 동작성 점수보다 낮다. 언어성 소검사는 시각·운동이나 동작성 소검사에 비해 아동이 이미 학습한 것을 검사하며, 언어적 유창성을 갖고 표현할 수 있다. 만일 아동이 읽기에서 자기 학년 수준에도 못 미치고 뒤떨어진다면, 학업 성취는 나이가 들수록 더욱더 어려워진다. 왜냐하면 우리의 학교 체계에서 이루어지는 학습은 점점 더 읽기에 의존하기 때문이다.

　만일 시각-운동 지각상 발생했을지도 모를 문제가 지각된다면, 나는 시력검사, 청력검사 그리고 신체검사를 철저하게 받을 것을 권한다. 이러한 검사는 학교와 행동 문제에 기여하는 신체적인 요소를 배제하는 데 도움을 준다. 만일 신체적인 문제가 있음이 발견된다면 이 문제에 적합한 전문가의 도움으로 문제에 대한 치료를 시작할 수 있다.

　때때로 가족의 혼란 수위가 시력검사와 같은 정기적 의학 검진을 소홀하도록 만든다. 교실 칠판 글씨를 잘 볼 수 없는 것은 학업 성취에 영향을 준다. 짧은 기간의 질병이나 상해 또한 적절하게 잘 처리하지 못했을 수도 있다. 내가 지난 2개월 동안 만났던 10세 소녀는 좋아 보이지 않았다. 뭐가 문제인지를 물어보았을 때 그녀는 배가 아프다고 말했다. 또한 지난 주말에 갓길에서 넘어졌으며, 넘어진 이후에 팔이 계속 아프다고 말했다. 회기가 끝난 후에 나는 부모에게 딸을 데리고 가서 팔을 진찰받게 하도록 권했다. 검사 결과, '생목 골절'이 있었으며, 다음 번 상담에 그녀는 팔에 깁스를 하고 왔다.

　치료 가이드인 정신장애의 진단 및 통계 편람(DSM)에 의거하여 학생의 성격 구조를 개념화하긴 하지만, 나는 아이에게 진단명을 붙여 꼬리표가 아이를 일평생 따라다니게 만들지 않으려고 한다. IQ와 성취 검사 점수를 가지고 점수 해석 보고서를 쓰긴 하지만 검사 결과 보고서에 DSM 진단을 붙이지 않는다. 왜냐하면 이러한 보고서를 가끔은 정신건강 전문가가 아닌 학교 관계자들과 부모가 읽는다는 것을 알기 때문이다. 나는 발달 선 상에서 성격을 특징짓는 것(예: 신뢰성 추구, 안전성 추구, 의존성 추구 그리 고 독립성 추구; Pecaut, 1979)이 더 도움이 됨을 알았다. 신뢰성 추구는 발 달의 가장 초기 단계이며 아이 주변에 있는 신체적이고 정서적인 세계의 가치와 일관성을 학습하는 단계다. 안전성 추구는 발달의 두 번째 단계 로, 중요한 어른의 눈앞의 '안전'한 위치에 계속 있기 위해 기대의 명료화 를 요구함으로써 불안감을 감소시키고자 자기 주변의 환경으로부터 재확 신을 추구하는 동안에 일어난다. 의존성 추구는 발달의 세 번째 단계로, 아이가 의존하려는 틀을 찾는 동안에 일어난다. 왜냐하면 선택과 결정에 대한 책임을 질 준비가 아직은 되어 있지 않기 때문이다. 독립성 추구는 발달의 마지막 단계다. 젊은 성인은 또래와 부모 상을 벗어나 독립적으로 의사결정을 하며 기꺼이 자기 선택의 결과를 경험하게 된다.

가족 역동성 평가는 주로 교류분석의 입장(Berne, 1964)에서부터 두 부 모 사이와 각 부모와 자녀 사이의 갈등에 기여하는 상호작용을 지적하기 까지 경청과 관찰을 통해 이루어진다. 부부가 서로 불일치하면 결과적으 로 혼합된 메시지가 힘겨루기 단계를 형성하게 된다. 어느 한쪽 부모라도 비판적 부모 위치(Critical Parent position)에서 반복적으로 의사소통을 하면 (아이에 대해 부정적으로 언급하기, 명명하여 꼬리표 붙이기, 진압하기, 소리 지 르기, 손가락질하기 등과 같은 행동으로 특징되는), 아이는 반항적인 위치에 서 행동하고 숙제나 공부하기를 거부하는 양상을 보일 수 있다. 남자아이 가 나에게 이렇게 말했다. "나는 아버지가 축구 시합에 와 주길 진짜 원했 는데 아버지가 오시지 않았어요. 그래서 난 아버지가 내게 원하는 것을 들어주지 않기로 했어요. 그건 바로 좋은 성적을 받는 거예요."

과정

영재아를 상담하면서 그들과 관계를 형성하기 위해 나는 부모를 배제한 채 아이들만 따로 몇 달 동안 만났다. 시간이 경과하면서 신뢰로운 관계가 확립되었다.

첫 회기에서 나는 처음에 아이들이 내게 온 이유를 아는지를 탐색한다. 반응은 주로 "잘 모르겠어요." 또는 "성적 때문에."라고 한다. 가능한 한 빨리 나는 상담 상황에 대한 그들의 사고와 감정을 알아내는 쪽으로 움직인다. 일부는 화를 낸다. 그러면 나는 그들의 분노를 인정하기 위해서 시간적 여유를 갖는다. 상담이 학교 수행과 관계가 있다는 것을 그들이 인정하면, 나는 더 좋은 성적을 원하는지를 물어본다. 그들은 한결같이 그렇다고 한다. 그러면 나는 좋은 성적을 얻으려면 어떻게 해야 하는지를 아는지 묻는다. 그들은 주로 "열심히 공부해야죠."라고 대답한다. 그러면 나는 성적에 나타난 것처럼 숙제에 얼마나 많은 시간을 사용하는지, 어떤 수업을 좋아하고 어떤 수업을 싫어하는지, 그리고 각 수업에서 어떻게 잘 수행하는지에 관한 많은 양의 사실적인 정보를 수집한다.

비밀유지의 한계를 설정한 후, 나는 그들에게 다음과 같이 이야기하면서 이야기를 확장해 나간다. 만일 그들이 나에게 뭔가 심각한 이야기를 하고 비밀 누설이 될 수 있다면, 나는 "이 일은 심각해. 그래서 너의 부모님과 이것을 이야기할 필요가 있어. 우리가 그것을 어떻게 할 것인지 이야기해 보자."라고 이야기한다. 여기 세 가지의 메시지가 있다.

- 나는 이 일에 관하여 너에게 솔직해질 것이다.
- 우리는 엄마와 아빠와 함께 이 일을 논의할 것이다.
- 그들과 대화하면서 나는 너를 지지할 것이다.

때로 어린 내담자들은 마치 내가 어떤 특별한 특권을 위해 그들의 변호 사로서 행동하도록 영향을 주려고 노력한다. 그러면 나는 "나는 네가 이 일에 관하여 너의 부모님과 함께 이야기를 나누도록 도와줄 거야."라고 이야기하여 처리한다. 나는 그들의 과외 활동과 직업에 관해서도 질문한 다. 이 학생들은 매우 자주 학교와는 멀어져 있고 거의 학교 활동에 참여 하지 않는다. 만일 그들이 활동에 참여하고 있다면, 나는 그들이 전념하 는 일 주변으로 나와의 약속 시간을 조절할 것이라고 내담자에게 말한다. 그들을 수용하려는 나의 개방성은 그들 삶의 이러한 면에 대한 존경심을 전달한다. 실용적으로 나는 잘되고 있는 그 무엇인가를 빼앗고 싶지 않 다. 부모나 상담 회기가 가르칠 수 없는 책임감에 관하여 직업과 활동들 은 아이들에게 많은 것을 가르쳐 줄 수 있다.

앞에서 언급하였듯이, 나는 Mandel과 Marcus(1988)가 약술한 대로 진 단 면접을 위한 모델을 따른다. 이 모델은 과정에 대한 구조를 제공한다. 나는 이것이 유용하다고 본다. 왜냐하면 질문이 개방적이고 비판단적이 어서 진보를 추적할 수 있기 때문이다. 첫 회기 끝 무렵에 나는 변화를 위 한 계획에 참여하도록 학생을 격려한다. 이것은 특정한 장기 과제를 끝내 기 위한 참여이거나 또는 논의가 필요한 점에 관하여 부모와 함께 대화를 나누는 것이 될 수도 있다.

이어지는 각 회기에서 우리가 지난번 만난 이후로 일들이 어떻게 진행 되어 가는지, 그리고 무슨 일이 일어났는지를 질문한다. 나는 시험 점수 와 반 성적에 관하여도 자주 질문한다. 미성취자가 자신의 약속을 깨뜨리 는 상태를 지속시키는 한 가지 방법은 행동과 결과 간의 연결고리를 보지 못하는 위치에 계속 있으면서 자신이 학급에서 어떻게 하고 있는지를 인 식하지 못한 채 지내는 것이다. 내가 그들에게 자주 성적을 물으면(그리고 성적표와 진도표를 가져오도록 하면), 그들은 더 이상 계속 회피할 수가 없다. 매 학기가 시작할 때, 나는 자주 각 과목에서 무엇을 성취할 것인지를 예견하도록 한다. 만일 그들이 성적을 향상하고 싶다고 말하면, 나는 조금이라도 성적을 향상하기 위해 매주 그들이 해야 할 것이 무엇인지를 질문한다. 또한 가족이나 친구와 함께 어떻게 지내는지, 직장이나 과외 활동을 어떻게 해 나가고 있는지도 질문한다. 그 결과, 그들은 다른 영역을 논의하고 또한 자신의 반응과 갈등을 가려낼 기회를 갖게 된다.

전형적으로 나는 4주 중 3주 동안 아이들을 만나고, 한 달에 한 번은 부모를 만난다. 나는 부모와 만나는 회기 동안 아이들이 대기실에서 앉아 있지 못하게 한다. 왜냐하면 기다리는 동안에 아이들의 불신 수준이 높아지기 때문이다.

미성취 영재 아동과의 상담, 특히 독립성 추구 이전 발달 단계에서 나는 부모에게 아이들이 저녁마다 일정한 시간 동안 공부하도록 하고 부모가 아이들 공부 시간을 감독하도록 부모에게 지시한다. 나는 중 · 고등학교 학생들의 경우에 매일 저녁 약 45분 공부 시간을 갖도록, 그리고 그보다 어린 학생들에게는 그보다 적게 공부 시간을 가질 것을 권한다. 대부분의 부모는 이 시간이 충분하지 않고 적어도 2시간 정도는 필요하다고 나에게 말한다. 그러나 나의 경험으로 볼 때 2시간이라는 기대를 갖고 가족을 집으로 보내면, 아이들은 결코 부모 말을 듣지 않을 것이다. 아이들은 45분 정도는 참을 수 있고, 기대한 것보다는 쉽게 끝난다고 생각하기 때문이다. 사실대로 말하자면 그들은 사실상 한결같이 숙제를 하지 않아 왔다.

이것은 어쩌면 가족에게는 이율배반적인 과제일지 모른다. 치료사는 실제로 아이들에게 2시간 동안 공부를 하게 하지 '말라고' 가족에게 말하고 있는 것이다. 비록 부모는 45분이 충분하지 않다고 믿을지라도, 그들은 대부분의 저녁 시간 내내 지속된 밤의 전쟁을 하지 않음에 마음속 깊이 안심하게 된다.

나는 아이들이 숙제가 있건 없건 간에 45분의 공부 시간을 일주일에 5일씩 처방한다. 이것은 "너 숙제 있니?"라는 질문을 교묘하게 피한다(사실 이 질문은 해서는 안 된다). 이 말은 "공부할 시간이야."라는 메시지를 담고 있다. 나는 가족 모두에게 이 시간 동안 책 읽기나 가계부 정리처럼 학교 활동과 유사한 활동으로 무엇이든지 하도록 권유한다. 만일 아이가 "숙제 없어요."라고 말하면, 책을 읽거나 장기 과제를 하거나 최후 수단으로 백과사전이나 단어사전이라도 읽게 지시해야 한다. 부모 중 누구라도 활동을 감독하고 질문에 답해야 하지만, 공부하는 내용에 참여해서는 안 된다. 과제는 학생과 교사 간의 계약이다. 아이는 10쪽만 읽게 되어 있다거나 오로지 하나 걸러서 한 문제씩만 풀게 되어 있다고 주장할 수 있다. 그러나 부모는 이러한 힘겨루기 놀이에 참여해서는 안 된다.

아이가 부모 모두 이 상황에 함께 참여하고 있음을 이해할 수 있도록 숙제 감독은 부모가 돌아가면서 해야 한다. 분명하고 통일된 기준을 취하는 아버지와 어머니 모두를 보면서, 아동은 부모의 결속과 학교 가치가 함께 연합한다는 메시지를 전달받게 된다(Rimm, 1986).

숙제에 관한 계획을 성공시키기 위한 한 가지 열쇠는 숙제를 하는 45분 동안 음악, TV, 전화 시간 또는 컴퓨터 게임이 없어야 한다는 것이다. 명확한 시간을 설정해 놓음으로써 아이가 빨리 끝내고 놀기 위해 과제를 성급하게 끝내지(그래서 결과적으로 부주의하게 되지) 않도록 막을 수 있다. 나는 부모에게 '언제(when), 그러면(then)' 지시를 코치한다. 즉, "네가 45분 동안 숙제를 하면 TV를 볼 수 있어."라는 것이다. 그러나 "네가 하지 않으면 넌 TV를 볼 수 없어."라는 말은 피한다. 만일 아이가 공부하길 강력하게 거부한다면, 부모는 정해 놓은 숙제 시간을 명시해야 한다. 그리고 그 시간이 끝날 무렵에 부모는 다음과 같이 말해야 한다. "네가 숙제를 하지 않는 것을 선택한 것이 유감스럽구나. 오늘 저녁에는 TV를 보지 못한다

(또는 컴퓨터 게임 등)." 이것으로 논의를 끝낸다. 나는 주 5일 동안 매일 45분씩 지속적으로 공부했는데도 성적이 오르지 않은 내담자 학생을 본 적이 없다.

부모는 상담 회기 중 좌절감에 빠져 "아이가 공부를 하지 않기에 학기 중 남은 기간 동안에는 TV를 멀리 치웠어요."라고 말할 수 있다. 그러나 부모가 공부 시간이 끝날 때마다 TV로 접근하는 것을 허락한다면, 내일이 되면 부모는 영향력을 행사하게 된다. 만일 앞으로 3개월 동안 TV를 벽장 안에 넣어 둔다면 내일은 무엇을 없앨 것인가? 아이들은 결핍된 채로 살아가는 법을 배우고(부러진 팔에 깁스를 하고 생활하는 것과 같이 처음에는 매우 불편하지만 곧 느끼지 못할 정도로 익숙해진다), 그러면 부모는 의도적으로 만든 동기부여자를 통제하는 힘을 잃어버리게 된다. 그러나 짧은 시간의 틀에 특권을 부여하면 부모가 계속 책임자가 될 수 있다.

만일 아이들이 숙제를 효율적으로 잘해 가는 것같이 보이면, 사슬에서의 그다음 연결고리는 숙제를 잘 제출하고 있는지를 알아보는 것이다. 놀랄 만한 수의 아이들이 숙제를 하고서도 교사에게 제출하지 않는다. 그이유는? 마무리가 잘 안되었거나 완벽하게 하질 못했거나 잃어버렸거나 혹은 '개가 먹어 버렸거나'다. 부모와 치료사가 해야 할 과정의 한 부분은 교사로부터 과제가 잘 제출되었는지를 확인하는 것이다(때로 교사들은 진짜로 종이를 잃어버리기도 한다. 그러나 아이가 말한 것을 부모가 믿을 만큼 자주는 아니다). 만일 과제가 제출되지 않았다면, 다음 날 아침 학교에 갈 준비로 학습 자료를 모아 놓고 책과 종이를 책가방에 넣어 놓는 것까지 해서 공부 시간을 끝내도록 아이를 도와주는 것이 중요하다.

몇 가지 일들이 일어나기 시작한다. 첫째, 숙제를 하는 일상과 습관이 형성되기 시작한다. 그러면 학생들이 교실에 들어갈 때, 숙제를 제출할 때, 그리고 교사가 그들에게 좀 더 긍정적으로 반응을 보이기 시작하는 경험을 하게 될 때 자존감이 상승한다. (한 소녀는 다음과 같이 보고하고 있다. "선생님이 오늘 나를 보고 웃어 주셨어요!") 부모는 좀 더 책임을 맡게 되고, 그러면 자연적인 위계가 재형성된다. 학생의 성적이 올라가기 시작하면서 아이들은 학교를 즐기기 시작하고, 학습과정에 그리고 전반적으로 학교에 더 많이 참여하게 된다. 학교가 좀 더 즐거운 곳으로 경험되도록 강화를 받으면 학생은 더 잘 수행하고 더 열심히 공부한다.

몇 달 동안 상담을 진행하면서 나는 개선되고 있음을 인식한다. 왜냐하면 그들과의 약속 시간을 잡기가 더 어려워지기 때문이다. 그들은 활동에 좀 더 참여하게 되고 전반적으로 학교에 더 밀착하게 된다. 아이들은 코치로부터 좋은 성적을 받고자 운동에 참여할 수 있지만, 부모에게 같은 만족감을 제공해 주고 싶지는 않다.

역기능적 부모나 가난한 부모는 치료사의 시간을 좀 더 요구한다. 왜냐하면 치료사에게 부모상으로서 자신의 역할을 잃어버릴까 봐 불안해하기 때문이다. 어느 한 소년은 나에게 상담 후 집에 가는 길에 엄마가 의도적으로 그에게 상담에서 무슨 이야기를 나누었는지를 물어보았다고 보고하였다(다소 두려워하면서). 때때로 부모는 학대나 알코올중독과 같은 다른 정보가 나올까 봐 두려워한다. 이러한 문제들이 나오면 평화를 유지하기 위해 아이에게 가해지는 압박감이 어마어마하게 커진다.

나는 가족 구성원들이 날짜를 조정할 수 있도록 온 가족이 일요일 저녁마다 약 15분간 만날 것을 권한다(예: 누가 언제 차편이 필요한지, 어떤 학교 활동이 일어나고 있는지, 아버지나 어머니가 언제 늦게 퇴근하는지, 혹은 시외로 멀리 나가는지). 나는 많은 수의 가족이 많은 일과 의사소통의 부족으로 인해 혼란을 겪고 있음을 발견하였다. 가족끼리 기본적인 정보를 공유하지 않기 때문에 그들의 생활은 부드럽게 넘어갈 수가 없다. 단지 작은 양의 구조화와 의사소통만으로도 각자의 책무성과 참여를 극적으로 향상할 수 있다.

나는 부모에게 Faber와 Maizlish(1980)가 쓴 『자녀가 경청할 수 있도록 말하는 방법과 자녀가 말할 수 있도록 경청하는 방법(*How to talk so kids will Listen and Listen so kids will talk*)』이라는 책을 추천한다. 그들은 부모에게 도움이 되는 방법으로 자녀에게 반응할 수 있도록 반영적 경청 기술을 예로 들어 가르친다. 이 책에서는, 부모가 아이가 말하는 모든 문제를 다 해결할 필요는 없으며, 대신 자녀가 자기 방법으로 자기 문제를 해결하도록 자녀를 지지해야 한다는 점을 이해하게끔 부모를 도와주는 것을 강조하고 있다.

나 또한 의사소통의 방법으로 교류분석의 기초를 가르쳐서(부모-어른-어린이) 비판적 부모-어린이에게 이야기는 덜, 그리고 어른-어른에게 이야기는 더 많이 일어나도록 한다([그림 6-1] 참조). 청소년들은 특히 비판적 부모 자아 상태로 이야기하고 그들을 어린이로 대하는 사람과는 협동하고 싶어 하질 않는다.

어떤 부모는 학교에 높은 우선권을 두지 않는 가치 체계를 갖고 있다. 나는 출석 패턴을 관찰하므로(성적표와 구두 보고를 통해) 이 점에 관한 정보를 얻는다. 어떤 부모는 많으나 사소한 이유로 아이를 학교에 결석시킨다. 심지어 그들은 학기 중에 휴가 일정을 잡는 일이 용납될 수 있다고까지 생각한다. 그들은 여행 기간 동안 아이가 학교 과제를 하도록 일정을 잡지 않고, 그들이 돌아왔을 때 모든 과제를 하도록 한다. 어떤 부모는 어떤 이유든 피곤하다면 잠을 재우고 학교에 보내지 않기도 한다. 그래서 아이들은 "나, 몸이 안 좋아!"라고 말함으로써 상황을 조종하는 법을 배우게 된다.

많은 상담이 그다지 우아하진 않지만, 그보다는 기본에 주의를 기울여야 한다. 나는 가족이 계획한 약속을 꼭 지킬 것을 확실하게 한다. 양쪽 부

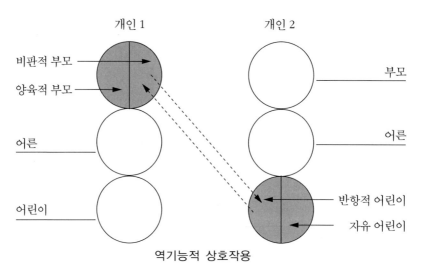

개인 1: "너는 게을러. 그러니 아무것도 못하지……."
개인 2: "당신 때문에 공부를 못하겠어요."

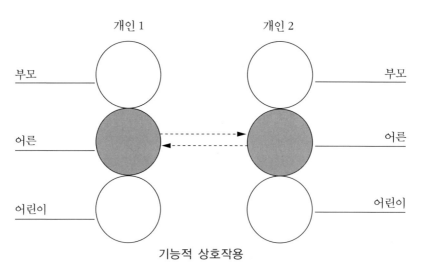

개인 1: "6시, 공부할 시간이다. 공부 시간이 끝나면 우리는 비디오를 볼 수 있어."
개인 2: "스타워즈 영화가 재미있을 거야."

[그림 6-1] 성취 문제로 가족 내 상호작용하는 교류분석 모델

모 모두 부모상담에 나와야 함을 분명히 한다. 만일 부모 중 한 명만 오면, 나는 결석한 아버지나 어머니와 함께 오도록 다음 번 부모상담 일정을 다시 잡는다. 이렇게 해서 균형 잡힌 참여의 중요성을 강화한다.

다른 쪽 부모 앞에서 방어를 유발하지 않으면서 각 사람의 느낌과 상담 과정에의 투자를 점검하기 위해 나는 아버지와 어머니 각자의 개인상담 회기를 종종 사용한다. 부모가 이혼한 경우에는 원래의 친부모가 상담 회기에 함께―때로는 각각, 때로는 함께―참석하여 성공을 거두어 왔다.

그래픽 삽화

[그림 6-2]에 나와 있는 것처럼, 모델 I은 정보 수집과 부모와 자녀 관계 형성을 시작으로 순차적인 과정으로 이루어져 있다. 여기서 부모에게 변화를 위한 제언을 제공하며, 아동에게는 자신의 이전 및 새로운 행동의 결과를 탐색하게 한다. 정보 수집 과정은 진행 중이며, 그 결과는 부모와 아동에게 제공하는 개입으로 지속적으로 통합된다.

4. 적용

문제 제기

나는 판별을 받은 내담자에게 영향을 주는 것은 무엇이든지 거의 다 다룬다. 우리는 기술이나 행동이 아니라 성격적인 문제를 다루기 때문에, 나는 인간 전체를 다루는 것이 중요하다고 생각한다. 아동과 청소년의 관심은 상담을 하러 오는 성인과 다르다는 것을 안다. 아동들은 훈련되지

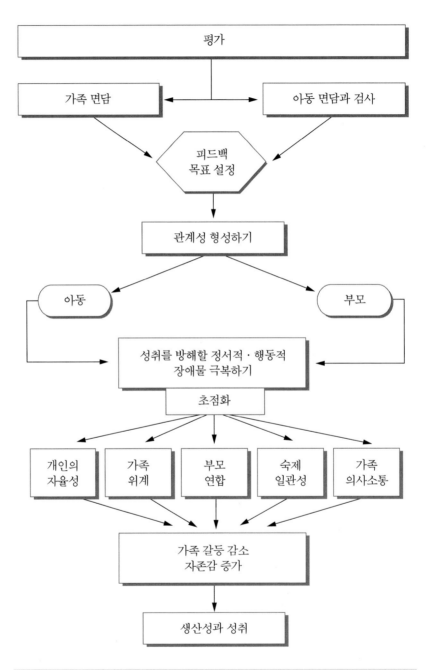

[그림 6-2] 학업 성취를 증가시키고 가족 갈등을 감소시키기 위한 상담과정 단계

않은 귀에다 대고 주말의 이벤트 이야기를 대화하듯이 설명하는 전달 방식으로 정보를 제시한다. 그들은 주로 정서적인 반응을 잘 확인하지 못한다. 가끔 이야기가 이 주제에서 저 주제로 건너뛴다. 그러나 결국 그들이 무엇인가 가져와 이야기한다는 사실은 아마도 그들에게는 그것이 중요하다는 것을 의미한다. 이제는 "나에게 그 점에 대하여 좀 더 이야기해 줄래요?" 또는 "다른 사람이 너만 남기고 떠났을 때 네 마음이 어땠는지 나는 좀 궁금하네."라고 말할 시간이다. 그러한 코멘트는 그들의 감정과 경험을 입증해 주며, 자신을 다른 사람과 구분하도록 도와준다.

미성취

제기된 문제 중 내가 가끔 만나는 문제는 학업적 미성취 문제다. 왜냐하면 부모가 미성취 결과를 불안해하기 때문이다. 보통 참여자들은 제각각 이 문제에 대해 분명히 다른 시각을 갖고 있다. 다음은 상담에서 가끔 제기되는 문제성 가정의 몇 가지 적절한 예를 제시하고자 한다.

- 부모의 입장: 모든 아이는 학교에서 잘하고 싶어 해야 한다. 아이들에게 학교에서 잘하도록 다음과 같은 논리로 납득시킬 것이다. "커서 좋은 직업을 얻기 위해서는 좋은 교육이 필요할 거야. 평생을 햄버거나 뒤집으며 살고 싶지는 않겠지, 안 그래?"
- 아이들 입장: "똑똑한 아이들은 모두 다 학교에서 수월하게 잘해 나가요. 나는 똑똑한데 왜 모든 것이 쉽지 않지요? 나는 왜 성적 때문에 공부해야 하나요?"
- 교육자 입장: "모든 아이는 학교를 사랑해야 하며 가르쳐 주는 방식대로 내용을 받아들여야 합니다. 그들은 모두 같은 방식으로 학습할 수 있어야 합니다. 즉, 우리가 가르치는 방식대로요."

  미성취라는 말은 주로 부모와 교사들이 학생이 낮은 성적을 받는다는 것을 나타낼 때 광범위하게 사용하는 용어다. 대부분의 부모와 학생은 과제를 완성하거나, 부주의한 오류를 검토하거나, 제출하거나, 시험을 준비하거나 하는 분리된 행동을 파악하지 않은 채 공부라는 틀로만 성적을 생각한다. 교실에서의 참여도 역시 성적을 향상한다. 이러한 요소들이 적소에 있을 때, 능력 있는 학생들은 좋은 성적을 이루어 낼 수 있다. 많은 영재 아동은 숙제를 하지 않고서도 시험에서 A나 B를 받을 수 있다. 그러나 많은 수업에서는 대부분 과제, 시험 성적 그리고 수업 참여 요소를 종합해서 성적을 매기기 때문에 자기 능력이 예측하는 것보다 낮은 성적을 받는다. 아동이 지속적으로 숙제를 하지 않으면 전반적인 이해에서 뒤처지기 시작한다. 과제와의 친숙함에서 뒤처지면 아이들은 학습과정에 참여하지 않게 되고, 결국에는 학교 자체에 참여하지 않게 된다. 이러한 비참여가 교사와 부모로부터 부정적인 피드백을 받게 하고, 이는 Delisle (1992)가 언급한 낮은 자아존중감의 원인이 된다.

  조기 검사   미성취로 인해 3학년이 되기 전에 지적 영재성 검사를 받는 것을 꺼리는 일이 많아진다. 학교는 검사에서 일찍 높은 점수를 얻으면 아마도 조기교육 때문이지 그들이 진짜로 영재이기 때문은 아니라는 생각과 검사 점수의 평균지향 회귀 현상(regression-toward-the-mean phenomenon)을 언급하면서 검사 지연을 정당화한다. 이러한 검사 지연은 미성취의 기회를 증가시킬 수 있다. 왜냐하면 일부 학생은 느린 교수–학습 속도에 적응하는 경향이 있기 때문이며, 또한 그들에게 아무것도 제공할 것이 없다면 교육과정에서 멀어지는 경향이 있기 때문이다. 나의 의견으로는 어린 나이에 받은 검사에서 아이의 점수가 높다면, 그러한 학습 속도를 지원하고 유지할 책임이 있다고 본다. 만일 학습환경이 적절하다면 아이는 빠른 속도로 학습을 계속할 것이다.

학교 문제　내 경험에 비추어 볼 때, 대부분의 교육자와 부모는 학생들이 적절한 학업 기술이 없어서("그들은 공부를 어떻게 해야 하는지 몰라요."), ADHD라서, 혹은 다른 종류의 학습 문제를 가지고 있어서 미성취한다고 믿는다. 이러한 문제들이 기여하는 바가 분명히 있긴 하지만, 대부분의 부모는 자녀가 좋아하는 과목에서나 좋아하는 선생님 과목에서는 꽤 잘한다고 보고한다. 게다가 특정 수업 성적은 학기마다 변화가 매우 심하고, 낮은 성적이 학습장애에 기인한다는 생각을 드러낸다. 확실히 학습장애는 영재성과 미성취와 공존할 수 있다. 그래서 상담과정의 한 부분으로 철저한 평가가 이루어져야 한다.

요인으로서의 언어성 재능　많은 어린 영재 아동의 언어 유창성은 나중 단계에서 미성취를 형성할 수 있다. Baum, Owen과 Dixon(1991)은 언어적 재능에 의존하는 것이 쓰기 과제를 가볍게 여기도록 만들어 결국 부주의하고 조직화하지 못하게 된다고 추론한다. 중 · 고등학교에서 읽기와 장기 쓰기 과제의 요구가 증가하면서, 공부를 할 필요가 없었던 이런 학생들은 자신에게 어려움이 있음을 알게 된다. 곧 그들은 우울해지고, 좋은 성적을 받는 것이 왜 어려운지 혼란스러워한다. 나는 또한 초등학교에서는 교사들이 지속적으로 학생들과 만나고 접촉하기 때문에 학생들이 매력 있는 요인에 의지해 그럭저럭 살아갈 수 있다고 본다. 그러나 중 · 고등학교에서는 교사들이 매일 약 120명 이상의 학생을 다루기 때문에 주관적인 속성으로 학생들을 인식하게 되고, 학생들은 학점을 잘 받는 일이 훨씬 더 어려워진다.

가족환경 나의 임상 경험으로 볼 때, 미성취는 지적인 요소만큼 심리적이고 발달적인 요소에 기인한다. 여기에 기여하는 심리적 기여자는 가끔 가족 역동성에 그 뿌리를 두고 있으며 보통 다면적이다. 예를 들어, 아이가 부부간의 심각한 갈등에 기인하여 우울에 빠졌다고 하자. 아이는 부모를 모두 기쁘게 해 주고 싶고 가족이 어울려 함께 잘 지내길 바란다. 우울 자체(생득적인 요소를 가지고 있을 수 있는)는 낮은 에너지 수준, 집중력 저하, 무감동 그리고 사회적 철회에 기인하여 적정한 기능을 방해한다. 그리고 가족을 손상시키지 않게 유지하려는 노력은 미성취에서 부수적인 요소가 되어 버린다.

이 점을 뚜렷하게 표현할 수는 없지만, 아이들은 자신이 잘못 행동하면 부모는 그들의 에너지와 주의를 부부싸움으로부터 전환하여 자녀들에게 쏟는다는 것을 깨닫게 된다. 12세의 소녀는 다음과 같은 사실을 파악하고 치료에서 이렇게 말했다. "내가 아무런 문제 없이 잘 지낸다면, 아버지는 어머니와 헤어질 거예요. 아버지는 어머니 혼자 나를 감당할 수 없을 거라고 생각하시거든요."

영재성의 정서적 특질은 이러한 행동 패턴을 심화시킨다. 왜냐하면 아이는 다른 사람의 기분과 감정에 절묘하게 예민해서 갈등과 스트레스에 고조된 반응을 보이기 때문이다. 그러한 경향성은 공평함에 대한 고조된 인식도 함께 결부된다. 아이들이 불공평한 상황을 지각하면 그들은 화를 내고 목소리를 높이며 따진다. 그들은 논리적인 기술을 가지고 있어서 부모와의 논쟁에서 가끔 이길 수 있다.

아이의 특수성 미성취의 역동성에 들어 있는 영재성의 또 다른 면은 아동의 희귀성 혹은 부모의 견지에서 보면 '특수성'이다(Rimm, 1986). 아이에겐 특별함이 많이 있다. 오랫동안 기다린 아이, 출생 시 문제, 첫아이,

막내, 독자 혹은 첫 손주. 특히 언어적 기술에서 조숙한 학습자가 되는 것이 특별한 사람이 되는 또 다른 방법이다. 그러나 기대가 지속적으로 강화되지 않는다는 점이 한 가지 가능한 결과로 나온다. 아이는 기발한 말을 하여, 소위 벌은 피할 수 있을지는 모른다. 또한 부모는 아이들이 똑똑하고 재능이 있어서 자기 시간과 재능을 학습과 운동 활동으로 써야 한다는 합리적인 생각을 한다는 문제가 있다(예: "나는 옷 정리와 쓰레기 치우는 일에 그들 시간을 낭비하길 원치 않아."). 그뿐 아니라 일상사에서 면제되는 것이 학습 활동으로까지 확장된다. '이미 다 알고 있는 내용인데 왜 숙제를 해야만 하지?' 이 같은 생각은 아동을 자만하게 만들어 앞에서 논의한 것과 같이 행동을 하지 않게 된다.

양육 역동성   나는 미성취가 있을 때 부모의 양육 스타일이 불일치함을 가끔 관찰한다. 주로 한쪽 부모는 구원자고 다른 쪽 부모는 가해자다. 구원자는 다른 쪽 부모가 엄격하고 처벌을 하기 때문에 아이가 도움과 사랑이 필요하다고 생각한다. 가해자는 다른 쪽 부모가 쉽게 조종당하고 한계와 기대를 강요하지 못하기 때문에 누군가가 선을 잡아 줄 필요가 있다고 믿는다. 마치 꼬리가 개를 흔들듯이(아랫사람이 좌지우지하듯이-역자 주) 많은 부모는 아이에 의해 서로 싸움을 하고 있음을 인식한다. 이런 패턴은 한쪽 부모가 없거나, 오랫동안 집에서 멀리 출장 가 있거나, 자녀에게 얼마간 시간을 낼 수 없어서 나머지 부모가 대부분 혹은 거의 양육의 모든 것을 책임지고 있을 때에 강화될 수 있다. 부재 중인 부모가 아이에게 강력한 메시지를 전달하기도 한다. 아버지와 어머니 각자는 상담자가 다른 쪽 부모에게 변화하라고 말해 주기를 기대한다.
부모가 함께 살고 있지 않을 때는 한쪽 부모가 아이가 다른 쪽 부모 집에 있을 경우 숙제 시간을 강화하기 어렵다. 이것은 때때로 별거로 이어진 부모의 갈등을 지속시키며, 때로는 다른 쪽 부모의 바람을 저항하는 방법이 되기도 한다.

숙제 숙제는 특히 문제가 된다. 왜냐하면 똑똑한 아이들은 스스로 그 내용을 이미 다 알고 있다고 불평하기 때문이다. 그들은 배운 원리를 적용하는 예들을 공부할 필요가 있음을 믿지 않는다. 현실적으로 그들은 원리를 쉽고도 빠르게 이해한다. 그러나 그 원리를 특별한 과제에 어떻게 적용할지는 알지 못한다. 왜냐하면 숙제를 하지 않기 때문이다. 그들은 기술을 완전히 익히는 연습을 놓치며, 특별한 사례의 적용 포인트를 더 자세히 학습하는 경험을 놓친다. 임상 경험을 통해 얻은 나의 생각은 그들이 수업 내용을 넓은 의미에서는 이해하는 것 같으나 특별한 기술을 가끔은 숙달하지 못한다는 것이다.

다루지 않는 문제

나는 부부관계 문제를 직접적으로 다루지는 않는다. 이러한 한계 설정은 복잡한 상황을 만들 수 있지만 치료 계약을 분명하게 하려고 시도는 하고 있다. 만일 부부가 각자 개인이나 부부 문제를 제시한다면, 나는 그런 문제는 다른 치료사에게 의뢰할 것을 제시한다. 이러한 가족에게 분명한 경계를 짓는다는 것이 어렵지만, 아이를 위해서뿐만 아니라 가족 모델의 관심에서도 아이에게 초점을 두는 것이 중요하다고 느낀다.

사례

Michael은 상담을 받으러 왔을 때, 가톨릭 고등학교 2학년에 막 올라온 학생이었다. 처음에는 그의 부모를 면담하였다. 부모는 아이의 성적이 그가 받을 수 있는 정도가 아니었고, "학교에도 열광하지 않았다."라고 말했다. 그는 중학교 2학년 때에는 골프, 축구, 야구 등 운동에 열심이었으며, 그에게 운동이 '전부'였다. 그러나 중학교 3학년 말에 골프 대표팀에 들어가지 못했고, 그는 열정을 잃어버린 듯했다. 아버지는 "아마도 내가 자기한테 실망한 것을 안 것 같다."라고 말했다. 그의 다른 관심 영역에 대해 물어보았더니, 부모는 "그는 록밴드를 좋아해요. 그리고 예술도요."라고 말했지만 다소 당황한 것 같았다. 어떻게 아이가 상담받도록 하기로 결정하였는지를 물어보니, 아들이 친구가 치료사를 만나고 있음을 안 후에 자기도 누군가와 이야기하고 싶다고 말했다고 그들은 이야기하였다.

Michael이 면담하러 왔을 때, 그는 피곤해 보였다. 캐주얼한 옷차림에 머리는 헝클어져 있었다. 자신에 대해서 말해 보도록 하였더니, 그는 학교에서 아이들을 좋아하지 않는다고 말했다. "그 애들은 매우 자기주장만 해요." 그는 고등학교에 실망하였는데, 중학교 때보다는 좀 더 자기와 공통점이 많은 새로운 사람들을 만날 거라 생각하였기 때문이다. 그는 대부분의 자기 친구는 자기와 비슷하다고 말했다. '중도 좌파.' 그들도 Pink Floyd와 Phish 같은 밴드를 좋아했다. 그는 밴드에서 베이스 기타를 연주했고 이러한 참여가 그를 '업' 시켰다. 그는 또한 연기에도 관심이 많았지만 무대공포증이 있었다.

그는 또한 미술을 사랑했지만 고등학교에선 미술을 할 기회가 많지 않았다고 언급하였다. 상냥하였지만, 그는 자유로우면서도 개방적으로 말했다. "제 성적은 평균입니다. 저는 머리가 좋아요. 단지 도전을 받지 않았기 때문에 좋은 성적을 받으려고 애쓰지 않았을 뿐입니다. 그렇다고 더 힘든 수업에서 잘하기 위해 아주 충분하고 열심히 공부하는 도덕적인 사람도 아닙니다." 어떤 과목을 제일 좋아하는지를 물었더니, 그는 즉시 물리학, 심리학 그리고 예술이라고 말했다. 그는 물리를 좋아하는데, 그 과목이 흥미 있고 교사가 좋기 때문이라고 말했다. 작년도에 그가 가장 싫어한 과목은 화학과 기하였는데, 그 이유는 너무 쉬워서였다.

그는 골프를 제외하고 운동(야구, 축구)을 그만두었다. 그는 단체 운동을 좋아하지 않는다고 결정하였는데, 그 이유는 다른 사람들이 자기 실수를 지적하는 것이 불편하기 때문이었다. 그는 또한 부모로부터 많은 압력을 느꼈다고 말했다. 그러나 운동을 잘하는 것에 스스로 만족감을 가졌다. 목표가 무엇인지를 물었다. 그는 지방의 미술학교에 다니고 싶지만 학비가 너무 비싸서 다닐 수가 없다고 말했다.

그는 부모님께 미술학교에 가고 싶다고 말하려고 했지만, 부모는 그것으로 생계를 유지할 수 있는지에 관심을 두셨다는 말을 제외하고는 부모에 관해서 거의 말하지 않았다. 또한 자기 자신도 학교에 관해 어떻게 느끼는지를 부모에게 별로 이야기하지 않았다. "부모님은 내가 학교를 좋아하지 않는다고만 생각하세요."

우울한지를 물었더니, 그는 즉각 대답했다. "네." 그는 지루하고 피곤하고 친구들과 나가는 것도 관심 없고, 잠도 잘 자지 못한다고 말했다. 전에 자던 시간보다 수면 시간이 줄었으며, 14시간을 자도 쉰 것 같지 않다고 말했다. 그의 신장은 169cm이며, 몸무게는 52kg이었다. 그는 지난 여름 동안 다소 체중이 줄었다고 인정했다. 또한 여름 전에는 자해할 생각도 있었는데 방법을 생각하지 못했다고 실토하였다. 나는 그에게 '자신을 해하지 않기(no harm)' 계약에 동의할 것을 요구하였고, 그는 그렇게 하기로 하였다. 나 또한 매일 운동을 할 것을 권유하였다.

"기분이 좋을 때는 있나요?" 나는 그에게 물었다. 그는 대답하였다. "그림을 그릴 때 기분이 제일 좋습니다. 그러나 아무도 관심 두지 않아요." 나는 상담에서 무엇을 하고 싶은지를 물었고, 그는 '기분이 나아지길' 그리고 부모와 의사소통을 더 잘하길 원한다고 밝혔다. 전반적으로 부모님은 아들을 지지해 주시기는 하지만, 아들의 예술과 음악에 대한 열정의 깊이를 알아보지 못했다. 아버지는 매우 경쟁심이 많은 사람으로, 여가 시간에 마라톤을 하였다. 아버지는 Michael이 자기처럼 경쟁심이 많길 기대하였다. 그들은 함께 골프를 즐기곤 하였다.

Michael의 행동, 피곤, 체중 감소, 불면증, 자해 사고, 그리고 사회 활동에 대한 흥미 결여는 우울증을 나타내고 있었다. 이러한 증상들이 지난 몇 주간 지속된다면, 나는 정신과 의사에게 평가를 의뢰할 작정이었다. 이어지는 회기마다 나는 Michael에게 전반적인 기분을 1부터 10까지 측정하도록 요구하였다. 이러한 측정은 나에게 정보를 제공해 주었고 또 나도 그에게 피드백을 주어 우리는 진보와 변화를 점검할 수 있었다. 자기 나이(17세)와 학교의 대부분의 학생과는 다르길 바란다는 그의 잦은 언급에 근거하여, 나는 그를 '독립성 추구' 단계 학생으로 범주화하였다. 숙제에 대한 엄격한 구조화는 이러한 학생에게는 좀 더 어린 학생 유형보다는 덜 중요하다. 중요한 점은 문제를 해결하기 위해 공동의 방법으로(어른 대 어른) 그들에게 접근하여 관심 분야를 추구하도록 격려하므로, 특정한 활동이나 주제 영역에서 그들이 느끼는 열정으로부터 동기를 찾아낼 수 있도록 하는 것이다. 그에게 영재 프로그램에 들어갈 자격 여부는 적절한 논의점이 아니었기 때문에, 나는 공식적인 IQ 검사를 실시하지 않기로 결정하였다. Michael과의 첫 회기가 지난 2주 후, 나는 그의 부모님을 다시 만났다.

부모와의 상담에서 그들은 Michael이 부모와 함께 이야기하기 시작하였다는 점에 관해 그리고 그의 흥미에 관해 어느 정도는 이미 생각했다고 이야기하였다. 그러나 그동안은 그렇게 하지 않았다고 인정하였다. 그들의 주요 관심사는 그가 책임 있는 사람으로, 경제적으로 자립하는 성인으로 성장하는 것이었다. 그의 아버지는 『포춘』지 선정 100대 회사(Fortune 100)에서 일하고, 어머니는 전직 영어 교사였다. 부모는 Michael을 '감정을 자제하는 냉담한' 사람으로 보았다. 나는 그가 자기 안에 많은 것을 보유하고 있지만 상당한 우울증에 빠져 있다고 했고, 이에 부모는 놀랐다.

Michael과의 그다음 몇 회기에서 그는 기분이 많이 나아졌고, 글도 어느 정도 쓰고 그림도 좀 그린다고 말했다. 그는 현재 비행공포에 관한 무엇인가를 그리고 있다고 말했다. 그는 여전히 9세 때 비행기 안에 있는 모습을 회상하고 그것이 매우 싫었음을 회상하였다. 그것은 통제력을 상실하고 사람과 사물들로부터 분리되는 것과 같은 느낌임을 밝혔다. 데이트에 관해 묻자, 그는 1년 전 여자친구와 헤어졌기에 10월이 힘들다고 말했다. 현재는 여자친구와 친구관계로 지내면서 좋은 감정으로 있지만, 친구로 자유롭게 이야기할 수 있기까지는 시간이 걸렸다고 한다.

나는 부모와는 어떻게 지내는지 물었다. 그는 아버지의 경쟁심은 한발 뒤로 물러섰고, 그래서 엄마와 좀 더 이야기를 한다고 했다. 그는 부모 모두에게 똑같이 가깝게 느끼는데, 아버지와는 골프, 엄마와는 영어(읽기와 쓰기)라는 각각의 공통의 관심사를 갖고 있기 때문이다. 또한 엄마는 그와 함께 가려고 2개의 예술 행사에 관한 정보도 알아보셨다.

예술을 추구하고 인생을 다르게(덜 지루하게) 만들려는 그의 욕구를 부각시켜서, 나는 그에게 전문대나 미술 전문학교에서 고급 미술과목을 수강할 수 있는지의 가능성을 확인해 보도록 제안하였다. 그는 이 생각을 맘에 들어했으며, 그의 고등학교 미술 교사의 도움으로 전문대에서 스튜디오 아트와 사진 과목을 수강할 계획을 세웠다.

나는 그의 친구에 관한 감정을 탐색하기 시작하였다. 감정은 복잡했다. 그는 누군가 자기와 너무 가까워진다 싶으면 '뭔가 뒤엎어 버리는 일'을 했다고 인정하였다. 그러나 전체적으로 그는 엄선된 친구 집단에 매우 성실하였다.

그는 친구들이 자기는 자존감이 낮다고 생각한다고 말했다. 내가 자신을 어떻게 생각하는지를 물었더니 그는 다음과 같이 말했다.

> 나는 머리도 나쁘고 키도 작다고 느껴요. 나는 할 수 있는 일이 아무것도 없죠. 서점을 가면 기분이 나빠요. 내가 모르는 게 너무 많거든요. 무엇인가를 어떻게 기억해 낼 수 있을까? 시집을 출판하거나 사람들이 볼 그림을 그린다면 나는 기분이 훨씬 나아질 거 같아요. 예술은 영원하니까요.

Michael은 약 12개월 동안 상담을 계속하였다. 그의 목표는 좀 더 현실적이 되었다. 그는 미술 전문학교에서 하고 싶은 것보다 더 넓은 경험을 원하여 좋은 미술학과가 있는 주립대학에 진학하기로 결정하였다. 그는 지방 음식점에서 시간제로 일을 하였으며, 20대에는 지배인을 포함하여 그곳에서 함께 일하는 동료들과 친구가 되었다. 지배인과 그는 음악회에 가는 것을 즐겼다. Michael은 충분한 돈을 저축하였고 다음 해 여름 몇 주 동안 콘서트 투어를 하는 좋아하는 밴드를 따라다녔다.

참고문헌

American Psychological Association Task Force. (1995). *Stalking the wild taboo. Intelligence: Knowns and unknowns.* Washington, DC: Author.

Baker, J., Bridger, R., & Evans, K. (1998). Models of underachievement among gifted preadolescents: The role of personal, family, and school factors. *Gifted Child Quarterly, 42,* 5-15.

Baum, S. M., Owen, S. V., & Dixon, J. (1991). *To be gifted and learning disabled.* Mansfield Center, CT: Creative Learning Press.

Berne, E. (1964). *Games people play.* New York: Grove Press.

Carkhuff, R. R. (1984). *Helping and human relations* (Vols. 1 & 2). Amherst, MA: Human Resources Development Press.

Clark, B. (1983). *Growing up gifted: Developing the potential of children at home and at school* (2nd ed.). Columbus, OH: Charles E. Merrill.

Delisle, J. (1992). *Guiding the social and emotional development of gifted youth: A practical guide for educations and counselors.* New York: Longman.

Faber, A., & Maizlish, E. (1980). *How to talk so kids will listen and listen so kids will talk.* New York: Rawson, Wade.

Gardner, H. (1983). *Frames of mind: The theory of multiple intelligences.* New York: Basic Books.

Gear, G. H. (1978). Effects of training on teachers' accuracy in the identification of gifted children. *Gifted Child Quarterly, 22,* 90-97.

Harris, T. (1969). *I'm OK, you're OK.* New York: Harper & Row.

Jourard, S. M. (1964). *The transparent self.* New York: D. Van Nostrand.

Jourard, S. M. (1971). *Self-disclosure: An experimental analysis of the transparent self.* New York: John Wiley & Sons.

Kanevsky, L., & Keighley, T. (2003). To produce or not to produce? Understanding boredom and the honor in underachievement. *Roeper Review, 26,* 20-28.

Kaufman, A. S. (1994). *Intelligent testing with the WISC-III.* New York: John Wiley & Sons.

Mandel, H. P., & Marcus, S. I. (1988). *The psychology of underachievement.* New York: John Wiley and Sons.

Maslow, A. H. (1970). *Motivation and personality* (2nd ed.). New York: Harper & Row.

Montessori, M. (1964). *The Montessori method.* New York: Shocken.

Pecaut, L. S. (1979). *Understanding and influencing student motivation.* Lombard, IL: The Institute for Motivational Development.

Peterson, J. S., & Colangelo, N. (1996). Gifted achievers and underachievers: A comparison of patterns found in school files. *Journal of Counseling and Development, 74,* 399-407.

Pirozzo, R. (1982). Gifted underachievers. *Roeper Review, 4,* 18-21.

Rimm, S. (1986). *Underachievement syndrome: Causes and cures.* Watertown, WI: Apple Publishing Company.

Siegle, D., & McCoach, D. B. (2003). *Parenting strategies: Gifted underachievers— What's a parent to do?* Retrieved November 19, 2004, from http://www.ditd.org/ Cybersource/Record

Stanley, J. (1979). Identifying and nurturing the intellectually gifted. In W. C. George, S. J. Cohn, & J. C. Stanley (Eds.), *Educating the gifted: Acceleration and enrichment* (pp. 172-180). Baltimore: Johns Hopkins University Press.

Sternberg, R. J. (1985). *Beyond IQ: A triarchic theory of human intelligence.* New York: Cambridge University Press.

Sternberg, R. J., & Detterman, D. K. (Eds.). (1986). *What is intelligence? Contemporary viewpoints on its nature and definition.* Norwood, NJ: Ablex.

Webb, J. T., Meckstroth, E. A., & Tolan, S. S. (1982). *Guiding the gifted child: A practical source for parents and teachers.* Scottsdale, AZ: Gifted Psychology Press.

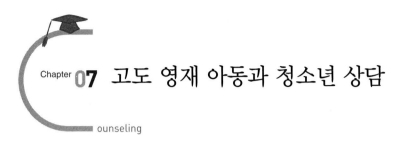

Chapter **07** 고도 영재 아동과 청소년 상담

ounseling

Catherine M. Boland and Miraca U. M. Gross

1. 영재성 개념

학교나 교육 체계에서 채택한 영재성 또는 재능의 정의는 사용할 판별 절차와 교육과정 및 판별될 학생의 학업과 사회·정서적 욕구에 맞게 개발될 프로그램에 불가피하게 영향을 줄 것이다.

마찬가지로 영재성과 재능 본질에 대한 상담자의 견해 그리고 고도의 능력이 고도의 성취로의 전환에 끼치는 사회·정서적 요인의 영향에 대한 상담자의 견해는 사회·정서 발달 요소가 재능 발달을 촉진하는 데에 가장 결정적이라는 지각에 영향을 줄 것이다.

영향

우리가 여기에 제시할 상담 모델을 지지하는 영재성 개념은 여러 가지 자료와 고려할 점에 영향을 받아 왔다. 우리는 **재능 발달과정**—높은 잠재력을 높은 수행으로 전환—이 가정과 학교에서 제공되는 지원 또는 지원의 부족과 같은 개인의 환경적 요인과 높은 능력에 대한 태도, 동기 수준과 종류 그리고 자기 효능감에 대한 지각 같은 개인의 내적 요인 모두에 의해 중재된다고 믿는다. 이러한 믿음은 우리 센터의 상담 프로그램을 지지하는 영재성 모델—Françoys Gagné의 영재성과 재능의 차별화 모델 (Differentiated Model of Giftedness and Talent; Gagné, 2000)—을 선택하는 데에 영향을 주어 왔다. 능력을 성취로 전환하는 데에 끼치는 환경과 성격의 영향이 Gagné의 모델의 핵심에 놓여 있다.

1980년대 초까지 미국과 캐나다 그리고 오스트레일리아의 교육자와 심리학자에게 영향을 끼친 영재성과 (특수)재능의 정의는 수행에 기반을 둔 경향이 있었으며, 영재로 판별된 아동들이나 청소년들은 일반적으로 성공한, 동기가 높고 이미 성취하고 있는 학생들이었다. 아직 높은 성취자로 발달하지 않은 영재 학생의 욕구는 거의 다루어지지 않았으며, 20세기 전반의 Hollingworth(1926, 1931, 1936)와 후반부의 Kerr, Colangelo와 Zaffran(예: Colangelo & Zaffran, 1979; Kerr, 1986)의 업적과 같은 주목할 만한 아주 적은 수가 예외적으로 있을 뿐, 재능 발달을 촉진하는 데에 있어서 상담의 역할은 잘 인정하지 않았다.

그러나 1980년대에 Tannenbaum(1983)과 Gagné(1985)가 개발한 역동적인 모델은 높은 성취의 발달적 본질에 관심을 기울였다. 높은 잠재력을 높은 수행으로의 전환을 촉진하거나 방해하는 환경적 그리고 개인적 변인들의 영향에 초점을 두었다. 이러한 모델들은 높은 능력을 확실히 환경적이고 개인적인 맥락 내에 두고 있다. 영재성—우수한 적성이나 잠재성—은 그 자체만으로는 성공을 보장할 수 없다. '건강한' 성격과 촉진적인 가정 그리고 학교환경이 '비계(scaffolded)' 역할을 해야 한다. 그로 인해 '재능 발달'(Gagné, 2003)—능력을 성취로 전환—이라고 부르는 것을 촉진하기 위해 가족상담, 진로상담, 그리고 개인상담에 대한 고려를 많이 하게 되었다.

이러한 2개의 역동적 모델의 발달과 동시에 지적 재능 아동과 청소년들의 사회·정서 발달에 집중된 관심이 일어났다. Colangelo, Gross, Piechowski, Robinson, Silverman과 그 밖의 여러 사람이 Leta Hollingworth의 선구적인 사회·정서적 연구 업적에 다시 새롭게 관심을 가지면서, 지적 영재 학생이 사회·정서적 변인 범위에서 동년배 또래들과 다르다는 것을 새롭게 인식하는 무대를 설정하였다. 이것이 영재 학생의 자기 수용을 도와주는 데에 상담의 역할을 고려하도록 하였다. 자기 수용이란 영재가 아동이나 청소년 문화 속으로 동화하도록 도울 수 있는 동년배 또래들과의 유사성에 대한 인식과 더불어 그들과의 차이 방식을 이해하고 수용하는 것을 의미한다.

Hollingworth(1926, 1931)가 강조하였고, Gross(1999, 2004), Robinson, Reis, Neihart와 Moon(2002)이 좀 더 최근에 다시 언급하였듯이 지적 영재 학생의 정서적 성숙은 평균 능력을 지닌 같은 나이 또래 학생들보다 유의미하게 앞서 있는 경향을 보이며, 생활연령보다는 정신연령에 의해 좀 더 영향을 받는 것 같다. Roedell(1984)은 지적 및 정서적 발달이 생활연령과 좀 더 일치하는 나이 또래와 관련된(그리고 이해되는) 문제, 특이하게 어린 나이에서 다른 아동이나 어른의 감정을 공감하는 능력, 좀 더 나이가 많을 때까지 주로 발달하지 않는 자기 및 타인에 대한 기대를 포함하여 이러한 **비동시성**이 아동을 취약하게 하여 적응이 어려운 경지에까지 놓이게 한다고 하였다. Roedell은 이러한 상황에서 영재 아동의 사회 적응은 환경적 지원의 정도에 깊이 달려 있다고 제안하였다.

컬럼버스 그룹(Columbus Group, 1991)이라고 알려진 심리학자들 모임이 만든 영재성 정의의 핵심에는 비동시성 개념이 놓여 있다. 그리고 부모와 학교, 지역사회는 이에 반응해야 할 의무를 지니고 있다.

> 영재성은 앞선 인지능력과 고양된 강렬함이 결합되어 규준과는 질적으로 다른 내적 경험을 창조해 내는 **비동시적 발달**이다. 지적 능력이 더 높을수록 비동시성은 증가한다. 영재의 독특성은 그들을 특히 취약하게 하며, 그들을 최상으로 발달시키기 위해서는 양육, 교육 그리고 상담에서 수정을 필요로 한다……. 인지적 복잡성은 정서적 깊이를 일으킨다. 따라서 영재 아동은 또래들과 다르게 **생각할** 뿐만 아니라 또한 다르게 **느낀다**(p. 1).

이 장의 뒷부분에서 다루겠지만, Roedell(1984)의 '환경적 지원'의 중요한 요소를 제공하는 데에 있어 상담자의 역할은 자신의 비동시적 발달과 같은 나이 또래의 차이라는 두 가지를 뚜렷하게 의식하는 영재 학생에게 자기 수용을 촉진하는 데에 대단히 중요할 수 있다.

정의

최근 몇 년 동안 오스트레일리아 교육자들에게 가장 강하게 영향을 끼친 영재성 정의는 Gagné의 영재성과 재능의 차별화 모델이다. 앞에서 언급하였듯이, 우리의 상담 모델을 지지하는 것도 바로 이 정의다. Gagné (2003)는 **영재성**과 **(특수)재능**이라는 용어를 같은 의미로 사용해서는 안 된다고 주장하였다. 오히려 그는 고도의 능력 있는 학생의 뛰어난 잠재력에서 뛰어난 수행으로의 여정에서 일어나는 2개의 다른 단계를 밝히기 위하여 이 용어를 선택적으로 사용해야 한다고 제안하였다. 그는 아동기의 영재성을 인간의 어느 능력 영역에서든지 나이의 평균 이상 뛰어난 수준—특히 생활연령 또래 집단의 상위 10~15% 수준—으로 수행할 적성이나 잠재력의 소유로 규정하고 있다. 아동은 인지, 창의성, 사회·정서 또는 감각 운동 어느 영역이든—모두 혹은 여러 영역에서—영재일 수 있다. 그러나 영재성에 대한 Gagné의 견해의 요점은 현저하게 뛰어난 수행보다는 현저하게 뛰어난 잠재성으로 규정지음에 있다.

반면에 Gagné는 (특수)재능을 자기 나이 또래 집단의 상위 10~15% 내에 드는 수행이나 성취로 규정짓고 있다. 다양한 수행 분야는 분명히 능력 영역과 연관이 있으며, 아동은 어느 하나 또는 여러 분야의 수행에서 재능이 있을 수 있다.

Gagné의 정의에서 볼 때, 아동은 재능이 없어도 영재일 수 있다(즉, 아동은 특별하게 뛰어난 수행을 하진 못하더라도 특별하게 뛰어난 잠재성을 갖고 있을 수 있다). 딜레마이긴 하지만 이 모델은 미성취 영재 아동의 존재를 인정하고 있다.

영재성이 어떻게 (특수)재능으로 발달하는가? Gagné는 모델의 핵심으로 학습과 훈련 또는 연습의 발달과정을 들고 있다. 그러나 학습은 환경과 개인 내적 맥락 속에서 일어나기 때문에, 그는 학습과정을 촉진하거나 방해할 수 있는 두 가지 종류의 촉매 사이 중앙에 이러한 발달과정을 제시하고 있다.

개인 내적 요인

아동의 성격에 내재된 요인들은 학습의 질과 범위에 영향을 준다.

- 동기: 동기는 영재성의 필수 요소는 아니지만, Renzulli의 모델에서처럼 아동이 재능을 발달시키려면 동기는 필수적이다. 학습자는 시작하기 위해, 스스로 전념하기 위해, 그리고 방해물을 만났을 때 견디기 위해 동기가 있어야만 한다. 그러나 영재 학생의 경우 단순하거나 노력 없이도 숙달할 수 있는 정도의 과제라면 도전을 받고 인내심을 연습할 기회는 결코 없을 것이다.

- 능력의 인정과 수용: 영재 아동은 자기 능력에 자신감을 가져야만 하고 자신의 영재성을 수용하고 가치 있게 여겨야만 한다. 교사들은 아이들이 피했으면 하는 자만심 그리고 자존감의 필수적인 요인인 자기 능력에 대한 건강한 자부심을 너무 자주 혼동한다. 영재 아동은 영재가 된다는 것에 대한 좋은 감정을 느끼도록 배워야 한다. 그러나 학교가 운동이나 스포츠에 재능 있는 학생에게 정당한 칭찬을 퍼붓지만 학업적인 재능에는 인정이나 보상을 주지 않는다면, 학업적 영재성을 지닌 아동들에게 영재에 대한 좋은 감정은 잘 일어나지 않게 된다.

- 현실적 자아존중감: 영재 학생에게 별다른 노력 없이도 완수할 수 있는 그런 과제만 준다면, 학업적 자아존중감은 과신을 통해 과도하게 부풀거나("나는 선생님이 질문하시는 것은 뭐든지 다 잘할 수 있다!") 저하된다("나에게는 열심히 하도록 요구하시질 않아. 과연 난 열심히 할 수 있을지 모르겠어. 만일 내년에 어려운 과제가 주어진다면 어떻게 될지 모르겠어."). 아이가 자기와 비슷한 능력이나 관심을 지닌 다른 아동을 만나거나 접촉할 기회가 없다면, 아이는 진정 마음에 맞는 친구를 발견하지 못하게 되고, 사회적 자아존중감은 유의미하게 저하될 수도 있다(Gross, 2004).

- 조직화: 조직화도 똑같이 중요하다. 조직할 수 있고 조직화된 상태로

있을 수 있는 능력은 재능 영역이 무엇이건 간에 성공에 필수적이다. Gagné는 꼭 해야 하는 과제를 완수하기까지 외부의 자극을 차단하고 그 과제를 계속해 나가는 것을 집중력이라고 설명하였다. 어린 시절에 학습을 쉽게 했던 학생들은 집중력이라는 기술을 발달시킬 필요는 없었을 것이다.

환경 요인

많은 환경 변인 역시 학습과정에 영향을 끼친다. 지지적이고 촉진적인 환경은 아이의 학업적 성공의 가능성뿐만 아니라 강하고 건강한 성격 발달도 함께 증진할 수 있다.

학습과정에 긍정적이거나 부정적인 영향을 끼치는 환경 요인은 다음과 같다.

- 아동이 살고 학습하는 환경: 여기에는 가족 크기, 가족의 경제 상황 그리고 교육이나 아동의 재능에 대한 가족의 태도가 포함될 수 있다.
- 중요한 인물: 부모, 형제, 교사, 다른 학생, 학교 리더, 공동체 리더, 즉 재능 발달을 격려하거나 단념시키거나 또는 중립적인 사람들이다.(수동성—학생의 재능에 대한 무감동 또는 관심 결여—도 적극적으로 반대하는 것과 마찬가지로 때로는 부정적이 될 수 있다.)
- 학생의 영재성을 재능으로 발달시키거나 또는 발달시키지 못하는 학교의 규정, 그리고 어떤 재능이 가치 있는 것인지를 나타내는 공동체의 사회적 정신은 재능 발달을 위해 어떤 프로그램을 설립하거나 기금을 지원할 것인지를 좌우한다. 지지적인 학교환경은 아동의 학업 성공의 가능성뿐만 아니라 강하고 건강한 성격 발달도 함께 증진할 수 있다.

• 가족이나 공동체에서의 **중요한 사건**—예를 들어 부모의 죽음이나 가족의 붕괴, 상이나 수상, 사고나 큰 질병으로 인한 고통, 또는 적시에 좋은 교사를 만나는 것—은 영재성을 재능으로 발달시키는 학생의 여정에 중요한 영향을 줄 수 있다.

Gagné의 모델에서 학교와 사회 공동체의 책임은 이미 높은 수준으로 수행하고 있는 (특수)재능 학생을 인식하고 그들을 좀 더 도와주는 것뿐만 아니라 영재성은 가졌지만 아직 (특수)재능아는 아닌 학생을 발굴하여 그들의 능력을 성취로 발전하도록 도와주는 것도 포함한다. 이 일을 위해 학교는 긍정적인 개인 및 환경적 촉매 요인들을 알아내야 하며 재능 발달 과정을 돕기 위해 이러한 요인들을 이용해야 한다. 그러나 학교는 영재 학생의 (특수)재능 발달을 위한 진보를 방해할 수 있는 부정적인 개인 및 환경적 촉매 요인은 경감시키거나 제거해야만 한다.

Gagné는 기회(chance)가 재능 발달에 중요한 영향을 끼칠 수 있다는 Tannenbaum의 단서 조항을 지지한다. 아동들은 그들이 자라나는 가정의 사회경제적인 상태를 통제할 수 없으며, 영재교육에 대한 학교의 태도도 통제할 수 없다. 그러나 교사와 학교는 학생의 성공 '기회'를 증진시킬 수 있다. 만일 자기에게 제시된 과제가 마음에 들고 도전적이고 자기 능력 수준에 맞는다면, 영재 학생은 동기와 인내심을 좀 더 습관 들일 수 있다. 만일 학교와 학급 또래들이 학업적 재능을 격려한다면, 영재 학생이 또래의 수용을 얻기 위해 자기 능력을 위장하는 기회는 줄어들 것이다.

특성

영재성 수준

특수교육—특별한 욕구를 지닌 아동을 위한 교육—에서 자기 나이 또래 규준으로부터 차이 나는 정도를 나타내기 위해, 그리고 교육적 잠재성을 획득하도록 아동을 도와주기 위해 교육자들이 사용할 기술을 제안하기 위해 각 분야는 특별한 용어를 사용한다. 예를 들어, 지적장애 아동을 대하는 교사는 지적장애의 정도를 경도, 중도, 중증, 그리고 최중도 수준으로 나누어 인식한다. 비슷하게, 청각장애 아동 교사는 청각장애를 네 수준—경도, 중도, 중증, 최중도—으로 나누어 인식한다. 이러한 양적 용어의 사용은 단순하게 아동을 '명명하는' 문제는 아니다. 오히려 그들을 다루는 교육자들은 상태의 심각성 정도에 따라 필요한 개입의 수준과 종류가 좌우된다는 것을 인식하고 있다.

IQ 점수만으로 지적 영재성을 규정하는 것은 단순하다. 그럼에도 불구하고 지능지수는 정신연령과 생활연령 간의 관계(그리고 영재 아동의 경우는 편차)에서 유용한 지표가 된다. 아홉 살짜리 중도(moderately) 영재 아동은 열두 살 아동의 정신연령인 IQ 133을 지니고 있어서 초등학교를 졸업하기 전까지 자기 연령에서 이미 3년이 어긋나 있다(out of synch).' 거의 IQ 167과 15세의 정신연령을 지닌 같은 나이의 특출난 영재(exceptionally gifted)는 생활연령에 따라 배치되는 자기 학년 수준의 추론 능력에서 6년이라는 간격을 가지고 바라보게 된다. IQ는 중도와 최고도 영재 학생 간의 정신과정에서 근본적인 차이를 이해하도록 도와줄 수 있다.

Silverman(1989)은 **고도 영재**(highly gifted)를 "영재의 규준에서 유의미하게 앞선 사람들"(p.71)이라고 규정지었다. '앞선'의 의미는 수행보다는 적성이나 잠재성을 의미한다. Gagné의 용어로는 (특수)재능보다는 영재성을 의미한다. 고도 영재 아동의 학교 수행에 관한 연구는 대다수의 아동들이 검사에서 나온 성취 수준보다 수년 아래 수준의 정규학급에서 수업하도록 되어 있다고 언급하고 있다(Gross, 2004; Silverman, 1993). Silverman은 추론능력 검사에서 평균보다 표준편차 3 이상의 점수를 얻은 아동은 고도 영재라고 칭해야 한다고 제안하였다. 즉, 그들이 IQ 145 이상의 아동들이다.

그러나 고도 영재 집단에 속해 있어도 여전히 상승된 인지능력 수준에 따라 소범주로 분류할 수 있다(상승된 결핍 수준과 함께). 분류에서 특출난 영재(exceptionally gifted)는 IQ 160~179 범위에 속한 아동을 의미하며 (Kline & Meckstroth, 1985), 최고도 영재(profoundly gifted)는 IQ 180이나 그 이상의 매우 드문 아동을 의미한다(Webb, Meckstroth, & Tolan, 1983).

따라서 IQ의 범위에 따라 정의한 대로 지적 영재성의 수준과 일반 집단에서 그런 아동의 출현율은 다음과 같이 나타날 수 있다.

고도의, 특출난 그리고 최고도 영재 아동은 평균의 능력을 지닌 같은 나이 또래와 다른 정도보다 오히려 같은 나이의 중도 영재들과 더 크게 다를 수 있다. Benbow와 Lubinski(1993)는 능력이나 성취의 분포에서 상위 1%에 드는 학생들은 2~98번째 백분위가 포함하는 만큼 넓은 범위를 차지하고 있다고 언급하였다. Goldstein, Stocking과 Godfrey(1999)는 이 점을 IQ 점수로 전환하여, IQ에서 상위 1%(135~200 이상) 내에 드는 아이

수준	IQ 범위	출현율
경도(또는 기본) 영재(mildly or basically)	115~129	1:6~1:40
중도 영재(moderately)	130~144	1:40~1:1000
고도 영재(highly)	145~159	1:1000~1:10,000
특출난 영재(exceptionally)	160~179	1:10,000~1:백만
최고도 영재(profoundly)	180+	1미만: 백만

들의 점수 범위는 두 번째 백분위수(IQ 64)부터 98번째 백분위수(IQ 132)까지의 점수 범위만큼 넓다는 것을 보여 주었다.

이러한 차이는 인지 영역에만 국한된 것은 아니다. 이 장의 뒤에서 다루겠지만, 연구에서 높은 지적 능력과 사회 · 정서 간의 이례적인 상관을 밝혔는데, 이러한 결과는 평균 능력의 학급 또래뿐만 아니라 좀 더 중도 영재 또래들과도 차이가 난다는 사람들의 인식을 더욱 강화할 수 있다.

인지적 특성

아래에 언급된 일부 특성은 중도 영재 학생들에게는 수정된 형태로 나타난다. 그 외의 것들은 고도 영재를 정의하는 데에 필수적인 요소다.

- 몇 년 이상 나이 많은 학생이 주로 획득하는 수준과 복잡성을 지닌 지적 과제에 참여하는 능력: 이런 청소년들에게 같은 나이 또래에 맞는 개념과 과제를 다루도록 제한한다면, 그들은 꽤 심각한 수준의 지적 좌절을 경험할 수 있다.
- 반성적이고 철저하게 캐묻는, 때로는 도발적인 질문을 하는 능력: 학업적 영재 학생은 분석적이고 평가적인 사고를 필요로 하는 과제를 잘해낸다. 그들은 깊이 탐색할 수 있는 복잡한 주제를 즐긴다. 질문의 수위는 놀랄 정도로 세련되어, 그들의 질문을 이해하지 못하는 학급 친구들과 위협을 느끼는 교사들 모두를 곤란하게 만들 수 있다.
- 특별한 능력 분야에서 패턴과 관계성을 보고 창조하는 능력: 수학 영재 학생은 종종 날카롭게 패턴을 인식한다. 음과 리듬에 특별한 감상능력을 지닌 음악가처럼, 언어에 특별한 재주를 가진 학생은 종종 글을 잘 짓는다. 일반적으로 영재 학생은 그들 분야의 구조를 이해하고 음미할 줄 아는 '체계(system)' 사고자인 것 같다.

- 이례적으로 빠른 학습 속도, 특히 과제가 흥미 있고 신속한 속도를 지니고 도전적일 때: 여름 수학반을 수강하는 고도 영재 학생은 1년의 수학과정을 3주 과정으로 단축시킬 수 있다(Colangelo, Assouline & Gross, 2004).

- 극도로 잘 발달된 기억력: 고도 영재 학생은 중도 영재 또래보다 복습이 덜 필요하고, 보통의 학업 능력을 지닌 또래보다는 훨씬 덜 필요로 한다. 몇몇 연구(예: Flanders, 1987; Reis et al., 1993)는 중도 영재 학생 정도도 그 학년에(심지어 그 해가 시작되기도 전에) 제시되는 수학과 영어의 80%까지 숙달할 수 있음을 보여 주었다. Reis와 동료들은 영재 학생이 1월에 이미 그 학년을 시작한다고 덧붙였다.

- 느린 속도의 과제를 싫어함: 자신은 그다음 단계를 이미 정확하게 예측하고 있을 때에도 모둠의 속도에 맞춰 계속 기다리는 것이 영재 학생에게는 극도로 좌절감을 줄 수 있다.

정의적 특성

- 정서적 강렬함: 영재 아동은 같은 나이 또래보다 정서적 반응을 깊게 경험하는 경향이 있다. 그들은 지적 또는 정서적 자극에 반응하는 고양된 수용 능력을 지닌 것 같다. 친구를 찾는 일은 진정 즐거운 경험이 될 수 있는데, 특히 '다르다'는 이유로 학급 친구들로부터 거절당한 아동의 경우에 더욱 그러하다. 우정이 깨지는 것이나 애완동물의 죽음이 깊은 고통의 원인이 될 수 있다.

- 나이 많은 아동들과의 우정을 선호함: 앞선 지적 발달, 독서와 놀이, 흥미, 그리고 상대적인 정서적 성숙도로 인해 그들은 자기와 비슷한 발달 단계에 있는 나이 많은 아동을 친구로 찾는다. 교사는 그들의 우정을 단념시키기보다는 촉진하는 것이 중요하다. 종종 이런 점이 영

재 학생이 속진 형태의 수업에 좋은 대상자가 된다는 것을 보여 주는 것이다.

- 현저하게 잘 발달한 정의감과 공평함: 몇몇 연구(예: Gross, 2004; Kohlberg, 1963)는 지적 영재 아동이 같은 나이 또래보다 훨씬 일찍부터 복잡한 도덕 판단을 할 수 있음을 발견하였다. 한 아동이 다른 아동에 비해 부당하게 대우받는다고 느끼거나 교사나 다른 어른이 학급 친구들을 불공평하게 대한다고 느낀다면, 그들은 진정 고통스러워할 것이다.

- 다른 아동이나 어른들의 감정에 공감하는 뛰어난 능력: 그들 내부에 다른 사람의 감정을 느낄 수 있는 능력으로 인해 영재 아동은 다른 사람의 정서나 고통에 '전염'될 취약성을 지니고 있다.

- 현저하게 성숙한 유머감각: 그들은 같은 나이 또래보다 유의미하게 훨씬 더 일찍 그리고 더 빨리 유머의 '단계'를 거친다. 시각적 유머는 언어적 유머로 이어지며, 그러면 생각의 모순에 기초한 유머로 진보한다. 학교에 있는 모든 시간을 같은 나이 또래와 보내는 영재 학생은 때로 그의 유머러스한 생각에 웃어 주는 사람에 '굶주려' 있을 수 있다.

가정

교육 체계는 동시성이라는 결함이 있는 가정에 근거한다. 그것은 나이가 학년과 동등하다는 것이다. 현재 학교의 나이-학년 구조가 제공하는 것에 가장 잘 맞는 학생은 그 나이 또래 아동에게 거는 사회적 기대가 자신의 인지와 정서 발달과 가장 잘 맞는 학생일 것이다. 즉, 곡선이 무엇을 측정하든 간에 곡선의 중앙에 위치한 학생들은 행복한 학생들일 것이다.

어떤 변인이든지 차이는 양극단에서 가장 두드러진다. 일반적으로 학교는 인지와 사회·정서 발달이 자기 나이 또래보다 유의미하게 뒤처진 학생들을 수용하고 견디면서 효과적으로 반응한다. 그러나 인지와 사회·정서 발달이 유의미하게 앞서 있는 학생들에게는 서비스를 잘 제공하지 못한다. 교사는 그들을 잘 이해하지 못한다. 그리고 많은 경우 학급 또래들도 그들을 너그럽게 봐 주지 않는다.

Silverman(1993)은 지적 영재 학생에게 영향을 끼치는 외적·내적 비동시성 문제를 다루었다. 그리고 Gross(1999, 2004)는 특히 고도 영재에 대한 특별한 준거를 가지고 이 점을 확장시켰다. 외적 비동시성은 이미 언급했던 영재 아동이나 청소년과 학급 또래 간의 지적, 사회·정서 발달의 격차를 의미한다. 학급 또래는 온전히 학교를 경험하기 위해 학습하고 사회화하길 기대하는 아이들이다. 내적 비동시성은 영재 아동 내에서 지적, 정서 그리고 신체 발달이 다른 비율로 공존함을 의미한다. 정서적 성숙은 생활연령보다 정신연령에 더 가까이 연결되어 있다. 그리고 아동의 생활연령과 지적/정서적 성숙도 간의 격차는 지적으로 늦거나 지적으로 앞선 아이들에게서 가장 극대화된다. 하지만 이율배반적으로 교사는 발달이 늦은 아동에게서는 이 점을 쉽게 파악하지만, 지적 영재 아동에게서는 이런 점을 덜 인식한다.

지적 영재 학생들이 겪는 많은 어려움은 외적 및 내적 비동시성에 기인한다. 예를 들어, 이미 자기와 학급 또래 간 지적·정서적 비동시성을 인식한다면, 그리고 학업적 성공으로 지금보다도 훨씬 더 또래 친구들과 분리될 것을 두려워한다면, 아동은 자기 능력을 최고로 발달시키려는 동기가 없어지게 된다. 게다가 아동은 신체와 정신능력 간의 비동시성을 인식하고 그로 인해 당황해한다. 예를 들어, 글씨 쓰는 속도가 자기 연령에서는 보통이지만 생각은 자기 마음속에서 훨씬 더 빠르게 질주한다면, 그는 그것을 종이 위에 옮겨 적지 못할 것이다. 영재 학생 상담자는 학생의 자기 수용과 자기 재주의 수용을 증진하려고 애써야만 한다. 영재 학생의 높은 능력이 높은 성취로 전환될 준비가 되어 있는 상태이지만 그들의 성취 동기가 억눌려 있다면 그것도 회복시켜야 한다.

2. 성격 개념

성격

성격 연구와 이론은 개인의 행동과 경험을 추적할 수 있다면 '성격 (personality)'을 구성하는 개인 안에 있는 근본적인 원인을 파악할 수 있다는 가정에 기반을 두고 있다. 성격 특질(personality trait)은 한 개인을 다른 사람과 구분하는 특성이며, 사람으로 하여금 다소 일관적으로 행동하게 만드는 요인이다. 관련된 구성으로 '기질(temperament)'이란 유아기 때부터 쭉 나타나는 일관된 행동 스타일을 의미한다.

그러나 성격 연구는 비교적 단편적이라서(Cloninger, 1996), 성격 특질과 기질을 개인을 분류하는 유용한 수단으로 여기는 사람들(예: Cattell의 업적)과 고정된 특질보다는 **상황**이 행동을 결정짓는 보다 강력한 결정 요인이라고 주장하는 인지적 사회학습 이론을 채택하는 사람들(예: Mischel과 Bandura) 사이를 분명하게 구별하고 있다.

영재 학생의 성격

고도 영재 아동과 청소년에게 내재된 특정한 성격 프로파일이 있음을 나타내는 경험적 증거는 거의 한정되어 있다. Silverman(1993)은 내향성이 결코 특징적인 특질은 아니지만 영재에게 내향성이 더 많이 있다는 일부 증거가 있다고 제안한다. 그러나 영재 아동과 청소년에게 비슷한 행동, 태도 그리고 사회 · 정서 반응을 일으키는 이미 존재해 온 성격 특성과 상호작용하는 영재 아동의 전형적인 사회, 교육적 경험의 여러 가지 특성이 있다.

우리는 지적 영재 아동과 청소년이 직면한 생활연령, 정신연령 그리고 정서적 성숙도 간의 비동시성을 다루어 왔다. 그러나 우리는 영재 학습자 입장에서 기술 발달의 효과를 고려해야만 한다. 이것은 개인이 소유한 인지 기술 내의 변산들, 개인의 능력과 같은 나이 또래의 능력 간의 격차 모두를 의미한다. 예를 들어, 영재 아동의 추상적 사고와 추론능력은 몇 살 더 많은 아이의 전형적인 수준까지 발달되어 있다. 그러나 그의 소근육 협응력이나 처리 속도는 그의 생활연령에 걸맞다. 이러한 비동시성은 예를 들어, 다른 구성 요인 간의 추상적인 관계를 이해하고 최상의 어휘력과 표현능력을 지니고 있지만 아직도 글씨 쓰기는 형편없이 발달하지 못한 아이에게 좌절감을 안겨 줄 수 있다. 이런 점이 개념과 문학 스타일에서 나타나는 성숙도와 종이에 자신의 손으로 글씨를 쓰도록 요구했을 때 나타나는 '어린아이와 같은 유치함' 간의 대조되는 느낌을 강하게 느끼는 아이에게 격렬한 내적 좌절감을 일으킬 수 있다.

더 복잡하게 만드는 요인은 종종 교사가 개별 학생의 더 나은 기술보다 부족한 것에 초점을 둔다는 것이며, 여기에 영재 아동이 경험한 내적 좌절감이 복합되어 영재는 교사의 눈에 비친 자기 정체성이 강점보다는 상대적으로 약점에 놓여 있음을 느끼게 된다.

앞에서 언급한 바와 같이, 비동시성은 아동의 인지능력과 정서 · 사회성 발달 간에도 일어날 수 있다. 영재 아동의 사회 및 정서 발달은 그들의 생활연령보다는 인지능력과 더 유사하다는 증거가 있지만, 그럼에도 인

지능력이 정서 조절(emotional regulation)을 쇠퇴시키는 경험이 흔하게 존
재한다(Silverman, 1993). 예를 들어, 다섯 살짜리 고도 영재 아동은 이미
상위 인지능력과 고도의 추상적 사고능력을 갖고 있지만, 부정적인 사회
적 상호작용에 노출되는 한계를 지니고 있다. 이 아동은 자기 학급에서
다른 사람보다도 더 높은 수준으로 다른 사람을 잘 이해하고 공감하는 능
력을 갖곤 있지만, 한편으로는 정서적인 평정을 유지하는 능력에는 한계
를 보인다. 이 영재 아동은 또한 뛰어난 자기 성찰 능력을 지니고 있다. 그
러한 비동시성은 지각된 사회적 경멸감에 대한 '과민감성'을 뚜렷하게 초
래할 수 있다. 부정적인 코멘트를 받으면 자기 나이 또래 아동은 비교적
마음의 평정을 갖고 대응하지만, 영재 아동은 와락 울음을 터뜨릴지도 모
른다.

우정 딜레마

영재 아동이 지적 능력이 비슷한 수준을 가진 같은 나이 또래나 나이 많
은 아동에게 끌린다는 경향성에 대해 앞에서 언급하였다. 이러한 경향성
은 수십 년간 여러 연구에서 언급되어 왔다(예: Gross, 1998; Hollingworth,
1936; Janos, Marwood, & Robinson, 1985). Hollingworth는 많은 고도 영재
아동이 경험하는 또래관계에서의 어려움이 학습하고 활동하거나 사회화
하도록 요구하는 그룹의 다른 구성원들과 영재 간의 차이만큼 영재 아동
들 내의 결핍에서 비롯된 것은 아니라는 것, 또한 그 결과 영재의 능력과
관심을 공유하는 다른 사람들을 쉽게 찾을 수 있을 가능성이 희박하다는
것을 분명하게 확신하였다.

영재 아동이 우정을 형성하기 어려운 이유는 비슷한 마음을 가진 사
람이 드물다는 결과에 기인한다. 지능이 높을수록 나이와는 상관없이

진정 마음에 맞는 친구를 찾기가 더 어려워진다. 평균 정도의 아동은 자기와 마음이 맞는 수준에서 생각하고 행동할 수 있는 놀이 친구를 많이 발견할 수 있다. 왜냐하면 평균의 아이들은 많이 있기 때문이다 (p. 79).

Jung(1989)은 이와 관련하여 외로움에 대해 언급하였다.

외로움은 곁에 사람이 없어서 생기는 것이 아니라 자기가 중요하다고 보는 것에 관해 다른 사람과 함께 의사소통할 수 없어서 생기거나, 다른 사람이 용납할 수 없는 특정한 견해를 갖고 있어서 생긴다……. 만일 다른 사람들보다 훨씬 더 많이 안다면 그는 외로워질 것이다(p. 356).

호주인의 경험적 연구(Gross, 2000, 2002)는 아이들의 우정에 대한 개념이 나이와 관계된 단계의 발달적 위계를 형성한다는 것을 발견하였다.

다음과 같이 나이와 개념적 복합성의 견지에서 가장 낮은 데서부터 가장 높은 수준까지 5단계가 나타난다.

- 단계 1 놀이 파트너: 우정이라는 개념의 가장 초기 단계에서 관계는 '놀이 파트너십'에 기초한다. 친구란 자기와 함께 놀며, 자기에게 놀이 도구를 사용하도록 허용하거나 빌려 주는 사람으로 본다.
- 단계 2 함께 수다 떠는 사람: 관심의 공유는 우정의 선택에 중요한 요소가 된다. '친구들' 간의 대화는 단순히 아이들이 직접 참여하는 게임이나 활동에 더 이상 관련되지 않는다.
- 단계 3 도움과 격려: 이 단계에서 친구란 도움, 지지 또는 격려를 제공해 주는 사람이라고 본다. 그러나 우정의 이점은 한 방향으로만 흐른

다. 즉, 아동은 자신을 보답으로써 남을 도와주거나 지지할 의무를 지닌 사람으로 보지는 않는다.

- **단계 4 친근감/공감**: 아동은 이제 우정에서 편안함과 지지를 제공할 필요성과 의미는 양방향으로 흐르며, 애정을 주고받는 것이 관계에서 중요한 요소임을 깨닫는다. 이 단계는 친근감과 정서적 공유와 긴밀한 유대감이 깊어지는 단계다.

- **단계 5 확실한 피난처**: 이 제목은 구약의 외전 중 한 권의 구절에서 따온 것이다. "신의가 깊은 친구는 확실한 피난처시요. 누구든지 이를 찾는 사람은 이미 진귀한 보물을 찾은 것이라."(집회서 6:14) 이 단계에서 우정은 진실과 충성 그리고 무조건적인 수용의 깊고 지속적인 관계로 본다.

그러나 연구 결과에서는 지적 능력이 다른 아동들은 우정 개념의 5단계를 다른 연령에서 그리고 다른 비율로 거친다는 것을 밝혀냈다. 일반적으로 지적 영재 아동은 평균 능력을 지닌 같은 나이 또래에 비해 실질적으로 우정의 위계적 단계 이상으로 나아가며, 특출난 그리고 최고도 영재 아동들은 더욱더 앞선 발달을 보임이 밝혀졌다. 평균 능력의 같은 나이 또래가 놀이 파트너를 찾을 때, 고도 영재 아동은 가까우면서도 신뢰하는 우정으로 발달시킬 수 있는 친구를 찾기 시작한다. 그들의 뛰어난 지적 발달과 상대적인 정서적 성숙으로 인해 그들은 친구로서 발달 단계가 비슷한 나이 많은 아동들을 찾는다.

우리는 영재와 (특수)재능 아동의 정서적 강렬함이 학습과 사회적 관계성 모두에 영향을 끼친다는 점을 앞에서 기술하였다. 사회적 고립을 장기간 겪어 온 영재 아동은 경험한 우정에 대한 갈망에 사로잡히게 된다. 학교에서는 같은 그룹에 속하면서도—그런데 이것은 이율배반적으로 사회화라는 목적하에 이루어진다—또래로부터 자기를 구분 짓는 발달적 비동시성을 강하게 의식하는 영재 아동은 쉬운 해결책이 없는 "강제 선택의 딜레마"에 부딪힐 수 있다(Gross, 1989). 자기 재주를 (특수)재능으로 발달시키고 학업 성취에서 건강한 자부심을 느끼려는 욕구는 사회적 수용과 결합의 욕구와 불일치할 수 있다. 심지어 학교 시절 초기에서도 어린 영재 아동은 또래의 수용을 위해 자신의 능력을 일부분이라도 위장하려는 욕구를 느낀다(Silverman, 1993). 그리고 이런 행동은 초등 중학년 시기에 형성될 수도 있다. 일부 학생은 '어릿광대'의 역할을 채택하거나 학급 학생들의 비위를 맞추려는 시도로 심지어 다른 영재 학생을 비웃기도 한다(Coleman & Cross, 1988).

많은 영재 아동과 청소년들은 또래의 수용을 얻기 위해 자신의 높은 능력을 부정하면서 심한 죄책감을 겪는다. Benbow와 Stanley(1996)가 언급했듯이, 그들은 손쉬운 도피가 없다는 것과 성취의 따뜻한 빛도 없이, 또한 친밀감의 안전한 수용도 없이 남겨지는 것에 파우스트적 매매(정신적인 가치를 파는 것–역자 주) 속으로 들어감을 느끼기 시작한다. 참으로 이것이 영재 청소년들의 가장 주요한 심리사회적 딜레마인 것이다.

인지와 사회·정서 발달이 비슷한 단계에 있는 아동이나 청소년들과 정기적으로 접촉하지 않으면, 고도 영재 학생들은 우울, 진행성 미성취 그리고 사회적 고립의 심각한 위험에 처해질 수도 있다(Gross, 2004; Hollingworth, 1926, 1942; Silverman, 1993).

일부 영재 학생은 **완벽주의적** 경향을 나타낼 수 있다. 긍정적으로 보면, 완벽주의는 아동 자신이 할 수 있다고 알고 있는 기준을 성취하려는 욕구다. 그러나 이러한 촉진적 완벽주의는 아동이 주제에 도전을 받으며 그 주제에 관하여 열정적일 때에만 나타난다. 완벽주의는 역시 불리한 면도 있다. 영재 아동에게 자기 능력에 알맞은 정도의 일이 주어지지 않았고 결과적으로 성공을 얻으려는 노력을 할 필요도 없었다면, 이 학생은 실패에 대한 두려움을 발달시킬 수 있다. 이런 학생은 '정확하게' 과제를 제출하는 것으로 만족할지는 모른다. 그러나 이는 좀 더 도전이 되는 것을 시도함으로써 '실패'의 위험을 감수하기보다, 자기의 현재 성취 수준보다는 약간 웃돌지만 실질적으로는 자기의 진짜 능력 수준보다는 낮은 수준으로 과제를 하는 것이 된다(Parker, 1997).

많은 영재 아동이 보이는 **신체적 동요**(physical restlessness)는 부적절한 지적 도전을 제공하는 교실에서 좀 더 자주 나타나는데, 교사는 이를 정서적 미숙함의 표시로 자주 오해한다. 그러나 폴란드의 정신과 의사인 Kazimierz Dabrowski(1972)는 연구에서 다른 설명을 하고 있다. 그의 업적은 비동시성 측면 그 이상에 초점을 두고 있다.

Dabrowski(1972)는 지적 영재 아동과 성인의 정서발달 이론을 발달시킨 사람으로서, 공통적으로 관찰한 현상 즉, 영재의 **고양된 인식**(heightened awareness)과 여러 자극에 반응하는 관련된 고양된 능력을 연구하였다. 그는 이러한 경향성을 '과흥분성(overexcitability)'이라고 불렀다. 이 용어는 경멸적인 말로 사용하는 것은 아니다. 이 말은 '초자극성(superstimulability)'이라는 의미를 지닌 폴란드어를 번역한 것이다. 이 말은 만족할 줄 모르는 학습에 대한 사랑, 사람과 아이디어를 강하게 좋아하는 능력, 끝없는 에너지, 그리고 생생한 상상력과 같은 긍정적인 의미를 함축하고 있다. Dabrowski는 다섯 가지 과흥분성—지적, 정서적, 상상적, 감각적 그리고 정신운동적 과흥분성—을 확인하였다.

Piechowski(2003)는 '마음의 강화된 활동'을 **지적 과흥분성**(intellectual overexcitability)이라고 부른다. 지적 과흥분성은 학습에 대한 열정적인 사랑 외에도, 분석적 또는 반성적 사고의 즐거움, 내성, 문제 해결에 대한 고집 그리고 열독으로 나타난다. 이는 특히 지적 영재성과 상관이 있는 것으로 나타났다(Silverman, 1993).

정서적 과흥분성(emotional overexcitability)도 많은 영재에게서 발견되는데, 정서적 깊이에 대한 재능, 타인에 대한 독특한 민감성과 반응성, 그리고 사람과 동물 또는 장소에 대한 강한 애착의 특징으로 나타난다. 간혹 영재 아동이나 청소년들은 극도로 자기 비판적이거나 자신의 실패나 약점에 대하여 고심한다. 그러나 그들은 자기 재능을 충분히 발달시킨다면 이룰 수 있는 것에 대한 강한 비전을 갖고 있다.

상상적 과흥분성(imaginational overexcitability)은 상상의 친구 창조하기, 생생한 시각적 회상력, 자세한 시각화, 그리고 시와 드라마에 대한 깊은 애정과 같은 발명과 환상에 대한 뛰어난 재능을 통해 나타난다. 고도의 어린 영재 아동에 관한 연구에서, Silverman(1993)은 아동이 독특한 숫자로 자신을 은유적으로 표현하거나 어른들이 회피하지 않고 요점을 말하기 위해 매우 자세히 표현하듯이 자신을 표현했다고 보고하였다. 그들은 단순히 사실적으로 자세히 기술하기보다는 상황이나 상호작용의 미묘한 뉘앙스를 설명할 필요가 있었다. "때로 그들은 자신의 생각을 말로 표현하는 것이 어렵다. 왜냐하면 그들은 이미지로 생각하기 때문이다."(p. 16) 이런 현상으로 인해 영재 아동과 같은 나이 또래 사이에 거의 극복이 불가능한 장벽이 세워질 수 있다.

감각적 과흥분성(sensual overexcitability)은 아름다운 대상, 악구 또는 단어의 깊은 심미적 감상이나 감각의 고양된 인식에서 나타난다. 그러나 이것은 또한 특정한 음식이나 신체 감각에 대한 알레르기 반응에서도, 그리고 심지어는 특정한 옷감에 대한 과민감성에서 나타나기도 한다. Silverman(1993)과 동료는 감각적 과흥분성을 지닌 아동의 부모는 아이가 너무나 강하게 반응해서 아이의 옷에서 라벨을 잘라 주어야 했으며, 심지어 양말의 솔기의 배치까지도 특별히 주의가 필요했다고 보고하였다. 그러나 감각적 과흥분성은 아이들의 경우에 영재성과는 유의미한 상관이 밝혀지진 않았지만 성인의 경우에는 지적 영재성과 보통 정도로 상관이 있는 것 같다(Silverman).

정신운동적 과흥분성(psychomotor overexcitability)은 앞에서 언급한 신체적 동요에서 나타날 수 있다. 아이의 과잉 에너지는 빠른 말, 강박적인 잡담, 틱이나 손톱 물어뜯기와 같은 신경증적인 습관, 속도가 빠른 게임과 운동 선호 그리고 신체적 충동성에서 보인다. 아동이나 성인이나 이런 사람은 일중독이나 강박적인 조직자일 수 있다.

Michael Piechowski(2003)는 다섯 가지 과흥분성을 "감각, 느낌, 경험, 이미지[그리고] 기대의 형태로 정보가 흘러 통과하는 채널"로 봐야 한다고 제안하였다(p. 298). 이러한 채널 중 어느 것이 또래의 것보다 더 강하면 아이는 당황하게 되고 불편해지며, 심지어 또래와 다르다는 것으로 죄책감까지 느끼게 된다. Silverman(1993)은 상담자가 영재 아동이나 청소년에게 줄 수 있는 가장 큰 선물 중 하나는 그들이 지닌 느낌의 강도와 민감성에 대한 평가라고 논평하였다. 자신에게 진실되고자 하는 욕구는 다른 사람에게 수용되고자 하는 바람과 갈등을 빚을 수 있다. 그리고 자기와 같은 나이 또래 사이의 비동시성은 그 간격이 너무 넓어서 쉽게 메워질 수 없다. 그래서 상담자는 영재에게 자기 이해와 더불어 또래와의 관계를 촉진할 기술을 습득하도록 도와줄 수 있어야 한다.

3. 상담 모델

영향

영재 문헌 연구

영재와 재능 아동 및 청소년을 상담하는 상담자와 치료사들은 영재성에 관한 경험적 발견과 정신병리의 본질에 관한 이해를 제공하는 연구 간의 균형을 이룰 필요성으로 계속 도전을 받고 있다.

영재교육 분야 전문가는 조력 전문가들 중 일부가 영재성을 병리적인 것으로 보려는 경향이 있음을 정확하게 비판하고 있다. 그러나 이런 점 때문에 임상가들은 실제로 딜레마에 빠진다. 우리는 임상 장면에서 행복한, 잘 적응한 영재 아동을 거의 보기 어렵다. 일반적으로 도움을 받기 위해 아이를 우리에게 보낸다. 왜냐하면 '뭔가 잘되어 가고 있지 않기' 때문이다. 그러나 우리는 아이에게 나타난 특징—예를 들면, 영재 아동이 다른 사람의 고통에 지나치게 공감하여 자기 스스로 심한 고통을 느낀다거나, 학급 친구들이 자기에게 화를 내거나 심지어 적극적으로 자기를 싫어한다고 믿는 것—이 사실 아이의 영재성의 특징일 때에는 '병리적'인 것으로 명명하지 않도록 주의해야만 한다.

다른 한편으로 영재성과 정신병리는 상호 배타적이지 않다. 우리는 정신증, 우울, 불안, 사회적 공포 그리고 다른 범주의 문제를 지닌 영재 아동을 실제로 본다. 영재성에 관한 지식을 지닌 비공인 치료사들은 이러한 문제들을 높은 지적 능력과 상관있는 것으로 단순하게 일축시키는 것도 원치 않지만, 이러한 문제들을 영재성이 수반하는 사고와 행동의 독특한 패턴으로 혼동하는 것도 원치 않는다.

많은 영재 아동이 직면하는 경험인 사회적 고립을 생각해 보자. 치료사는 그러한 존재에서 기원과 적절한 치료에 대하여 여러 가지 가능한 이유를 고려해야만 한다. 이유를 들자면 사회적 공포, 사회적 불안, 우울, 사회적 기술의 명백한 부족, 공감적 추론 능력 결핍, 부적절한 교육의 배치, 진정한 또래의 부족, 그리고 만나서 놀 수 있는 친구와는 확연히 다른 어휘와 놀이 관심 및 인지 발달이 포함되어 있다. 물론 상담을 받으러 온 영재 아동은 이러한 어려움과 그에 따른 맞춤 치료의 필요성을 결합시켜 함께 경험할 수도 있다.

앞에서 요약한 대로, 영재 아동과 청소년의 일부 사회 · 정서적 특성은 같은 나이 또래로부터 그들을 변별해 낼 뿐만 아니라 특정한 종류의 심리적인 고통에 좀 더 취약해지도록 만들 수도 있다. 많은 지적 영재 아동이 지닌 정의와 공평에 대한 잘 발달된 감각은 그들이 불공평하거나 정의롭지 못한 것으로 지각하는 상황에서 고통을 느끼게 만들 수도 있다. 비슷하게, 많은 영재 아동의 정서적 강도는 부정적인 사건과 경험을 반추하는 데에 민감하게 하거나 정서 조절을 어렵게 만들 수도 있다.

이러한 정의와 치료적 반응에 관해 계속되는 딜레마는 영재교육의 연구 문헌에 자주 등장한다. 영재 아동이 다른 아동보다도 심리적인 고통에 좀 더 취약하다는 것이 정말인가? 경험적인 증거는 엇갈린다. 일반적인 심리사회적 적응이라는 견지에서 영재 아동이 **집단으로서** 다른 집단보다도 유의미하게 더 취약하다는 증거는 거의 없다(Robinson et al., 2002). 오히려 영재성과 관련된 사회 · 정서적 문제는 개인의 인지적 그리고/또는 사회 · 정서적 특성이 교육 그리고/또는 사회 환경과 불일치함이 빚어낸 유물이라고 증거는 제시하고 있다.

만일 이것이 정말로 그렇다면 교육과 사회적인 맥락을 수정하는 것이 심리사회적 결과에 긍정적으로 영향을 끼칠 수 있을 것처럼 여겨진다. 그러나 이러한 결과에 몇 가지 중요한 약점이 있다. 일부 변인(예: 성별, 나이, 인종, 언어, 수입, 영재성 수준, 성적 지향성, 장애 그리고 기술의 비동시성 수준)으로 인해 특정한 종류의 영재들이 좋지 않은 심리적 결과를 내기 쉬운 것 같다. Colangelo(2003)는, 사실 영재 아동이 자신의 영재성과 직접 관련이 있는 특정하고 반복되는 욕구를 갖기 쉽다고 주장하였으며, 특히 교육적, 집단적, 가족적 접근에 초점을 둔 예방상담의 입장을 옹호하고 있다. Neihart(2002)는 특정한 발달 단계에서 특정한 형태의 사회·정서적 고통에 영재를 좀 더 취약하게 만드는 영재 아동의 특정한 특성과 경험을 강조해 왔다. 특히 기술 발달의 비동시성, 비슷한 흥미를 가진 친구 찾기의 어려움, 그리고 교육적 도전의 부족이 모두 다 소질-스트레스 모델에서 취약성 요인으로 인용되고 있다. 추후 연구에서는 영재 학생들에게 사회·정서적 결과와 연관된 특정한 인지 패턴이 있음을 제시하고 있다. 그중 하나가 사회적 유능감이다. 이 영역은 또래와 '다르다는 느낌'을 보고하는 영재 학생이 자신의 사회적 적응에 관해 좀 더 부정적인 평가를 받기 쉬운 영역 중 하나다(Cross, Coleman, & Stewart, 1995).

심리학 문헌의 영향

우리는 영재 청소년들의 평가와 개입을 안내해 줄 수 있는 일반 심리학 문헌으로부터 몇 가지 이론적이고 경험적인 영향을 받았다.

Martin Seligman과 Csikszentmihalyi(2000)에 의해 선봉된 긍정심리학 운동은 심리학자들의 전통적인 초점을 교정에서 예방으로 바꾸는 시도를 하였다. 즉, 변화를 시도하고 유지하기 위하여 개인의 강점을 파악하고 활용하는 것이다. 상담자의 시각에서 긍정심리학은 다음과 같은 질문을 던진다. '이 아동이 가진 유일무이한 장점은 무엇인가? 그리고 우리는 상담과정에서 이 점을 어떻게 끌어들여 활용할 것인가?'

행동적 체계 견해는 인지행동치료와 체계이론의 원리들을 결합시켜서 고도 영재의 평가와 개입에 지침이 되도록 영향을 주고 있다. 간단히 말하자면, 이러한 치료의 목표는 아동과 청소년 그리고 그 가족들을 깨닫게 하고 현실적으로 평가하여 자기 행동을 변화시키고 자기 사고와 감정도 변화시키도록 도와주는 데에 있다. 인지행동기법(흔히 '긍정적 사고'라고 오해하는)은 우선 사고와 감정 간의 관계를 인지하도록 격려하고, 그러고 나서 흔한 인지적 왜곡을 파악하도록 격려한다. 모델이 행동적 요소를 포함하고 있음은 유관성 관리가 다수의 개입에 필수적인 요소임을 인정하는 것이다. 변화를 촉진하기 위해 사용할 수 있는 행동적 도구의 예로 긍정적 강화, 부정적 강화 그리고 반응 대가들이 있다. 마지막으로, '체계 견해'는 가족 모든 구성원이 상호 영향력을 제공한다는 생각을 의미한다. 가족 개입은 이 장의 범위를 넘어서는 것이지만, 이 접근은 가족과 중요한 어른들이 평가와 치료에 참여해야 하는 것을 기본 전제로 하고 있다. 아동의 가족은 필연적으로 아동의 문제를 일으키지는 않지만 악화시키거나 유지시키거나 개선시킨다.

많은 연구와 이론 그리고 임상적 개입은 아동 발달에 영향을 끼치는 배경을 고려하지 못했다. 인지행동기법은 불안장애(Dadds & Barrett, 2001; Dadds, Barrett, & Rapee, 1996; Kazdin & Weisz, 2003)에서부터 우울증 (Kazdin & Marciano, 1998)에 이르기까지 아동과 청소년이 가진 많은 사회 · 정서적 어려움을 치료하는 대표적인 방법으로 인식되어 왔다. 또한 발달 모델과 교육 모델도 뚜렷한 견해를 갖고 있으며 상담 실습을 제공해 줄 수 있다. 발달적 접근에서는 아동 발달이 역동적이며 어느 한 단계에서의 문제가 이후 단계에서의 문제로 남지는 않는다고 제안한다. 예를 들어, 어린 아동의 신체적 불평은 가끔 우울의 일차적인 표현이 될 수 있지만, 좀 더 나이 든 아동이나 청소년들은 우울의 증세로 위축, 슬픔, 활동에서의 흥미 상실 등을 좀 더 전형적으로 보인다.

비슷한 연령의 아동들이라도 꽤 다른 인지 발달과 정서 발달 과정을 겪을 수 있기 때문에, 치료에 대해서도 다른 시기에 다르게 반응할 수도 있다. 인지능력의 발달과 성장은 특히 영재의 평가와 상담을 계획할 때 좀 더 관련이 있다. 사실 영재가 다른 발달 궤도를 밟고 있다는 것을 인식하고 이해하는 것, 이 점이 표준 임상 개입과 구별되는 점이다.

일반적으로 학교 초기 시절까지는 아이들이 각자 개인적으로 사고하며 이러한 사고가 개인 내부에 흐르는 의식의 흐름(상위 인지)으로 그들에게 나타난다는 것을 인식하진 못한다. 그러나 지적 영재 아동은 그 연령이 되기 전에 벌써 이러한 지적인 내성 감각을 발달시킨다. 유사하게, 공감, 정서 반응 그리고 추상적 사고의 이해는 영재 아동에게 더 일찍 나타난다. 반면에 상호 사회적 관계, 역경 또는 도전은 전형적으로 제 나이 때에 경험한다. 따라서 어떤 치료적 개입도 영재의 발달이 지닌 복잡한 비동시성에 맞출 필요가 있다.

동기강화 상담(practice of motivational interviewing; Miller & Rollnick, 2002)도 영재 청소년 상담에 영향을 끼치는 분야다. 동기 강화는 많은 사람을 변화하지 못하게 막는 양가감정을 극복하기 위한 증거 기반적 접근을 취한다. '왜 사람들이 변화하는가?'라는 질문을 이해하는 것은 특히 미성취 때문에 상담자에게 의뢰된 영재 아동들과 관련이 깊다. 많은 사례에서 영재 청소년들은 억지로 상담받으러 왔다고 느끼는데, 이것은 특히 치료적 라포를 증진시키는 데에 도움이 되는 출발이 아니다. 영재 아동 상담자는 미성취로 이끄는 독특한 개인적, 환경적 그리고 교육적인 요인이 무엇인지를 고려할 필요가 있다. 그리고 그들과 함께 객관적이고 중립적인 태도로 미래의 선택을 탐색할 필요가 있다. 동기강화 상담은 상담자에게 양가감정에 익숙해질 것을 가르치는데, 이는 변화과정에 필수 요건이다. 또한 상담자가 내담자와 논쟁에 휩싸이거나 단지 조언을 제공해 주는 것으로 빠지지 않게 주의할 것을 가르친다. 영재 아동은 특히 동기나 태도를 향상하기 위한 논쟁의 투명성을 잘 인식한다. 그래서 동기강화 접근은 자기결정 목표와 현재의 행동 간의 격차를 반영하면서 또한 어떤 행동과정을 추구하는(또는 추구하지 않는) 대가를 평가하도록 내담자를 도와주면서, 양가감정의 이유를 조사하도록 한다.

　이러한 모델들은 영재 아동과 청소년의 상담에 지식을 제공한다. 핵심을 말하자면, 우리는 각 내담자와 현재의 문제에 대한 타당한 평가와 치료, 그리고 가설 검증식 접근을 활용함과 동시에 임상 장면에서 연구 지향성을 추구하는 과학자-임상가 모델을 지지한다.

상담의 정의

　예방적 집단 프로그램, 진로상담 그리고 교육 프로그램은 영재들과 그들이 부딪히는 도전을 도와주기 위해 정보와 멘토링과 지지 틀을 제공하는 유용한 장소가 되는 상담의 예들이다. 그러나 일반적으로 영재들이 개인치료가 필요할지도 모르는 사회·정서적 어려움을 겪고 있기 때문에 전문적으로 도와줘야 하지만, 이에 대해 충분한 관심을 둘 여유가 없었다. 일반적으로 '도움을 요청하는 첫 번째 창구'인 정신과 의사와 임상심리학자들도 영재 아동과 그들의 사회·정서 발달에 관하여 거의 훈련을 받지 못했다.

　그래서 상담에 대한 우리의 초점과 우리 센터에서 하는 상담의 테두리 내에서의 상담의 정의는 이것이다. 즉, 심리적 고통을 치료하는 증거기반 상담과 영재 아동의 독특한 인지 및 사회·정서적 특성에 대한 지식을 결합하려는 시도다. 영재와 재능 아동 및 그 가족 상담은 독립적인 문제 해

결과 행동적, 인지적, 정서적 변화를 촉진하는 데에 목표를 두고 있다. 지도 원칙은 상담에 대한 실험적-임상적 접근인데, 이 접근은 행동적, 인지적, 사회적, 생리적 과정의 결과로 심리적 고통을 겪는다는 점을 함축하고 있다. 원인과 지속 요인들을 조사하는 것이 상담과정에 결정적으로 중대하다.

이러한 종류의 상담은 아동과 청소년들을 대상으로 하는 인지행동치료(cognitive-behavioral therapy: CBT) 고유의 표준상담과 구분이 되는 몇 가지 특징을 지니고 있다. 특별히 여기에는 상담의 속도, 추상적 내용의 정도, 치료적 근거에 대한 설명 수준, 실존주의 초점화 그리고 임상가가 철학적 토론에 참여하는 정도 등이 포함되어 있다. 예를 들어, 8세 이전에 아이가 치료를 받으러 오면, 상담자는 전형적으로 사고의 인식과 정서의 명명을 어느 정도 예상은 하지만 비교적 단순하고 구체적인 수준 정도라고 예상한다(예: '행복하다' '슬프다' '실망하다'). 그래서 표준상담에서 임상가는 단순한 인지적 기법을 사용하고, 여기에 행동적 방법과 부모 참여를 추가로 보충할 수 있다. 그러나 영재 아동을 위해 CBT를 수정해서 사용함에 있어서 그러한 가정은 사실 역치료적일 수도 있다. 상담자는 영재 아동이 추상적인 사고를 할 수 있고 합리적으로 높은 수준의 내성을 할 수 있고 또 자세한 설명과 토론을 선호한다는 전제를 갖고 일해야 한다. 많은 영재 아동이 지닌 자세함에 대한 열정은 Kline와 Meckstroth(1985)가 논의하였다. "거의 모든 것이 문제이며 문제인 것이 문제다." (p. 25)

자세한(그리고 간혹 추상적이고 실존적인) 설명에 대한 영재 아동의 욕구를 단순화하거나 대충 얼버무리거나 또는 사소한 것으로 치부하려는 시도는 결과적으로 청소년의 감정을 치료에 참여하고 싶지 않게끔 만들고 또한 오해를 일으키거나 하수 취급을 당하는 느낌이 들게 만들 수 있다.

상담자의 역할

Rogers(1961)의 인간중심 치료에 관한 중대한 업적은 상담자의 역할에 깊은 영향을 주었으며, 내담자에게 '무조건적인 긍정적 존중'을 제공하는 것이 조력 전문직의 가장 중요한 의무임을 유산으로 남겼다. Rogers의 내담자중심 치료는 상담자가 '정확한 공감'을 경험할 필요성을 강조하고 있다(p. 63). 정확한 공감은 같은 갈등이나 딜레마를 경험함으로써 내담자를 공감한다는 의미가 아니라 반영적이고 적극적인 경청이 상담자 역할의 핵심임을 강조한다.

증거기반 진료는 임상가가 치료 결과, 낙제, 유예 그리고 유지의 중요한 결정자라는 점을 우리에게 알려 준다. 또한 분명한 것은 내담자의 행동, 정서 그리고 반응성에서의 대부분의 변화는 처음의 몇 회기 내에 일어난다는 것이다. 공감적 상담 방식은 변화를 촉진하고, 이것이 없으면 변화를 좌절시키는 것 같다(Miller & Rollnick, 2002).

실질적인 면에서 고도 영재를 상담할 때, 상담자는 따뜻함과 정확한 공감을 포함하여 신뢰에 기여하는 좋은 대인관계 기술을 보여 줄 필요가 있다. 라포를 형성하고 정확한 공감을 드러내면서 영재 청소년들의 시각과 독특한 자질들을 이해하고 수용하는 것부터 시작한다. 예를 들어, 청소년들의 지적 능력(생활연령보다는)에 가까운 어휘력과 개념을 사용함으로써 상담자가 아동의 독특한 자질에 민감하다는 점을 드러낼 수 있다.

역동적인 접근을 사용하는 상담자일수록 수동적이거나 비지시적인 역할을 채택하는 사람보다 영재에게 라포와 정확한 공감을 효과적으로 형성하는 것 같다. 아동의 반응을 재언급하고 명료화하는 것은 라포를 촉진하고 공감을 나타내는 유용한 임상적 도구로 사용된다. 동의의 뜻으로 고개를 끄덕거리거나 긍정적인 소리를 내기보다, 적극적인 상담자는 "네가 의미하는 바를 내가 잘 이해했다는 확신이 들지 않네. 네 말은……?" "내가 그것을 너와 함께 점검할 수 있을까?" 또는 "그것이 네게 의미하는 바가 무엇이니?"와 같은 문구를 사용하여 아동이 언급한 내용이나 중요성, 의미를 점검하려고 시도한다. 역동적인 상담자는 정보가 정확하게 전달되었음을 확실히 하기 위해, 그리고 상담자가 내담자의 말을 잘 듣고 있고 잘 이해하고 있음을 확실히 하기 위해 다른 말로 바꾸어 말하기, 점검하기, 질문하기, 결론 내리기, 정보를 종합하기 등의 기술을 사용한다. 이러한 기술들은 라포와 치료적 참여를 형성할 뿐만 아니라 치료 자체의 중요성을 형성한다.

　역동적 상담 역할에 고유한 기본 가정은 상담자의 역할이 변화한다는 것이다. 때때로 상담자는 반영적 경청을 하면서 내담자의 언어적 · 비언어적 단서를 관찰한다. 그러나 다른 때에는 특정한 명시적 교수법과 그 이후에는 사고 도전 또는 역할놀이를 사용한다. 전형적으로 고도 영재 아동과 청소년의 상담자는 치료의 후기 단계보다 평가와 치료의 초기 단계에서 명시적 교수법, 비계 설정 그리고 적극적인 질문을 이용하여 가장 적극적이 된다. 이때 영재 내담자는 질문하기와 도전하기를 시작하며, 상담자와 적극적으로 대화에 참여하게 된다. 상담과정 후기에는 치료적 관계에서 상담자는 차츰 사라지며, 미래의 자원을 위한 참고사항이나 멘토링 기회를 제공하게 된다.

내담자의 역할

　영재 청소년의 내담자 역할은 두 사람의 합동 문제 해결과정에서 적극적으로 참여하는 개인적인 역할이 되어야 한다. 상담 회기의 형태, 속도, 및 설계는 내담자가 변화과정에서 적극적인 참여자여야 함을 필요로 한다. 집에서 하는 과제는 내담자가 회기에서 소개된 기술을 연습하고 실제 생활 상황에 적용하도록 하는 것이다. 상담의 '실험적' 형태는 내담자에게 생생한 실험(노출)을 상담 회기에서 제공하고 집에서도 제공하여 완성하도록 하는 것을 의미한다. 사고 실험, 글쓰기 연습 그리고 질문 만들기는 모두 다 영재 청소년에게 치료의 한 부분으로 참여하도록 요구하는 과제의 예들이다.

내담자로서 영재 청소년에게는 실존적 질문에 참여하도록 자유를 줄 필요가 있는데, 권위(상담자의 권위까지도 포함)에 의문을 가질 필요까지도 포함하여 제한을 두지 말아야 한다. 영재 아동의 상담자는 그러한 질문과 논쟁이 변화과정에 중요한 단계이며, 많은 영재가 참여하는 사고과정 유형의 특유한 세부 특징임을 인정할 필요가 있다. 만일 상담자가 방어적으로 또는 비꼬거나 경직된 반응을 보인다면 변화과정과 상담관계는 악화되기 쉽다. 실제로 영재 내담자가 대부분의 다른 학생들과 많은 어른보다 더 많이 아는 경험을 날마다 하는 것은 흔한 일이며, 그 결과 어른들이 하는 '권위'적인 말을 경계하게 된다.

목표

치료의 목적은 영재 청소년에게 직접적으로 기술을 제공하며, 아동의 환경에서 위험 요인을 감소시키고 보호 요인을 증가시키는 데에 있다. 내담자와 상담자는 두 사람이 함께 목표와 우선순위를 결정하고 치료적 의제를 설정하기 위한 작업을 한다. 문제가 청소년에게 얼마나 많은 고통을 일으키는가, 그리고 그러한 문제들이 얼마나 변화를 잘 받아들이는가에 따라 문제를 다룬다. 예를 들어, 많은 영재 아동은 상담과정에서 변화하기 어렵거나 아예 불가능한 문제로 고통받고 있음을 드러내는데, 부모관계,

가족 역동성, 국제적 테러, 사회경제 수준 등과 같은 문제들이다. 이에 반하여 그러한 문제에 대해 압도된 정서 반응, 좋지 않은 기분, 불안 또는 스트레스를 다루는 것이 치료적 변화를 좀 더 잘 받아들이기 때문에 이것들이 상담의 중점이 되기 쉽다.

관계성

영재 아동 상담에 본질이 되는 것은 상담자와 내담자 간의 협조적이고 적극적인 관계다. 두 사람은 해결해 가야 하는 문제를 선택하고, 정기적으로 피드백을 제공하고, 문제해결 치료적 접근을 채택하는 것을 함께 해 나간다. 그러한 접근은 치료자의 대인관계 기술을 강조한다.

고도 영재 청소년을 상담할 때 특히 중요한 점은 전문적 관계와 라포와의 균형을 유지하는 것이다. 이런 진료를 함에 있어서 지도 방침은 전형적으로 몇 살 더 나이 많은 사람에게 속내를 잘 드러내지 않는 젊은 내담자를 돌보며, 함께 대화하고, 관계를 발전시켜 나가는 것이다. 이것은 논의되는 개념이나 주어지는 예, 그리고 언어에서의 추상성 정도 면에서 볼 때 성인 대 성인 간의 치료적 관계와 종종 유사하다. 내담자가 하수 취급을 당한다고 느끼게끔 위험을 만들기보다는 지나치다 싶을 정도로 아동의 어휘와 이해(이후에 더 많은 설명과 재언급에 의해 교정될 수 있다)를 과대평가하는 것이 오히려 더 낫다. 유사하게, 많은 고도 영재 아동과 청소년은 상담자 편에서 '지나치게 낙관적인' 제시를 하는 형태의 상담에는 극단적으로 비판적이다. 예를 들어, 이전 상담 경험을 기술하도록 했을 때 고도 영재 아동은 상담자를 '인위적으로 긍정적인' 사람으로 지각했음을 보고하곤 한다. "그 사람은 항상 얼굴에 거짓 미소 같은 것을 띠고 있어요." "그 사람은 항상 나에게 긍정적으로 생각하길 원해요." "그 사람은 언제나 모든 것이 괜찮은 척하길 원해요." 이런 내담자 집단은 단순하고 거짓되고 과하게 긍정적인 태도를 지닌 사람과는 함께 잘 앉아 있질 못한다. 그 결과, 고도 영재는 진정한 참여 없이 제한된 변화만으로 참석하는 '시늉'을 한다.

앞에서 언급했듯이 유머는 영재 아동의 특징적인 특성으로 종종 언급되며(예: Gross, 2004; VanTassel-Baska, 1998), 치료적 관계에서 필수적인 요인으로 본다. 상담자가 내담자로부터 단서를 포착하여 반응할 때, 그리고 그때가 유머를 사용하기 적절할 때, 유머는 라포 형성과정을 도와주는 효과적인 치료 도구가 된다(Silverman, 1993). 그러나 고도 영재 청소년의 상담자는 유머가 있는 상호작용의 개시자가 되는 데에 주의해야 한다. 왜냐하면 빈정댄다거나 지나치게 단순화한다고 지각할 수 있기 때문이다. 그러나 영재 청소년 내담자들은 종종 미묘한 유머, 풍자적이고 냉소적인 유머, 어두운 유머, 그리고 농담이나 말장난을 좋아한다. 그래서 상담자는 이러한 유머의 시작에 적절하게 반응해 주면서 관계를 촉진한다.

부모나 제3자에 의해 의뢰되고 치료에 강제로 끌려왔다고 느끼는 고도 영재 청소년들은 치료관계에 특별한 도전을 해 올 수도 있다. 이러한 경우에 상담자는 특히 더 민감해야 하며 조언을 유보해야 한다. 청소년의 양가감정을 반추해 보게 하고 도전을 주는 질문을 함으로써 정확한 공감을 제공하며, 내담자에게 상담자와의 상담을 강요하기보다는 선택권을 줄 수 있다.

평가

필자들은 영재교육 분야에서 연구와 교육으로 유명한 주요 대학 내에 위치한 영재교육 연구와 교수 및 지원 센터인 영재교육 연구, 자원과 정보 센터(Gifted Education Research, Resource and Information Centre: GERRIC) 가 제공하는 의뢰 서비스를 통해 영재 아동과 청소년 및 그들 가족을 위한 임상 서비스를 제공하고 있다. 우리 내담자들이 제기한 문제는 다양하며, 완벽주의, 불안, 우울, 사회적 기술 곤란, 미성취, 대인관계 문제 등을 포함하고 있다. 클리닉에서 이루어지는 평가에는 심리적 기능에 대한 공식적인 측정과 함께 철저한 사회사 및 발달력을 조사한다. 상담을 받기 전에 학교나 가족이 우리에게 심리측정적 자료를 제공해 주는 경우도 종종 있는데, 이는 평가에서 얻은 다른 정보와 함께 확인을 한다. 필요할 경우에는 정신과적 범주를 사용하여 공식적인 진단 평가를 내기도 한다.

실시하는 평가 종류는 아동의 연령과 의뢰 형태에 따라 다르다. 아동이 어리고 부모가 의뢰하였다면, 아동의 부모나 보호자와 함께 초기 접수 면접을 행한다. 내담자가 청소년이거나 자기 스스로 의뢰한 경우라면 우리는 이 사람을 초기부터 독립적으로 평가할 가능성이 높다.

평가는 영재에 대한 철저한 다면적 이해와 제기된 문제의 빈도, 심각성 그리고 지속 기간(Wilson, Spence, & Kavanagh, 1989 참조)을 파악하는 데에 주안점을 두고 있다. 모든 사례에서 현재의 기능에 초점을 둔다(예: "지금 너에게 무슨 일이 일어나고 있어서 지금 여기에 오게 됐는지부터 이야기를 시작해 보자. 어떤 점이 힘들었니?").

가족 평가

첫 만남에서 우리는 '누가 아프다고 호소하고 있는가?'의 질문에 대한 해답을 얻으려고 시도한다. 두려워하거나 우울한 아동이라도 어른이 치료에 데려왔다면 상담에 적극 참여하려고 들지 않는다. 아동의 행동보다 어른의 기대가 더 문제가 될 수 있다. 평가에서 좀 더 고려할 점은 아동 그리고/또는 가족을 치료에 임하도록 준비시키는 방법을 확실히 알아내는 것이다.

가족과의 초기 접수면접이 지닌 대단히 중요한 목표는 아동의 어려움을 함께 지각·공유하며, 부모와 함께 협동적인 파트너 의식을 창조하는 것이다(Sanders, Turner, & Markie-Dadds, 1996).

일반적으로 다루는 영역은 다음과 같다.

- 부모의 아동에 관한 주요 관심사(특정한 상황적 맥락, 기간, 그리고 문제에 대한 부모의 지각과 반응을 포함)
- 그 밖의 아동이 지닌 어려움
- 아동의 영재성이 문제에 어떻게 영향을 끼치는지에 대한 이해
- 전반적인 기능 분석을 포함한 제기된 문제의 전력(빈도, 심각성 및 지속 기간)
- 가족이 다른 곳에서 도움을 찾았는지, 그리고 유용한 무엇을 발견하였는지를 확실히 알아내기
- 가족 관계와 상호작용에 대한 개요(예: 부모 간의 관계, 부모/자녀 상호작용, 부모의 기대와 가족 규칙)
- 발달력(임신, 출산, 태아기, 영아기, 유아기, 아동기 중기)
- 교육사(속진, 능력별 또는 성취별 집단 편성, 교육과정 수정 등이 있다면 포함)
- 병력과 일반적인 건강 상태
- 아동의 강점(인지, 심리, 대인관계)
- 상담에 대한 가족의 기대

영재 아동 평가

상담에 대한 아동과 청소년의 평가 목표는 아동의 기능, 심리적 고통의

정도 그리고 세상에 대한 깊은 이해를 제공하는 것이다(Ginsburg, 1997). 아동의 평가는 또한 아동을 치료에 적극적으로 참여할 수 있게 한다. 일반적인 소개와 라포 형성 이후에 초기 평가에서는 다음과 같은 영역을 다룬다.

- 참석 이유에 대한 아동 자신의 지각을 형성하기, 그리고 오해가 있다면 명료화하기(특히 아동이 강제로 참석했다고 느끼거나 상담이 '말을 듣게 만들기 위한' 시도라고 느낀다면)
- 제기된 문제를 아동의 시각에서 이해하기. 예를 들어, "지난주에 너와 너의 가족을 만났을 때 네가 학교에 관해 걱정을 한다고 엄마가 말했어. 너 기억하니? 학교에 관해 너의 가장 큰 걱정은 무엇이니?"(아이의 반응에 따라 구체적인 경우를 물어본다: "선생님이 언제 너를 나가라고 했니? 그리고 공평하지 못하다고 느낀 때는 언제인지 말해 보렴.")
- 다른 문제를 명료화하고 공존 조건을 체크하기. 예를 들어, "너를 힘들게 하는 다른 것이 또 있니?" "때때로 곤경에 빠지면 아이들은 그 점을 꽤 염려하지(슬퍼해, 화를 내). 너의 경우는 어떠하니?" "너는 언제 학교에 관해 걱정하지? 학교에 있을 때에 하니, 아님 밤에도 하니?"
- 아동의 가족과 중요한 사람들에 대한 시각을 꿰뚫어 보기. 예를 들어, "네가 진짜로 좋아하는 가족과 함께 하는 일은 무엇이니?" "네 가족 중에서 함께 있으면 가장 즐거운 사람은 누구니?" "너는 무엇을 하니?" "네가 염려하는 일이 있을 때 가족 중에 누구랑 이야기하니?" "네 가족 중에서 가장 화를 잘 내는 사람은 누구니?"
- 아동의 사회적 네트워크 시각을 명료화하기. 예를 들어, "너는 다른 아이들과 잘 어울리니?" 영재 아동은 공통적으로 사회적 고립을 경험하거나 진정한 또래 친구가 없다. 아동이 친구나 친구 집단과의 친

한 관계를 갖고 있는 정도를 재는 것이 중요하다. 예를 들어, "이 점에 관하여 함께 이야기할 친구가 있니?" "너랑 가장 가까운 사람은 누구니?" 사회적 분석에 뛰어난 역량을 보여 주는 어떤 영재 아동에게는 자신의 사회적 관계에 관하여 좀 더 구체적으로 언급하도록 물어볼 수 있다. "너는 너의 우정에 대해 어떤 시각을 갖고 있니?"

영재 청소년 평가

고도 영재 청소년 평가는 영재 아동과 가족의 평가 목표를 반영한다. 정확한 공감을 형성하고 청소년과 그의 세계에 대한 공동의 이해를 시작하는 기회가 된다.

다루어야 할 영역은 다음과 같다.

- 제기된 문제에 대한 철저한 기술: 빈도, 지속 기간, 심각성, 발병의 본질 그리고 발달
- 제기된 문제와 연관된 특징 확립: 생리적, 인지적, 행동적 특징, 선행 사건, 결과 그리고 지금의 촉발 요인
- 지속요인: 발생, 회피, 사회적 맥락의 긍정적 강화 요인
- 발달 정보
- 건강
- 이전 치료 전력과 요약
- 청소년의 동기에 대한 이해 및 치료 결과에 대한 기대

평가 회기 동안에 청소년의 행동에 대한 다른 면을 관찰한다. 여기에는 정서(예: 정서적 표현력과 범위; 웃음, 미소, 슬픔, 울음, 흥분, 분노, 긴장, 불안), 운동 활동(예: 초조, 손장난, 협응, 불수의적 움직임, 틱, 매너리즘, 의식 행위,

과호흡), 언어(예: 스피치, 발성, 몸짓, 듣기, 이해), 그리고 면접에 대한 사회적 반응(예: 언어와 몸짓의 사회적 사용, 반응성, 눈 맞춤, 협동과 순응, 사회적 스타일)(좀 더 자세한 내용은 Sattler, 1998 참조)이 해당된다.

문제 형성(problem formulation)은 인지 행동적 시각에서 내담자의 제기된 문제를 요약하고 재구성하는 절약방법이며, 치료로 이끄는 유용한 도구가 된다. 이러한 문제 형성에서 내담자는 적극적 참여자가 되며, 문제 형성은 적극적인 치료 단계를 위한 참조점이 된다.

이 장의 맨 뒤에 제시된 사례에서 문제 형성의 예를 보여 주고 있다.

과정

상담과정은 대략 이해할 수 있게 몇 단계로 구성되어 있으며, 각 단계마다 수반되는 목표를 지니고 있다.

- 단계 1 평가: 앞에서 기술한 평가과정에서 내담자는 증상 점검—빈도, 심각성 그리고 지속 기간—에 적극적으로 참여한다.
- 단계 2 인지 및 행동 학습 단계: 치료의 다음 단계에서는 변화를 도모하기 위하여 명시적 교수법과 적절한 행동적 그리고 인지적 중재를 다룬다. 상담자는 초기에 행동적 기술의 명시적 교수법, 예를 들어, 점진적 근육 이완, 보상 유관성, 즐거운 사건 계획하기를 실시한다. '인지적 모델'을 소개하며, 내담자에게 사고 패턴을 인식하는 방법을 가르치고, 사고 도전을 소개한다.
- 단계 3 연습하기: 좀 더 적극적 상담 단계로, 내담자가 회기에서 배우고 발달시키고 계획한 기술들을 연습한다. 이 단계에서 행동적 실험과 노출을 포함시킨다(표시가 가능하다면).

• 단계 4 재발 방지와 치료 종결: 치료의 마지막 단계에서는 내담자에게 치료 종결을 준비시키고, 미래의 목표와 더불어 재발을 방지하기 위하여 개인의 장점에 초점을 둔다. 이 단계는 미래 목표 계획, 적절한 교육적 중재 그리고 '고위험' 상황의 문제 해결로 구성되어 있다. 이 단계에서는 가족, 학교 그리고 지역 공동체와의 협업을 더 해 나갈 수도 있다. 이 시점에서 많은 고도 영재 청소년을 위해 멘토링 프로그램으로 의뢰한다.

기법

인지행동치료에서 나온 특수한 기법들은 고도 영재 아동과 청소년들에게 사용할 수 있도록 수정되어 왔다.

• 소크라테스식 질문법: 인지행동 상담자들이 사용하는 기본적인 기법으로, 더 깊은 사고와 설명을 필요로 하는 적극적 경청과 개방형 질문 구성이 포함되어 있다. 다음의 예에 제시되어 있다.

상담자	그래서 네가 그들을 지나쳐 걸어갔을 때 뭐라 말한 사람이 아무도 없었단 말이지?
내담자	네, 그렇습니다.
상담자	그렇다면 아무도 아무 말하지 않았는데 너를 화나게 만든 것은 무엇 때문이지?
내담자	절 완전히 무시한 것이요.
상담자	무엇이 너를 그렇게 불쾌하게 했니?
내담자	전 언제나 무시당했습니다.

- **명시적 교수법**: 이 기법은 치료 단계에 대한 자세하고 복잡하고 정확한 근거를 갖고 있으며, 때때로 명시적 교수법(explicit instruction)을 제시한다. 예를 들어, 점진적 근육 이완에서 상담자는 투쟁-도피 반응(fight-or-flight responses)을 적절한 생물학적 전문용어를 사용하여 과학적으로 자세하고 정확하게 설명해 준다. 또한 우리는 영재 내담자들에게 추론하도록, 비슷한 과정에 적용하도록(가끔 자발적으로 일어나는 과정), 질문을 하도록, 그리고 주요 핵심을 다시 우리에게 재언급하도록 격려한다.
- **자동적 사고와 도식 유발하기**: 인지-행동 기법의 성공은 자동적 사고와 도식을 유발하고 이것을 정서적 반응과 변별하는 상담자와 내담자 모두의 능력에 달려 있다. 내담자 집단인 영재 청소년들은 그들이 지닌 우수한 분석 능력과 내성 능력에 의해 이러한 점에서 상당한 능력을 보이는 경향이 있다. 내담자에게 표준 점검표를 사용하여 주요 사건과 정서 반응 및 연관된 사고를 기록하도록 지시한다(예: Beck, Rush, Shaw & Emery, 1979; Burns, 1999 참조).

필자들은 영재 내담자가 사용하는 부정적인 자동적 사고의 과잉 표현 형태를 발견하였다. 그 예는 다음과 같다.

- **흑백 사고**: 상황을 양극화하고 사람들을 이분화하는 경직된 사고(예: '내 편 또는 네 편', 훌륭한 직업 또는 형편없는 직업, 능력이 있는 또는 바보 같은).
- **절대주의적 사고**: 절대적이거나 극단적인 사고, 주로 '모든 사람' '항상' '결코 아니다'를 사용한다(예: "너는 언제나 나를 흠잡는구나." "모든 사람은 나를 이상한 사람이라고 생각한다.").

- '사기꾼' 현상: 사람의 능력 수준이 다른 사람이 생각하는 것만큼 높지 않다는 것을 어느 날 '알게 될' 것이라는 믿음, 영재 학생들, 특히 여자들에게 놀랄 정도로 흔하고 성공에 대한 외적 및 일시적 귀인을 포함하는 사고 유형("그것은 요행이었어." "시험이 쉬웠어." "그들이 단지 친절했을 뿐이야."), 실패에 대한 내적 그리고 안정적 귀인("난 이 반에 속하지 않아."), 그리고 능력과 성취에 대한 '부적절한' 칭찬으로 인한 죄의식.

- 재앙적 사고: 사소한 어려움도 비극적으로 생각하고 가장 나쁜 결과를 상상하고 예측하는 사고(예: "모든 사람이 나를 비웃어요. 나는 다시 얼굴을 결코 보여 줄 수 없을 거예요." "난 시험을 완전히 망쳤어요. 그래서 난 틀림없이 학교를 그만두게 될 거예요.").

- 완벽주의적 사고: 성취와 수행과 관련한 절대주의적 사고의 특별한 형태로, 경직되고 융통성 없는(그리고 비현실적으로 높은) 기준을 지니고 있어서 꼭 실망하게 된다(예: "나는 모든 분야에서 명성을 떨쳐야만 해요." "이 정도의 성취로는 만족스럽지 않아요."라는 징징거림).

- 다른 사람의 용이함: 다른 사람들은 적은 노력으로도 성취를 이룬다는 틀린 생각을 하는 사고 패턴. 그 결과, 아마도 고도 영재 아동들은 노력을 많이 해야 하는 과제 수행에서 요구되는 집착력을 별로 경험하지 못하게 된다(예: "나는 실제로 어리석어요." "나는 수학을 잘했지만 이제는 더 이상 잘할 수 없어요." "Matthew는 별 노력 없이도 이것을 잘할 수 있는데.")

- 명시적 학습에 당황함: 기본적인 학습 결과는 저절로 얻어지지 않고 명시적 학습, 암송이나 도움(예: 공부방법 배우기, 시간을 조직화하기, 무조건 암기로 자료를 학습하기)을 필요로 한다는 것, 그리고 도움을 요청해야 한다는 것(예: "난 이 점을 알아야만 해." "사람들은 나를 바보라고 생각

할 거야.")에 당황함.

- 사고 도전: 자동적 사고의 재평가를 격려하기 위한 다양한 기법. 상담자는 이러한 기법들을 수정함에 있어서 영재 청소년들이 세상에 대해 단순하고 너무 긍정적인 시각을 채택하길 꺼릴지도 모른다는 점을 인식할 필요가 있다.

영재 학생 상담자는 부정적인 사고를 즉각적으로 무효화하거나 긍정적인 다른 것으로 바꾸려고 하기보다는 많은 가능성 중의 하나로 허용해야 한다. '나는 달라요.'라고 생각하는 영재 아동이나 청소년을 생각해 보자. 심리적인 고통을 경험하고 지각한 다름을 (부정적인 감각으로) 곱씹어 생각하면서 이러한 차이가 없어지길 바라는 많은 영재 청소년은 사회적 고립과 부정적인 정서를 겪을 수 있다. 그러나 영재 상담자는 '나는 달라요.'라는 생각이 현실에 대한 정확한 반영임을 여러 면에서 인식할 필요가 있다. 숙련된 상담자는 영재 청소년에게 이러한 사고가 진실이라는 방식과 현실의 과장된 설명이라는 방식 모두를 고려하도록 격려한다.

우리는 사고가 도움이 되는 방법과 사고의 긍정적 및 부정적 효과를 자문하여 자기 사고를 평가할 수 있도록 내담자를 도와준다. 두려워하는 결과는 실제로 상상하는 것만큼 나쁜 것인가, 이러한 생각에 관하여 말하는 사람들이 있는가, 다른 사람들이 이 생각에 관하여 해 주는 조언은 무엇인가, 이 상황을 좀 더 합리적으로 그리고 도움이 되는 쪽으로 바라볼 점은 무엇인가, 그리고 그들이 다음 번에 이런 생각이 들면 스스로 뭐라고 할 것인가를 고려한다.

이러한 과정을 다 완수하면, 내담자를 격려하여 상황을 좀 더 합리적이고 도움이 되는 방향으로 자세히 평가하게 한다. 예를 들어, 앞에서 언급한 예('나는 달라요.')에서 내담자는 사회적 고립과 부정적 정서를 덜 악화시키는 방향으로 자기가 또래와 다름을 인정하기 위하여 풍부한 상상력을 발휘하여 좀 더 합리적인 방법을 채택한다. 여기에는 다음과 같은 말을 사용할 수 있다. "나는 여러 면에서 우리 반 친구들과 달라요. 그렇지만 나는 또한 나 같은 다른 사람들과는 비슷합니다." "때때로 다르다는 것은 나에게 독특한 시각을 주지요. 그래서 나는 좀 더 생각을 많이 하게 되고 단순하게 대중을 따라가지는 않습니다." "나는 다른 사람들과 같진 않아요. 그러나 나는 재미있는 사람이고요. 재미있는 친구 그리고 대화자도 될 수 있어요."

- **포인트–역포인트:** 영재 청소년, 특히 언어 영재 학생의 상담에 유용한 기법이다. 이 기법이 논리적인 수평적 사고를 필요로 한다는 면에서 영재가 그 진가를 인정하기 때문이다. 이 기법은 특히 그들 사고가 반복적으로 일어나고 내담자의 현재 기능을 뒷받침하는 도식을 갖고 있는 경우에 인지 도전의 발판으로 보통 사용된다. 상담자는 내담자의 입장이나 일부러 반대 입장을 취하는 사람(내담자의 부정적 사고를 언어화하는)의 입장을 가정하며, 내담자는 자신의 부정적 사고에 대한 합리적인 반응을 연습한다.

　　다음은 완벽주의적 사고 성향을 지닌 13세 소녀에게서 이 기법을 다룬 예시다.

상담자　이 점에 관하여 나는 너를 면담하는 추적 기자 같은 사람이 되어서 진상을 규명할 거야, 괜찮지? (중략) 자, 그래서 나는 네가 과학 시험에서 우수한 성적을 받지 못했음을 이해해, 이게 맞니?

내담자　네.

상담자　음, 너는 똑똑한 체한 만큼 똑똑하지는 않다는 소리로 들리는데

(내담자 자신의 부정적인 사고를 강조하면서― '사기꾼 현상').

내담자 모든 사람에게 일진이 나쁜 날도 간혹 있잖아요.

상담자 맞아. 그래서 지금 너는 망했다고 말하고 있구나. 나는 너같이 똑똑한 사람들은 그런 종류의 일을 쉽게 잘 다룰 수 있을 거라고 생각했는데.

내담자 전 다른 모든 시험에서는 실제로 잘해 왔어요. 그런데 이번에는 진짜 긴장을 많이 했고 남아 있는 시간에 적절하게 질문에 답을 할 수가 없었어요.

상담자 내가 보기엔 똑똑한 아이들은 그런 식으로 시험을 망치는 것 같지는 않는데?

내담자 음, 많은 우수한 사람도 시험을 잘 보진 못해요. 그렇지만 다른 면에서는 진짜 잘해요.

상담자 많은 우수한 사람이 시험을 잘 보지 못한다는 것이 무슨 말이지? 지구상 어디에서 그런 생각을 갖게 되었니?

내담자 그러나 그것은 사실이에요!

상담자 정말로 그렇게 생각하니?

내담자 네.

• **직면**: 직면은 조금만 그리고 적절하게 사용한다면 유용할 수 있다. 특히 내담자가 특정한 주제나 사고 또는 행동을 회피하려는 것으로 보일 때 도움이 된다. 그러나 초기 신뢰와 라포가 굳건하게 형성되기도 전에 직면을 사용한다면, 영재 내담자는 방어적이 되고 정교화를 피하기가 쉽다. 직면은 내담자가 회피, 주저 또는 정서적 반응을 반추해 보게 하고, 내담자에게 언급하도록 요구한다(예: "이 점을 논의하는 것이 너에게는 불편하다고 느끼는구나" "주저하는 걸 눈치챘어. 내가 질문

을 했을 때 너는 다른 곳으로 시선을 돌리고 침묵했지. 무슨 생각을 하고 있었는지 말해 줄 수 있니?").

• 과장: 과장은 내담자가 상황에 관해 염려함을 언급한 것보다 훨씬 더 강조하는 방식으로 제시하는 것을 말한다. 가끔 영재와 (특수)재능 아동과 청소년들을 상담할 때, 그들의 사고에 직접 도전하는 것은 단지 그들의 입장을 강화시켜 주는 것밖에는 되지 않는다. 영재 아동이 "난 바보 같아요."라는 말을 한다고 생각해 보라. 교사, 부모 그리고 상담자는 "넌 아니야, 네가 얼마나 ~한가 보렴."과 같은 응수로 그러한 사고에 직접 도전하는 함정에 종종 빠진다. 그러나 이러한 도전은 영재 청소년에게 그 입장을 자세히 설명하도록 하여 오히려 역설적으로 초기 사고를 강화시킨다. 반면에 과장 기법을 사용하여 상담자는 "그래, 너는 정말 바보 같아." "그건 마치 너를 영재 프로그램에 배치한 것이 큰 실수인 것같이 들리는데." 또는 "영재는 단번에 모든 것을 완벽하게 할 수 있어야 해."라는 말을 제시할 수 있다. 그러면 내담자는 과장된 명제의 모순을 비웃으며 자기의 초기 사고에 대해 반론을 제기할지도 모른다.

상담과정 모델

[그림 7-1]은 전형적인 CBT 개입과정을 요약한 것이다. 상담의 3개 주요 단계(평가, 인지 및 행동 학습 그리고 연습)가 자세히 설명되어 있다. 이 모델에서 상담의 마지막 단계(재발 방지 및 치료 종결)는 자세하지는 않지만 개요가 서술되어 있다.

단계 1: 평가
치료는 적합한 치료사에게 의뢰한다. 상담자와 내담자는 공동으로 문제를 형성한다.
부모면접 아동면접 심리측정적 자료 수집 자기 보고서
단계 2: 인지 및 행동 학습 단계
행동 기법 　　　　점진적 근육 이완 　　　　보상 유관성 　　　　즐거운 사건 계획하기 인지 기법 　　　　인지적 모델 소개 　　　　사고 인식 　　　　사고 도전 　　　　포인트-역포인트 　　　　직면 　　　　과장
단계 3: 연습
행동 실험 체계적 노출 체계적 위험 감수 인지적 재평가
단계 4: 재발 방지 및 치료 종결
고위험 상황 계획 인지적 역진술 요약 외부 기관으로 의뢰

[그림 7-1] 고도 영재 아동과 청소년의 인지행동치료

4. 적용

문제 제기

우리 기관인 GERRIC에는 어려움의 범위가 다양한 영재 아동들이 온다. 접수면접에서 수집된 정보에 따르면, 가장 보편적인 문제는 완벽주의, 불안, 사회적 곤란, 우울, 극도의 민감성 다루기 등이다. 우리는 또한 ADD, ADHD 그리고 아스퍼거 증후군을 포함한, 다른 공존 질환을 가진 많은 영재 아동도 만나는데, 이들을 흔히 '이중특수' 아동이라고 명명한다(예: Moon, 2003).

외부 기관으로 의뢰한 사례도 많이 있다. 평가와 치료에 다학제적 팀이 꼭 필요한 어려움을 지닌 아동과 청소년들, 의학적인 감독이 필요한 아동들을 위해서는 적합한 곳으로 의뢰한다. 또한 우리는 추가 평가와 치료를 위해서 다른 전문가들에게 의뢰하고 자문을 구한다(예: 교사, 학교 상담사, 언어병리학자, 작업치료사, 의료 진료자).

부모가 상담을 의뢰하는 어린 아동의 경우, 1차 개입 형태는 부모와 가족 치료다. 사실 어린 영재 아동의 독특한 사회·정서적 그리고 행동적 특성을 강조하는 부모관리 훈련은 '과민감한' 어린 영재 아동을 다루는 효과적인 수단으로 보인다.

좀 더 나이가 든 아동과 청소년의 경우, 우리는 우선 완벽주의, 불안 그리고 우울과 같은 문제를 측정하고 치료하기 위해서 인지-행동적 접근을 취한다. 또한 우리는 사회성 기술 훈련을 필요로 하는 그러한 영재 아동을 보조하기 위해 집단 프로그램을 제공한다.

각각의 제기된 문제를 다루는 데에는 소질-스트레스 모델이 사회, 정서 및 행동 문제의 원인 이해와 영재 아동의 평가와 치료를 위한 유용한 체계를 제공한다. 소질은 장애를 발달시키는 소인이며, 생물학적, 심리사회적 또는 사회문화적 요인에 기원을 두고 있다. 이러한 장애 모델들(예: Metalsky, Abramson, Seligman, Semmel, & Peterson, 1982)은 장애의 원인으로 소인(predisposition)이 필수요건이지 충분요건은 아니라고 본다. 소질과 더불어 사회·정서적 고통을 발달시키는 하나의 스트레스원 또는 일련의 스트레스가 있어야 한다. 이러한 모델은 위험 요인의 역할을 고려하면서 더불어 사회·정서적인 문제를 개선하는 보호 요인의 역할도 포함한다.

예를 들어, 우울한 영재 아동은 그 장애에 대한 생물학적 취약성을 유전적으로 갖고 있을 수도 있지만, 부적절한 조기 양육과 역기능적 사고 성향을 갖게 만드는 학습환경을 가졌을 수도 있다. 영재 아동의 비동시성 발달도 또한 취약성 요인으로 작용할 수 있다. 왜냐하면 영재 아동과 그 또래 간의 사회, 정서 및 인지적 격차가 부정적인 자기 평가(예: "난 이상한 아이야.")를 낳을 수 있기 때문이다. 영재 학습자가 지닌 학업, 사회 및 정서적 욕구에 적절하게 반응해 주지 못하는 교육환경과 사회환경도 스트레스원이 되어 소인을 장애를 나타내는 쪽으로 '돌리도록' 촉매 역할을 할 수도 있다. 그 밖의 다른 급성 및 만성적 생활 경험(예: 사회적 배척, 가족 붕괴)이 우울과 같은 기분장애의 발달과 지속에 기여하는 이후의 심리사회적 스트레스원으로서 작용할 수도 있다.

사례

Rachel(가명)은 11세 소녀로 담임교사가 GERRIC 클리닉에 의뢰한 아동이었다. 담임교사는 Rachel의 부정적 정서, 사회적 고립 그리고 교실에서의 분노 폭발 경향성을 염려하였다. Rachel은 외동딸로 도심 지역 근교에서 엄마와 단둘이 살고 있는 고도 영재 아동이었다. 그녀는 7세 때 심리측정 평가를 받았으며 그때 당시 판인 표준화된 인지기능 검사(웩슬러 아동용 지능검사 제3판: WISC-III)에서 전체 지능지수(Full IQ) 148을 지닌 전반적으로 최우수 수준 범위의 능력을 보였다. Rachel은 학교 초기에 뛰어난 성취를 보였다. 수상 경력과 탁월한 학급 활동 수행 그리고 언어와 문학 영역에서의 상당한 장점을 보였다. 그녀는 주립 초등학교 내의 독립된 전일제 6학년 학업적 영재학급인 '기회학급(opportunity class: OC)'에 속해 있었다. 이 학급에 들어가기 위해서는 일반능력 검사와 학업성취 검사 결과에 근거하여 심한 경쟁에서 순위에 들어야 한다.

Rachel의 부모님은 그녀가 어릴 때에 별거하였고, 그 이후에는 엄마와 살고 있으면서 양쪽 부모와는 계속 접촉해 왔다. 증상이 나타나기 약 2년 전, Rachel의 아버지는 단기간 병을 앓다가 사망하였다. 그때에 Rachel은 일반적인 애도과정을 겪는 것으로 보였으며, 슬픔으로 인해 과도하게 심신이 약화되는 것 같지는 않았다. 그녀는 친한 친구가 있고 좋은 대인관계 기술로 매일 활동을 즐겁게 하고 있다고 보고되었다. 그러나 클리닉에 오기 약 6개월 전에 Rachel의 학업 수행은 나빠졌는데, 특히 '아무것도 하지 않는다'는 것이었다. Rachel의 어머니와 교사도 그녀가 '분노 폭발'을 보이고 점점 더 사회적으로 위축되어 간다고 보고하였다.

단계 1: 평가(1~2회기)

Rachel의 어머니가 초기 면접에 왔을 때, 어머니는 교사의 걱정을 반복하면서 Rachel이 자기 일과 공부에 집착하면서 바쁘게 보내 왔는데, 지난 몇 년 동안은 '실제로 그렇게 살지 않았음'을 염려한다고 표현하였다. 어머니는 아동행동 평정척도–부모 보고형(Child Behavior Checklist-Parent

Report Form: CBCL; Achenbach & Rescorla, 2001)을 완성하였다.

그리고 상담자는 Rachel을 만나 면담하였다. 약간의 초기 논의와 비밀 유지에 관한 브리핑이 끝난 후, 상담자는 내담자-상담자 평가과정을 소개하였으며, 대학 클리닉에서 치료를 계속하는 것을 보장할 수 없고 계속 참석하도록 절대로 강요하지 않을 것을 솔직하게 인정했다. 영재 청소년의 경우는 자신이 치료에 강제로 보내졌다고 느끼는 경우 이러한 경고가 특히 중요하다. 상담자는 초기 회기에서 적극적인 경청과 바꾸어 말하기 접근을 사용하였다.

상담자   오늘은 우리가 너에게 무슨 일이 있는지에 관해 이야기할 기회를 가질 거야. 그리고 내가 너를 도울 수 있는 것이 무엇인지를 생각해 보자. 또한 우리가 함께 어떻게 해 나갈지, 이것이 좋은 일인지, 또는 우리 중 누구라도 우리가 함께 잘해 나가고 있지 못하다고 느끼는지를 파악하는 기회가 될 거야. 만일 그렇다면 너에게 더 잘 맞는 사람을 찾도록 노력할 거야. 그것이 내 일이거든.

내담자   좋아요.

상담자   지난주에 나는 어머님을 만났는데, 어머님은 걱정이 되서 너에게 일어나는 일 몇 가지를 대략 말씀해 주셨어. 특히 어머님은 네가 학교에서 어떻게 지내고 있는지를 걱정하셨는데, 네가 뭔가 잘 안 되고 있다고 생각한다고 말씀하셨어. 네 생각도 그러니?

내담자   정확히는 아니에요. 과제도 하지 않고 하고 싶은 동기도 느끼지 못하는 나 때문에 엄마가 열 받아 하시는 것을 전 알고 있어요. 그러나 그것이 주 문제는 아니에요.

상담자   음~

내담자	대체로 저는 외로웠어요. 그리고 내년에 있을 일로 걱정을 많이 했어요. Louise가 내 반에 같이 있으면 좋겠다는 마음을 멈출 수가 없네요.
상담자	네 마음에 몇 가지 일이 있는 것 같은데. 너의 주요 걱정거리는 네가 외롭다는 것과 너의 친구가 매일 너와 함께 있기를 진정 바라는 것이구나. 또한 내년에 일어날 일에 대한 생각도 계속 들고.
내담자	맞아요.
상담자	자, 내년에 관하여 네가 걱정하고 있는 것이 무엇인지 좀 더 자세히 듣고 싶구나.

평가 회기의 나머지 부분은 '다른 모든 사람과 다르다.'는 Rachel의 기분과 그녀의 지각된 사회적 무능력감에 초점을 두었다.

Rachel은 아동행동 평정척도-청소년 자가 보고형(Child Behavior Checklist-Youth Self Report Form; Achenbach & Rescorla, 2001)과 아동용 우울척도(Children's Depression Inventory: CDI; Kovacs, 1981)를 완성하였다. 아동용 우울척도는 인지, 정서 그리고 행동적 우울 지표를 측정하는 검사다.

두 번째 평가 회기에서 Rachel은 최근에 발생한 세계적인 사건(러시아에서 테러 분자들이 학교를 점령하여 많은 아동이 사망한 사건을 포함하여)에 심취하여 다른 모든 일을 하지 않았음을 드러냈다. Rachel의 언어와 내성력 및 분석 수준은 많은 고도 영재 아동의 전형적인 모습이었다.

내담자	학교가 점령당한 것에 관한 생각을 멈출 수가 없어요. 정의도 없고 그에 대한 설명도 없는 것 같아요. 그러나 다른 한편으로 우리 편에서 증오심을 조장해 온 것 같다는 것을 알 수 있어요.

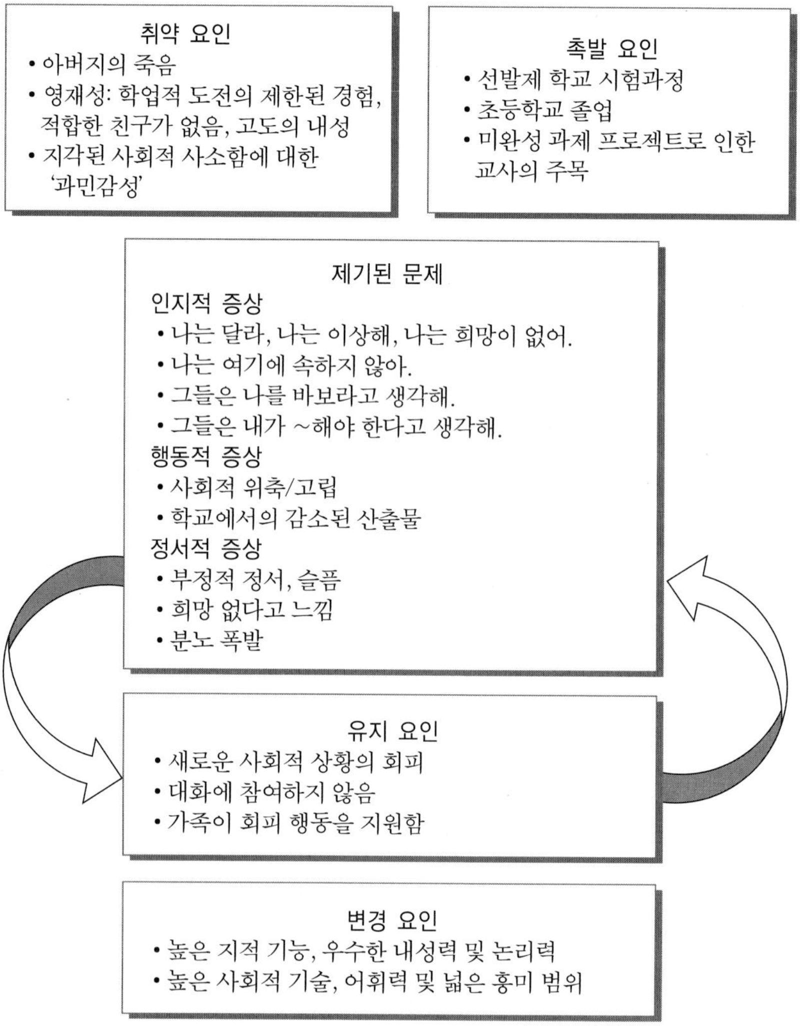

취약 요인
• 아버지의 죽음
• 영재성: 학업적 도전의 제한된 경험, 적합한 친구가 없음, 고도의 내성
• 지각된 사회적 사소함에 대한 '과민감성'

촉발 요인
• 선발제 학교 시험과정
• 초등학교 졸업
• 미완성 과제 프로젝트로 인한 교사의 주목

제기된 문제
인지적 증상
• 나는 달라, 나는 이상해, 나는 희망이 없어.
• 나는 여기에 속하지 않아.
• 그들은 나를 바보라고 생각해.
• 그들은 내가 ~해야 한다고 생각해.
행동적 증상
• 사회적 위축/고립
• 학교에서의 감소된 산출물
정서적 증상
• 부정적 정서, 슬픔
• 희망 없다고 느낌
• 분노 폭발

유지 요인
• 새로운 사회적 상황의 회피
• 대화에 참여하지 않음
• 가족이 회피 행동을 지원함

변경 요인
• 높은 지적 기능, 우수한 내성력 및 논리력
• 높은 사회적 기술, 어휘력 및 넓은 흥미 범위

[그림 7-2] 성취 문제를 지닌 가족에서 상호작용의 교류분석 모델

Rachel은 점령당해 세 아이가 죽임을 당한 가족의 이야기에 사로잡혀 있었다. 상담자와 Rachel은 국제 테러리즘, 종교적 열정, 그리고 국가 간 이데올로기의 차이가 초래하는 결과에 관해 성인 수준으로 자세한 대화를 계속했다. 그러나 Rachel은 먼저 이야기했던 자기 또래와의 다름으로

되돌아가는 듯했다.

> 내담자　아무도 이런 문제를 걱정하는 것 같지 않아요. 내 친구 누구도 상
> 관 안 해요. 사람들은 'IDOL'[호주의 대중 스타 경쟁 TV 프로를
> 의미함]에서 누가 승리하는지에 더 관심 있어요.

평가가 좀 더 진행되면서, Rachel은 학교 과제를 '연구할' 것을 전달하
면서 웹사이트에 있는 그다음의 국제적인 사건을 이야기하기 시작하였다.
두 번째 평가 회기 마지막에 Rachel과 상담자는 Rachel이 문제라고 인
식한 영역 및 연관된 인지, 행동 그리고 정의적 요소들을 요약하면서 문
제 형성을 작성하였다([그림 7-2] 참조).

단계 2: 인지 및 행동 학습 단계(3~6회기)

Rachel과 상담자는 학교에서 받은 부정적인 결과로 '과제 수행'이 당면
한 목표임을 인식하였기 때문에 3과 4회기를 문제 해결로 사용하였다. 문
제 해결과 추상적 추론 능력이 탁월했음에도 불구하고, Rachel은 조직화
능력이 부족했다. Rachel은 도움이 필요하다는 것 자체가 당황스러웠다
고 설명했다. "나 혼자서 과제를 수행할 수 있어야만 하는데."라고 말했
다. 간단한 일일 시간표를 작성하였고, 뛰어난 성적으로 과제를 완수하기
위한 실행 계획도 수립해 놓았다.

많은 고도 영재 아동과 마찬가지로, Rachel은 인지 모델을 매우 빨리 습
득하였으며, 주어진 예로부터 자기의 인지와 정서 반응 경험으로 추론해 나
갈 수 있었다. 상담자는 마치 어른에게 하듯이 설명을 해 주었다. Rachel의
내성력은 뛰어났으며 인지치료에 큰 자산이 되었다. 그러나 이러한 두드러
진 내성력은 '다르다'는 그녀의 느낌을 악화시켰으며, 때때로 지각된 유능

감에 대해서는 과다하게 반추하고 걱정하는 쪽으로 옮아가기도 하였다.

상담자는 사고 인식에 대한 설명과 근거를 제시하였으며, Rachel에게 좀 더 예를 제시하도록 요구하였다.

상담자 인간 경험에 관하여 우리가 알고 있는 것 중 하나는 유전과 학습 경험 이 두 가지의 결과로 우리는 어떤 특정한 방향으로 습관적으로 생각하고 반응하는 경향이 있다는 거야. 비록 이러한 사고 습관이 전혀 도움이 되지 않는다고 하더라도. 그런 예를 생각할 수 있겠니?

내담자 그건 쉬워요. '난 멍청해.'는 도움이 되지 않는 사고이지만 전 그 생각을 없앨 수 없을 것 같아요.

상담자 그래. '난 멍청해.'라는 것도 반대되는 증거가 무수히 많음에도 불구하고 우리가 종종 습관적으로 하는 사고의 예가 되지. 그것과 연결될 수 있는 다른 사고의 예를 생각해 볼래?

내담자 음, 아, '그 사람은 바보야.' 이 생각도 제가 많이 하는 거예요. 나는 다른 사람을 진짜로 많이 판단하는 것 같아요. 그런 나 자신이 싫어요.

상담자 좋아. 너는 이것을 매우 빨리 파악했네. 하나의 원리를 자신에게 적용하는 사람은 다른 사람을 평가할 때도 같은 기준을 적용한다는 것이 매우 흥미롭지.

내담자 '미인'처럼요.

상담자 그게 무슨 말이지?

내담자 학교에서 자신이 어떻게 보이는지에 관해 인간의 의식을 초월한 여학생들 말이에요. 그들은 많은 시간을 몸단장, 의상, 머리, 화장 그런 모든 것에 다 써 버려요. 이런 것들이 그들에겐 매우 중요해요. 그들은 완벽하게 꾸미지 않은 채 밖에 나가도 죽음이라고 여기진 않지만, 다른 한편으로 그들은 이상한 머리, 비만, 어울리지 않는 옷을 입은, 어울리지 않게 하고 다니는 사람들을 판단하고 완전 외면해 버려요.

상담자   그래.

Rachel은 간결한 설명에서 다른 예시까지로 빠르게 추론해 나갈 수 있었다.

인지 모델의 그다음 단계는 Rachel로 하여금 자신의 생각을 인식하게 하는 것이다. 상담자는 Rachel이 학교 운동장에서 벌어지는 역동성과 두 명의 여자친구와의 우정에서 자신이 배제된 것에 대한 Rachel의 염려를 인용한 예를 사용하였다. 여자친구들은 Rachel과 함께 러시아의 점령이나 국제 정치를 논하는 것에는 별 관심이 없었다.

내담자   그들이 내게 곁눈질을 한다는 것을 전 알고 있어요. Casey와 Melissa가 그렇거든요. "오, 여기 또 재 지나간다."라고 말하면서 뭔가 말할 거리를 찾느라 내 주위를 선회한 후에 곧 나를 무시해 버리지요.

상담자   그런 일이 있을 때 너는 어떤 생각이 드니?

내담자   한편으로 전 상관 안 해요. 왜냐하면 극도의 어리석은 행동이라고 생각하거든요. 그리고 모든 사람도 다 마찬가지일 거라 생각해요. 예전엔 진짜 좋은 친구들이었는데, 이젠 그들이 나를 싫어해요.

상담자   그래서 드는 생각 중 하나는 '모든 사람이 나를 싫어한다.'구나.

내담자   아마 그런 것 같아요. 그렇지만 결코 그런 식으로 말하지는 않아요.

Rachel은 사고를 빨리 인식할 수 있었으며, 상황에 따른 정서적 반응과 사고를 변별해 낼 수 있었다. 그러나 때로 Rachel은 '심하게 격분하여' 재빠르게 일어나는 이런 사고를 '파악'하는 것이 어렵다는 것을 인정하였다. 이것은 특히 화가 나 분노에 휩싸여 있을 때 더욱 그러하였다. 상담자는 그러한 사고의 자동화 본성과 더불어, 때로 자신의 사고가 마구 달려가고 있음을 느꼈을 때 그 속도를 늦출 필요성을 논의하기 위한 서문으로 이것을 사용할 수 있었다.

Rachel은 사고 점검과정에 잘 참여하였다. 그리고 일주일 만에 사고 오류 '목록'을 상담자에게 제시하였다.

- 사기꾼 현상
- 다름의 과장
- 마음 읽기―다른 사람은 나를 바보라고 생각할 것이다.
- 학교 과제는 항상 쉬워야 하고 노력 없이도 할 수 있어야 한다는 믿음; 그렇지 않으면 난 바보다. 다른 사람들은 별다른 노력 없이도 성취를 잘한다.

Rachel은 치료의 인지적 도전 단계로 빠르게 전진해 나갔다. 치료과정의 한 부분에 철학적인 질문하기와 논쟁하기를 넣음으로써, 고도 영재 청소년과의 인지치료는 일반 인지치료와 구분할 필요가 있다. Rachel은 사건의 정확한 지각과 도움이 되는 관련 사고 간의 차이에 관해 철학적인 토론을 하였다. 상담에 처음 나타났을 때의 Rachel은 화가 잔뜩 난 반항아였는데, 이러한 행동이 지금의 치료 단계에서 다시 나타나는 것은 흥미로운 일이었다. 실제로 상담자는 '반론을 제기하지' 못하게 제한을 두는 것을 연습할 필요가 있었으며, Rachel이 적절한 도전을 통합해서 처리해 가도록 허락할 필요가 있었다. 다음의 사례에서 상담자는 그 회기를 요약하였으며, 긴장감을 느낄 때에 '이 사고가 어떻게 도움이 되는가?'를 고려할 필요가 있음을 설명하였다. 그러나 Rachel은 피상적인 수준에서 이러한 원칙을 수용할 준비가 되어 있지 않았다.

내담자 선생님이 말한 것을 제가 좋아하지 않는다는 것은 사람들에게 개인적인 책임이 없다는 것입니다. 그것은 허튼소리라고 생각합니다.

상담자 그 점에 관하여는 네 이야기가 맞는 것 같구나. 네가 의미하는 바를 구체적으로 좀 더 말해 보렴.

내담자 음. "내가 할 수 있는 한 최선을 다했어. 때때로 일진이 나쁜 날도 있는 거야."라고 생각하는 것이 제게 더 도움이 된다는 의미라면 오케이, 좋습니다. 그러나 저는 실제로 엄마나 친구에게 상처를 준 진짜 조심성 없는 행동을 해 왔어요. 그리고 선생님은 내가 했던 것에 대해 어떤 책임도 지지 않을 것을 허락했고요. 그러나 공평하다고는 생각하지 않아요.

상담자 그래, 사람들은 그런 방식으로 자기 스스로를 봐 주고 있는 게 사실이야. 네가 그렇게 한다고 생각하는 것이 책임의 불수용인가?

내담자 아니요. 그렇게는 생각하지 않아요. 사실 전 너무 자주 궁지에 몰려 있다고 생각해요.

상담자 그래서 네가 일종의 타협점을 생각하는 건가? 우리는 "아무것도 염려하지 마. 아무것도 너의 잘못이 아니야."라고 말하려는 건 아니야. 그러나 한편으로 실제로 너의 통제하에 있지도 않은 많은 일로 인해 네가 개인적인 책임감을 느끼고 과잉 보상하는 것도 우리는 원치 않아.

내담자 네.

그리고 실제로 부정적인 평가를 하는 사람들이 세상을 좀 더 정확하게 볼지도 모른다는 점을 밝히는 연구에 관한 논의가 뒤따랐다. Rachel의 반응과 사고는 다른 사람이 주는 부정적인 평가에 대한 '과경계성(hypervigilance)'과 동시에 '다르다'는 주제로 되돌아가 계속되었다. Rachel은 엄마와 친구 그리고 교사와 다음과 같은 일이 일어나고 있다고 기술하였다. 다음의 회기 내용에서 Rachel은 필수 과제인 서평 쓰기를 완성하지 않은 것에 관하여 교사와 겪은 갈등을 설명하고 있다.

상담자　무슨 일이 있어서 화가 났는지 조금 이야기해 보렴.

내담자　글쎄요, J 선생님은 항상 저만 야단치세요. 내가 잘하는 것에는 별로 주의를 기울이지 않아요. 이젠 정말 지겨워요.

상담자　그 점이 정말로 너를 화나게 만든다고 들리는구나. 선생님이 어떻게 너를 야단치는지 말해 줄래?

내담자　네, 어제 프로젝트 시간이었어요. 저는 서평을 쓰려고 애쓰고 있었고요. 실제로 저는 진짜로 열심히 쓰고 있었어요. 왜냐하면 내가 할 수 있는 만큼 해야 한다는 것을 알기 때문이에요. 많은 학생은 시끄럽게 떠들고 있었고, 그 외 다른 학생들은 잘하고 있었어요. Phoebe와 Melissa는 전혀 하지도 않고 노닥거리고 있었거든요. 아무튼 전 쓰고 있었고, 막 고개를 들고 허공을 바라보면서 오로지 내가 쓰고 있는 것에 관해 생각하고 있었는데, 이것은 늘 내가 하던 행동 그대로예요. 아무튼 저랑 선생님 눈이랑 마주쳤어요. 선생님은 마치 "너 지금 고개를 들고 뭐 하고 있어? 미친 듯이 열심히 해야지!"라고 말하는 것처럼 의문이 가득한 얼굴로 저를 뚫어지게 쳐다보셨지요. 그래서 전 완전 열 받았어요. 그리고 곧바로 선생님을 뚫어지게 바라보았지요.

상담자	그래서 네 머릿속에는 어떤 생각이 들었는데?
내담자	별다른 생각은 없었고 분노만이 들끓었어요. 음, 아마 저도 '왜 저를 야단치세요? 한번 다른 학생들을 보세요.' 라고 생각하고 있었던 것 같아요. 그리고 선생님이 항상 저를 주목하고 있고 저의 단점과 다른 학생과의 다른 방식을 알아차린다는 사실을 생각하고 있었어요.
상담자	음, 그러한 사고들이 진행되면서 네가 왜 화가 났는지 그 이유를 알겠구나. 우리가 그러한 사고들을 좀 더 자세하게 살펴보면서 시험에 그것들을 적용해 볼 수 있을까?

호주에서는 7~12학년 학생들이 다니는 중등과정을 고등학교라고 부른다. Rachel이 살고 있는 뉴사우스웨일즈 주에는 학문적 영재와 재능 학생들만 다니는 19개의 선발제 고등학교(호주의 셀렉티브 하이스쿨)가 있다. 이 학교들은 주에서 운영하는 공립학교로 수업료가 없다. 단지 학생이 학업적으로 입학 기준에 맞아야 한다는 점이 필수 요건이다. 뛰어난 명문 학업학교인 이 학교의 입학은 초등학교 교장선생님과 교사의 추천 순위와 더불어 일련의 능력검사와 학년 외 수준의 성취검사를 통해 이루어진다. 입학 경쟁은 심하며, 모든 가능한 장소에서 평균 5명의 지원자만 뽑는다.

Rachel은 최근에 본 선발제 고등학교의 입학 시험 결과를 매우 심각하게 걱정하고 있었다. Rachel의 어머니는 Rachel이 시험을 치르고 제한된 시간 안에 과제를 수행하기 위해서는 도움이 필요하다고 보았다. 그래서 그녀를 선도대학(coaching college)에 보냈다. 다음의 회기 내용에서 상담자는 자기 사고 저변에 깔린 것이 시험 불안을 일으키고 있다는 점을 고려하도록 Rachel을 격려하기 위하여 반영과 질문 기법을 사용하고 있다. 그러한 반추는 많은 영재 학생에게 흔하게 일어난다.

내담자   그게[선발제 고등학교에 들어가는 것] 될 거라고 생각할 수가 없어요. 분명히 저는 수학 점수 때문에 떨어질 거예요. 여기서[선도대학] 저보다 낮은 점수를 얻은 사람은 오직 남학생 한 명뿐이에요. 그리고 만일 입학이 안 되면 전 뭘 해야 할지 잘 모르겠어요.

상담자   만일 네가 선발제 고등학교에 들어가지 못한다면 무슨 일이 일어날지 걱정이 된다는 말이구나. 그리고 지금 단계에서 너의 기회는 꽤 적다고 생각하고 있고.

내담자   맞아요. 전 [학교에] 입학하지 못한다는 사실을 직면해야만 한다고 생각해요.

상담자   네가 학교에 입학하지 못한다는 것이 너에게 어떤 의미지?

내담자   글쎄요. 그곳은 모든 사람이 내가 갈 거라고 기대하는 곳이에요. 제가 어릴 때부터 전 그곳에 갈 거라고 생각해 왔던 곳이고요. 그리고 저희 반 아이들도 대부분이 가는 곳이에요.

상담자   그 학교에 입학하지 못하면 어떤 점이 안 좋니?

내담자   글쎄요, 아는 사람이 없어요.

상담자   너는 학교에 입학하지 못할까 봐 염려하고 있고, 분명히 떨어질 거라고 생각하고 있어. 그런데 반 친구 모두가 가는 그곳인 그 학교에 네가 입학할 거라고 모든 사람은 기대하고 있지. 만일 네가 [다른] 학교에 가야 한다면, 넌 거기서는 아는 사람이 전혀 없게 되고.

내담자   글쎄요. 그들 때문은 아니에요. 엄마가 기대한다는 것을 내가 안다는 것이지요.

상담자   너는 그것을 어떻게 알지?

내담자   엄마의 목소리 톤으로 알아요. 엄마는 비록 "상관없어. 최선을 다하렴. 나는 네가 행복하기를 바랄 뿐이야."라고 말씀하시지만, 제

가 떨어진다면 아마 엄마는 정말 화가 나실 거라고 감히 말씀드
릴 수 있어요.

상담자　음, 네 말이 맞을지도 몰라. 그러나 네가 아는 바와 같이 우리가
함께 상담에서 이야기한 것 중의 하나는 우리의 초기 사고를 액
면 그대로 받아들일 필요가 없다는 것이었어. 만일 네가 이번 시
험을 잘 보지 못한다면 엄마가 정말로 화가 나실 거라는 것은 사
실이야. 그런데 너는 무슨 증거로 이러한 전제를 지지하고 있지?

내담자　엄마는 제가 행복해지길 원해요.

상담자　맞아. 그런데 그것이 만일 네가 이번 시험을 잘 보지 못한다면 엄
마가 정말로 화가 나실 거라는 생각을 어떻게 지지하지?

내담자　엄마는 제가 노력을 많이 기울이지 않으면 화를 내셔요.

상담자　네가 노력을 많이 기울이지 않으면 엄마가 화를 내시니?

내담자　네, 그래요.

'되돌아 반영하기'를 언급하자면, 'could'나 'might'와 같은 수식어를
포함하기 위해, 상담자는 Rachel의 원래 말의 뜻을 바꾸었다. 이와 같은
방식으로 상호작용을 지속하였고, Rachel은 자기가 최소의 노력으로 인
해 잘 수행하지 못했을 때 엄마가 전에는 '화를 내셨다'는 것을 제시하였
다. 그러나 한편으로 Rachel은 이런 생각에 모순이 되는 상당한 역증거도
생성해 낼 수 있었다. Rachel은 '마음을 읽고 있었으며' 엄마가 화를 내는
것이 아니라 실망하게 될 것이라는 결론을 내렸다. 이런 방식으로 인지적
도전이 계속되었고, 많은 경우에 Rachel은 "모든 사람은 나에게 ~를 기
대한다."라고 생각했다고 추론해 내었다. 같은 원리를 적용한 후에(이러
한 사고를 지지하거나 반대하는 증거를 생성해 내기), Rachel은 저변에 깔린
이런 주제가 자기에게 불안과 분노를 일으키게 했다고 결론지었다. 상담

자는 인지적 도전과정을 요약하였고, Rachel에게 미래에 있을 법한 이러한 종류의 불안 유발 사고를 다루는 방식을 상기시켰다.

상담자 　자, 네가 돌연 뭔가에 공포를 느끼고 스트레스를 받을 때, 너 자신을 진정시키기 위해 할 수 있는 한 가지는 '모든 사람은 나에게 ~하기를 기대해.' 라는 사고를 붙잡으려고 노력하고, 이런 대화를 상기시키고, 너 자신을 위해 '모든 사람이 너에게 뭐든 그렇게 하길 기대하는지 안 하는지'를 결정하려고 노력하는 거야. 만일 매번 네가 '모든 사람은 나에게 ~하기를 기대한다.' 라는 생각이 사실이라면 너는 불안해질 것이며, 다른 사람이 생각하는 것을 생각하여 그것에 기초해서 무엇인가를 억지로 해야 한다고 느끼게 될 거야.

'나는 누구도 전혀 알지 못해.'라는 사고를 하기 위하여 이와 비슷한 전략을 사용하였다.

상담자 　자, 다른 걱정 중 하나는 [별로 좋아하지 않는] 학교에 가는 것과 아는 사람이 하나도 없다는 생각이야.

내담자 　네.

상담자 　좋아. 그럼 그것이 뭐가 나쁜지 말해 줄래?

내담자 　무슨 말인가요? 그건 진짜 짜증 나는 일인데요.

상담자 　왜?

내담자 　아는 사람이 없다는 것은 괴로운 일이에요. 어떻게 보이는지, 어디에서 앉아야 할지, 점심시간에 무엇을 할지, 이같이 모든 작은 일에도 스트레스가 돼요. 그건 정말로 외롭고 알 수 없어요.

상담자 그래서 너는 아는 사람이 없다는 것이 괴롭다고 생각하는구나.

내담자 [웃으며] 시작하지 마세요. 그건 과장이고 점치는 것인 거 저 알아요. 선생님이 옳아요. 그렇지만 정확하게 말해 그건 내가 더 좋아하는 선택은 아니라는 것이지요.

상담자 나도 그렇게 생각해. 역증거를 좀 생각해 볼까?

내담자 아, 네. 실은 아는 사람이 아무도 없는 언어 캠프에서 Melissa를 만났어요. 그리고 우린 진짜진짜 친한 친구가 됐죠.

'아무도 알지 못한다'는 사고에 대해 역증거를 조사하면서 회기가 진행되었다. Rachel은 자신이 아무도 알지 못하는 상황에서 자기 생각을 재앙화하는 경향이 있다는 결론에 도달하게 되었다. 상담자는 Rachel에게 이러한 깨달음을 미래의 경험으로 어떻게 전이시킬지를 생각하게 하면서 그 회기를 마무리 지었다.

상담자 오늘 우리가 나눈 대화를 다시 생각해 볼 때, 이런 습관적인 사고방식으로 내년에 갈 학교에 관한 생각이 어느 정도 과장되어 왔음을 너 스스로 상기시킬 수 있을지 의문이 드는구나.

내담자 모르겠어요.

상담자 [침묵]

내담자 정말로 전 재앙적 사고자였나 봐요. 자동적으로 그렇게 생각이 들기 시작하는 것 같아요. 이제는 "이건 아마 그렇게까지 나쁘진 않을 거야. 그에 대해 모든 면을 생각해 봐." 그리고 "난 전에는 전혀 알지 못했던 멋진 사람을 만났어."라고 저 자신에게 말할 수 있을 거예요.

단계 3: 연습하기(7~8회기)

치료의 다음 단계는 사전에 조율된 몇 번의 노출 경험에 Rachel을 참여시키는 것이다. 이에 새로운 사회적 상황에 대한 불안을 감소시키고, 내년에 대한 두려움을 감소시키고, 더불어 사회적 위험 감수 경험을 제공하도록 고안되었다. Rachel과 상담자는 다음과 같은 노출 경험 목록을 고안하였다.

- 2개의 다른 학교에서 참관일에 참여하기
- 선도대학에서 새로운 사람에게 자신을 소개하기
- 흥미 있는 대화를 시작하고 적어도 5분간 지속하기
  (Rachel은 전에는 상대방이 흥미가 없다는 것을 지각하면 자신이 즐겁게 한 대화를 중지했다.)

각각의 노출 경험을 하기 전 준비 작업으로, Rachel은 0=불안이 전혀 없음에서부터 100=불안이 최대인 0~100점 척도를 이용하여 불안을 측정하도록 훈련받았다. Rachel은 노출 전, 도중 그리고 후에 각각 불안을 평가했다. 또한 Rachel에게 불안의 본질과 신체적, 행동적, 인지적 상관 요소들(Barlow, 2001 참조)을 간략하게 알려 주었다. 각 노출 경험을 하기 전에는 초기에 불안이 증가할 것이라고 가르쳤다.

다음 내용은 노출 경험 중 하나(흥미 있는 대화를 지속하기)를 다룬 상담 회기를 글로 풀어 놓은 것이다. 사회적 노출을 계획할 때, 상담자는(그리고 가끔은 내담자도) 결과를 엄격하게 통제하지 못한다. 최적의 결과를 촉진하기 위해서는 모든 가능한 신경을 써야 한다(예: 이 경우에는 대화 상대자의 선택을 조심스럽게 계획했다). 그러나 상담자와 내담자는 연습의 목표가 사회적 불안을 감소시키는 것이고 적절한 위험 감수를 연습하는 것이지, 특별한 결과를 보장하는 것이 아님을 기억해야만 한다.

상담자   나는 일이 어떻게 됐는지 정말로 듣고 싶어.

내담자   네, 실제로 매우 좋았어요. 정말로 행복했어요. 전 마치 내가 정
말로 뭔가 잘못한 사람처럼[계획된 노출은 학교 점심시간에 있었
다] 하루 종일 정말로 바보라고 느꼈거든요. 저의 척도 측정은 진
짜로 높았어요. 아침 내내 거의 80 정도였어요.

상담자   너 자신의 평정을 유지할 수 있게 만든 것은 무엇이니?

내담자   숨을 깊게 들이쉬면서 "일어날 수 있는 가장 나쁜 일이 무엇이
지?"라고 우리가 동의했던 말을 말하곤 했어요.

상담자   그래서 어떻게 됐지?

내담자   나아졌어요. 그렇지만 여전히 걱정이 되었고 '그 애는 날 바보라
고 생각할 거야.'라는 생각이 계속 들었어요. 그래서 전 그 생각
을 바꾸었어요, "그래서 뭐? 그게 일어날 수 있는 가장 나쁜 일이
야?"라고요.

상담자   오케이, 좋아. 네가 너의 머릿속에서 건너뛰는 처음 사고에 자동적
으로 반응하지 않은 것은 좋은 징조야. 그리고 나서 어떻게 됐니?

내담자   Melissa와 저는 도서관 밖으로 나왔고, [곧 있을 연방 선거에 관
하여] 대화를 시작했어요. 그리고 그녀에게 어떻게 생각하는지를
물어보았어요. 그녀는 별로 내키지 않아 했어요. 아마 이전 같으
면 전 확실히 슬그머니 도망쳤을 거예요. 아무튼 그녀는 저를 기
이한 듯이 쳐다보았지만, 곧 자기 부모님은 그 일에 빠져 있어서
자기도 TV에서 그 내용을 시청했다고 말하더군요. 그래서 전 조
금 더 이야기를 계속했어요. [이라크] 전쟁이 정말로 짜증 난다고
생각하며, 우리나라가 갇혀 있는 아이들에게 일어나는 일들을 고

려하길 바란다고 말했어요. Melissa도 자기 역시 그렇게 생각한
다고 말하더군요. 그렇지만 그녀가 제 입을 닫게 하려고 그렇게
말했는지는 확실하진 않았어요. 그러나 내가 생각했던 것보다는
나았어요. 아무튼 그녀는 주제를 바꾸어서 우리의 숙제인 뉴스
평에 관해 질문했어요.

상담자 이야기하는 동안 너의 불안 수준은 어떠했던 것 같니?

내담자 정확하게 파악하기는 힘들었어요. 그러나 선생님 말이 맞아요.
불안은 확실히 가라앉았고, 그리고 나서 우리는 점심을 먹으러
갔어요. 별거 아니더군요.

상담자 그래서 이번 경험을 통해 얻은 것은 무엇이지?

내담자 네, 전에는 '그들은 나를 바보라고 생각해.' 라는 생각으로 마음을
읽고 있었기 때문에 확실히 저 자신에게 대화를 멈추도록 강요했
다고 생각해요. 아마도 전 뭔가를 놓치는 사람이었나 봐요. 그러
나 여전히 제가 관심 있어 하는 주제를 다른 사람들도 관심 있어
한다고는 생각하지 않아요.

상담자 아마도 너 나이 또래의 많은 사람이 그럴 거야.

내담자 [웃으며] 네, 전 잘못된 연령 세대에 있나 봐요!

단계 4: 재발 예방과 치료 종결(9회기)

마지막 치료 회기는 치료를 검토하고 Rachel에게 앞으로 있을 위험 감
수 상황에서 문제를 해결하도록 격려하는 것으로 진행되었다.

상담자 자, 머지않아 곧 있을 너를 생각해 보자. 새로운 학교에서의 첫날
을 상상해 보자. 너는 너의 불안을 다스리도록 너 자신을 도와주
기 위해 어떻게 할 거니?

내담자　　마음을 읽지 않는 거요.

상담자　　좋아, 나도 동의해. 문제는 때로 네가 하지 말라고 말하는 것, 그
　　　　　것이 때로 꽤 어려운 일이 된다는 거야. 마치 네가 "초콜릿을 먹
　　　　　지 마." 그러면 네가 할 수 있는 모든 생각은 ○○에 관한 것?

내담자　　……. 초콜릿이요!

상담자　　맞았어. 그래서 너 자신을 도와주기 위해 네가 할 수 있는 것 또
　　　　　는 너 자신에게 말할 구체적인 것은 무엇이니?

내담자　　음, "그것에 관해 가장 나쁜 일이 무엇이니?"라는 질문을 사용할
　　　　　수 있다고 생각해요. 왜냐하면 어쨌든 궁극적으로는 그다지 중요
　　　　　하지 않은 그 무엇에 관해 걱정하고 스트레스를 받는 나 자신을
　　　　　발견하기 때문이에요. 마치 낯선 사람이 나에 관해 생각하는 것
　　　　　처럼.

상담자　　좋아. 그 밖에 네게 도움이 된다고 발견한 것은 무엇을 하는 것이지?

내담자　　때때로 주의 분산이 제겐 도움이 된다고 생각해요. 또는 그것을
　　　　　다음 날에 생각하는 것도요. 그렇게 되면 그것이 조금은 더 명확
　　　　　해져요. 계속 연습을 해야겠지요.

　　Rachel과 상담자는 핵심이 되는 인지적 도전과 좀 더 도움이 되는 평가
를 요약한 정리 카드를 준비하였다. 여기에는 흔히 나오는 자동적 사고
문구(예: "나는 아무도 아는 사람이 없어.")와 도전 질문(예: "그 일과 관련하여
가장 나쁜 것은 무엇인가?") 그리고 원래의 사고를 재언급하기(예: "나는 새
로운 친구를 만날 거야. 나는 모든 사람을 알 필요는 없어.")로 구성되어 있다.

　　Rachel은 치료를 끝내는 것을 낙관적으로 느꼈으며, 불안과 분노가 감
소되었다고 보고하였다. 실제로 그녀의 자기 보고와 어머니의 자기 보고
평가는 불안, 우울, 분노가 유의미하게 감소되었음을 보여 주었다. 그리

고 상담자는 Rachel을 '빅 시스터'라는 또래 멘토링 프로그램에 의뢰하였다.

Rachel은 치료가 종료되고 몇 달 후에 클리닉에 와서 자기가 원하던 선발제 고등학교 입학을 '해냈다'고 우리에게 알려 주었다. 또한 그녀는 음악, 문학 그리고 예술에 강한 일류 사립 고등학교에서도 장학금을 받았다. 그녀는 아직 어느 학교를 선택할지 결정하지 않았다.

참고문헌

Achenbach, T. M., & Rescorla, L. A. (2001). *Manual for the ASEBA School Age Forms and Profiles.* Burlington, VT: University of Vermont, Research Center for Children, Youth, & Families.

Barlow, D. H. (Ed.). (2001). *Clinical handbook of psychological disorders* (3rd ed.). New York: Guilford Press.

Beck, A. T., Rush, A. J., Shaw, B. F., & Emery, G. (1979). *Cognitive therapy of depression.* New York: Guilford Press.

Benbow, C. P., & Lubinski, D. (1993). Psychological profiles of the mathematically talented: Some sex differences and evidence supporting their biological basis. In G. R. Bock & K. Ackrill (Eds.), *The origin and development of high ability* (pp. 44-66). New York: John Wiley and Sons.

Benbow, C. P., & Stanley, J. S. (1996). Inequity in equity: How 'equity' can lead to inequity for high-potential students. *Psychology, Public Policy and Law, 2,* 249-292.

Burns, D. D. (1999). *The feeling good handbook.* New York: Plume.

Cloninger, S. C. (1996). *Theories of personality: Understanding persons.* Englewood Cliffs, NJ: Prentice Hall.

Colangelo, N. (2003). Counseling gifted students. In N. Colangelo & G. A. Davis (Eds.), *Handbook of gifted education* (3rd ed., pp. 373-387). Boston: Allyn & Bacon.

Colangelo, N., & Zaffran, R. T. (Eds.). (1979). *New voices in counseling the gifted.* Dubuque, IA: Kendall Hunt.

Colangelo, N., Assouline, S. G., & Gross, M. U. M. (2004). *A nation deceived: How schools hold back America's brightest students* (Vol. 1). Iowa City, IA: The Connie Belin & Jacqueline N. Blank International Center for Gifted Education and Talent Development.

Coleman, L. J., & Cross, T. L. (1988). Is being gifted a social handicap? *Journal for the Education of the Gifted, 11,* 41-56.

Columbus Group. (1991). *Unpublished transcript of the meeting of the Columbus Group.* Columbus, OH.

Cross, T. L., Coleman, L. J., & Stewart, R. A. (1995). Psychosocial diversity among gifted adolescents: An exploratory study of two groups. *Roeper Review, 17,* 181-185.

Dabrowski, K. (1972). *Psychoneurosis is not an illness.* London: Gryf.

Dadds, M. R., & Barrett, P. M. (2001). Psychological management of anxiety disorders in childhood. *Journal of Child Psychology & Psychiatry & Allied Disciplines, 42,* 999-1011.

Dadds, M. R., Barrett, P. M., & Rapee, R. M. (1996). Family process and child anxiety and aggression: An observational analysis. *Journal of Abnormal Child Psychology, 24,* 715-734.

Flanders, J. R. (1987). How much of the content of mathematics textbooks is new? *Arithmetic Teacher, 35,* 18-23.

Gagné, F. (1985). Giftedness and talent: Reexamining a reexamination of the definitions. *Gifted Child Quarterly, 29,* 103-112.

Gagné, F. (2000). Understanding the complex choreography of talent development through DMGT-based analysis. In K. A. Heller, F. J. Mönks, R. J. Sternberg, & R. Subotnik (Eds.), *International handbook of giftedness and talent* (pp. 67-79). Oxford, England: Pergamon Press.

Gagné, F. (2003). Transforming gifts into talents: The DMGT as a developmental theory. In N. Colangelo & G. A. Davis (Eds.), *Handbook of gifted education* (3rd ed., pp. 60-73). Boston: Allyn & Bacon.

Ginsburg, H. P. (1997). *Entering the child's mind: The clinical interview in psychological research and practice.* Cambridge, NY: Cambridge University Press.

Goldstein, D., Stocking, V. B., & Godfrey, J. J. (1999). What we've learned from talent search research. In N. Colangelo & S. G. Assouline (Eds.), *Talent development 3: Proceedings from the 1995 Henry B. and Jocelyn Wallace National Research Symposium on Talent Development* (pp. 143-152). Scottsdale, AZ: Gifted Psychology Press.

Gross, M. U. M. (1989). The pursuit of excellence or the search for intimacy? The forced-choice dilemma of gifted youth. *Roeper Review, 11,* 189-194.

Gross, M. U. M. (1998). The "me" behind the mask: Intellectually gifted children and the search for identity. *Roeper Review, 20,* 167-174.

Gross, M. U. M. (1999). Small poppies: Highly gifted children in the early years. *Roeper Review, 21,* 207-214.

Gross, M. U. M. (2000, May). *From "play partner" to "sure shelter": A comparison of conceptions of friendship between children of average ability, moderately gifted and highly gifted children.* Paper presented at the Fifth Wallace International Research Symposium on Gifted Education and Talent Development, Iowa City, University of Iowa.

Gross, M. U. M. (2002). Gifted children and the gift of friendship. *Understanding Our Gifted, 14*(3), 27-29.

Gross, M. U. M. (2004). *Exceptionally gifted children* (2nd ed.). London: RoutledgeFalmer.

Hollingworth, L. S. (1926). *Gifted children: Their nature and nurture.* New York: Macmillan.

Hollingworth, L. S. (1931). The child of superior intelligence as a special problem in social adjustment. *Mental Hygiene, 15*(1), 3-16.

Hollingworth, L. S. (1936). The development of personality in highly intelligent children. *National Elementary Principal, 15,* 272-281.

Hollingworth, L. S. (1942). *Children above IQ 180.* New York: World Books.

Janos, P. M., Marwood, K. A., & Robinson, N. M. (1985). Friendship patterns in highly intelligent children. *Roeper Review, 8*, 46-49.

Jung, C. G. (1989). *Memories, dreams, recollections* (Rev. ed., R. Wilson & C. Wilson, Trans.). New York: Vintage Books.

Kazdin, A. E., & Marciano, P. L. (1998). Childhood and adolescent depression. In E. J. Mash & R. A. Barkley (Eds.), *Treatment of childhood disorders* (2nd ed., pp. 211-248). New York: Guilford Press.

Kazdin, A. E., & Weisz, J. R. (Eds.). (2003). *Evidence-based psychotherapies for children and adolescents.* New York: Guilford Press.

Kerr, B. A. (1986). Career counseling for the gifted: Assessments and interventions. *Journal of Counseling and Development, 64*, 602-604.

Kline, B. E., & Meckstroth, E. A. (1985). Understanding and encouraging the exceptionally gifted. *Roeper Review, 8*, 24-30.

Kohlberg, L. (1963). The development of children's orientations towards a moral order. I: Sequence in the development of moral thought. *Vita Humana, 6*, 11-33.

Kovacs, M. (1981). Rating scales to assess depression in school aged children. *Acta Paedopsychiatrica, 46*, 305-315.

Metalsky, G. I., Abramson, L. Y., Seligman, M. E. P., Semmel, A., & Peterson, C. R. (1982). Attributional styles and life events in the classroom: Vulnerability and invulnerability to depressive mood reactions. *Journal of Personality and Social Psychology, 43*, 612-617.

Miller, W. R., & Rollnick, S. (2002). *Motivational interviewing: Preparing people for change* (2nd ed.). New York: Guilford Press.

Moon, S. M. (2003). Counseling families. In N. Colangelo & G. A. Davis (Eds.), *Handbook of gifted education* (3rd ed., pp. 388-402). Boston: Allyn & Bacon.

Neihart, M. (2002). Gifted children and depression. In M. Neihart, S. M. Reis, N. M. Robinson, & S. M. Moon (Eds.), *The social and emotional development of gifted children. What do we know?* (pp. 103-112). Waco, TX: Prufrock Press.

Parker, W. D. (1997). An empirical typology of perfectionism in academically talented children. *American Educational Research Journal, 34,* 545-562.

Piechowski, M. M. (2003). From William James to Maslow and Dabrowski: Excitability of character and self-actualization. In D. Ambrose, L. M. Cohen, & A. J. Tannenbaum (Eds.), *Creative intelligence: Towards theoretic integration* (pp. 283-322). Cresskill, NJ: Hampton Press.

Reis, S. M., Westberg, K. L., Kulikowich, J., Caillard, F., Hébert, T., Plucker, J., et al. (1993). *Why not let high ability students start school in January? The curriculum compacting study.* Storrs: National Research Center on the Gifted and Talented, University of Connecticut.

Robinson, N. M., Reis, S. M., Neihart, M., & Moon, S. M. (2002). Social and emotional issues: What have we learned and what should we do now? In M. Neihart, S. M. Reis, N. M. Robinson, & S. M. Moon (Eds.), *The social and emotional development of gifted children: What do we know?* (pp. 267-288). Waco, TX: Prufrock Press.

Roedell, W. (1984). Vulnerabilities of highly gifted children. *Roeper Review, 6,* 127-130.

Rogers, C. R. (1961). *On becoming a person: A therapist's view of psychotherapy.* Boston: Houghton Mifflin.

Sanders, M., Turner, K., & Markie-Dadds, C. (1996). The treatment of childhood disorders. In P. Martin & J. Birnbrauer (Eds.), *Clinical psychology: Profession and practice in Australia* (pp. 287-314). Melbourne, Australia: Macmillan Education.

Sattler, J. (1998). *Clinical and forensic interviewing of children and families.* San Diego, CA: Author.

Seligman, M. E. (1995). *The optimistic child.* New York: HarperPerennial.

Seligman, M. E., & Csikszentmihalyi, M. (2000). Positive psychology: An introduction. *American Psychologist, 56,* 216-217.

Silverman, L. K. (1989). The highly gifted. In J. F. Feldhusen, J. VanTassel-Baska, & K. R. Seeley (Eds.), *Excellence in educating the gifted* (pp. 71-83). Denver, CO: Love.

Silverman, L. K. (1993). *Counseling the gifted and talented.* Denver, CO: Love.

Tannenbaum, A. J. (1983). *Gifted children: Psychological and educational perspectives.* New York: Macmillan.

VanTassel-Baska, J. (1998). Characteristics and needs of gifted learners. In J. VanTassel-Baska (Ed.), *Excellence in educating gifted and talented learners* (3rd ed., pp. 173-191). Denver, CO: Love.

Webb, J. T., Meckstroth, E. A., & Tolan, S. S. (1983). *Guiding the gifted child.* Columbus, OH: Ohio Psychology Publishing Company.

Wilson, P. H., Spence, S. H., & Kavanagh, D. J. (1989). *Cognitive behavioral interviewing for adult disorders.* Baltimore: Johns Hopkins University Press.

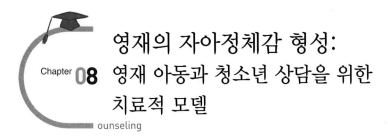

영재의 자아정체감 형성:
Chapter 08 영재 아동과 청소년 상담을 위한
치료적 모델

ounseling

Andrew Mahoney, Don Martin, and Magy Martin

1. 영재성 개념

이 모델에서는 영재성과 총체적 자아정체감 발달이 서로 얽혀 있어서 분리할 수가 없다. 이러한 파트너십의 이해와 인정이 영재 청소년을 도와 주는 데에 핵심이 된다. 거의 10년 전에 Sternberg(1996)는 영재 아동의 문제를 '침묵의 소리'라고 명명하였는데, 역설적으로 말해 이 말은 영재 아동이 우리의 가장 가치 있는 천연 자원임을 가리킨다. 아직은 영재 개인을 판별하고 그들을 도와주는 데에 상담자와 치료사들에게 조력해 줄 수 있는 연구기반 상담 모델이 거의 없다(Gallagher, 2003; Winner, 1996). 영재성은 추상적인 개념이기 때문에 영재성 판별을 효과적인 상담에서 개념을 실용적으로 연결하여 적용하는 일은 도전이 된다. 우리는 우리의 모델이 이 공백을 메워 주는 데에 도움이 될 것으로 믿는다.

영재 개인은 종종 고립과 분리를 경험하는데, 이는 자기 수용과 자기 감사의 부족에 의해 일어난다. 영재의 자아정체감 형성 모델은 상담자가 영재성을 판별하고 이해하도록 도와주는 강력한 도구가 되기에 이러한 판별을 상담 개입의 기초로 사용할 수 있다. 이 모델은 건강을 증진하고 잠재성을 받아들이는 한편, 영재 개인에게 자기의 정체성을 탐색하고 강화하도록 도와준다.

영재의 자아정체감 형성 모델을 발달시키면서 우리는 영재들의 자아정체감 형성과 관련한 복잡한 사안들을 조사하였다. 우리는 Erikson(1968)과 Hollingworth(1926) 같은 유명한 연구자들에게 영향을 받아 발달 단계에 따른 자아정체감을 조사하였다(Fiedler, 1998). Erikson의 견해가 특히 도움이 되었는데, 그는 자신의 진짜 정체성에서 일탈되어 있는 개인을 파악하려고 한 최초의 사람 중 하나였기 때문이다(Clark, 1997). 그는 영재 개인이 내부 세계로 퇴각하고 안전을 위해 자아를 분리하는 과정을 설명할 수 있었다. 역설적으로 이러한 안전은 착각이다. 왜냐하면 건강한 자기 발달은 외부 세계와 자기와의 내적 상호작용과 내적 자아와의 성공적인 통합을 요구하기 때문이다. 우리 모델은 영재가 고립을 깨고 나와 다른 사람의 삶과 사회 전반에 공헌할 수 있는 통합된 인간이 되도록 치료사가 도와줄 수 있는 방법을 기술하고 있다. 영재의 자아정체감 형성 모델은 영재가 '나는 누구인가?'를 인식할 수 있도록 도와주는 범위를 넘어서, 나아가 '나의 목표는 무엇인가?'라는 영재 개인의 핵심에 관한 더 중요한 질문을 던진다.

영향

많은 책과 논문에서 영재교육의 개척자들이 서술되어 있고, 기본적인 영향, 정의, 특성 그리고 영재를 다루는 것과 관련한 가정을 자세하게 담고 있다(Rimm, 1990). 우리는 여기서는 간략하게 검토할 것이다. 왜냐하면 쉽게 접근 가능한 정보를 반복하기보다는 우리의 상담 모델을 기술하는 것이 우리의 의도이기 때문이다.

Hollingworth(1926)는 영재 아동을 판별하고 상담하도록 도와주는 전략을 창조하기 시작하였다. 그녀는 영재 아동들이 매우 취약하며, 가끔 또래로부터 소외된다는 점을 이해하였다. 가끔 영재 아동이 어떻게 학교에서 냉담해지는지를 알게 되면서, Hollingworth는 아이 자신과 사회의 이익 모두를 위해 이 아이들을 다르게 가르칠 필요가 있다고 믿었다. 그녀는 영재 아동이 권위적인 인물에게 부정적이 되고 적절한 지도를 받지 못하면 결국은 문제 청소년이 된다는 점을 관찰하였다.

임상가는 앞선 인지능력과 고도의 자기 인식을 지닌 내담자를 만날 때 영재성에 관한 관심을 종종 갖기 시작한다(Klein, 2000). 학자들은 영재가 가끔 고립감을 느끼고 마치 심리·사회적인 위기에 놓인 것처럼 행동한다고 언급하면서(Gross, 2000; Tolan, 1990), 영재의 생애 발달은 비전형적인 정서 및 신체적 성숙과정을 거친다는 것을 시사하였다. 발달은 독특한 패턴을 따르며, 연대기적으로 다양하거나 또는 단순히 정상적인 순서를 벗어날 수도 있다. 그러나 영재성의 정서적 차원이 분명하게 연구의 초점이 된 것은 거의 최근 몇 년의 일이다(Csikszentmihalyi, 1999).

우리의 임상 업무는 인지적 복잡성과 정서적 강렬함과의 상호 관련성을 강조한다(Gardner, 1983, 1999; Sternberg, 1988a, 1988b, 1997). 우리는 정서적 불안정성이 강렬한 정서를 통해 표현되는 풍부한 내적 삶의 증거라는 역설을 믿는 많은 연구자로부터 영향을 받아 왔다. Hollingworth(1926)와 Lovecky(1992)는 임상가는 영재 개인을 도와주기 위해서 일생 전반에 걸친 영재성을 이해할 필요가 있다고 하였다. Lovecky(1992)는 영재 개인이 자기 자신을 가치 있는 사람으로 여기는 것을 배워야만 하고 지원을 찾아야 한다고 믿었다. 만일 영재 개인이 이러한 안내를 받지 못하면 갈등이 뒤따르고 그 결과 우울이 재발될 수 있다(Brody, 1999).

자기 성장과 인식은 영재 개인의 발달에 결정적이다(Lovecky, 1992). 자신을 알고 자신을 수용하면 개인적인 힘을 발견하게 된다. 양육과 지지적인 관계를 통해 영재 개인은 번성하고 성장할 수 있다. 영재성을 발견하고 충분히 통합하면, 개인은 자기 삶에서 목적과 의미 그리고 방향을 가질 준비가 되는 것이다. 영재를 위한 차별화되고 특별한 상담 서비스의 필요성은 문헌에서 제기되고 있다(Alverado, 1989; Colangelo & Ogburn, 1989; Feldman, 1995; Rocamora, 1992; Treffinger & Feldhusen, 1996). 영재성이나 영재의 자아정체감 발달과 같은 얽히고 복잡한 개념을 실행 가능한 상담 적용으로 통합하는 일은 다방면에 걸쳐 도전을 제공한다.

정의

우리의 영재성 정의는 의식과 무의식, 생물학적이고 화학적인 기질, 그리고 삶에 영향을 끼치는 무수히 많은 학습 경험을 결합한다(Gross, 2000). 우리는 자아정체감 탐색이 어느 영재성 정의든 그 핵심 요소가 되며, 이 여정이 우리 모델의 기초가 됨을 믿는다. 이러한 또래 집단 및 중요한 관계로부터의 분리가 혼돈스러운 여정을 장식한다. Erikson(1968)과 몇몇 사람이 말한 자아정체감 형성이 내적 자아와 외부 세계와의 통합이라면, 외부 세계로부터 계속 거절당해 온 영재가 어떻게 이러한 거절을 이해하고 인식할 수 있는지 그러면서도 거절당해 온 이 환경에 왜 공헌자가 되길 원하는지 답 없이 질문만 남는다(Bloom, 1985).

Robinson과 Noble(1991)은 다음과 같이 논평하였다.

영재 아동과 청소년으로 알려진 다양한 집단보다도 더 다양한 젊은 사람들의 집단은 없다. 그들은 모든 사회 각계각층에서, 모든 인종과 사회경제적 집단에서, 그리고 모든 국가에서 나올 뿐만 아니라 기질, 위험 감수, 보수주의, 내향성과 외향성, 과묵함과 자기주장성, 그리고 목표에 도달하기 위해 투자하는 노력의 정도 면에서도 개인 특성이 거의 무제한 범위에서 나타난다(p. 14).

영재의 자아정체감 정의는 개인의 자아정체감 발달만큼 복잡할 수 있다. 심지어 Erikson(1968)조차 의식적인 것과 무의식적인 것을 모두 포함하여 모든 측면의 자아의 통합과 조화에 대해 결정적으로 설명하기를 주저하였다.

대부분의 영재성 정의는 민감성, 지각력, 흥분성, 도덕적 · 창의적 · 학업적 적성, 그리고 자기 결정의 욕구와 같은 특질과 행동의 특징을 가진 확산적인 사고능력을 나타낸다(Feldman, 1995). 우리는 영재가 자신을 규정짓고 세계 속에서 자신의 위치를 찾고자 하는 강렬한 욕구를 경험한다고 믿는다. 탐색은 생애 전반에 걸쳐 지속되며, 삶에서의 의미와 대인관계 상호작용에서의 의미 모두를 탐색한다. '그것은 치타인가?'라는 제목의 Tolan(1995)의 유명한 논문에서, 그녀는 영재 아동의 판별을 치타로 비유하였다. 치타는 지구상에서 가장 빠른 동물이며 시속 약 112km(약 70마일)를 달리기 때문에, 특히 먹잇감인 영양을 종종 쫓을 때에는 쉽게 눈에 띈다. 그러나 치타는 또한 괴상한 고양이다. 치타는 대부분의 고양이에 비해 과활동적이며, 거구도 아니고, 발톱을 오그리지도 못하고, 먹잇감을 제압하기보다는 움켜잡는다. 치타는 야생동물 가운데 이상한 동물로 여겨진다. 시속 112km로 달리는 것이 치타에게는 자연스러운 행동이며, 그러한 상황에서 치타를 알아보기란 그리 어려운 일은 아니다.

좀 더 중요한 점으로, Tolan은 동물원에 갇힌 치타도 여전히 치타인지를 묻는다. 이 동물이 단지 동물원 음식만 먹고, 시속 약 8km(약 5마일) 정도를 달리고, 약 3×3.6m(10×12 feet) 크기의 우리 안에 앉아 있다면 이 동물이 치타인지 우리가 어떻게 알 수 있을까? 동물원 측은 치타에게 뒤쫓을 영양을 제공해 주지 않을 것이며, 그 때문에 동물원에서 치타는 결코 치타일 수가 없는 것이다. 우리가 치료관계에서 영재 아동의 본질을 규정지으려고 시도한다면, 우리는 동물의 본성을 잊어버린 동물원에 있는 치타를 보고 있는 것이다. 모든 유기체는 생물학적인 디자인을 충족시키려는 욕구를 갖고 있다(Davis & Rimm, 1998). 만일 영재가 목적을 잃어버리면 그 결과는 종종 엄청난 파괴력을 지닐 것이다.

따라서 우리 모델의 목적을 위하여 우리는 지적 영역, 예술 영역 또는 개인적 창의성과 같은 다양한 영역 중 한두 영역에서 예외적인 능력을 영재성이라고 단순하게 정의를 내린다. 우리는 어느 영재성 정의라도 복잡성, 과정 그리고 영재성과 관련한 자아정체감 형성의 뉘앙스를 조명하길 바란다. 우리의 정의에는 적절한 발달과정의 결핍이 개인 내에 있는 영재성의 속성을 심각하게 방해할 수 있다는 믿음이 내재되어 있다(Silverman, 1998). 예를 들어, 한 청소년은 고등학교 1학년이 될 때까지 대·소근육 발달이 지연되었는데, 이 시기에 막 발달적 급성장이 이루어지기 시작하였다. 그리고는 갑자기 고등학교에 와서 다른 학생들에 비해 월등히 우수한 예술작품을 만들어 낼 수 있게 되었다. 이 영재 아동이 바로 비동시성의 예시인 것이다. 이 사례에서 보면 그의 내적 예술적 욕망과 후에 청소년이 될 때까지 그 영역에서 영재로 자격을 주지 못하는 산출 수준 간에 비동시성이 발생한 것이다.

특성

대부분의 연구자는 학업이나 다른 영역에서 예외적으로 월등하게 잘 수행하는 것으로 영재성을 정의한다(Tolan, 1989, 1990). 만일 그렇다면 그들의 삶은 영재라고 명명하는 것만큼 단순할 것이다. 역설적으로 치료 상황에서 만나는 영재는 오히려 자기 이해의 부족과 성공의 결여에 의해 정의가 내려지며, 통제하기 힘든 것 같은 발달 궤도를 경험한다. 예를 들어, 초기 어린 나이에서의 인지 기술 발달은 개인을 더 높은 수준의 사고과정으로 올려놓는 성향이 있으며, 그로 인해 그의 삶을 정상적인 사람들과 다르게 만든다. 아동의 교사나 학교 환경을 포함해서 무궁무진한 상황에 따라 성취 수준은 달라질 수 있다. 그러나 아동이 성취를 하든 못하든 영재성은 그대로 남아 있다. 우리가 믿기에 다른 사람들이 내적 현실을 가지고 정의를 내리듯이, 연구자들이나 임상가들은 종종 외적인 성취로 영재성의 정의를 내리려고 시도한다(Burks, Jensen, & Terman, 1930). 거의 외재적인 보상을 받지 못하고 재주가 있다는 것도 좀처럼 밝혀지지 않거나 드러나지 않는 아이들은 학교나 치료에서 도움을 주기가 어렵지만, 외재적 성취를 이룬 영재는 그렇지 않다.

영재의 자아정체감 형성 모델은 현존하는 모델을 향상하고 보완한다. 이 모델은 다른 사람들이 필수조건이라고 보는 유형의 결과 범위를 넘어서 영재성의 정의를 내린다. 예를 들어, 어린 나이에 훌륭한 산문을 쓸 수 있거나 예외적으로 뛰어난 성적을 얻는 아동은 영재일 뿐만 아니라 잠재력 있는 환경에 위치해 있다. 많은 아동은 그렇게 행운아는 아니며, 이러한 이유로 우리 정의에 의하면 영재성은 수행이나 산출물에 좌우되지는 않는다. 우리는 어쩔 수 없는 상황이 개인의 일반적, 특수한 또는 상대적인 타고난 재능의 유창성이나 산출물을 심각하게 방해한다고 믿는다. 이

러한 상황에는 능력을 발달시킬 기회의 결여, 진단되지 않고 수용되지 않
는 학습 문제 존재, 또는 영재성 시연에서의 발달 지연이 들어 있다. 영재
개인의 이러한 의식적 의지나 의도의 결여는 많은 이유로 인해 일어날 수
도 있다. Lovecky(1986)는 이를 의욕(conation) 또는 실천 의지(will to do)라
고 일컬었다. 영재와 관련하여 의욕은 모든 산출 작업을 수행하도록 이끄
는 결정적인 동기, 욕구, 노력 또는 의지인 것이다. 의욕이 없다면 영재적
능력은 결실을 맺지 못한다. 그래서 영재성은 '실천 의지'를 포함해야만
한다.

영재성을 정의하는 요소인 의욕, 그 의욕의 부족은 영재를 판별하는 사
람의 지각과 능력을 한정시킬 수 있다. 그러면 그 사람은 부적절하게 명
명되거나 간과될 수도 있다(Lovecky, 1992). 영재의 자아정체감 형성 모델
은 의욕을 친화 또는 의미를 발견하려는 추동(drive)으로 정의 내리며, 영
재 개인을 판별하고 상담하는 과정에서 의욕을 고려해야만 한다고 언급
하고 있다. 치료사들 간의 차이는 영재에게 그러한 추동이 계발되어 왔는
지의 여부다. 만일 발달을 방해하는 요인들을 보지 못하고 의욕을 판별
변인으로만 사용한다면, 그 사람에게서 영재성을 인식하지 못하게 된다.
영재의 자아정체감 형성 모델은 개인의 자아정체감에 영향을 줄지도 모
르는 모든 체계에서 친화의 구성 요인들을 측정한다.

만일 자아정체감이 '나는 누구인가?'가 지닌 모든 복잡한 측면을 포괄
적으로 아우른다면, 자아정체감 형성은 자기의 분리된 조각들을 하나의
독특한 존재로 통합하고 조성하는 과정이 된다. Erikson(1968)은 자아정
체감 형성을 "개인의 중심부에 위치하고 또 동시에 그가 속한 공동 문화
의 중심부에 위치한 과정"(p. 22)이라고 말했다. Erikson은 내적 자기(자기
의 모든 내적 측면과 내재적 상호작용)와 외적 세계(외적 세계와 관계를 맺고
싸우는 자기) 간의 통합적이고 복잡한 관계성을 거론하였다. 그는 자아정

체감 형성의 복잡한 과정과 싸울 때 고려할 '최소한의 특성들'을 기술하였다. 영재의 자아정체감 형성 모델은 모델의 활동 지지 기반으로서 이러한 특성들을 활용한다.

- 자아정체감 형성은 반영과 관찰 과정을 동시에 사용한다.
- 자아정체감 형성은 모든 수준의 정신적 기능에서 일어난다.
- 개인은 다른 사람들이 자기를 보는 시각으로 자기 자신을 지각한다.

영재의 자아정체감 형성 모델에 의하면, 영재 아동은 한정된 특성을 지녔다기보다는 무한한 잠재력과 무한한 특성을 지니고 있다. 따라서 인간의 잠재성에서의 극단의 복잡한 상호작용과 영재의 비동시적 발달과 연관된 가변성을 실제로 폭넓게 기술한 것이 바로 특성들이다. 이러한 한계의 면에서 일부 특성은 다음과 같다.

- 창의적이고 이론적이고 추상적인 사고자
- 독립적이고 발명가적이고 비순응적인 처리자
- 본능적인 민감성
- 각성과 열심
- 직관력, 가끔 순차적인 사고 없이 이루어짐
- 강렬함, 사고가 집중된 기간에서, 종종 공상가로 규정됨
- 심미적 지향
- 민주 지향의 권위를 선호함
- 열정, 타인의 상실에 대한 두려움을 지닌
- 선호 스타일 내에서의 탐구학습(Winner, 1996)

불행히도 이러한 특성들은 영재성의 본질을 규정하는 그 모든 것이 될 수는 없다. 영재의 자아정체감 형성 모델의 목표는 상담자에게 각 개인의 독특함이나 개인 내에 있는 편차를 조사하도록 도와주는 데에 있다. 이 모델은 맥락 속에서의 의미를 고려할 때 오직 특성만을 사용하기보다는 좀 더 융통성 있게 접근하며, 개인의 자아정체감 발달에 관한 상담에 좀 더 적합하다. 심지어 연구가 10년이 지났음에도 불구하고 여전히 누구를 영재로 판별할 것인지에 관해 전문가들 사이의 합의가 부족하다는 것은 흥미로운 일이다. 따라서 영재성의 비특징적인 시각이라는 생각이 이치에 맞는 것 같고, 의미의 맥락을 탐구하기 위해 좀 더 융통성 있는 접근을 허용하고 있다. 그리고 이것이 개인의 자아정체감 내에서 좀 더 타당한 것 같다(Rogers, 2002). 우리는 임상가들이 영재성을 규준에서 벗어나 무한한 잠재성을 지닌 일탈로 볼 필요가 있으며, 이러한 일탈은 역설적으로 끝없는 잠재력을 지닌 인간의 본질과 능력에 대한 견해를 갖게 해 준다고 믿는다(Hollingworth, 1942).

비동시성의 일반적 개념에 대한 두 가지 측면은 영재성의 비특징적인 시각과 관련이 있다. 한 가지 전제는 지적 능력과 생활연령 그리고 신체적 능력 간에 불일치가 존재한다는 것이다(Sternberg, 1988a). 두 번째 생각은 IQ가 증가할수록 비동시성이 강해진다는 것이다(Sternberg, 1988b). 이러한 복잡한 개념들은 양으로 측정하기 어려우며, 영재성을 인간 조건의 독특한 변화로 만들어 버린다. 영재의 자아정체감 형성 모델의 주요한 버팀목 중 하나는 영재성에 대한 이런 난해한 견해다. 모델은 영재성의 비특징적인 시각에 강하게 의존하지만, 영재 집단을 이해하기 위해서 특징적인 기술어의 사용을 배제하지는 않는다. 우리 모델은 특징들을 규정하고, 기본적인 이해를 위해 적절한 때에 특징들을 사용하며, 치료에서는 각 개인에게 맞는 방법으로 조심스럽게 특징들을 논한다.

임상가들은 영재 개인의 특성을 파악할 때 기술적인 특질을 즐겨 사용한다. 왜냐하면 그것은 유동적이며, 질적 기술 분석 범위를 참작하기 때문이다. 영재의 자아정체감의 깊이와 복잡성을 반영하는 방식에서 이 분야의 다른 사람들(Kearney, 1992)은 특질을 기술어로 사용해 왔다. 영재성의 특성을 파악함으로써 임상가들은 복잡하면서도 다양한 정도의 영재성과 힘겨운 싸움을 하는 개인의 지각을 평기할 수 있다. 영재성과 관련 있는 특성들은 영재 내담자가 영재가 되는 경험을 할 때 그 증거가 된다. 이러한 특성들은 영재 개인의 자아정체감의 독특한 발달을 반영한다. 영재의 자아정체감 형성 모델은 이러한 특성들을 사용하여 임상가들을 단순한 심리교육적 접근에서부터 본질적으로 심화되고 반성적인 좀 더 기술적인 방법론으로 이동시킨다. 따라서 이 모델에서는 생애 전반에 걸친 자아정체감 발달 변인들로서 내담자의 영재적 특성의 발달과 통합을 고려해야만 한다(Mahoney, 1998).

가정

영재의 자아정체감 형성 모델에서 영재성에 관한 가정은 네 가지 기본 구성 요인으로 발달되어 왔다([그림 8-1] 참조). 이러한 구성 요인은 영재의 자아정체감 형성에 형태를 만들고 영향을 주는 힘이나 버팀목의 일부분을 나타낸다. 네 가지 구성 요인에서 분명한 순서는 없지만 순차적일 수는 있다. 네 가지 구성 요인—타당화, 확언, 친애 그리고 친화—은 자기(Self) 발달에 중요한 기본 원칙을 나타낸다(Mahoney, 1998).

타당화

타당화(validation)란 인간 행동, 정서, 인지 그리고 민감성에서의 편차를

[그림 8-1] 영재성의 특성

인정하는 것을 말한다. Dabrowski의 긍정적 분화 이론(Theory of Positive Disintegration; Davis & Rimm, 1998)은 이런 점들을 발달적 잠재력을 반영하는 과흥분성으로 언급하고 있다. 타당화는 자신이나 다른 사람들이 입증해서 그 사람에게 영재성이 존재한다는 것을 인정하는 것이다. 이것은 자신, 부모, 교사, 기관 그리고 권위적 위치에 있는 인물과 같은 중요한 사람과의 관계로부터의 인정에서 비롯된다. 영재 개인은 타당화의 자원인 이러한 관계성에 의존한다. 비록 영재성은 학업적 평가를 통해 타당성을 입증받을 수 있지만, 중요한 다른 사람들 그리고/또는 예외적으로 뛰어난 개인적 성취에 의한 영재성의 인정은 개인적 성장을 촉진한다. 영재성에 대해 타당성을 입증받지 못한 사람은 낮은 동기 수준으로 고통받기 쉽고, 한정된 방식으로 자신의 영재성을 규정짓기 쉽다.

확언

확언(affirmation)이란 영재 개인의 자아정체감 발달 기간 동안 영재성이 내적으로(개인 내적) 그리고 외적으로(개인 간) 통합된다는 것을 가정한다. 그것은 개인 전체에 초점을 두지만 고립을 사라지게 하지는 않는다. 영재성은 영재 본질의 복잡하고 다양한 측면이며, 양육은 그것에 영향을 주는 요인이다. 확언은 많은 중요 인물이나 심화학습 경험, 환경, 세상과의 계속된 상호작용 등의 과정에서 영재성의 인정과 강화를 의미한다.

친애

친애(affiliation)란 자아정체감의 상실 없이 집단 속으로 통합되는 동안 비슷한 관심을 지닌 사람들과 연합하는 것을 의미한다. 이것은 영재 개인에게 자신의 영재성을 지지해 주는 공동체와 연관을 맺는 기회를 의미한다.

친화

각 개인은 인생의 목표를 달성하기 위하여 세상과 연관을 맺을 필요가 있다. 그리고 친화(affinity)는 이러한 연관성을 가리킨다. 친화의 결핍은 고뇌를 만들어 내며, 인생을 보잘것없게 만들며, 영재의 자아정체감 발달과정을 방해한다. 친화는 영재의 속성을 발달시키기 위하여 적절한 도전과 자극을 제공한다. 친화의 필요성을 인식하지 못하거나 충족하지 못하면 영재 개인은 힘을 잃고 소원해진다. 친화는 친애와 영재성 발달에 동기를 일으킬 수 있으며, 영재가 된다는 것과 연관된 실존적 고뇌를 완화시킬 수 있다. 친화가 없으면 거칠고 현세적인 세상으로부터 보호할 피난처도 없다.

2. 성격 개념

성격

한 아이의 인생에서도 다양한 성격 발달이 종종 나타날 수 있다는 증거가 있다(Davis & Rimm, 1998). 성격 특질은 유동적이지 고정적인 것은 아니다. 성격 발달은 누적되며, 사회적 접촉이나 새로운 경험 그리고 사회·역사적 변화의 맥락 속에서 변화한다. 아이들을 상담할 때 우리는 신뢰와 자아감 그리고 독립심이 성격의 가장 중요한 특성이라고 믿는다. 아동들은 신체적인 편안함과 미래에 대한 최소한의 두려움과 불안을 느낄 때 신뢰를 발달시킨다. 그러한 상태는 아동들에게 자기 세계를 살기 좋고 즐거운 장소로 지각하도록 허락한다. 어떤 이유에서든지 부모가 갈등 상황에서 별거 또는 이혼을 하고 더 이상 보살핌이나 따뜻하고 지속적인 환경을 제공해 주지 못하면 불신이 발달한다. 그러나 아이들이 한 번이라도 신뢰할 수 있는 환경을 경험하였다면 다시 변화할 수 있다.

양육자로부터 신뢰를 얻은 이후, 아동들은 자기 행동이 자기 것임을 발견한다. 그리고 나서 스스로를 주장하기 시작한다. 그들은 자신의 의지를 깨닫고 자아감과 독립심을 발달시킨다. 초기 어린 나이에 그들은 자신이 누구인지, 그리고 무엇이 자신을 다른 사람들과 다르게 만드는지를 파악한다. 그들은 이러한 자아정체감에 매달린다. 그리고 계속 자기 자신과 성격을 구성해 나가면서, 자기의 자아정체감이 좀 더 지속된다는 지식을 갖게 되면 안정감을 느끼기 시작한다. 실제든 또는 상상이든, 자아감은 삶에서 강한 동기를 불러일으키는 힘이 된다. 아동들은 자기에게 맞는 속도로 자기가 할 수 있는 것을 하려고 동기화된다. 그러나 양육자가 참을성이 없어서 아동 스스로 할 수 있는 것도 아동 대신 해 주면 자신과 세계를 통제할 능력에 대해 과도한 두려움과 불안이 발달한다. 그럼에도 불구하고 이 아동들은 자기 성격을 발달시키고 청소년으로 성장하면서 자신의 미래를 선택할 수 있고 이끌어 갈 수 있는 독립된 성인이 될 용기를 가지게 될지도 모른다. 물론 환경이 변화한다면 그들 성격은 또다시 변화할 수 있다.

영재의 성격

영재 아동의 초기 성격 발달은 흥미와 기회의 변화에 가끔 영향을 받는다. 조숙한 언어 기술은 아마도 또래와의 관계에 영향을 끼칠 것이고, 그래서 영재 아동의 능력을 인식하고 인정하는 것이 중요해진다. 어휘력과 표현 형태에서의 다름에 부정적으로 초점을 두게 되면 성격은 긍정적으로 발달하기 어렵다(Roedell, 1984). 유사하게, 일부 영재 아동은 앞선 사회적 인지 기술을 지니고 있어도 사회적 상호작용에서는 이러한 기술을 드러내지 않을 수도 있다. 예를 들어, 한 영재 아동이 사회적 갈등을 해결하는 방법과 협동적으로 어울리는 방법을 이해하고 있지만, 이러한 인지적인 이해를 사회적으로 수용 가능한 구체적인 행동으로 전환하는 방법은 모를 수도 있다. 죽음의 의미를 논하면서 동시에 장난감을 갖고 또래와 싸우거나 연필을 훔쳤다는 이유로 또래를 때리는 어린 아동을 관찰하게 되면 어른들은 혼란스러워진다.

영재 아동의 성격 발달은 영재성의 복잡한 본질을 반영한다. 그들은 넓고 다양한 관심 분야, 기술 수준, 사회성 발달 그리고 신체 능력을 지니고 있다. 그들의 한결같지 않은 발달은 자신에게는 물론 다른 사람에게도 좌절이 되고 불유쾌하게 된다. 그리고 대처 기술이 부족해진다. 영재 아동은 가끔 높은 내적 기대를 품고, 그들 또래 집단의 이해 수준을 넘어선 개념을 학습하기 위해 학교에 입학한다. 이러한 영재 아동들은 뛰어난 능력에 걸맞는 양육을 요구한다. 다른 아동들처럼 영재 아동도 친구를 원하지만 발달적으로 동등한 또래를 찾기 힘들다는 것을 깨닫게 된다. 그들에게 가장 좋은 친구는 이웃에 있지 않고 멀리 떨어진 동네에 있을 수 있어서 부모와 함께 편리하게 그들을 방문하기 어려울 수 있다. 적절한 기회와 만남의 제한은 영재 아동의 성격 발달을 실제로 제지할 수도 있다. 영재

에게 중요한 어른은 영재를 이해할 필요가 있으며, 그들의 옹호자가 되어
야 한다. 그래서 영재들이 사회적으로 그리고 정서적으로 성공할 수 있게
해야 한다.

영재 아동의 차별화에 대한 욕구는 종종 분명하게 드러나지만 성인들
은 이를 무시한다(Rogers, 1992). 영재 아동은 자극에 대한 중요한 욕구를
갖고 있지만, 요즈음의 바쁜 부모는 이것을 과다하게 요구하는 것으로 지
각할 수 있다. 예를 들어, 우리에게 오는 영재 청소년 내담자 부모의 대부
분은 자신들의 세계를 혼란한 결혼생활과 많은 일을 요구하는 직업 사이
에서 갈팡질팡하면서, 이 활동에서 저 활동으로 뛰어다니고, 끊임없이 격
분하는 곳으로 기술한다. 지속적으로 자극을 추구하는 영재 자녀를 둔다
는 것은 가끔은 불편하거나 방해 요인으로 여긴다. 특히 아이가 이러한
혼란스러운 생활을 더욱 방해한다면 더욱더 그러할 것이다.

영재 아동은 성격 발달 면에서 같은 나이 또래와 종종 '맞지 않는다.'
또래와의 관계에서 그들은 지속적으로 자기 자신의 사고와 말과 행동을
조절한다. 그들에게 관심사가 같은 사람들을 발견하기란 어렵다. 아이들
에게 주로 같은 나이 또래와 어울리도록 강요하는 점은 미국인의 삶에서
흥미로운 사실이다. 영재 아동의 이러한 또래와의 어울림에서는 종종 사
랑과 수용이 전혀 없다. 따라서 가정환경에서의 양육, 시간의 몰입 그리
고 사랑은 성격 발달에 결정적인 요인이 된다.

영재 아동의 초기 성격 발달은 다른 아동들의 전형적인 성격 발달과는
다르다. 영재 아동은 지적 발달과 감각적 기술이 앞서 있지만, 사회성 발
달과 성격 발달은 부족할지도 모른다(Schultz, 2000). 영재 아동은 초기 성
격 발달 동안 가장 취약하다. 그리고 주 양육자는 아이의 영재성을 인식
하지 못하거나 혼란스러워할 수도 있다. 영재 아동의 부모는 종종 영재
성을 이해하지 못한다. 아동은 또래 집단과 다르다는 점에 직면함과 동

시에 부모와 다른 중요한 어른들로부터의 이해나 지지를 받지 못함을 경험하게 된다. 이러한 상황은 성격 발달에 최적은 아니다. 그러나 영재 아동은 종종 탄력적이고 이러한 초기 도전을 극복할 수 있으며 강한 자아를 발달시킨다. 초기 어린 나이에 영재로 판별받고 양육된 아동은 창의성이나 좋은 사회적 기술 그리고 열정이라는 특징의 성격을 발달시킬 기회를 가진다.

　우리는 영재학생의 성격 발달에 영향을 끼치는 12개의 체계를 밝혀냈다. 이러한 체계는 자아정체감 형성과 개인의 영재성 발달에 영향을 끼치는 내적이고 외적인 힘을 나타낸다. 영재의 자아정체감 형성 모델은 임상가에게 영재의 성격이 어떻게 발달되는가를 이해하기 위해 각각의 체계를 탐구할 것을 요구한다. 모델은 영재 개인에게 이러한 체계를 자기 탐구에 적용하도록 도전을 준다(Mahoney, 1998; [그림 8-2] 참조).

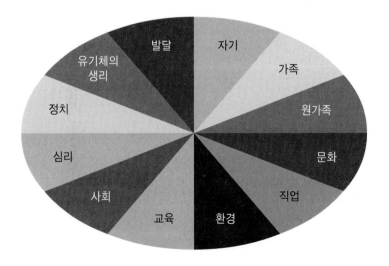

[그림 8-2] 자기 탐구 구성 요인

1. 자기 체계: 이 체계는 개인의 가치와 믿음을 가리킨다. 다른 사람들이 영재 개인을 어떻게 보고 있는지에 대한 지각이 들어 있다.

2. 가족 체계: 이 체계는 직계가족, 배우자, 부모, 형제, 자녀 그리고 동거인을 포함한다.

3. 원가족 체계: 이 체계는 대가족의 돌아가신 세대가 지닌 가치, 믿음, 전통을 가리킨다.

4. 문화 체계: 이 체계는 유산, 성별, 인종, 종교 그리고 민족성의 맥락에서 영재성의 정의를 포함한다.

5. 직업 체계: 이 체계는 영재의 진로 선택, 진로 발달, 직업 그리고 직업 노출 형태를 가리킨다.

6. 환경 체계: 이 체계는 영재 개인의 환경과 그 환경이 성격 형성에 끼치는 영향을 가리킨다.

7. 교육 체계: 이 체계는 영재 개인의 공식적 또는 비공식적 교육을 가리킨다.

8. 사회 체계: 이 체계는 또래와 가족 그리고 공동체와의 중요한 관계를 가리킨다.

9. 심리 체계: 이 체계는 성격 발달과 영재가 된다는 것에 대한 심리적 충격을 가리킨다.

10. 정치 체계: 이 체계는 영재 개인에게 영향을 끼치는 정치적 어젠다를 가리킨다.

11. 유기체의 생리 체계: 이 체계는 개인의 영재성과 행동적 또는 생리적 관계가 있는 곳을 탐구한다.

12. 발달 체계: 이 체계는 영재 개인의 생활주기를 나타낸다.

이러한 12개의 체계는 영재의 자아정체감 발달에 영향을 끼치는 힘이다.

이러한 체계들 중 많은 것은 동시에 공유되고 겹친다. 이것을 조사하는 것은 성격 발달을 이해하는 데에 기여하는 이러한 복잡한 변인들을 탐색하는 것이 된다.

3. 상담 모델

영향

영재 개인의 자아정체감 발달에서는 미묘한 상호작용이 일어난다. 개인이 영재성을 어떻게 통합하고 발달시키는가에 따라 그의 전 생애와 삶의 질이 달라지고 구분된다. 상담은 자아정체감 형성의 이해를 위한 적절한 맥락을 제공하여 욕구가 충족되도록 한다.

접근이 Rogers식이든 인지 행동이든 또는 체계적이든 상관없이, 상담자의 훈련은 일반적으로 관계성의 본질을 강조한다(Gladding, 2004). 치료가 가장 효과적으로 이루어지는 맥락 속에는 남을 배려하는 유능한 양육자가 있다. 이러한 모델과 연관된 기술은 종종 투사검사와 성격검사를 포함하여 평가에 관한 지식이 철저해야 향상된다. 성공적인 치료의 열쇠는 적절한 평가와 진단이다.

영재의 자아정체감 형성 모델은 James Framo(1982)의 원가족 상담, Virginia Satir(1985)의 정의적 초점, 구조적이고 체계적인 치료의 변화 전략, Wolins(1993)의 탄력성 이론을 포함, 체계적 개념에 영향을 받았다. 이러한 체계적 개념은 영재 개인의 취약성과 고립을 파악하고 설명하고 구성하도록 돕는다. 취약성을 파악하고 나서야 영재 개인은 희망의 메시지를 경청할 수 있게 된다. 우리의 견해에 의하면, 영재 개인은 종종 사교성이 부족하지만 친근감을 추구한다. 많은 치료적 만남이 친근감의 표시며 동시에 친근감의 욕구가 파악된다.

상담의 정의

영재 상담자는 영재성이 나타내는 편차의 변동과 자아정체감 형성의 복잡성을 인식해야만 한다. 영재의 자아정체감 형성 모델은 영재 내담자 간에 존재하는 변동성을 수용하고 맞추고 고려한다. 상담에는 다양한 이론적 지향성에 근거한 다수의 역할, 과정, 개입 그리고 선택권이 들어 있다(Gladding, 2002). 영재상담에는 영재의 복잡성과 영재가 상담과정에 내놓는 욕구와 영재의 복잡성에 응하기 위해 다양한 형태의 개입과 과정이 포함되어야만 한다. 영재의 자아정체감 형성 모델은 상담자에게 다음과 같은 확장된 역할과 접근을 활용하도록 허용한다.

- 자문
- 공식적인 상담/심리치료 과정
- 멘토링
- 가르침
- 옹호
- 대체치료

상담자의 역할

상담자의 협력적이고 광범위한 역할은 영재 내담자의 복잡성을 다루는 데에 적합하다. 우리 모델은 상담자에게 전형적인 내담자에게 사용하는 것보다는 상담에서 좀 더 유동적이고 융통성 있는 접근을 사용할 것을 요구한다. 영재 내담자의 다수의 복잡한 욕구는 종종 다중적이고 복잡한 개입을 요구한다. 예를 들어, 미성취 영재 내담자의 사례에서 Sternberg (1988b)는 한 가지 개입만으로는 충분하지 않다고 분명하게 언급한다. 미성취의 패턴을 뒤집을 다수의 개입과 접근을 필요로 한다. 학습장애 영재 아동의 사례에서 상담자의 역할은 자문과 교사 그리고 옹호자로 확대될 수 있다. 게다가 아동은 활력이 떨어진 상태에 있으므로, 상담자의 역할은 학업상 개인지도나 멘토링과 같은 영역에까지 확대될 수도 있다.

　상담자는 영재의 자기 지각과 영재성 지각의 타당화 면에서 결정적인 역할을 한다. 상담에 오는 영재 내담자는, 자신을 권리가 박탈된 사람으로 본다. 그들 중 많은 사람은 지각된 자기 능력 수준에 맞게 수행해 오지 못했다. 그러한 영재 내담자는 자신이 영재인지 아닌지 의문을 갖는다. 그리고 이러한 의심은 자아존중감, 자아개념 그리고 여러 수행에 영향을 끼친다.

　상담자는 타당화 과정에서 결정적인 역할을 하기 때문에, 그리고 영재성을 인간 본질에서 극단의 차이로 보기 때문에 인간 본질에서의 일탈과 관계가 있는 만큼 자신만의 가치 구조를 측정할 필요가 있다. 다른 사람의 일탈된 행동과 씨름하며 부정적인 판단을 내리는 것은 보통 사람들이 흔히 경험하는 것이다. 영재 내담자들이 흔히 경험하는 강렬한 이방인과 같은 느낌과 고립은 여러 면에서 규준과 다르다는 점과 직접적으로 관련이 있다. 만일 상담자가 일탈을 바라보는 상담자 자신의 태도를 점검하지 않으면 그러한 편견은 상담과정에서 내담자에게 쉽게 투사될 수 있다. 상담자는 영재성의 일탈에 대한 자신의 부정적인 견해를 부정할지도 모른다. 대부분의 사례에서 영재는 자신의 일탈된 본질이 부정적으로 판단되는 경우를 인식할 수 있다. 그러한 판단과 탐색되지 않은 가치가 드러날 때, 상담자는 변화를 촉진하도록 도와주기 위하여 그것을 솔직하게 인정해야만 한다. 판단한 내용을 솔직하게 언급하고 내담자의 투쟁과 관계있는 것으로 여긴다면 신뢰는 발달하게 된다.

하나의 지향성만 사용하는 상담자는 영재성의 복잡한 본질 때문에 영재성을 다루기에 효과적이지 않을 수 있다. 만일 상담자가 영재 집단 상담에 특정한 이론적 접근을 엄격하게 고수한다면, 그들이 상담하는 집단은 특정한 유형의 영재에만 국한될 것이다. 우리는 상담자들에게 가능한 이론적인 접근의 레퍼토리를 확대하도록 격려한다. 활용 가능한 다양한 접근을 갖고 있어야 내담자의 복잡성을 다루는 데 도움을 줄 수 있다. 영재의 자아정체감 형성 모델은 다양한 이론적인 접근을 영재 내담자에게 맞추도록 상담자를 도와준다.

내담자의 역할

영재 내담자는 자아정체감 형성에 어려움과 혼란을 야기하는 자기 발달 영역을 인식할 필요가 있다. 또한 기꺼이 다음과 같은 것들을 할 필요가 있다.

- 상담의 목표를 인식하기
- 목표의 방해물과 방해물을 공략하기 위한 장점을 공유하기
- 그것들이 좀 더 효과적일 수 있고, 개인적인 삶을 조절할 수 있다고 믿기
- 패배주의적 행동을 변화시키기
- 신뢰성 있는 관계를 형성하고 개방적으로 의사소통하기(Mahoney, 1998)

목표

　다음과 같은 질문들은 영재의 자아정체감 형성 모델을 진화시키기 위한 자극제들이다.

- 이러한 방법들이 영재의 복잡성에 적합하면서도 내담자들이 그것을 받아들이도록 하기 위해, 우리는 영재성과 연관된 편차에 어떻게 상담 모델을 맞출 것인가?
- 상담과정을 타협하지 않고도 영재성과 연관된 복잡성과 변인들의 크기를 체계적으로 다루는 방식으로, 우리는 어떻게 상담을 제공할 것인가?

이 모델의 주요 목표는 다음과 같다.

- 자아정체감 형성과정에서 내담자를 도와주기
- 내담자의 자아정체감과 영재의 속성과 일치하는 체계 내에서 자아정체감 형성의 네 가지 구성 요인(타당화, 확언, 친애, 친화)을 충족하고 조정하도록 상담하기
- 개인의 영재 자아정체감을 반영하는 방식에서 내담자를 지지하고 존중하기
- 가능하다면 그렇게 하기 위해 정보에 입각한 결정을 근거로 할 때 내담자에게 재능을 활용할 기회를 제공하기
- 영재상담의 단순하거나 전통적인 선형적 견해에서 벗어나 영재 집단의 다양성을 반영하는 복잡한 모델을 갖도록 상담자, 교사, 부모 그리고 다른 전문가들을 움직이기

• 상담과정에서 평가하고 안내하고 개입하기 위해 영재성과 연관된 편차를 고려하는 틀을 상담자에게 제공하기

관계성

영재의 자아정체감 형성 모델은 사람의 강점을 조사하고, 첫 면접의 초기 단계에서 그들에게 확언을 한다. 상담관계에서 상담자는 내담자에게 희생자의 역할에서 벗어나 외부 환경과 기능적으로 상호작용하도록 도전을 제공한다. 이러한 상담과정은 내담자에게 탄력성을 발달시키고, 자신의 삶이 충분한 기회로 가득 차 있음을 인식하도록 도와준다. 동시에 내담자에게 영재가 된다는 것의 고통과 외로움을 인식하고, 또한 공동체와의 연결에 필요한 기술을 발달시키도록 도와주는 것이 중요하다. 이러한 정서적인 연결을 가지려는 욕구는 또한 상담자-내담자 상호작용의 핵심이 된다. 내담자의 자기 노출은 기꺼이 취약해지려는 마음에 기초한 신뢰를 발달시키도록 도와준다. 영재 내담자가 자신의 가장 큰 두려움을 공유해도 좋다고 느끼는 것은 중요하다. 상담관계는 이상적으로 공유하기에 안전하고도 신뢰성 있는 환경을 제공한다.

평가

영재의 자아정체감 형성 모델은 가능한 형태의 측정과 평가 정보를 사용한다. 상담자는 영재 내담자에게 학교와 가정의 인구통계학적 정보, 성취검사 점수, 지능검사 점수, 그리고 그림이나 소프트웨어, 시 또는 노래와 같은 작품에 근거한 프로파일을 제공한다. 영재의 자아정체감 형성 모델은 개인의 영재성이 확인된 이후에 적용된다. 그리고 모델은 개입을 위

한 안내를 제공하고 상담과정을 촉진한다. 인간 행동의 연속선상에서 영재성을 측정한다. 네 가지 구성 요인(타당화, 확언, 친애, 친화)은 자아정체감 발달을 측정하는 틀을 제공한다. 각각의 구성 요인은 12개의 체계—즉, 자기, 가족, 원가족, 문화, 직업, 환경, 교육, 사회, 심리, 정치, 유기체의 생리 그리고 발달—에 따라 측정된다. 영재의 자아정체감이 재해석되고 향상되면서 강점 영역이 언급된다.

과정

상담과정의 초기에는 영재가 영재의 속성과의 관계에서 자기를 어떻게 지각하고 개념화하는지를 이해하게 한다. 여기에는 내담자가 어떻게 영재인지, 그리고 영재성이 상담 동기에 어떤 역할을 하는지에 대한 평가도 포함한다. 영재의 자아정체감 형성 모델은 심리적인 증상 그리고/또는 신경생물학적인 고통(예: 우울증과 같은 혼란)을 악화시킬지도 모르는 투쟁의 연속선상에서 기본적인 지각을 조사하기 위한 틀을 제공한다. 간단히 말하자면, 그들의 영재성이 전반적으로 웰빙과 발달에 어떻게 영향을 끼치는지를 파악한다. 우리는 대부분의 영재 내담자가 상담을 원한다고 믿는다. 왜냐하면 그들은 자신의 영재성과 연관된 고통을 경험하고 있기 때문이다. 영재의 자아정체감 형성 모델 저변에 깔린 가정 중 하나는 영재성이 타당화도, 확언도, 친애도 되지 않으면서 친화만 충족하게 되면, 영재의 자아정체감 발달이 결핍되어 결과적으로 자기에게 혼란의 형태가 된다는 것이다.

기법

영재가 영재성을 이해하고 그것을 자기의 견해 속으로 통합하도록 조력 과정을 시작하는 것이 상담자의 과제다. 상담자는 어떻게 영재성이 구성되는지에 대한 문화적인 차이와 문화적인 변수를 고려하면서 직계가족에 초점을 둔다. 내담자와 상담자는 가족들이 가족 구성원의 영재성을 어떻게 조정하는지를 협조적으로 탐색한다. 원가족이 지닌 가치, 믿음 그리고 전통은 사람들이 영재성을 경험하고 영재성과 싸우는 방식에서 큰 역할을 한다. 이러한 변인들의 각각은 영재성을 어떻게 지각하는지를 반영한다.

상담에서 없어서는 안 될 부분인 관계성을 통해 임상가는 내담자의 재능을 키운다. 치료는 환경 체계—예를 들어, 집에 있는 아동의 방, 공부 책상, 지리적 여건 그리고 창의적일 수 있는 활용 가능한 원재료—에 초점을 두고 논의한다. 상담자는 전통적인 것과 비전통적인 교육환경 모두를 탐색한다. 영재 내담자의 자아정체감과 관련 있는 것으로, 임상가는 교육 체계를 조사하는 것이 중요하다. 왜냐하면 교육 체계는 종종 영재성을 오직 학업적인 맥락에서만 규정짓는 경향이 있기 때문이다.

이후 적절하고 실행 가능한 시기가 오면 임상가는 집단상담을 통해 다른 사람과의 연결을 촉진하는 사회화를 위한 맥락을 제공할 수 있다. 이것은 잠재적으로 자아존중감을 향상하며, 결과적으로 미래의 사회적 상호작용과 대처능력에 영향을 줄 수 있다. 집단 내에 이러한 사회화는 복잡한 방어, 자아 그리고 개인의 성격을 포함한다. 결국 집단은 영재성에 관한 태도와 의사소통하기 시작한다. 집단의 목표는 영재 개인을 측정하고 영재성이 자신의 자아정체감과 어떻게 관련이 있는지를 이해하도록 도와주는 데에 있다.

집단 구성원은 자신의 생리가 자아감과 어떻게 연결되는지에 관련한 관심과 질문에 답하도록 서로서로 도와줄 수 있다. Benbow(1986)는 다른 사람들에 비해 매우 극단적으로 능력이 있는 학생들에게 일부 생리적인 특질이 좀 더 자주 나타난다는 점을 보여 주었다. 또한 수학적으로 그리고 언어적으로 매우 조숙한 학생들 가운데 왼손잡이나 양손잡이, 근시 그리고 징후를 보이는 아토피성 질병(천식과 알레르기)의 특질을 발견하였다. 집단에서는 청소년기로의 진입과 같은 변화, 아이의 출생, 그리고 가족으로부터의 분리와 개인화가 논의된다. 집단의 다른 구성원의 발달과정을 이해하는 학습은 영재에게 자신의 비동시적 발달을 이해하도록 도와줄 수 있다(Silverman, 1998).

집단이 성숙해지면서 건강한 관계성이 발달하면 변화과정은 시작된다. 이러한 자기 발견의 광대한 여정을 통해 영재 개인은 적절한 사회적 기술을 발달시키기 시작한다. 자기를 이해하는 것은 다른 사람의 행동을 이해하는 데에 결정적이다.

모델의 그래프 도면

이 모델의 그래프 도면은 치료사에게 자아정체감 발달 구성 요인(타당화, 확언, 친애, 친화)이 영재에게 영향을 주는 12개의 기본 체계와 상호작용하는 정도를 상세히 기록하도록 도와준다. 이 차트는 이러한 연결을 인식하도록 도와주고 치료를 계획하는 데에 결정적인 정보를 제공해 준다([그림 8-3] 참조).

영재의 자아정체감 형성 모델 평가표	타당화	확언	친애	친화
자기				
가족				
원가족				
문화				
직업				
환경				
교육				
사회				
심리				
정치				
생리				
발달				

[그림 8-3] 영재 자아정체감 형성 모델(Mahoney, 1998)

4. 적 용

문제 제기

우리는 심리학 및 상담 분야에서 80년 이상의 역사를 지니고 있다. 개인 진료에서 성공적으로 성장한 것 이상으로, 우리는 그동안 학교 교장, 교육과정 디렉터/부교육감, 4개 대학 클리닉의 디렉터, 대도시 지원금 프로젝트 평가자, 수백 명의 대학원생의 슈퍼바이저 그리고 국내외 학술회의 발표자 등의 역할을 하면서 영재들과 경험을 쌓아 왔다. 영재 개인들이 우리 임상 장면에서 제시한 문제 종류는 많지만, 영재 아동과 청소년 내담자의 대부분이 나타내는 문제들은 다음과 같다. 미성취, 고립, 공격성, 성적 난잡함, 도벽이나 품행장애, 가출, 약물중독, 마약 판매, 관계성 문제, 성적 정체성 문제, 불안, 우울, 사고장애 그리고 적응장애 등이다. 이러한 문제에 대한 상세한 추가 설명은 이 장의 범위를 벗어나지만, 문제와는 별개로 영재성이 치료에 영향을 끼치며 또한 인류에게 영향을 주는 어떤 장애로부터 영재도 예외일 수는 없다는 점을 언급하는 것이 중요하다. 사실 영재가 다르다는 느낌을 갖기 때문에 우리는 이 세상의 대부분의 다른 사람들보다 훨씬 더 불쌍하다고 주장한다.

우리 진료실에 온 내담자의 범위는 수년 내내 다양했다. 처음 진료를 시작할 때는 생계 유지를 위해서라도, 임상가들은 어떤 내담자든지 거의 다 받는다. 게다가 학습 경험을 목적으로 하여 다른 임상가들이 오래전에 포기한 어려운 사례들도 인턴들과 함께 슈퍼비전을 실시한다. 최근에 우리는 공격적인 아동과 품행장애를 지닌 아동들을 특히 영재라면 치료하기가 어렵다는 점을 인식하기에, 상담 대상자를 받아들이는 우리의 범위를 좀 더 엄격하게 해 오고 있다. 영재 사이코패스는 가족 구성원들과 친척들에 의해 폭행당하고 성적으로 학대당해 왔기에 우리 진료의 대상자는 아니다. 게다가 우리는 성적 공격자를 거의 치료하지 않는다. 왜냐하면 그들은 전적으로 학대당한 아동을 위해 헌신하는 그에 맞는 적절한 진료가 필요한 독특한 집단이기 때문이다. 그러나 성적 약탈자인 내담자와 품행장애를 지닌 내담자의 비정상적인 행동에 끼치는 영재의 역할에 관한 안내를 필요로 하는 펠로우 임상가들에게 우리는 계속 자문해 주고 있다.

사례

이 사례에서 내담자는 우울 증세를 지닌 적응장애를 겪는 것으로 생각되는 17세 영재 남자 청소년이다. 그는 고등학교 3학년이며, 학업 면에서 우수하게 잘해 왔다. 그러나 그는 외롭고 늘 사회적으로 어울릴 또래 집단이 없었다. 그는 거의 올해까지 학업 외의 활동에 참여하지 않았으며, 올해가 되어서야 드라마 부서에 참여하기 시작하였다. 그의 부모는 이혼을 하였지만 매우 지지적이다. 그는 이복형제를 포함하여 여러 형제 중 둘째다. 많은 영재 아동처럼 그는 사회적으로 수용받기 위해 또래 집단에서 자신의 사고, 감정 그리고 행동을 억압하고 있다. 이번이 4회기째이며, 내담자가 자기 능력이 어떻게 친애를 얻기 위한 투쟁의 요인이 되는지를 이해할 수 없다는 내용으로 상담을 시작하였다. 우리는 내담자가 자포자기했다는 느낌에 대한 이야기로 상담을 시작하였다.

상담자　네가 말하는 '자포자기감'이라는 생각에는 두 가지가 있어. 하나는 너의 믿음이 변하고 있다는 인식을 일부 하는 것이고, 다른 하나는 네가 허전함을 채우기 위해 학교에서 말을 많이 한다고 깨달은 거야. 너는 자포자기감으로 이 일을 하고 있다고 말하고 있지.

내담자　그 때문이 아니에요. 그것에 관해 생각할 때에는 내가 느끼는 것 이상이에요. 나는 더 잘 느낄 수 있다고 생각해요. 외로움과 고립감 그 이상이지만, 그곳에 앉아서 아무 말도 하지 않으면 나는 마치 다른 사람인 것처럼 느낍니다. 그러나 말을 한다 해도 더 낫지도 않아요. 왜냐하면 사람들은 내가 아닌 단지 하나의 행동 세트로 나를 생각하고 있다고 느끼기 때문이지요.

　내담자는 자신이 학교에서 행동하는 방식을 명료화하기 시작한다. 이야기를 많이 하면서 그의 깊은 외로움과 고립감이 드러났는데, 전에는 이것을 자포자기라고 인식했던 것이다. 그는 또한 화가 나 있고, 그가 학급에서 이야기할 때면 학급 친구들과 교사에게 앙갚음을 해 주고 싶어졌다.

그는 분명하게 고통을 느끼고 있었다.

> 상담자   자신이 별로 설득력이 없다는 소리로 들리는데.
>
> 내담자   네, 매번 저 자신을 아프게 찌르고 있어요.

내담자는 다른 사람들과 친하게 지낼 수 없다는 고통을 얼마나 깊게 내면화하는지를 여기서 드러내고 있다. 그는 자신과 다른 사람들을 아프게 쿡쿡 찌르고 있다.

> 상담자   그래서 너는 다른 사람들이 너를 이해하고 네가 다른 사람들과
>   관계하는 수준에서 너와 관계를 맺길 기대하는구나.

치료사는 내담자가 다른 사람을 이해하기 전에 먼저 사람들이 그를 이해해야 한다고 기대하는 그의 마음을 명료화하도록 내담자를 도와주고 있다. 이러한 기대는 내담자가 자신의 싸움에 대한 책임감을 외현화하고 자신의 높은 영재성 수준과 관계있는 복잡성을 직면하기보다는 방어하는 또 다른 방식인 것이다. 어떤 면에서 그는 또래에게 화가 나 있기 때문에 또래에게 정직하지 못하다.

> 내담자   저는 진짜로 그들에게 기대하지 않아요. 내가 상황을 만들어 놓
>   았음을 알지도 못하고, 그래서 이해할 수 없다면 전 실망할 거예
>   요. 음, 제가 생각하기에 그들은 아마도 이해할 수 있을 것 같은
>   데요. 저는 저 자신을 무너뜨리기 위해 비현실적인 상황을 만들
>   어 놓는 거예요. 그렇게 생각해요.

내담자는 다른 사람들에게 비현실적인 기대를 거는 역동적인 현실을 실제적으로 만들어 놓고 싸움을 시작하고 있다. 그는 자신이 그렇게 하는 이유를 이해하지 못한다고 자신을 비난하기 시작한다. 그것은 "매번 자신을 아프게 쿡쿡 찌른다."라는 그의 초기 발언과 관련이 있다. 그는 자신을 이해하지 못하는 다른 사람을 비난하는 것과 역동을 초래하는 자신을 비난하는 것 사이에서 마음이 흔들리고 있다.

상담자   너의 말을 듣고 있자니, 근데 뭔가 빠진 것이 있네.

내담자   두려움? 분노? 행복감?

상담자   아니, 그것들은 아니야. 청중이나 학급 친구들이나 어떤 무리의 사람들이나 네가 상대하는 사람들과 관계있어[모두 계열의 범주에 속한다]. 그리고 네가 가정하든 안 하든 그들은 실제로 너와 관계가 있을 수 있지. 자, 너는 그들이 너와 같은 수준의 흥미를 갖고 있고 같은 수준의 욕구, 같은 수준의 지적 조숙성, 같은 수준의 사물에 대한 이해를 갖고 있다고 가정하고 있어. 그런데 그들이 답례로 대응하지 않을 때, 너는 자포자기와 외로움을 느끼게 되는 거야. 자, 그러면 돌아가 보자. 무엇 때문일까?

내담자   외로움에 대한 두려움과 자포자기는 상실 때문이에요. 저는 순환 상태에 빠진 거네요. 네, 저는 선생님이 무엇을 의미하는지를 알겠어요. 제 마음은 그 사실을, 그들이 나랑 어울리거나 대화하고 싶어 하질 않는 것이 아마도 아닐 거라는 사실을 무시하고 싶어해요. 단지 그들은 그렇게 할 수 없었을 거예요. 아니면 그렇게 할 수 있는 정신적인 용량을 가지고 있다 하더라도 그들은 그렇게 하기가 두려웠거나 아직 준비가 되어 있지 않았을 것입니다.

대부분의 치료사는 내담자가 방금 기술한 것을 거만하다거나 엘리트주의자로 해석할 수도 있다. 그러나 그건 아니다. 내담자는 분명하게 영재가 관계를 맺는 방식에 차이를 구분할 수 있는 정도에 도달해야만 한다. 그는 또래가 악감정이 있는 것이 아니라 단지 자기를 이해할 기술이 없다는 그런 상황에 부정적인 정서와 부정적인 자기 견해를 갖다 붙이고 있다.

내담자　저는 사고 수준이 남과 다르고, 남과 다른 사고 경향을 갖고 있어요. 추측하건대, 저의 것은 그들과 너무 달라요. 대부분의 사람은 나와 관계를 맺을 수 없어요. 그리고 모든 사람이 저와 관계를 맺을 수 없으면 저는 실망하게 돼요. 저는 모든 사람이 나를 이해할 수 있기를 기대하지요.

상담자　자기 인식에 대해 자신은 뭐라고 말할 수 있을까?

이것은 영재성과 관계있는 것으로서의 외로움에 관한, 그리고 그렇게 강렬하게 싸우고 있는 이유에 대한 내담자의 첫 번째 분명한 깨달음이다. 그는 새로운 개념을 공식화하기 시작한다. 그는 사회 체계 내에서 다른 사람들과 친한 것처럼 자신에 대한 시각을 얻기 시작한다. 이것이 실제 치료에서 변화가 일어나는 시점이다.

내담자　저의 자기 인식을 규정하기 위하여 저는 다른 사람을 활용하려고 노력하는 것 같아요. 또한 저 자신을 이해하기 위하여 다른 사람을 겪으려고 애를 쓰고 있어요. 그리고 제가 말하는 것에 대한 그들의 반응으로 인하여 저는 제가 말하는 것에 관한 제 사고방식을 알아내려고 하고 있어요.

이 말은 자기 및 사회 체계에 속해 있는 것처럼 자기 타당화와 확언을 가리킨다. 모든 사람은 수용받고 이해받는다고 느낄 필요가 있다.

상담자   그 과정이 네가 원하는 대로 되지 않는 것 같은데?

내담자   네, 그런 것 같아요. 그들은 진짜로 내가 말하는 것을 무효화하는 위치에 있지 않기 때문에, 그래서 그들에게 그렇게 하게 하지요. 나는 그들에게 나를 통제할 힘을 너무 많이 주고 있어요. 난 모든 사람에게 나를 통제할 힘을 너무 많이 주고 있어요. 왜냐하면 나는 나 스스로가 나를 통제하길 원하지 않기 때문입니다. 그러나 이제 는 다른 사람으로 하여금 나를 다루도록 애쓰는 대신에 내가 나를 다루도록 해야겠지요.

내담자는 자기(self)의 이해와 타당화에 도달하게 되었다.

상담자   너를 다루는 일이란 어떤?

내담자   내가 어떻게 느끼는가를 인식하는 것이요.

상담자   만일 너에게 어떻게 느끼는지를 묻는다면 우리가 다시 그 순환으 로 되돌아가는 것 같은데. 그리고 또다시 너는 그러한 방식으로 느끼는 이유가 무엇인지 말하지 않고 있어. 비록 네가 어떻게 느 끼는지를 꽤 인식할 수 있게는 되었지만.

내담자   저는 그것을 다시 하고 있어요.

상담자   네가 하고 있다는 '그것' 이 무엇이지?

내담자   나 자신을 다시 방패로 지키기 위해 이해를 사용하고 있습니다.

상담자   무엇으로부터? 방패?

내담자   '방패' 라는 것은 뭘 의미하나요? 나의 방패를 이해하는 것을 피하기 위해 나의 방패를 사용하고 있나요?

상담자 너는 또다시 너 자신을 방패로 지키고 있다고 말했네.

내담자는 여기서는 교사이며, 치료사는 전문가가 아니다. 치료사는 내담자가 사용하고 있는 용어를 이해할 필요가 있다. 치료사는 내담자에게 자신의 방어 자세, 즉 '방패'를 규정하도록 질문하고 있다. 내담자는 치료사에게 이 용어를 규정하길 원했으며, 치료사는 질문/도전을 내담자에게 되물었다. 마치 치료사가 그 단어를 처음 쓴 것처럼, 내담자는 치료사에게 "'방패'가 무슨 뜻이지요?"라고 반응하였다. 이 모든 것이 미묘하게 일어났다. 만일 치료사가 '내담자의 수에 넘어갔다면', 내담자는 자신의 방어 자세를 탐색하는 것에서 벗어났을 것이다.

내담자 음, 그 단어를 이제 그만 사용하지요. 그 단어를 너무 남용하는 거 같네요.

상담자 너 자신의 일부분은 너를 인정하지 않는다는 것같이 들리네. 너는 그것에 관하여 말하기 시작했고, 어느 수준에서 사람들은 네가 사용하는 단어가 무엇이든지 연관 짓지 못한다는 것을 너는 인정하고 있어. 그리고 그것에 대해 좀 더 이야기하는 것에서 벗어나 너는 고립감, 외로움 그리고 무가치감으로 다시 돌아갔어.

내담자 네, 선생님이 지금 무엇을 의미하는지 알겠어요. 내가 하고 있는 것은 바로 그들에 의해 내가 뭔가를 할 수 없다고 느끼는 그러한 감정에 초점을 두기보다는 내가 사람들과 상호작용하는 것이 힘들다는 생각을 피하는 것이라고 생각해요. 내가 왜 이렇게 느끼는지를 무시하고 왜 그렇게 느끼는지를 설명하려고 노력하네요.

상담자 너의 고립감에 대해 말해 보렴.

치료사는 내담자에게 좀 더 자신의 감정을 탐색해 들어가도록 도전을
주고 있다. 내담자에게 자신의 감정을 단지 파악하는 것이 아니라 자신의
감정을 표현하고 더 깊은 수준에서 감정들을 탐색하도록, 그래서 사람들
이 어떻게 내담자의 싸움이 영재와 관계있는지, 그래서 그 결과 영재와
비영재 사람들과 모두 다 친애를 형성하는 능력에 영향을 주는지를 내담
자가 이해하기 시작할 수 있도록, 상담자는 내담자에게 책무성을 갖도록
노력하고 있다.

내담자　네, 선생님이 지금 무엇을 의미하는지 알겠어요. 내가 하고 있는
　　　　것은 바로 그들에 의해 내가 뭔가를 할 수 없다고 느끼는 그러한
　　　　감정에 초점을 두기보다는 내가 사람들과 상호작용하는 것이 힘
　　　　들다는 생각을 피하는 것이라고 생각해요. 왜 내가 이렇게 느끼
　　　　는지를 무시하고. 저는 왜 이런 감정을 갖게 되었는지를 설명하
　　　　려고 노력하고 있어요. 가능하지 않은 것을요.

여기서 내담자는 자신이 다른 사람들과 사귀는 것의 어려움의 깊이를
진정 탐색하고 있지 않음을 인정하고 있다. 그리고 치료사는 내담자에게
자신의 회피 기능을 발견하도록 그를 밀어붙이고 있다. 그는 여전히 자신
의 분노와 상처를 회피하고 있으며, 그러한 감정들이 상당히 부정적인 생
각, 즉 자신의 재능과 자기 자신을 부정하는 생각들로 가고 있다.

상담자　그 행동이 너에게 어떻게 작용하고 있니?
내담자　제가 관계를 맺고자 하는 방식으로 나와 관계를 맺을 수 있는 사
　　　　람은 거의 없다는 점에 부딪힐 필요가 없게 했고요, 저 또한 그러
　　　　고 싶지 않아요. 대신에 제가 느끼는 방식에 초점을 두려고 해요.

　　그래서 그것에 관해 아무것도 할 필요가 없게요.

　　내담자는 처음으로 자신의 고립과 외로움이 자기의 영재로서의 자아정체감과 관계있음을 인정하였다. 이것은 결정적인 인식이었다. 여기에 이르기 전까지 내담자는 자신이 사회적 친애 욕구로 힘들어하는 이유가 자기가 영재인 점과 관련 있다고는 믿지 않았다. 상담자가 알아야 하는 중요한 점, 그리고 이러한 종류의 상담 회기가 친애 및 사회화와 관련 있는 전통적인 문제를 다루는 상담과 다른 점은 자신이 친애를 경험할 수 없는 이유의 근원에 대한 내담자의 인식 수준에 있다. 영재가 친애와 관련한 독특한 도전을 받는다는 점을 한번 인식할 수 있게 되면, 상담과정은 전통적인 과정과 달라지게 된다. 이러한 이해 없이는 내담자는 다음 단계로 전진해 나갈 수 없다. 실제로 상담의 이 부분이 영재성을 지닌 내담자와 조화를 이루지 못하면 불가피하게 상담은 난국에 처하게 되고, 내담자는 더욱더 고립과 외로움을 느끼게 된다. 내담자는 또래가 자신과 어울릴 수 없고 자신을 이해할 수 없다고 생각할 뿐만 아니라 치료사까지도 자신과 어울릴 수 없고 자신을 이해할 수 없다고 믿게 된다. 이러한 접근은 내담자를 희생양 상태에서 벗어나게 만들고, 내담자는 이제 자신의 인생과 기분과 사고 및 행동까지도 통제할 수 있다고 깨닫기 시작할 수 있다. 물론 여전히 힘든 노력을 필요로 하지만, 그는 친구를 찾을 수 있다.

　　상담자　그래서 너는 네가 어떻게 느끼는지를 표현할 수 있게 되었구나. 그러나 네가 그런 방식으로 느끼는 실제 이유와는 연관 짓지 못했어. 그래서 너는 너와 진정으로 어울릴 수 있는 사람들을 발견할 수 없다는 사실을 다룰 필요가 없지.

　　내담자　그래서 아마도 저와 어울릴 수 있는 사람, 제가 추측하기에는 음…… 그것이 사실인지는 잘 모르겠어요. 그러나 저를 이해할 수 없는 사람들을 찾고 있는 것은 아닐까 싶네요. 음, 실제로 그게 사실이라고는 생각하지 않아요.

상담자   나 역시 그게 사실이라고는 생각하지 않아. 그리고 그게 사실이 아님을 네가 인정하니 나도 기쁘네.

내담자   네, 제겐 잘 어울리지 않는 거 같아요. 제 생각에 저는…….

상담자   음, 내 생각에 너는 사람들을 찾는 너의 욕구를 판단하고 있다고 생각해. 그리고 사람을 찾는 일이 네게는 전적으로 적절하다고 보네.

내담자   네, 근데 뭔가 다른 것에 초점을 두는 것이 제겐 모순인 것 같아요.

상담자   그보다는 마음이 내키는 대로 찾으려는 과정이 너에게는 꽤 도전이 될 거야. 지금까지 너의 삶과 연관된 외로움과 고립감을 둘러싼 이 모든 문제를 꺼냈지만, 네가 왜 이렇게 외롭고 고립감을 느끼는지에 대한 인식은 부족했어.

내담자   네. 제가 할 수 있는 한 가지 방법으로 전 그 문제를 비껴가고 있었어요.

상담자   그리고 문제란…….

내담자   좋아요. 문제는 바로 이거예요. 제가 전적으로 관계할 수 있는 사람들, 제가 이해할 수 있다고 느끼는 사람들, 그리고 제가 누구인지를 인정하는 사람들을 찾을 수 없다는 것입니다.

상담자   그렇다면 너는 누구지?

상담이 시작된 이래 내담자는 진지하게 전진해 왔다. 상담 초기에 이렇게 분명하게 이 문제를 받아들이고 통합할 수 있었다는 사실은 내담자의 영재성을 반영하는 점이다. 치료사는 이제 내담자의 자아정체성 주변으로 문제를 점점 더 파고들어 갈 수 있다.

> 내담자   잘 모르겠어요.
>
> 상담자   닫아 버리는구나.

사실 내담자는 '닫아 버리지' 않았다. 오히려 그는 실제로 자신을 잘 되돌아보게 되었다. 이 다음에 나오는 문장이 그 증거다.

> 내담자   네, 저는 여러 가지 많은 것에 매우 예민하고, 사람들을 도와주고
>   자 하는 욕구와 이해받고자 하는 욕구를 깊이 느끼는 매우 똑똑
>   한 사람입니다.
>
> 상담자   그렇게 말하는 너는 어떤 사람 같니?

치료사는 영재로서 자기 자신의 정체성을 타당화하는 것이 어떤지를 논의하기 위해 내담자에게 자기의 정체성을 공언하는 말 가운데 느끼는 자기 감정을 탐색하도록 질문을 하고 있다. 즉, 그가 묘사한 자질이 바로 영재의 특성들이다. 그는 이러한 민감함과 욕구를 분명하게 경험한 것이다. 따라서 이번 상담 회기의 많은 부분은 내담자에게 전혀 새로운 것은 아니다. 자기가 알았던 자신의 영재성 자기(self)를 밝히는 것이었다. 치료 사가 그를 인정하는 것, 그리고 그가 자신이 특별하다는 것을 깨닫는 것 이 중요하다. 자긍심을 갖는 것은 적절하고도 좋은 일이다.

> 내담자   그것이 사실임을 깨닫고 있기 때문만이 아니라 그것이 사실이라
>   는 것을 인정하고 싶지 않음을 깨닫고 있음에 놀라고 있어요. 전
>   제가 독특하다는 것을 그리고 여러 가지 면에서 다른 사람들과

다르기 때문에 사람들이 나와 어울리는 것이 힘들다는 것을 인정
하고 싶지 않아요.

상담자   그래서 놀라고 있구나.

치료사는 단순히 내담자의 놀람을 반영해 주고 있다. 그러나 이러한 치
료적 '사건'이 내담자가 사회적 친애를 위해 애쓰고 있음을 대단히 크게
지지해 주고 있다. 해석하지 않고 느낌을 반영하는 것은 종종 좀 더 깊은
인식의 자물쇠를 푸는 열쇠가 된다. 적절한 시점에 사용한다면, 이러한
느낌의 반영을 단순하게 사용하는 것만으로도 내담자를 의미 있게 앞으
로 전진해 나가게 할 수 있다. 내용을 반영하거나, 조언하거나, 해석하거
나, 교정하거나, 구해 내거나 혹은 느낌을 막는 대신에 느낌만을 반영하
는 일은 드문 사건이다.

내담자   네, 그래요. 그렇게 느낌에 대한 반응으로 내가 그동안 해 왔던
         것은 내가 다른 사람들과 다르고 내가 다른 생각을 가졌음을 깨
         닫는 대신, 그리고 내가 누군지 나를 이해할 수 있는 사람을 찾으
         려고 노력하는 대신, 내가 누구인지를 진정으로 받아들일 수 없
         다고 느끼는 사람들이 나를 수용하도록 하기 위해 나는 나 자신
         을 감추거나 자신을 변화시키려고 노력한 것이에요. 그것이 사실
         인지 아닌지에 상관없이 말이에요.

내담자는 자기의 방어가 그리고 다른 사람과 다르다는 느낌이 얼마나
뿌리 깊게 배어 있는지, 그리고 그러한 방어가 다른 사람과의 관계에서
어떻게 기능하고 있는지를 깨닫고 있다.

상담자	자신을 감추는 과정에 대해 좀 더 이야기해 볼 수 있겠니?
내담자	네. 저는 내가 느끼는 방식에 관해 그리고 제가 사고하는 방식에 관해 이야기할 때 많이 부정적으로 느껴요. 저는 부적 강화를 많이 받았어요. 사람들이 이야기하는 것처럼 그 일부분은 사실이지만, 또 일부분은 상상이고 제가 만든 것이에요. 그러나 이유가 무엇이든지 저는 저와 정말로 관계있는 일에 대해서는 종종 이야기하지 않아요. 저는 사람들과 저의 수준에서 관계를 맺으려고 노력하지 않아요. 오히려 그들 수준에서 관계를 맺으려고 노력해요. 대화할 때 저 자신에게 초점을 두는 시간을 거의 갖지 않아요. 음, 전혀, 아니 거의. 저는 모든 사람과 그들이 누구인지, 그리고 그들의 필요와 욕구에 초점을 두고 관계를 맺으려고 노력해요. 그러다 보니 저 자신은 무시하게 되고 그들에게 의존하는 매우 나쁜 관계를 형성하게 되었어요.

여기서 내담자는 자기 자신의 보상 전략을 인정하고 있다. 또한 자신이 다른 사람과의 관계에서, 특히 다른 영재들과의 관계에서 얼마나 많이 포기하고 있는지를 간접적으로 인정하고 있다.

상담자	너의 열망이 이해받기 원하는 데에서 꽤 많이 진전된 것 같구나. 물론 아직은 완전히 이해하는 사람으로는 보이지 않아. 왜냐하면 너는 너의 실제 자아 그리고 너에게 진짜로 중요한 것을 표현하지 않기 때문이야. 이것은 사람들이 결사적으로 다른 사람들을 필요로 할 때 그리고 다른 사람들로부터 수용받기 위해 자신을 바꿀 때 일어나는 모순이지. 곧 그들은 후회하게 돼.
내담자	아니면 종종 그들에게 표현하려고 노력할 때, 저는 재빨리 후퇴

하고 방향을 전환해 버려요. 저에 관해 이야기하는 것이 제겐 너무 힘들기 때문에, 그리고 다른 사람들이 저를 이해하지 못한다고 생각하기 때문에 저는 포기하고 도망가 버려요.

상담자 무슨 생각을 하고 있지?

내담자 이런저런 생각이요. 지금은 꽤 자기 인식을 많이 하고 있다는 생각, 그리고 이것이 얼마나 많이 저의 행동에 영향을 끼쳐 왔는지, 그리고 지금도 얼마나 많이 영향을 끼치고 있는지를 깨닫고 있어요.

내담자는 주요한 돌파구를 찾았다. 그는 이제 그의 사회 체계 및 친애와의 관계에서 자신의 싸움을 개념적으로 표현할 수 있게 되었다.

내담자 이건 또한 제가 직면하고, 다루기에 쉽지 않은 일이에요. 왜냐하면 제가 전에는 결코 다뤄 보지 못한 두려운 일이기 때문이에요. 제가 관계를 맺을 수 있는 사람, 저와 관계를 맺을 수 있는 사람, 저를 이해할 수 있는 사람, 그리고 제가 이해할 수 있는 사람이 매우 많지는 않을 겁니다. 그리고 다른 것들도……

그는 이러한 새로운 인식을 어떻게 수행에 옮길지 및 어떻게 통합할지에 대해 치료사로부터의 어떤 직접적인 개입이나 조언 없이 전략을 세우기 시작하고 있다. 다음 문장에서 치료사의 언어는 상담의 기본 교리를 반영하고 있다: 내담자의 장점을 인정하기 그리고 긍정적인 움직임에 주의를 기울이기.

상담자 너는 그 점에 관해 이야기하는데, 마치 미래에 있는 것처럼 말하고 있구나. 그건 이미 일어나고 있는데.

내담자   네.

상담자   나는 이러한 인식에 직면하여 네가 놀랐던 부분으로 되돌아갔으면 하는데.

내담자   아, 진짜로 저를 놀라게 한 것은 제가 지금 현재 가졌고 또 과거에 가졌던 다른 사람과의 대부분의 관계에서 저는 제가 필요로 하는 수준에서 그 사람과 실제로 관계를 맺을 수 있지 못했다고 느끼는 감정이라고 생각해요. 그건 정말로 놀랄 만한 사고입니다. 정말로 저를 혼자라고 느끼게 만들지 않았어요……. 아니, 저를 혼자라고 느끼게 만들었어요.

상담자   너에게 뭔가 그 이상이 있는 것 같은데.

나는 주로 내담자에게 책임감을 갖도록 하기 위해 **만들다**라는 단어를 **선택하다**라는 단어로 바꾸어 말한다. 그러나 여기서는 그러지 않았다. 왜냐하면 나는 그가 새롭게 인식하고 있는 데에서 다른 쪽으로 주의를 전환하길 원치 않았기 때문이다.

내담자   제가 그동안 가졌던 다른 사람과의 관계에서 느꼈던 감정은 덜 실제적이거나 의미가 덜하다고 생각해요. 어떤 면에서는요. 왜냐하면 거의 모든 관계에서 저는 거리를 두고, 피상적인 수준에서 관계를 맺었기 때문이에요. 가장 대표적인 예가 저의 절친 중 한 명인 저의 사촌 Steve와의 관계예요. 두 달 전까지만 하더라도 저는 그와 어떤 진솔한 이야기도 해 본 적이 없어요. 전혀요.

상담 초기에 대한 반응으로 내담자는 자기 사촌과의 관계에 이점이 생겼음을 의미하고 있다.

상담자	너는 두 달 전에야 비로소 사촌과 좀 더 진솔한 이야기를 하기 시작했다는 것 같구나.
내담자	네. 전화로 진한 이야기를 했어요⋯⋯. 마치 제가 지금 깨닫고 있는 것을 깨닫는 전주곡처럼요.

좋은 치료란 내담자 자신이 이미 알고 있는 것을 학습하는 것이라는 것을 치료사는 알고 있다. 하지만 치료사의 기능은 내담자가 이후의 참조를 위해 이미 알고 있는 것을 더 높은 인식과 통합 그리고 획득에까지 이르도록 도와주는 데에 있다.

내담자	어떤 면에서 우리의 관계가 얼마나 역기능적인지를 깨달았어요. 그리고 비록 우리가 함께 많은 것을 해 왔지만, 우리는 서로가 애매한 종류의 교제 그 이상으로까지는 진정 이해하지 못하고 있음을 깨달았어요. 그래서 저는 그 점에 관해 이야기했고요. 그리고 3만 톤의 얼음과 유머와 그런 것들을 끌로 쳐낸 후에야 드디어 전 그에게 제 의사를 전달하게 되었어요. 비록 우리는 불규칙하게 그것을 피하긴 하지만, 이제 우리는 그 점을 깨달았고, 우린 서로 좀 더 가까워졌어요. 우린 일종의 상호, 진정으로 이해하는 관계가 되었어요. 이제 제 인생에서 제가 해 왔던 것들이 얼마나 보잘것없는 것인지, 그리고 그 같은 관계는 거의 갖지 않았음을 깨닫게 되었어요. 제가 해 왔던 대부분의 관계에서는 다른 사람들을 위해 저 자신을 바꾸려고 노력해 왔어요. 저는 제가 함께 이야기하는 혹은 관계를 맺는 그 사람이 저를 이해할 수 있을 것이라고 생각하는 모습으로 저 자신을 바꾸려고 애써 왔어요. 그들이 이해할 수 있을 거라고 제가 생각한 수준으로 옷을 입는 거지, 실제

로는 그렇게 되지도 않고, 또한 저 자신을 설명하지도 못하고, 약간의 거리를 남겨 둔 채 단지 그들과 어울릴 수 있을 거라고 제가 생각한 주제로 들어가는 것뿐이었어요.

내담자는 자신의 방어를 명료화할 뿐만 아니라 이후에 접근이 가능한 근본적인 핵심 신실을 파악할 수 있게 되었다. 내담자는 치료사의 한 걸음 앞에 와 있음을 나타낸다. 영재 내담자와 상담하는 핵심 요소는 그들의 능력을 인정하는 것이다. 왜냐하면 그들은 여러 면에서 치료사보다 더 지적으로 똑똑하기 때문이다. 그러나 치료사—혹은 교사 혹은 상담자—는 자신의 전문성과 인생 경험을 확언해야만 하며, 그들에게 위협받아서도 혹은 그들을 두려워해서도 안 된다. 이 사람들은 영재 내담자/학생 또한 발달하고 있다는 점, 그리고 그들도 다른 사람들처럼, 어쩌면 그 이상으로 발달과정에서 도움을 필요로 한다는 점을 인정해야 한다.

상담자　자, 여기까지 너는 너에게 일어난 일을 이해하고 어느 정도 대략 설명한 것 같은데. 그러나 사람들과의 상호 친화 또는 좀 더 연결될 미래의 가능성에 관해서는 아직까지 아무 말도 하지 않았어.

내담자　네, 우연히 그렇게 됐네요.

상담자　너는 아직 가능성으로서 그 점에 관해 이야기하지 않았어.

내담자　네, 맞아요. 저는 지금까지 마치 덫에 갇힌 것처럼 이 모든 것을 말해 왔어요. 제가 할 것은 사람들과 어떻게 관계를 맺을 것인지, 그리고 사람들이 저를 수용할 거라고 생각하는 모습에 맞추기 위해 저 자신을 바꾸지 않는 모든 방식을 파악하는 것이라고 생각해요. 저는 그렇게 행동하는 것을 멈추려고 노력할 거고요. 동화하려고 노력하는 이러한 모든 방패를 드러내기보다는 내 모습 그대로 나를 보이려고 노력할 겁니다. 나를 괴롭힌다고 생각한 것을 말하니 기분이 훨씬 좋네요. 자유롭고 해방된 느낌, 나 자신을 위해 만들어 놓은 작은 상자 안에 처박혀 있지 않은 기분이에요. 여전히 혼란스럽고 매우 놀라고 있습니다만, 여전히 매우 익숙해져 있었기 때문인데요. 그러나 매우 낙관적으로 느끼게 만들어 주네요.

내담자는 다른 사람들과 어떻게 어울릴 것인지의 견지에서 자신을 한정 짓지 않음을 깨닫고 있다. 이것은 극소수의 사람과 어울릴 것이라는 초기의 말과는 다르다. 비록 그는 고도 영재이며 그가 어울릴 수 있는 사람들의 수가 일정 수준에서 제한되겠지만, 그는 사회적 친애를 발견하는 일이 그에게 전혀 불가능한 일이 아님을 깨닫고 있다.

상담자   너를 낙관적으로 만든 점이 무엇이지?

내담자   수용받기 위해 저 자신을 바꿀 필요가 없다는 점 혹은 수용받으려고 노력하기 위해 저 자신을 바꿀 수 없다는 점을 깨달은 것, 이 점이 다른 사람이 저에 대해 갖는 의견에 대해 또는 제가 지각한 저에 대한 다른 사람의 의견에 의해 제 자신감이 약화되는 것을 막고자 노력할 필요가 없는 그런 자유로움을 느끼게 해 줘요.

비록 내담자는 여기서 일종의 변화에 대한 강력한 인정으로부터 퇴행은 하지만, 이번 상담 회기 동안 그가 이 수준의 인식에까지 도달할 수 있게 되었다는—그래서 친애를 위해 수용받으려고 자기 스스로를 변화시킬 필요가 없다는—사실은 그가 이러한 성장을 통합하고 지속할 잠재력이 있음을 보여 주는 것이다. 이 지점까지 빠르게 올 수 있었다는 사실은 어떤 면에서는 스스로를 기만하는 것일 수도 있다. 왜냐하면 너무 빨리 왔기 때문이다. 평균 범위에 속한 내담자보다는 영재 내담자와의 상담에서 변화는 자신을 좀 더 속이는 것이 될 수도 있다. 사실 영재 내담자는 이러한 변화를 이번 상담 회기에서 통합된 것으로 보이는 것만큼 빠르게 통합할 수 있다. 평균 능력을 지닌 내담자의 경우라면 상담자는 이번 상담 회기에서 일어나는 변화가 그렇게 바로 철저하게 통합되지 못할 수 있음을 고려해야 한다.

상담자　이 점을 인정하거나 네가 해 온 이러한 역동적인 과정을 좀 더 인식하게 된 지금, 이 순간에 왜 너는 네가 초기에 표현해 왔던 유기됨과 고립 및 무력감의 감정 속으로 바로 다시 빠지지 않을까?

내담자　왜냐하면 그것들은 필요치 않고 마치 나쁜 곰인형처럼 내 안으로 그것들을 끌어안을 필요가 있음을 깨달았기 때문일까요? 그러한 감정들은 나 자신을 상처 주기 위해 단지 내가 만들어 낸 것입니다. 그것은 어떤 목적을 수행하는 진짜가 아니에요. 그것은 단지 나 자신을 약화시키고 나에게 상처 주는 나일 뿐입니다. 그것을 사용해 온 목적을 깨달은 지금, 저는 더 이상 그런 감정을 느끼고 싶지 않아요. 그리고 앞으로도요.

　여기에 기록한 고도 영재 내담자와의 상담 회기는 사회적 친애의 문제에서 영재성의 기능에 관한 내담자의 증가된 인식의 결과를 가져온 치료 과정을 나타내 준다. 이곳저곳에 삽입된 치료사의 코멘트는 치료사의 질문과 코멘트의 의도를 포함하여, 내담자의 통찰의 중요성 및 내담자 자신의 영재성이 끼친 사회적 충격의 새로운 이해의 현저하고도 빠른 통합의 범위 등 상담의 여러 면을 비추고 있다. 상담에서 내담자와 치료사 두 사람의 노력의 결과는 내담자가 자신의 새로운 인식에 접근할 것이라는 것과 분노와 고통 그리고 후회의 '방패' 없이 다른 사람들과 관계를 맺을 수 있다는 것이다.

지금까지 영재로서 내담자의 정체성은 사회적 맥락 속에서 고립과 외로움으로 영향을 받아 왔다. 그는 자신과 의사소통할 수 없는 사람들, 그래서 근본적으로 자신의 영재로서의 정체성을 부정해 온 사람들을 찾곤 했다. 그는 그들의 기대에 맞게 수용받고 이해받기 위해 자신을 '감추면서', 자신의 욕구는 무시한 채 다른 사람들의 욕구에만 초점을 두면서 자기 행동을 적응하려고 시도해 왔다. 그러나 진짜가 아닌 행동, 실제가 아닌 가짜 자기, 그리고 수반하는 피상적 수준에서의 의사소통으로 인해 그에게는 제한된, 불안정한, 외로운, 만족스럽지 못한, 실망스러운, 무가치한, 동떨어진 느낌만이 남겨졌다. 그는 자신을 이해하지 못함을 남 탓으로 돌렸으며, 비효율적인 의사소통에 대해서는 자기 자신을 비난하였다. 그는 더 나은 세상을 창조할 수 있음을 인정하기보다는 자신이 창조한 세계의 희생자가 된 것이다.

치료사는 감정의 표현과 조사 및 정교화를 격려하기 위해 개방형의 질문과 코멘트를 사용하여 내담자가 외로움과 고독의 중요한 감정을 탐색하도록 도와주었다. 그 결과, 내담자는 자신과 쉽게 관계를 맺을 수 있는 사람은 거의 없음을, 그리고 과거에는 현실을 부정하려고 시도하였음을 인정할 수 있게 되었다. 게다가 자신의 친애 욕구와 접촉 부족의 결과로 인한 감정을 조사하면서 마침내 그는 자신이 다르다는 점을 확언하게 되었고, 핵심적으로 영재 개인으로서 자신을 타당화할 수 있게 되었다. 이율배반적으로 보이겠지만, 내담자는 자신이 다르다는 점을 포용함으로써 '해방감'을 느꼈고 낙관적이 되었다. 미래의 관계에서 그는 좀 더 진술해질 수 있을 것이며, 결과적으로 사람들과 좀 더 잘 친해질 수 있을 것이다.

고도 영재 개인과의 상담에서 치료사는 기본적인 상담 교리에 충실하다. 내담자의 제한점이 아닌 내담자의 강점에 초점을 둔다. 치료사는 내담자의 감정을 반영하며, 따라서 내담자가 실제이며 중요한 사람임을 타당화한다. 치료사는 또한 내담자가 이미 경험하고 있는 긍정적인 움직임에도 주의를 기울인다. 병리적인 측면을 강조하지 않고 내담자 영재성의 복잡한 현실과 그의 다름이 기여하는 의사소통에서의 문제를 강조한다. 이런 것들은 생활 속에서 문제가 되는 것이지 병리적인 것은 아닌 것이다. 치료사는 정중하고 협조적으로, 내담자를 도와 비효율적이고 만족스럽지 못한 행동 패턴에서 해방되도록 해 준다. 가장 중요한 점으로, 치료사는 내담자의 고도의 능력을 인정하며, 내담자의 자기 방향을 격려하고, 내담자의 성장을 긍정적으로 확언하고 도전한다.

또한 중요하게 언급하는 것은 영재성 자아정체감 형성 모델(Mahoney, 1998)과 관계있는 근본 개념의 적용이다. 사회적 접촉에서 느낀 내담자의 좌절과 강한 감정과 더불어 '친애' 구성과 '사회' 체계 간의 상호 교차를 아는 것은 치료사를 도와 영재의 자아정체감과 관계를 맺는 이러한 2요소들에 지속적으로 주의를 기울이도록 해 준다. 치료사는 상담 회기에서 이것 자체를 확인할 필요는 없다. 그러나 이러한 영역과 연관된 감정을 포함하여 거기에 지속적으로 주의를 기울이는 것은 궁극적으로는 내담자를 움직여 내담자가 영재임을 포함한 자아정체감을 받아들이게 한다. 그의 새로운 인식의 자아감 속으로의 통합은 그가 진솔하게 다른 사람들과 관계를 맺도록 도와줄 것이며, 그리하여 그가 원하고 필요로 하는 친애를 얻도록 도와줄 것이다.

영재상담 분야는 영재 개인의 발달을 바라보는 새로운 방식을 착수함을 반영하는 장소로서, 즉 시작점으로서 이러한 차별화된 상담 모델을 제공하고 있다. 이 모델은 충분히 검토를 받아들일 것이며, 도전을 받아 향

상·발전할 것이다. 이번 사례는 내담자가 자아정체감을 발달시킴으로
써 내담자와의 상담에서 영재성의 구성을 활용한 실제 임상 실무의 예가
된다.

참고문헌

Alverado, N. (1989). Adjustment of gifted adults. *Advanced Development, 1*, 77-86.

Benbow, C. P. (1986). Physiological correlates of extreme intellectual precocity. *Neuropsychologia, 24*, 719-725.

Bloom, B. S. (1985). *Developing talent in young people.* New York: Ballantine Books.

Brody, L. (1999). The talent searches: Counseling and mentoring activities. In N. Colangelo & S. Assouline (Eds.), *Talent development III: Proceedings from the Henry B. & Jocelyn Wallace National Research Symposium on Talent Development* (pp. 153-157). Scottsdale, AZ: Gifted Psychology Press.

Burks, B. S., Jensen, D. W., & Terman, L. M. (1930). *Genetic studies of genius, Vol. 3: The promise of youth: Follow-up of 1000 gifted children.* Stanford, CA: Stanford University Press.

Clark, B. (1997). *Growing up gifted: Developing the potential of children at home and at school.* Upper Saddle River, NJ: Merrill.

Colangelo, N., & Ogburn, K. M. (1989). Giftedness as multilevel potential. *Advanced Development, 1*, 87-100.

Csikszentmihalyi, M. (1999). Creativity across the life-span: A systems view. In N. Colangelo & S. Assouline (Eds.), *Talent development III: Proceedings from the Henry B. & Jocelyn Wallace National Research Symposium on Talent Development* (pp. 9-18). Scottsdale, AZ: Gifted Psychology Press.

Davis, G. A., & Rimm, S. B. (1998). *Education of the gifted and talented.* Boston: Allyn & Bacon.

Erikson, E. H. (1968). *Identity youth and crisis.* New York: W. W. Norton & Company.

Feldman, D. H. (1995). Parenting talented children. In M. Bornstein (Ed.), *Handbook of parenting* (pp. 285-304). New York: Longman.

Fiedler, E. (1998). Foundations for understanding the social-emotional needs of the highly gifted. *Highly Gifted Children, 12*(1), 25-30.

Framo, J. L. (1982). *Explorations in marital and family therapy: Selected papers of James L. Framo.* New York: Springer.

Gallagher, J. J. (2003). Issues and challenges in the education of gifted students. In N. Colangelo & G. A. Davis (Eds.), *Handbook of gifted education* (3rd ed., pp. 11-24). Boston: Allyn & Bacon.

Gardner, H. (1983). *Frames of mind: The theory of multiple intelligences.* New York: Basic Books.

Gardner, H. (1999). *Intelligence reframed: Multiple intelligences for the 21st century.* New York: Basic Books.

Gladding, S. (2002). *Family therapy: History, theory, and practice* (3rd ed.). Upper Saddle River, NJ: Prentice-Hall.

Gladding, S. (2004). *Introduction to family therapy.* Princeton, NJ: Pearson Publications.

Gross, M. U. M. (2000). Exceptionally and profoundly gifted students: An underserved population. *Understanding Our Gifted, 12*(2), 45-53.

Hollingworth, L. S. (1926). *Gifted children: Their nature and nurture.* New York: Macmillan.

Hollingworth, L. S. (1942). *Children above 180 IQ Stanford-Binet: Origin and development.* New York: World Book.

Kearney, K. (1992). Life in the asynchronous family. *Understanding our Gifted, 4*(6), 1, 8-12.

Klein, A. G. (2000). Fitting the school to the child: The mission of Leta Stetter Hollingworth, founder of gifted education. *Roeper Review, 23,* 7-103.

Lovecky, D. V. (1986). Can you hear the flowers singing? Issues for gifted adults.

Journal of Counseling and Development, 64, 590-592.

Lovecky, D. V. (1992). Exceptionally gifted children: Different minds. *Roeper Review, 15*, 3-4.

Mahoney, A. (1998). In search of the gifted identity. *Roeper Review, 20*, 1-13.

Rimm, S. B. (1990). *How to parent so children will learn.* Watertown, WI: Apple.

Rocamora, M. (1992). Counseling issues with recognized and unrecognized creatively gifted adults. *Advanced Development, 4*, 75-89.

Robinson, N., & Noble, K. (1991). Social-emotional development and adjustment of gifted children. In M. Wang, M. Reynolds, & H. Walberg (Eds.), *Handbook for special education: Research and practice: Vol. 4: Emerging programs* (pp. 57-76). New York: Pergamon Press.

Roedell, W. (1984). Vulnerabilities of highly gifted children. *Roeper Review, 6*, 127-130.

Rogers, K. B. (1992). A best-evidence synthesis of research on acceleration options for gifted students. In N. Colangelo, S. Assouline, & D. Ambroson (Eds.), *Talent development: Proceedings from the 1991 Henry B. and Jocelyn Wallace National Symposium on Talent Development* (pp. 406-409). Unionville, NY: Trillium Press.

Rogers, K. B. (2002). *Re-forming gifted education: Matching the program to the child.* Scottsdale, AZ: Great Potential Press.

Satir, V. (1985). *Conjoint family therapy.* New York: Science and Behavior Books.

Schultz, R. (2000). Flirting with underachievement. *Highly Gifted Children, 13*(2), 12-20.

Silverman, L. K. (1998). Developmental stages of giftedness: Infancy through adulthood. In J. VanTassel-Baska (Ed.), *Excellence in educating gifted & talented learners* (pp. 37-46). Denver, CO: Love.

Sternberg, R. J. (1988a). Beyond IQ testing. *National Forum, 68*(2), 8-11.

Sternberg, R. J. (Ed.). (1988b). *The nature of creativity.* New York: Cambridge University Press.

Sternberg, R. J. (1996). The sound of silence: A nation responds to its gifted. *Roeper Review, 18*, 168-172.

Sternberg, R. J. (1997). *Successful intelligence.* New York: Plume.

Tolan, S. (1989). Discovering the gifted ex-child. *Advanced Development, 1*, 7-10.

Tolan, S. (1990). *Helping your highly gifted child.* Reston, VA: ERIC Clearinghouse on Handicapped and Gifted Children. (ERIC Document Reproduction Service No. ED321482)

Tolan, S. (1995). *Is it a cheetah?* Retrieved June 5, 2006, from http://www.sengifted. org/articles_learning/Tolan/IsitACheetah.html

Treffinger, D. J., & Feldhusen, J. D. (1996). Talent recognition and development: Successor to gifted education. *Journal for the Education of the Gifted, 19*, 181-193.

Winner, E. (1996). *Gifted children: Myths and realities.* New York: Basic Books.

Wolin, S. J., & Wolin, S. (1993). *The resilient self: How survivors of troubled families rise above adversity.* New York: Random House.

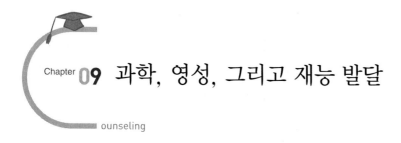

Barbara Kerr

1. 영재성 개념

　다음의 영재성에 대한 소개는 교과서가 아니라 세인트루이스 공립학교에 다녔던 영재 아동인 나 자신의 경험에 의한 것이다. 학교에 간 첫날, 우리는 '신으로부터 재능'을 부여받았다는 말을 들었다. 선생님은 IQ가 지능의 척도이며 영재성이란 IQ가 140 넘는 우리 같은 사람을 의미한다고 말했다. 우리는 지능이란 학습을 빨리 잘할 수 있는 능력이라고 들었다. 내가 다닌 학교 교과과정은 일반적인 속진 모델에 기반을 두고 있었다. 즉, 수학, 과학, 사회 그리고 국어 과목은 4학년에서 6학년 과정으로 모두 앞서 있었다. 우리는 매일 불어, '일제히 소리 내어 읽기', 계산을 위한 주판 공부, 미술, 드라마 그리고 음악 과목은 심화학습을 하였다. 영재교육의 목적은 '내일의 리더'를 준비하는 것이라고 들었다. 다른 학생들보다 훨씬 더 열심히 공부하고, 높은 목표를 열망하고, 성장했을 때 우리 분야에서 리더십의 위치를 찾을 것을 우리에게 기대한다고 확실하게 들었다.

그래서 영재성에 대한 나의 최초의 개념은 능력이란 자연에 의해 부여받은 타고난 선물이고, 우리의 선물은 귀한 책임감을 동반하며, 영재성은 도전과 근면성실한 노력으로 양육되어야 한다는 믿음에 빠져 있었다. 신탁기금을 받은 아기처럼 우리 중 일부는 유산을 탕진했으며, 일부는 너무나 많은 선택권 때문에 길을 잃었고, 몇 명만이 운 좋게 자기가 사랑하는 일을 찾을 수 있었다. 나와 학급 친구들 이야기는 『똑똑한 소녀들: 소녀, 여성 그리고 영재성의 새로운 심리학(*Smart Girls: A New Psychology of Girls, Women, and Giftedness*)』(Kerr, 1997), 『똑똑한 소년들: 재능, 인류 그리고 의미의 추구(*Smart Boys: Talent, Manhood, and the Search for Meaning*)』(Kerr & Cohn, 2001)라는 책에서 이미 언급했기 때문에 여기서 자세한 내용을 언급하지 않을 것이다. 다만 영재성 학자로서 25년이 지나서 영재성에 관한 나의 생각에 약간의 변화가 있었음을 밝히고자 한다.

대학교에서 나는 Lewis Terman과 Melita Oden(1935)이 쓴 『천재의 유전적 연구(*Genetic Studies of Genius*)』라는 책을 읽었는데 양가적인 생각에 사로잡혔다. 한편으로는 모든 기술된 내용을 인정하였지만, 다른 한편으로는 이 집단의 힘, 남성적 성격 그리고 엘리트 의식을 지닌 Terman의 강박증으로 섬뜩해졌다. 심지어 다문화와 성 혁명의 조짐이 있는 시기에조차, 나는 영재성에 대한 태도에 위험스러운 그 무언가가 있음을 알 수 있었다. 영재성을 보이지 않는 무선적인 유전의 힘이 주는 선물이라고 추론한다면 그들이 우리에게 특별한 특권을 빌려 준 것처럼 우리가 느낄 수 있을까? 지능검사에 있는 어휘력 문항을 잘 기억하면서, 나는 친구들이 이탈리어나 스페인어 그리고 중국어로 능숙하게 말하기가 얼마나 어려운가를 상상하였다. 더욱이 개인 지능검사를 실시한 키가 크고 엄격하고 회

색 머리칼을 지닌 백인 여성을 회상하면서, 나는 시립 합창단에 있던 수
줄은 흑인 어린아이가 검사에서 어떻게 큰 소리로 말할 용기를 낼 수 있
을지 의구심이 일었다. 지능검사는 주로 단어와 그림으로 이루어진 것으
로 보인다. 그래서 여름에 모닥불 주위에서 기타를 연주하던 아이, 겨울
날 얼어붙은 연못에서 최고의 하키 전략을 구사하는 아이, 도시의 거리에
서 최고의 대담한 게임을 만들어 낸 아이들이 어떻게 자신들에게 특별한
능력이 있다는 것을 사람들에게 인식시킬 수 있을지 의아했다.

모든 심리학적 검사는 흠이 있다는 심리학 주 전공자인 나의 의구심이
확인되었다. 후에 다른 사람의 문화와 언어를 탐구하면서, 나는 성차별,
자민족 중심주의, 문화적 편향이 과학과 심리학 그리고 교육학에 깊이 침
투되어 있음을 배웠다. 게다가 나는 미국 문화 속에 깊이 들어와 있는 또
다른 편견—반지성주의—이 있음도 알게 되었다. 이 모든 것은 재능의 판
별과 양성 그리고 꽃피우는 것을 방해하는 힘임을 깨달았다. 결국 이러한
깨달음으로 인해 나는 나의 일생을 영재 학생들을 위한 옹호자와 심리학
자로 헌신하게 되었다.

영향

영재성 학자로서 나의 업적은 Leta Hollingworth(1926), James Webb,
Betty Meckstroth와 Stephanie Tolan(1989), Howard Gardner(1983), Mihaly
Csikszentmihalyi(1996), Nicholas Colangelo(Colangelo & Davis, 2002),
Sanford Cohn(Kerr & Cohn, 2001), John McAlister(Kerr & McAlister, 2000,
2001), Kathleen Noble(1999; Noble, Subotnik, & Arnold, 1999)의 업적들로부
터 대부분 많은 영향을 받아 왔다. 젊어서 네브래스카 대학교 교수로 있을
때 발견한 Leta Hollingworth의 업적으로부터, 나는 Lewis Terman(Terman

& Oden, 1935)보다는 영재 아동에게 좀 더 친절하고 좀 더 부드러운 접근을 배웠다. 영재 아동의 심리적 적응과 당연한 재능의 꽃피움에 대한 Terman의 주장은 또래 아동들의 거절에 맞서 싸우면서 지적인 양육에 배고파하는 Hollingworth의 고도 영재 아동 사례 연구에 의해 의문이 제기되었다. Leta Hollingworth는 영재 아동 지도에 특별한 배려와 아동 중심적 접근을 요구한 첫 번째 학자였다. Leta Hollingworth와 마찬가지로, James Webb(Webb et al.)도 영재 아동이 집에서, 또래 집단에서 그리고 학교에서 어려움을 겪는다고 『영재아동 지도하기(Guiding the Gifted Child)』란 책에서 밝혔다. 그는 재능을 상실함으로써 분개를 느끼게 해 주었다. 미국심리학회 학술대회에서 그가 나에게 새로 나온 책을 주었을 때, 나는 첫 페이지부터 끝까지 하룻밤 만에 다 읽어 버렸음을 기억한다. 그리고 나는 우수한 아동에게 관심을 가진 심리학자가 몇 명밖에 되지 않음을 깨달았다.

Howard Gardner(1983)의 『마음의 틀: 다중지능 이론(Frames of Mind: The Theory of Multiple Intelligences)』은 특별하고도 매우 뛰어난 재능이 종종 무시되고 오해되고 있다는 나의 직관이 목소리를 내도록 해 주었다. Csikszentmihalyi(1996)의 훌륭한 책인 『창의성(Creativity)』은 영역에서의 전문가의 역할, 도전의 중요성, 그리고 의식 상태에 참여하는 수단인 매력적인 몰입(flow)에 처음으로 나를 눈뜨게 했다.

Nicholas Colangelo(Colangelo & Davis, 2002)는 영재상담의 선구자로서 뛰어난 동료이자 멘토였다. 그는 1985년에 나를 아이오와 대학교로 모집하였다. 그곳의 밸린-블랭크 영재 및 재능 교육 센터의 부소장으로 지낸 몇 년이 나의 생애에서 가장 생산적인 시기였다. Nick(Nicholas의 애칭-역자 주)은 나에게 연구와 실습에서의 기업가적인 접근을 가르쳤다. '그냥 하라(Just do it)'가 그의 철학이었다. 천재에 관한 어떤 질문도 답 없이 진행하지 않았으며, 어떤 프로젝트도 너무 커서 감당할 수 없었던 것은 없었다. 그러한 지적 자유와 창의성의 격렬한 분위기 속에서 나는 매일 더 배우고 더 번성하였다. 우리는 내가 알고 있는 것보다 훨씬 더 아름다운 현지 상담실을 갖고 있었으며, 많은 대학원 조교도 있었다. Nick의 습관적인 아침 인사는 나를 고무시켰다. "안녕! Barb(필자인 Barbara의 애칭-역지 주), 오늘 우리는 뭘 배울 거지?" 우리는 발명가와 작가와 예술가, 음악가, ACT에서 만점을 맞은 아이들, 머리는 좋으나 학교에서 성적 때문에 퇴학을 당한 아이들, 그리고 증명을 해 보여야 하는 소수 영재 학생들을 연구하였다(Colangelo & Kerr, 1990, 1993; Kerr & Colangelo, 1988, 1994). 우리는 연구기금을 신청하였고, 워크숍을 열었으며, 영재교육 수업인단들을 가르쳤다. 나의 책 『똑똑한 소녀들』이 성공을 거두었을 때, Nick은 나에게 성별과 천재에 관한 아이디어를 가지고 세계를 여행하도록 종용하였다.

영재 여성들은 관계 유지를 위해 종종 자기 꿈을 타협한다는 『똑똑한 소녀들』의 논문이 정확하게 나 자신의 이야기가 되는 것은 매우 아이러니하였다. 나는 아이오와 대학교의 뛰어난 교육환경에서 애리조나 주립대학교로 억지로 옮겼다. 그것은 나의 배우자의 행복을 위해서였다. 그는 나를 위해 자신의 네브래스카 대학교에서의 경력을 포기했고, 지금은 그를 위해 내가 희생할 차례였다. 나는 부자에서 무일푼이 되었다. 나는 풍부한 자료와 뛰어난 명성 그리고 연구 과제들을 모두 놔두고 아무것도 없는 기관으로 떠났다. 나의 동료의 대부분은 영재성을 의심하거나 혐오감의 시각으로 바라보았고, 우수한 학생을 향한 나의 주도적 행동은 엄격한 지휘 계통 속에서 길을 잃어버렸다. 나는 나의 가장 친한 친구이자 동료인 Sanford Cohn과 함께 일하고 이야기를 나눌 때를 제외하고는 비참했다. Sandy(Sanford의 애칭-역자 주)는 미국에서 영재 아동을 위한 가장 성공적인 연구와 서비스 프로그램 중 하나가 된 수학 영재 청소년에 관한 연구(The Study for Mathematically Precocious Youth)를 수행하도록 도와주었다. 그는 애리조나 주립대학교에서 학업 조숙성 센터(Center for Academic Precocity)를 설립하였으며 대부분의 영재교육 과목을 가르쳤다. 그의 애리조나 문화에 대한 지식은 나에게 남미 및 미국 원주민 여성 영재상담을 위한 국가 과학재단 프로젝트(National Science Foundation project for counseling Hispanic and Native American gifted girls)를 발전시키는 데에 많은 도움이 되었다(Kerr, Kurpius, & Harkins, 2005; Kurpius, Kerr, & Harkins, 2005). 남자의 문제에 대한 그의 지식은 우리의 창조물인 책『똑똑한 소년들』의 중심이 되었다(Kerr & Cohn, 2001). 그러나 우리의 우정은 영재성에 대한 공동의 관심사뿐만 아니라 1992년에 시작한 과학과 영성에 관한 대화에도 기반이 되었고, 이 대화는 매일 밤 전화로 이어져서 오늘까지도 끊어지지 않고 이어져 오고 있다. Sandy의 치료적 접근은 그의 융 학파 분석 경험에 강하게 영향을 받았다. Sandy와 같이 지적으로 완고한 사람이 상징과 비유 그리고 동시성과 셰도우에 대해 자유롭게 언급했다는 사실에 나는 매우 신기하기만 했다. 지능과 창의성뿐만 아니라 지혜에 관한 연구를 한 사람이 바로 이 사람이다. 나는 자기(self)의 신비함뿐만 아니라 내가 감히 탐구할 수 없는 영재성의 신비함도 있음을 이해하게 되었다.

1990년대 초, 나는 인간 능력의 많은 영역을 잘 이해하게 되었다. 나는 상담자로서 아이오와 작가 워크숍에서 언어 영재의 삶을 직접 연구하였다. 나는 다수의 발명가를 인터뷰하였으며, 음악가와 예술가를 조사하고 상담하였다. 또한, 미래의 많은 과학자를 판별하고 지도하였다. 나는 미국 원주민의 땀내 나는 오두막에 우연히 빠질 때까지 지능에 관하여 알아야 할 모든 것에 대해 안다고 생각했었다. 신성한 의식(儀式) 한가운데에 있는 덥고 어둡고 사람들로 꽉 찬 오두막에서 나는 전에 결코 보지 못했

던 지능을 목격하였다. 리더인 Ten White Bears는 의식(儀式) 자체를 조종
할 수 있는 것 같았다. 그는 땀내 나는 오두막 의식에서 꿈 상태, 상상 그
리고 가수면 상태 속에서 젊은 참여자들을 이끌어 갔다. 그는 스스로 가
수면 상태에 있으면서 그들이 자기 이해와 상호 연민의 여정을 가도록 하
였다. 그의 절묘하면서도 시기적절한 해석은 대인관계나 정서 지능의 영
역을 넘어서는 것 같았고, 각 개인 안에 감추어진 기쁨과 두려움을 직감
으로 알아차리는 그의 능력은 나의 이해와는 다른 능력을 두드렸다.

　이러한 현상—영성 지능(spiritual intelligence)—을 이해하는 데에 필요
한 단어들을 내게 제공해 준 사람은 바로 영재성과 성 그리고 영성 관련
학자인 Kathleen Noble(1999; Noble et al., 1999)이었다. 그리고 나에게 그
것을 탐구하도록 용기를 준 사람도 Kate(Kathleen의 애칭-역자 주)였다. 그
래서 나는 샤먼, 주술사 그리고 자연 치료사의 능력을 연구하게 되었고,
그것은 내가 그동안 시도했던 것 중 가장 도전적인 일이었다. 영성지능에
관해 공부하기 위하여 나는 Ten White Bears에게 직접 견습생이 되어서
나바호와 아파치 언어의 기초를 공부했으며, 새로운 세계관과 새로운 존
재 방식으로 들어가는 괴로운 개인적 여정에 참여하였다. Ten White
Bears(그의 세례명인 John McAlister라는 이름으로)와 함께 쓴 『치료 주술사
에게 쓰는 편지(*Letters to the Medicine Man*)』(Kerr & McAlister, 2001)는 이러
한 경험의 결과에서 나온 책이었다. 최근에 나는 기이한 치유 능력 현상
을 연구하기 위하여 국립보건원(National Institutes of Health: NIH)에 기금
제안서를 제출했다. 나는 영재를 위한 치료사와 훈련자로서 계속 일을 하
겠지만, 내년에는 이 일도 계속 수행해 나갈 것이다.

정의

　나는 Linda Gottfredson(2002)과 더불어 지능이란 터득하고 분명하게 이해하고 그것에 관해 어떻게 해야 할지를 아는 능력이라고 믿는다. 영재는 이러한 자질이 풍부한 사람들이다. 일반지능 또는 g는 언어, 음악 그리고 수학 능력이나 영성적 능력과 같은 특수 능력 저변에 있는 힘인 것 같다. g의 중간 수준에 있는 능력들은 함께 묶인다. 언어와 수학 능력은 특히 대부분의 집단에서 가장 상관이 높다. 90~97번째 백분위에 속한 중도 영재들은 학습을 잘할 수 있으며 거의 모든 일에서 능숙하다(Colangelo & Assouline, 2000; Kerr & Erb, 1991). 그러나 g의 가장 높은 수준에서 지능은 가장 특별한 방식으로 자신을 드러낸다. 그래서 천재라고 불리는 사람들은 주로 하나의 특출한 분야의 전문 지식을 갖고 있다(Colangelo & Kerr, 1990; Feldman & Goldsmith, 1986; Morelock & Feldman, 1991). 그래서 영재성에 대한 나의 정의는 다음과 같다. 영재성이란 가치 있는 영역에서 특출한 수행을 할 잠재성을 의미하며, 높은 지능과 훈련이나 연습을 통해 지능을 전문 지식으로 돌리는 능력이 이를 증명해 주고 있다.

　나는 지능이 가장 낮은 형태의 삶에서조차 관찰되는 '추구하기(seeking)' 행동에서 진화하여 나타난다는 것을 믿는다(Mobus, 1994). 그로 인하여 지능은 추구하고자 하는 욕구를 충분히 만족시킬 행동을 동기화한다. 신경과학자인 Ikemoto와 Panksepp(1999)은 뇌의 중격의지핵(nucleus accumbens septi: NAS)에서의 도파민의 기능을 설명할 수 있는 통일된 해석을 제공해 주었다. 아주 원시적인 포유류의 뇌에서부터 인간의 뇌에 이르기까지 기저핵에 있는 중격의지핵 도파민으로 활성화되는 과정은 행동 각성에서, 보상과정의 유도와 촉진에서 그리고 부정적인 자극의 회피에서 주요한 역할을 하는 것 같다. 도파민 과정은 매우 뛰어난 영재가 가치

있는 과제를 수행할 때 내는 높은 에너지와 고양된 기분뿐만 아니라 학습
과 기억능력 향상도 지배한다. 이 말은 지능과 동기는 분리된 과정이 될
수 없음을 의미한다.

게다가 Antonio Damasio(1995)의 획기적인 뇌 이미지와 신경화학 연구
는 학습, 사고 그리고 정서가 불가분하게 서로 얽혀 있음을 보여 주고 있
다. 상대적으로 신경화학, 뇌 이미지 그리고 행동유전학의 새로운 과학은
지능, 동기, 정서와 같은 단어가 인간 뇌의 '블랙박스' 속에 가리웠던 일
련의 복잡한 행동을 이야기하는 언어적 관습임을 드러내는 것같이 보인
다. 따라서 나는 지능—그리고 영재성— 을 총체적으로 생각하려고 노력
한다. 나의 가장 최근 연구에서는 지능의 측정을 동기, 정서, 행동 기술과
결합하여 청소년 시기에 뛰어난 인물의 능력, 동기, 기분 그리고 행동과
일치하는 것같이 보이는 청소년 영재의 '프로파일'을 창조해 내려고 탐구
하기 시작하였다(Kerr & McKay, 2006). 이러한 방식으로 나는 영재성이 무
엇인지, 그리고 그 영역에서의 특출한 성과(업적)를 어떻게 예측할 수 있
는지를 더 잘 이해하기를 희망한다.

특성

영재에게 확실히 공통적으로 관찰되는 특성은 지능의 유전적인 압력
('추구하고자' 하는 욕구)뿐만 아니라 지능과 성격, 뇌-신체 화학 작용 그
리고 각성 용량 간의 상호작용으로부터도 오는 것 같다. 그리고 영재의
특성이라고 일컫는 것들은 또한 지적 행동과 환경 간의 상호작용의 결과
일 수도 있다. 지적 행동은 칭찬에서부터 거절에 이르기까지 특정한 문화
속에서 성인과 또래로부터 예측 가능한 반응을 유발한다. 나는 모든 영재
아동을 판별하거나 이해할 수 있도록 우리를 도와줄 수 있는 일련의 특성

이 있다고는 믿지 않는다. 영재 아동을 영역별 능력에 의해 집단으로 묶을 때, 어떤 성격 특성은 Holland(1985)의 직업 흥미 요인분석 결과의 특성과 매우 잘 일치하는 것 같다(예: 수학 영재는 '탐구적' 직업 흥미, 내향적 성격 그리고 이론적 가치를 지니는 경향이 있다).

영재성에 대한 나의 가정은 나 자신의 개인적인 윤리적 그리고 도덕적 지향성을 반영한 것이다. 나는 영재성이 중요하다고 믿는다. 나는 영재성의 발달은 개인과 사회가 함께 져야 할 책임이라고 믿는다. 나는 지능은 '드러날 것이다.' 즉, 재능은 자기 자신의 삶을 가지고 있다고 믿는다. 그리고 불행하게도 사회는 그렇지 않지만, 나는 재능은 성별과 민족과는 상관이 없다고 믿는다. 나는 나의 연구를 믿는다.

2. 성격 개념

성격

내가 보기에 성격에 대한 전통적인 개념화는 인간의 수행의 다양성과 복잡성을 예측하고 설명하는 데에 적합하지 않은 것 같다. 나의 성격에 대한 진화 이론 속에는 유전적 경향성, 에너지 수준, 호르몬 수준 그리고 의식을 바꾸는 능력을 포함하고 있다.

확실한 경향성은 생득적인 것 같다(Rothbart & Bates, 1998; Thomas, Chess, & Birch, 1968). 가장 완강한(robust) 것 중의 하나는 사람에 대해 근접하거나 또는 벗어나려는 경향성인데, 이것을 주로 외향성 또는 내향성이라고 부른다. 또 다른 하나는 지배적이거나 복종적인 경향성이며, 또 다른 하나는 새로운 경험에 대한 끌림이나 회피다. 쉽게 또는 더디게 각성되는 경향성도 출생 때부터 나타나는 것 같다. 성격의 5요인(Big Five 또는 five-factor) 이론(Costa & McCrae, 1992)은 나의 경향성에 대한 개념화와 매우 유사하다. Costa와 McCrae는 여러 연령층과 문화 집단을 거쳐 성격 검사에서 나올 법한 인간 성격의 5개 요인을 산출해 내기 위해 모든 주요한 성격검사로부터 얻은 자료를 요인 분석하였다.

인간 행동에서 또 다른 가변성 자원은 에너지 수준으로, 그 범위는 거의 수면을 취하지 않음/높은 활동 수준의 범위에서부터 긴 수면/낮은 활동 수준에까지 이른다. 신경전달물질, 특히 도파민과 세로토닌의 결합은 이러한 다른 종류의 에너지 수준을 만들어 내는 것 같다. 어떤 사람들은 단지 '꺼짐' 스위치가 없이 태어난 것 같고, 다른 어떤 사람들은 움직이기가 매우 힘든 경우도 있다. 그러나 나는 에너지 수준이 대낮, 자연의 존재, 영양, 약리적 자극물 그리고 다른 사람의 존재를 포함하여 거대한 각양각색의 환경에 영향을 받는다고 믿는다.

호르몬 수준이 다른 점도 복잡한 방식으로 행동에 영향을 끼친다(Rosenzweig, Breedlove, & Watson, 2005). 성 호르몬은 성적 지향성과 감각적 흥분 수준 모두에 영향을 준다. 다른 조절 호르몬도 식욕과 온도 민감성에서부터 스트레스에 적응하는 능력에 이르기까지 모든 것에 영향을 준다. 사람들은 한 가지 수준의 호르몬 활동만 가지고 태어나는 것은 아니다. 환경과의 상호작용은 가능한 호르몬을 증가시키거나 감소시킬 수 있다. 예를 들어, 높은 테스토스테론 수준을 지닌 매우 활동적인 어린 남자아이는 테스토스테론의 수준을 더 높여 줄 경쟁적인 놀이에 참여할 기회를 찾을 것이다(Kerr & Cohn, 2001).

마지막으로, 각성 수준과 의식 상태를 마음대로 바꾸는 능력은, 이 분야는 인간 행동 연구자들이 거의 무시해 온 분야로, 영재 행동을 예견하고 설명하는 데에 결정적인 것 같다. 나는 약물 없이도 신중하게 의식을 바꿀 수 있는 인간 기술과 능력 모두에 우리 문화가 무지한 점에 호기심이 생긴다. 어떤 사람들은 가수면 상태, 의식의 변경, 명상하기, 최면 상태로 들어가기, 그리고 생생하고 의미 있는 꿈꾸기에 쉽게 빠지는 경향이 있는 것 같다(Wilson & Barber, 1983). 이러한 능력들을 가진 영재 아동은 좀 더 창의적이고 공감적일 수 있고, 영적인 활동에 빠지기 쉬울 수 있다. 그러나 그들은 또한 이러한 능력의 가치를 무시하거나 인정하지 않는 문화에 처할 위험도 더 많이 있다(Noble, 1999).

이러한 특성들의 조합은 소위 우리가 성격이라고 부르는 것의 근원이 된다. 만일 어떤 사람이 내향적이고, 순종적이고, 새로운 경험을 회피하고, 각성이 느리며, 에너지 수준이 낮고, 성이나 음식 또는 감각에도 잘 동요하지 않고, 좁은 범위의 의식에 빠져 있다면, 이 사람은 우울한 사람으로 여겨진다. 만일 어떤 사람이 외향적이고, 에너지 수준이 높고, 쉽게 각성되어 행동을 하며, 성적 관심이 높고, 흥분된 의식 상태에 계속 있다면, 이 사람은 주의력결핍 과잉행동장애를 갖고 있다고 말한다. 더 높은 각성 수준과 감각적이고 인지적인 심한 변화가 일어난다면, 우리는 이러한 사람을 조증과 정신증 상태라고 부른다. 만일 어떤 사람이 외향적이고, 지배적이고, 불안이나 공포는 잘 못 느끼며, 성적으로 공격적이며, 기이한 자극이나 강력한 약물이 없이는 의식 상태를 바꿀 수 없다면, 우리는 이 사람을 반사회적 이상성격자라고 부른다. 이러한 특성들의 군집은 흔히 볼 수 있으며 사람들을 충분히 방해하기 때문에, 심리학자들은 그런 특성들을 보이는 사람들에게 성격을 명명하고 싶어 한다.

영재의 성격

유사하게, 영재의 특성이라고 우리가 믿기 쉬운 특성 군집들이 있다.

주로 여기에는 외향성, 호기심, 중간 정도의 지배성과 충동성, 높은 에너지, 각성 그리고 민감성이 포함되어 있다. 내가 믿기에 이런 현상은 영재성을 관습적인 욕구와 단순히 혼동한 것이다. 이러한 특성을 지닌 사람들은 좋은 리더일 뿐만 아니라 협조적인 추종자인 생산적인 사람들—완벽한 학생들—이다. 앞에서 이야기했듯이, 특정한 영역에서의 재능과 연관된 성격 특성이 있는 것 같다. 그리고 나는 영재의 성격이 특별한 학문 분야에서 성취하고 행복해하는 사람들과 어떻게 비교되는지를 이해하는 것이 좀 더 생산적이라고 믿는다.

영재 전문가(나를 포함하여)들이 일종의 자신의 지능을 반영하는 특성 목록을 계발하는 것은 흥미로운 일이라고 생각한다. 진취적이고 폭넓은 지식을 가진 언어 영재인 Lewis Terman은 진취적이고 폭넓은 지식을 가진 언어 영재를 판별하였다. Julian Stanley는 수학적 조숙성을 영재성으로 본 수학자였다. Robert Sternberg는 Terman 유형의 똑똑한 사람들을 꽁한 사람같이 여기고, 그래서 자신처럼 세상 물정에 강한 사람들을 위한 영재성 이론을 계발하였다. Joseph Renzulli는 나라 전체를 설득하기 위하여 적정한 양의 지능과 창의성 그리고 과제 집착력을 가져야 한다고 여기고 그것을 영재성으로 보았다.

따라서 이러한 특성 목록은 특출한 아동과 성인에 관한 것보다는 목록을 제시한 저자들에 대해 더 많은 이야기를 해 주고 있다고 필자는 믿는다. 영재성은 사회적으로 구성되어 있다. 하지만 하나 이상의 재능 영역에서 뛰어난 수준으로 수행할 능력이 진짜다. Holland(1985)는 사람들의 성격 특성을 6개의 주요한 진로 흥미 분야로 나누었는데, 나는 성격문헌과 진로 흥미를 재능 영역으로 통합하려고 시도하고 있다(Kerr, 1991).

3. 상담 모델

영향

나의 상담 접근에 끼친 주요한 영향은 공통요인 이론으로, 이 이론은 Jerome Frank가 그의 『설득과 치유(*Persuasion and Healing*)』(Frank & Frank, 1993)라는 책에서 개척한 것이다. 획기적인 책의 발간 이후, 많은 연구와 메타 분석은 모든 치료적 접근이 환자에게 자신의 행동을 변화시키도록 설득하기 위해 제공하는 공통의 요인을 공유하고 있다는 개념을 지지해 왔다. 반복 검증된 결과는 긍정적인 결과를 내는 데에 있어서 모든 심리치료는 똑같이 효과적이라는 것이다(Smith & Glass, 1977).

내담자에게는 변화를 일으키는 치료자의 능력을 규정하는 것이 특정한 이론을 준수하는 것이 아니라 공통의 치료적 요인을 능숙하게 사용하는 것에 달려 있다. Wampold(2001)의 모든 진실된 치료 결과 연구의 메타 분석은 모든 형태의 치료는 치료가 없는 것보다는 효과가 더 있으며 [심지어 원초 근원 요법(primal scream therapy)조차 효과가 있다], 내담자, 상담자, 상호작용 그리고 환경의 공통 국면이 효율성을 결정한다는 것을 확실하게 보여 주었다. 주술적 형태의 치료도 공통 요인을 공유하고 있다(Winkelman, 2000). 주술적 치료에 들어 있는 공통 요인은, 치유환경을 형성하고, 신뢰와 보살핌과 신빙성에 기반을 둔 치료적 관계를 설정하고, 주의를 끌고 정신생리학적 각성 상태를 바꾸기 위해 의식 절차를 제공하고, 건강이란 방향에서 행동을 변화시키는 처방적 제안을 제시하는 치유자의 능력에 집중되어 있다고 심리학자와 인류학자들은 오랫동안 이론을 제기해 왔다.

상담의 정의

상담은 상담자인 한 사람이 내담자인 다른 사람에게 행동을 변화시키도록 설득하여 내담자의 안녕과 공익에 기여하는 방향으로 자신의 지적, 사회적, 신체적, 영적 잠재력을 충족하도록 내담자를 도와주는 관계다.

상담자의 역할

상담자로서의 역할은 내담자가 자기 목표를 성취하고 또한 내담자 자신이 자기 치유를 이끌어 가도록 내담자를 설득하는 것이다. 나의 상담 접근은 각 내담자의 요구에 맞춘 특별한 창의적인 기술을 계발하는 한편, 모든 가능한 치료적 공통 요인을 극대화하도록 시도하는 것이다. 나의 연구 기반 전략과 주술적인 창의성의 조합은 과학과 영성 간에 존재하는 매우 긴 틈새를 연결하도록 도와주고 있다.

내담자의 역할

만일 우리가 다른 사람을 도와주기 위해 여기에 있다면, 다른 사람은 무엇을 위해 여기에 와 있을까? 내담자는 상담자의 상담 기술을 수동적으로 받기 위해 상담자와 함께 있는 것이 아님을 가정한다. 오히려 내담자의 역할은 상담자와 함께 **참여하는** 것이다. 즉, 현재에 하거나 하지 않는 행동들을 나타내기 위해, 적절하다고 생각해서 상담자를 거부하거나 반대하기 위해, 상담자 앞에서 자신의 사탄과 싸우기 위해, 그리고 매일 생활에서 가능한 한 많이 모든 합리적인 변화를 위한 제안을 시도하기 위해 함께 참여하는 것이다. 상담자는 내담자가 예정된 회기에 나타나는 것을 더 좋아하며, 개인이 '오지 않는 것'에는 책임을 지지 않는다. 오지 않는 것이나 위기에 처하는 것도 내담자의 레퍼토리 중 한 부분으로 보기 때문에, 그것은 상담자가 함께 만날 때 상담의 재료가 된다. 상담자의 기본 원칙은 오직 안전성과 관계가 있다. 내담자는 자신이나 상담자를 다치게 할 수 없다. 그리고 내담자가 위협을 가하거나 누군가를 다치게 한다면, 상담자는 해로부터 벗어나 안전해야 하는 모든 사람의 권익의 편에 서서 행동한다.

목표

상담의 목표는 변화다. 상담은 대화도, 돈을 지불한 우정도, 혹은 단순한 편안함도 아니다. 상담자는 내담자의 자기 파괴에 협조하기 위해서나 학대나 억압에 적응하도록 도와주기 위해 존재하지 않는다. 심리적인 건강 및 건강을 넘어선 자아실현의 방향에서 내담자의 변화를 도와주기 위해 존재한다. 비록 나는 프로이트 학파 사람들을 거의 인용하지는 않지만, 심리적인 건강을 구성하는 요인—사랑하는 능력과 일하는 능력—에 대한 의견을 확고하게 지지한다. 여기에 나는 더 큰 그 무엇인가와 연결할 능력—지적인 아이디어나 원인, 신성이나 단순히 우주의 존엄성이든 간에—을 추가한다. 왜냐하면 이러한 능력이 진정한 자아실현을 위한 선행 조건인 것 같기 때문이다(Maslow, 1999).

관계성

변화와 자아실현을 가져올 수 있는 관계를 형성하기 위하여 나는 일반 지식과 의지, 지혜 그리고 용기를 내서 상담 회기에 출석할 수 있는 겸손,

이 모든 것을 가져와야만 한다. 나는 성공이 설득적이면서도 진정한 관계를 형성하는 상담자의 능력과 변화에 대한 저항을 극복하는 내담자의 능력에 달려 있음을 항상 인식하고 있다. 설득적이면서도 진정한 관계는 내담자가 상담자를 자기를 도와줄 자원을 가진 전문가로 여길 때, 그리고 내담자가 상담자를 좋아할 만하고 세계관이 비슷하고 신뢰할 만한 사람이라고 여길 때 발전한다. 전문성, 매력 그리고 신뢰성은 다른 사람의 태도와 행동을 변화시키는 영향을 줄 수 있는 사람의 특성들이다. 어떤 광고를 보거나 기사를 읽어 보자. 그러면 비슷하게 설득적이고 수사적으로 행동이 기술된 것을 볼 수 있다. 설득자처럼, 상담자도 새로운 의사소통자에 당연하게 맞서는 저항과 새로운 아이디어와 행동 방식에 당연하게 맞서는 반대를 극복하기 위한 방법을 발견해야만 한다. 대부분의 내담자에게 명성, 직위, 학력 그리고 학위가 제공하는 전문성은 상담자가 사람을 설득하기에 충분하다. 만일 상담자가 여기에 조금의 친절과 경청을 추가한다면, 대부분의 내담자는 제시하는 새로운 아이디어를 쉽게 수용할 것이다.

그러나 영재상담은 상담자의 전문성, 매력 그리고 신뢰성에 대한 진정한 테스트가 된다. 영재 개인들은 그들만큼 똑똑하지 않은 권위적 인물에 익숙해져 있어서, 그들의 언어로 말할 수 있으면서 열정 면에서 서로 조화를 이루는 적합한 조력자를 찾는 데에 종종 실망한다. 그들은 자신과 맞지 않거나 자신들을 이해하지 못하는 교사와 상담자들을 만나는 경험을 너무 많이 하여 냉소적이 되고 조력자에게 저항한다.

따라서 영재상담이 일반상담과 다른 방식 중 하나는 '우선 먼저 타고난 재능을 다루려는' 욕구에 있다. 타고난 재능을 지닌 그들은 그들 나름의 삶을 가지고 있으며, 예술가, 작가, 음악가 그리고 건축가들과의 상담에서 보다 더 분명하게 드러나는 곳은 아무 데도 없다고 나는 말해 왔다. 이들 창의적인 영재와 지적으로 타고난 재능을 탐구하지도 않으면서 관계를 창조하려는 시도는 쓸모가 없다. 음악이 없이는 음악가도 없다. 예술이 없이는 예술가도 없다. 따라서 나는 내담자의 영재성이 어떻게 내담자의 인생과 꿈을 형성해 왔는지를 충분히 탐색한다. 나는 예술과 글, 또는 음악을 경험하기를 좋아하며, 솔직하면서도 매우 깊이 생각한 반응을 제공하기를 좋아한다. 나는 내담자의 재능을 표현하는 데서의 장벽과 내담자가 그러한 장벽들을 대처하는 방식들을 탐구한다. 그 과정에서 나는 재능을 귀하게 여길 뿐만 아니라 그 사람의 의미와 목적 의식을 유도하는 아이디어에도 진심으로 관심이 있음을 또한 보여 준다.

영재와 관계를 형성하는 또 다른 방식은 내담자의 가장 귀중한 아이디어를 논의함에 있어서 무시하기보다는 호기심을 보여 주는 것이다. 너무도 많은 상담자가 "와우, 헷갈립니다." 또는 "저는 양자물리학에 대하여 아무것도 몰라요!"라고 말할 때 영재에게 신뢰성을 모두 잃어버린다. 상담자는 내담자의 전문 영역에서 모든 것을 다 아는 전문가가 될 필요는 없다. 그렇지만 하늘과 땅 아래 있는 모든 것을 가지고 진솔하게 호기심을 돋우는 것이 중요하다.

따라서 나는 다음과 같이 질문한다. "최근에 당신이 참여한 양자물리학은 무엇이지요?" "당신이 어떻게 Herman Melville의 작품을 좋아하게 되었는지 말씀해 주세요." 그리고 나면 『바보들을 위한 양자물리학(*Quantum Physics for Dummies*)』과 같은 책을 읽고 『빌리 버드(*Billy Budd*)』 책을 골라잡는다.

또한 관계를 형성하는 데에 특별한 성 문제가 있다. 나는 여성 영재와 관계를 형성할 때 여성이 조심스럽게 자기의 재능을 위장하고 자신을 위해 너무도 잘 적응하는 것을 배워 왔음을 인식한다. 나는 나에게 자신의 능력을 부정하려는 그녀의 시도를 꺾고, 그녀의 진실한 자기를 나에게 보여 주도록 도전한다. 여성 영재를 상담하면서, 나의 신조는 여성주의자 Lucy Stone의 신조와 같다(Lewis, 2005).

> 교육과 결혼, 종교 그리고 모든 것에서의 실망은 많은 여성의 몫이다. 그녀가 더 이상 굴복하지 않을 때까지 모든 여성의 가슴속에 있는 실망을 더욱더 깊게 만드는 것이 내 인생의 일이 될 것이다(¶. 7)

내가 여성 영재의 위장을 꿰뚫어 보고 그녀의 감추어진 희망과 꿈을 붙잡는다는 것을 그녀가 안다면, 그녀는 나를 진정으로 도울 수 있는 사람이라고 지각할 것이다.

만일 내가 남자 영재와 관계를 형성한다면, 나는 그가 '대단히 적극적으로 보통' 사람이 되려고 시도하는 데에 자기 삶의 많은 부분을 소비하게 됨을 안다. 그래서 나는 그를 특별한 사람으로 취급함으로써 그에게 큰 도전을 안겨 줄 것이다.

평가

비록 나는 지적 평가검사를 실시하지는 않지만, 종종 지능검사와 성취검사 그리고 특수 재능검사 결과에 관심을 둔다. 나는 지능검사가 두 종류의 사례에서 유용함을 발견하였다. 나는 종종 나 자신이 학교 심리학자나 의사결정자가 불충분하게 연구해 온 지능검사를 재해석한다. 수년 동안, 심리학자들은 지능검사의 오직 전체 지능지수만을 해석하도록 훈련받아 왔다. 이러한 연습은 여러 번 영재아동의 행동을 잘못 이해하도록 만들었다. 예를 들어, WISC-R(웩슬러 아동용 지능검사)에서의 전체 지능지수가 영재 프로그램 입학을 위한 일차적인 수단이었을 때, 나는 언어성과 동작성 점수를 합한 점수로 영재 프로그램 입학이 가능한 젊은 사람들—주로 소년들—을 자주 보았다. 언어성 점수와 동작성 점수가 꽤 다를 때, 특히 언어성 점수가 110이면서 동작성 점수가 150인 경우, 그 학생들은 영재 프로그램에서 바로 '미성취'하기 시작했다. 영재 프로그램은 언어적 생산성에 강하게 의존하기 때문에, 평균의 언어 능력을 지닌 사람이 동작성 점수가 높아도 성취에 실패하는 것은 불가사의한 일은 아니다. 그럼에도 불구하고 나는 이런 점수를 가진 남자들이 다른 모든 과제에서는 단지 평균 정도의 성취를 보이지만 공간-시각 과제에는 매우 흥미를 갖고 성취하는 경향을 보이는 이유를 부모와 교사에게 설명하곤 한다. 내가 발견한 또 다른 흔한 상황은 학교가 '과제 집착력'을 부당하게 강조하는 바람에 '고도 영재'와 같은 점수를 받은 학생들을 영재 프로그램으로 입학시키지 못한 상황이다. 나는 이러한 학생들이 영재 프로그램에 배치될 '자격이' 없다고 종종 들었다. 마치 적절하고 도전이 되는 교육이 특권인 것처럼! 그로 인해 나는 그들에게 제공된 과제가 너무 지루해서 거의 흥미를 보이지 않던 똑똑한 학생들에게 학교가 적절한 도전을 제공하도록 강제하기 위해 지능검사 결과를 사용하지는 않았다.

그러나 내가 가장 즐겨 사용하는 측정 도구는 성격검사다. 20년 동안, 나는 청소년과 성인의 매혹적이고도 복잡한 성격 프로파일을 밝히기 위해 Jackson(1987)의 성격연구검사(Personality Research Form: PRF)를 Holland(1985)의 진로선호도검사(Vocational Preference Inventory: VPI)와 함께 사용해 왔다. 이 검사 결과를 가지고, 나는 새로운 정보가 너무 옳고 너무도 분명하여 이제 막 품기 시작한 개인적인 직업의 꿈을 마침내 이해하게 되어 때때로 그들을 경탄하게 만드는 내담자의 프로파일을 창조해 낼 수가 있었다. 이 검사들의 아름다움은 다양한 점수를 가지고 내담자가 얼마나 행복하고 정상이고 성공적인 사람인가를 비교해서 보여 주는 데에 있다. 진로선호도검사(VPI)로부터 내담자는 3개의 직업 코드 글자를 얻을 수 있는데, 여기에서 그들이 가장 행복해할 수 있는 직업환경의 종류를 기술해 주고 있다. 예를 들어, 예술적-탐구적-사회적 코드는 문헌 편집 자에게 가장 흔한 코드라는 것을 알게 되어, 내담자는 현재 자신이 수강 하고 있는 경영학 수업이 지루한 이유를 이해할 수 있게 된다. 현실적-기 업적-탐구적 조합 프로파일은 매우 실용적임을 배움으로써, 내담자는 자 기에게 교사가 되길 바라는 부모님의 기대가 틀린 것같이 여겨지는 이유 를 이해할 수 있게 된다.

성격연구검사(PRF)로부터(Jackson, 1987) 내담자는 일련의 특별한 자료 를 얻는데, 이것은 그들의 욕구가 다른 사람의 것과 비교해서 어떤지를 보여 준다. 자율성, 친애, 지배성, 인내심, 놀이, 양육 및 그 외의 14개의 점수를 조사하여, 내담자는 자신이 처한 상황에서 자신의 욕구가 얼마나 충족되는지 아닌지를 알게 된다. 좀 더 중요한 것은 이러한 결과를 Holland의 코드와 함께 연결 지어 본다면, 내담자는 자신이 가장 행복하 고 충족감을 느낄 수 있는 진로뿐만 아니라 삶의 상황도 함께 정확하게 파악할 수 있다. 우수한 여성의 진로상담에서 이러한 측정 도구들을 사용 할 방법을 철저하게 기술하기 위해, 나의 동료인 Sharon Kurpius와 Amy Harkins 및 나는 이러한 모든 정보를 우리가 쓴 책인 『소녀와 여성 상담: 재능발달(Counseling Girls and Women: Talent development)』(Kerr et al., 2005)과 국립과학재단(National Science Foundation)이 후원한 출판물에 다 담아냈다.

추가하자면, 나는 내담자의 일반적인 인지 기능과 일반적인 각성 수준, 적응력 그리고 판단력에 대한 그림을 그리기 위해 관찰뿐만 아니라 신경 심리 측정 결과를 사용한다. 나는 다양한 약물과 의학적 상태가 내담자의 지적 용량과 성격, 기분 그리고 활동 수준에 어떻게 영향을 끼치는지를 측정하기 위하여 의학적인 기록을 사용한다.

과정

나는 상담실에 들어가기 전에 마음속으로 호의를 갖고 자상함과 연민으로 내담자를 반갑게 맞이하려고 노력한다. 나는 상담의 첫 단계에서 거의 전반적으로 개방형 질문과 언어적 추적을 사용한다. 나는 고개를 끄덕이고 미소를 지으며 지지를 언급하여 내담자의 자기 탐색을 강화한다. 나는 정서를 강화하고 주지화를 못하게 한다. 나의 반영은 단순하여 라틴어 표현 대신에 앵글로색슨어로 표현하는 경향이 있다. 즉, 직업 대신에 일, 애정 대신에 사랑, 우울한 대신에 슬픈, 짜증 난 대신에 화난이라고 표현한다. 나는 내담자를 그때 그곳에서 이야기하기보다는 현재, 지금, 여기에 있도록 노력한다. 나는 때때로 무례할 정도로 솔직하다. 만일 지루하다면 지루하다고 말한다(그러면 곧 덜 지루해진다). 나는 표준 상호 목표 설정에 참여하며, 내담자가 분명하면서도 성취 가능한 목표를 설정하도록 인도하고, 상담의 목표와 상담자로서의 나의 역할을 분명하게 언급한다.

그다음 단계에서 나는 제안을 하고(그러나 나는 그것을 '과제'라고 부르지 않는다. 왜냐하면 그 단어는 생색을 내는 것 같기 때문이다), 내담자가 마음속에 이미 스스로가 이뤄 놓은 변화를 유지하도록 도와줄 지원 체계나 공동체를 형성하도록 도와준다. 여성주의자로서 그리고 다문화주의자로서 나는 내담자에게 무기력함과 실망감을 일으키는 압박 구조가 있음을 이해한다. 따라서 나는 공동체를 찾도록 할 뿐만 아니라 사람들의 자아실현의 기회를 제한하는 성차별, 민족차별주의, 이성애주의, 또는 그 밖의 다른 편견을 극복하기 위해 다른 사람들과 함께할 기회를 찾도록 내담자를 움직이게 시도한다.

　나는 단회 상담, 가능하다면 심지어 한 회기 상담을 좋아한다. 왜냐하면 나는 한 사람의 치유과정에 내가 꼭 필요하다는 믿음이나 의존성을 키우는 것을 좋아하지 않기 때문이다. 나는 변화 요원이다. 따라서 한번 변화가 일어나면 나머지 과정을 마저 수행해 내기 위해 개인과 공동체에게 권한을 부여하길 원한다. 대부분의 나의 상담관계는 1~5회기 정도 지속하며, 요청이 있을 때에는 때때로 '조율과정'을 거친다.

기법

　나는 빠르게 행동을 일으킬 수 있을 정도로 충분히 힘 있는 기법을 좋아한다. 나는 길고도 심리역동적인 과거에 관한 조사에는 인내심이 없다. 나는 내담자의 삶에서 지금 일어나고 있는 것과 그의 행동에 미치는 최근의 사건과 조건의 영향에 가장 관심을 둔다. 나는 또한 너무 비지시적이어서 내담자에게 변화를 일으킬 통찰을 얻기 위해 많은 회기를 필요로 하는 기법에도 역시 인내심이 부족하다. 그리고 마지막으로 변화를 위해 내담자를 동기화하는 데에 필요한 흥분, 좌절 그리고 도전을 창조하지 않는 기법에도 지루해한다.

　샤머니즘에 기반을 둔 상담이 이국적이라는 사실에도 불구하고, 나는 대부분의 상담과정에서 매우 일반적인 진실 시도(tried and true) 기법을 사용하는 경향이 있다. 따라서 나는 문제가 무엇인지에 빠르게 초점을 두기 위해 적극적 경청을 사용한다. 그리고 문제에 관하여 단지 이야기하기보다는 내담자를 놀라게 하여 문제를 분명하게 드러내도록 지금-여기에 진술로 재빨리 이동한다. 나는 내담자가 자기의 좌절을 말하는 것을 듣고 싶지 않다. 나는 그 회기 내에서 바로 좌절을 보길 원한다. 그래서 그것을 유발하는 것이 무엇인지, 그것을 지속시키는 것이 무엇인지, 그리고 그것을 감소시키는 것이 무엇인지를 이해할 수 있기를 원한다.

나는 그의 몸이 분명하게 표현하고 있는 것을 언어화하도록 내담자를 도와주기 위해 마음/신체 기법을 사용한다. 나는 말한다. "당신은 어디에서 슬픔을 느끼고 있나요? 당신의 긴장한 어깨는 무엇을 말하나요? 당신 어깨의 긴장감 밑에는 무엇이 있나요?" 나는 종종 진짜인 기본적인 싸움이나 도망 반응이 분명해질 때까지 각각의 느낌 저변으로 점점 더 들어가 내담자의 감정의 층을 '벗겨 낸다.'

나는 내담자를 만나고 그의 정서가 어떻게 모든 제스처와 말을 알려 주고 있는지에 대한 내담자의 인식을 세우기 위해 잘 알려진 게슈탈트 기법을 사용한다. 나는 갈등을 규정하고 해결하도록 내담자를 돕기 위해 또한 많은 실험을 사용한다. 이러한 실험들은 '빈 의자' 혹은 경험을 비전화하기를 포함할 수 있다.

나는 놀랄 정도로 정확하고 솔직하게 해석하려고 노력한다. 그것은 각성 피크(소리치거나, 울거나, 호흡이 빨라지는) 전후로 주의 깊게 시간을 맞추어 제공해 준다. 그것은 변화된 아이디어와 행동을 위한 개막을 창조한다. 회기 중에 내담자가 새로운 아이디어를 수용하는 것을 어려워한다면, 나는 호흡과 이완으로 조심스럽게 내담자의 생리적 각성 수준을 낮추어 주거나, 변화의 용량을 키우기 위해 경험 활동으로 각성을 증가시킨다.

치유하는 내담자를 보조하기 위해, 나는 기꺼이 일반상담에서 벗어나 의식적인 요소와 내담자 자신의 영성을 사용하려고 한다. 나는 내담자의 생애 주기와 계절에 집중하도록 내담자를 돕기 위해 작은 주술 바퀴를 세워 놓는다. 그리고 내담자가 자기 스트레스를 이 작은 주술 보따리에 쏟아 놓고 그것을 지구로 되돌려 보내도록 내담자를 도와준다. 나는 내담자에게 내담자의 종교에서 나온 신성한 경전을 묵상하도록 격려한다.

나는 상담에서 신성한 경전뿐만 아니라 문학과 철학의 방대한 업적도 사용한다. 영재 내담자는 특히 독서치료에 잘 반응한다. 따라서 회기와 회기 사이에 책을 읽는 것은 거의 언제나 나의 치료의 한 부분이 되곤 한다.

그래픽 삽화

그래픽 삽화([그림 9-1] 참조)에서는 상담 단계를 기술하기 위하여 사계절의 비유를 사용하는 방법을 보여 주고 있다. 미국 원주민 주술 바퀴는 인간 생애와 계절의 주기, 그리고 지구에 있는 생명 순환의 강력한 상징물이 된다. 나는 상담에 관한 나의 사고를 출생, 성장, 전성기, 죽음 그리고 재탄생이라는 순환 주기로 구조화하기 위해 이 상징을 사용한다.

준비

상담에서 '봄'은 준비 시간이다. 이때는 안전, 신뢰, 따스함, 편안함 그리고 희망감을 증진시키기 위해 모든 물리적 구조, 디자인, 그리고 상징의 힘을 집결시키는 환경을 창조하는 시기다. 치유환경은 또한 '세상들 간의 통로'(Frank & Frank, 1991)를 형성하는데, 그곳은 내담자가 일반 세계와는 동떨어진 장소로 들어가는 곳이다. 나는 또한 상징적으로 또는 문자 그대로 나 자신을 깨끗이 하고 반영과 묵상을 통해 나를 중심에 둠으로써 나 자신을 준비시킨다.

나는 치유과정에 들어가기 위해 상담자, 내담자 그리고 공동체에게 힘과 의지를 불러일으키려고 개회사나 개회식을 사용한다. 이것은 촛불을 밝히거나 차를 함께 마시거나 몇 마디 환영 인사를 하는 단순한 의식이 될 수도 있다.

관계 형성

상담 접근의 '여름'에 해당하는 것으로, 나는 개인의 세계관과 문제의 본질을 드러내기 위해 적극적 경청과 반영을 한다. 여기서 내가 영향력을 지닌 강력한 요원이 되는 데에 필요한 신뢰성을 창조하기 위해서는 전문적이면서 참고할 만하도록 진술하게 진술하는 것이 또한 중요하다. 관계 형성의 중요한 부분은 치료적 동맹을 맺기 위한 상호 목표 설정이다. 이러한 동맹은 우리로 하여금 상담의 어려운 부분을 잘 통과해 나가게 할 것이다.

평가

나는 내담자에게 강점과 욕구 그리고 목표를 설정하기 위해 검사와 해석을 사용한다. 나는 내담자에게 상담 회기에서 자기 관찰에 참여하고 관찰한 것을 반성하도록 요구한다. 이제 가장 결정적인 상담 부분—말과 행동의 해석—을 시작한다. 내담자와 나는 함께 자신의 내적 세계를 기술하기 위하여 새로운 말을 창조해야만 하며, 내담자 생애 전체의 새로운 이야기를 창조해야만 한다. 나는 상담 회기 내에서 문제를 드러내도록 하기 위해 지금-여기에, 참만남 그리고 인식 기법을 사용한다. 그리하여 우리는 함께 내담자의 정서와 행동이 나에게뿐만 아니라 아마도 그의 삶에서 다른 사람에게 어떻게 영향을 끼치는지를 이해하도록 함께 작업할 수 있을 것이다.

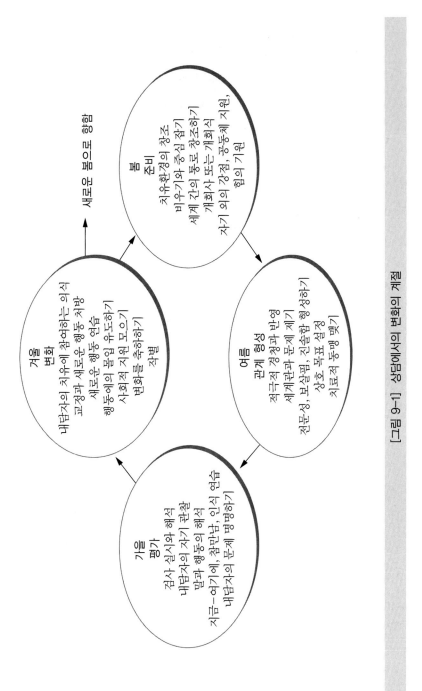

새로운 봄으로 향함

봄
준비
치유환경의 창조
비우기와 중심 잡기
세계 간의 통로 창조하기
개최자 또는 개최식
자기 외의 강점, 공동체 지원,
힘의 기원

겨울
변화
내담자의 치유에 참여하는 의식
교정과 새로운 행동 처방
새로운 행동 연습
행동에의 몰입 유도하기
사회적 지원 모으기
변화를 축하하기
작별

여름
관계 형성
적극적 경청과 반영
세계관과 문제 제기
전문성, 보살핌, 진솔함 형성하기
상호 목표 설정
치료적 동맹 맺기

가을
평가
검사 실시와 해석
내담자의 자기 관찰
말과 행동의 해석
지금-여기에, 참만남, 인식 연습
내담자의 문제 명명하기

[그림 9-1] 상담에서의 변화의 계절

변화

이 단계에서는 의식이나 상징적 행동을 가져와 내담자의 치료 능력을 사용한다. 이것은 내담자 삶의 '새로운 이야기'를 읽는 것이나, 미래의 비전을 상상하는 것이나, 그림을 그리는 것이나, 또는 심지어 지금 내담자가 자기 뒤에 놓는 역할이나 정서 또는 행동으로 작은 불을 일으키거나 작은 종이를 태우는 것이 될 수도 있다. 그리고 나서 상담에서 일어난 학습을 확고히 할 활동과 교정 그리고 새로운 행동들을 처방한다. '가을'로 들어가면서 내담자는 이제 새로운 행동들을 연습하고, 친구와 가족들로부터 필요한 지지를 받으며 미래의 행동에 몰두하게 된다.

공동체 지원에 참여하기

나는 변화과정에서 내담자를 격려하기 위해 실제 시간에, 가상 공간에서, 또는 상징적으로라도 지원 체계를 가져오길 좋아한다. 이것은 내담자가 변화를 계속 유지하길 바라고 또 그렇게 하기 위해 도움을 원한다는 것을 공공연하게 드러내는 것이다.

작별

상담의 '겨울' 동안에 우리는 치유과정의 사건들을 검토하기 시작한다. 겨울은 단지 종결의 시간이 아니라 다른 사람들에게 감사를 전하는 시간이다. 우리는 치유과정의 끝을 상징적으로 나타내기 위하여 함께 의식을 창조한다. 새로운 초에 불을 붙이고, 내담자에게 백지로 된 책을 선물하거나, 작별을 고하면서 순환을 끝낸다. 마치 겨울 뒤에 봄이 오듯이, 나는 나의 내담자가 새로운 인생을 살아가길 희망한다.

4. 적용

Connor는 시와 산문으로 일곱 번 내셔널 어워드를 수상한 작가이면서 작곡가인 26세의 남자로, 폐색 상태와 우울증으로 도움을 받고자 나에게 왔다. 그가 속한 대학 학장은 Connor가 수업도 몇 번 결석하고 교사들과의 학제 간 팀에 점점 참여하지 않음을 알아차리고, 그를 나에게 의뢰하였다. 학장은 나의 작품에서 미국 원주민 요소들을 통합시킨 점과 작가들을 전문적으로 잘 아는 점이, 미국 원주민의 영성에 문학적으로 그리고 개인적으로 몰입되어 있는 내담자에게 어필할 것이라고 믿었다.

나는 맥도웰 산과 확 트인 사막의 웅장한 경치와 벽난로가 있는 작고 원형의 노천 빌딩인 Frank Lloyd Wright 건축학부 건물에 있는 아름다운 쉼터에 상담 장소를 준비했다. 날씨가 쌀쌀했기에, 나는 불을 지피고, 따뜻하게 의자 위에 담요를 깔아 놓았으며, 허브차를 준비했다. 내담자가 도착하자, 나는 Connor와 악수를 하며 반갑게 맞이했다. 그리고 소개를 하고 경사진 곳으로 그를 안내하기 위하여 손으로 그의 등을 부드럽게 받치고 그를 인도하였다. 그는 매력적이고 건강해 보였으나 외관은 마르고 머리는 빗질을 하지 않았다. 그는 조용하고 천천히 말을 하였으며 극도로 예의가 발랐다.

나는 치유과정으로 들어가는 시간과 장소에서 우리가 분리되어 있음을 설명하면서, 촛불을 점화하며 간결한 의식을 통해 상담 회기를 시작하였다. 나는 그가 변화하도록 도와주는 것이 나의 역할임을 설명하였으며, 그가 이 과정에 잘 참여할 것을 부탁하였고, 그는 동의하였다. 첫 회기에서 그가 나에게 촉발 사건(지도교수가 그의 결석과 논문이 늦어짐을 알아차리고 나에게 의뢰한 일)과 그의 일상의 하루(늦게 자고, 적게 먹고, 커피를 많이 마시고, 흡연을 심하게 하고, 글을 쓰려고 애쓰고, 불면 때문에 잠들려고 술을 마시는) 그리고 그의 관심 영역과 목표('자기 행실을 고치기를', 마치 자신이 '엉터리'라는 느낌을 지우기를, 그리고 다시 글을 쓰기 시작하기를 원함)를 이야기하는 동안, 나는 개방형 질문을 하고 언어적 추적과 반영을 사용하였다. 우리는 이러한 목표들을 분명히 하였다. 나는 그에게 잘 지내고 있을 때의 자기 모습을 '영화'로 시각화하길 요구하였으며, 그는 나의 요구대로 약간 더듬으면서 그렇게 하였다. 그는 미래의 자신의 모습을 삶의 열정을 되찾은 사람이며, 열정을 가지고 글쓰기에 정진하며, 자신을 잘 관리하고 행복하며 자상한 파트너에게 매력을 줄 수 있는 사람으로 묘사하였다. 나는 이것이 타로 카드보다도 예견력이 좋고, 이 도구들이 그가 어떻게 자신의 방향을 잃어버렸고 어떤 장점이 그를 되돌려 놓을 수 있는지를 더 잘 이해하도록 우리를 도와줄 수 있다고 농담하면서, PRF(Jackson, 1987)와 VPI(Holland, 1985)를 실시하였다.

두 번째 회기에서 나는 개회 의식을 반복하였다. 그리고 테이블로 사용하는 트렁크 위에 여러 색깔의 조약돌로 작은 주술 바퀴를 만들자고 제안하였다. 나는 그에게 12개의 조약돌을 동쪽에서 시작하여 시계 방향으로 하나씩 만질 것과 그의 인생의 계절을 설명하기를 요구하였다. 몇몇 지점에서 나는 그에게 하나의 주제를 좀 더 정교화하거나 도출해 내도록 요구하였다. 그런 방식으로 차갑고 임상적인 목소리로 하는 전형적인 내력 면담 없이도 나는 내담자의 '내력'를 빠르게 파악할 수 있었다. 그의 유년기는 끔찍했다. 음악가인 그의 아버지는 집을 나갔고, 예술가인 어머니는 좌절하여 주로 음주로 우울하게 지냈으며, 그의 작은 잘못에도 때때로 벌컥 거칠게 화를 내면서 그의 머리를 변기 속에 처박는다거나 그가 좋아하는 장난감을 벽난로에서 태우거나 하는 식으로 아들을 처벌하였다. 그는 조용하고 공손하게 있어야 해방이 되는 것을 배웠다. Connor는 집 아래

에 있는 기어 들어갈 수 있는 공간에 비밀 세계를 만들어 놓고 그곳에서
이야기도 쓰고 부드럽게 하모니카를 불면서 지냈다. 학교는 그의 불행을
연장시켰다. 그는 마치 자신이 다른 별에서 온 방문객인 것같이 느꼈다.
그는 13세가 되도록 친구가 거의 없었으며, 그 시기에 그는 자신만큼 따
돌림을 받은 아웃사이더 소녀와 친구가 되었다.

이 시기는 그의 인생에서 '여름'에 해당되었다. 고등학교 내내, 그들은
함께 도시를 탐방하였으며, 커피하우스와 대학생 및 음악가 모임을 발견
하였는데, 그곳에서 그들을 받아 주었다. 그들은 지붕 위에 누워서 맥주
를 마시고 가 보고 싶은 곳과 만나고 싶은 사람들을 꿈꾸면서 그렇게 여
름날들을 한가하게 보냈다. 영어 선생님은 Connor를 알아보고, 그에게
학교 문학잡지에 글을 기고하도록 격려하였다. Connor는 대학에 갈 돈이
없었는데, 영어 선생님은 글쓰기 프로그램으로 유명한 자신의 모교인 작
은 인문대학에서 장학금을 받을 수 있게 그를 추천하였다. 놀랍게도, 그
는 장학금을 받게 되었다. 대학 진학의 가장 힘든 부분은 그의 절친인
Allie를 뒤로 하고 떠나는 것이었다.

대학은 그가 전에 다니던 학교와 별반 다르지 않았다. 갑자기 그가 수
강하는 과목들은 도전이 되었고, 선생님은 '최근의 정보를 알려 주었다.'
그리고 그의 두 개의 시를 검토한 결과, 그의 글은 '사치스럽고 화려하
다'고 하였다. 그의 멘토는 한 명이 아닌 두 명이었다. 한 사람인 영어 교
수님은 그의 글을 잘 다듬어 출판하도록 그를 도와주었고, 다른 한 사람
인 음악 교수님은 음악과 연극 그리고 가상의 공간이 함께 어우러지는 작
곡의 첨단 분야로 그를 이끌었다. 그가 음악과 창작을 복수 전공하고 매
개 교수법을 부전공으로 하였기에, 전 세계에 있는 예술과 테크놀로지 그
리고 매개예술 프로그램이 그를 초빙할 수 있게 되었다. 지금은 선두 프
로그램 중 하나로 그의 전문성이 최고점에 도달했지만, 그는 자신의 미래

에 대해 우울과 절망을 느끼게 되었다.

　나는 주의 깊게 그의 이야기를 경청하였고, 몇 마디의 잠정적인 해석과 처방을 제안하면서 그 회기를 마쳤다. 내가 말한 과학적 해석은 이러했다. 작가의 약 30% 정도가 갖고 있는 것과 같이, 그는 때로 양극성장애라고 불리는 기분 불안정, 내향성, 표현성 그리고 유체 의식과 같은 경향성을 지니고 태어났다. 그의 어머니는 분명한 증상을 보였으며, 그는 유전적으로 경미하고 중간 정도 형태의 경조증/중증 우울증을 물려받은 것 같다. 나는 이것이 축복이자 동시에 '불에 손을 데인 것'과 같은 저주라고 말했다. 선물은 뛰어난 창의성이지만, 저주는 우울의 그림자다. 나의 영적 설명은 이러했다. 그의 영혼은 어두운 밤에 있다는 것이다. 이 시간은 그가 우울의 지혜를 경험하는 시간이다. 즉, 감속하는 기회, 그리고 다른 사람들과 공동 발명하는 새로운 분야에서의 리더이자 내부자로서의 그의 미래와 아웃사이더로서의 그의 과거를 통합하는 기회다. 나의 처방적 제안은 정신과 의사에게 의뢰하여 우울증을 가라앉히고 잠을 자도록 하기 위해 약간의 경미한 약물을 처방받도록 하는 것이었다. 그리고 술, 담배, 카페인을 줄이기 위한 방안을 추천하고, 그의 몸이 이미 시작한 정화과정을 완수하기 위해 물을 마시고 가볍게 음식을 섭취하고 길게 수면을 취할 것을 제안하였다. 추가로, 그에게 Kay Jamison이 쓴 『불에 데인 사람들 (*Touched with Fire*)』을 읽게 하여 자신이 유전적으로 물려받은 조건을 이해하고 그것을 어떻게 잘 보유하여 질병이 아닌 창의성의 방향으로 흐름을 돌릴 것인지를 이해하도록 하였다.

　세 번째 회기에서 우리는 책을 토론하였는데, 그는 책이 그의 어머니와 아버지를 '못 박았다'고 말했다. 그리고 그 책에서 자기의 많은 부분을 보았다고 말했다. 그는 이펙서(Effexor) 약물을 복용한 지난 2주간에 대해 논의하였다. 그는 좀 더 균형을 찾은 것 같았고, 잠은 더 자고 술은 덜 마셨다고 말했다. 나는 그에게 성격검사 결과를 해석해 주었다. Holland 검사 결과, 그는 분명하게 예술적-탐구적-실제적 코드였다(Holland, 1985). 이 코드는 심리적이고 과학적이며 기술적인 관심을 결합한 사람들의 대표적인 코드이며, 매개 예술의 새 첨단 분야에 있는 작가/작곡자의 완전한 프로파일인 것이다. "당신은 엉터리가 아니에요."라고 말했다. "당신은 진짜 멋진 사람입니다. 지금까지 지혜롭게 잘 이끌어 왔던 정확한 신도가 수천 가지의 가능성과 프로파일이 딱 맞아떨어지는 사람입니다." 그의 PRF(Jackson, 1987)에서는 경미한 양극성 경향이 확인되었다. 중요한 점으로 인내심과 자율성에서 뛰어난 점수를 보여 주었는데, 이는 예술가로서의 성공을 증명하는 보증서다. 연민과 친절을 가지고 다른 사람을 돌보는 욕구인 양육 점수 또한 아주 흥미로웠다.

 "매우 아름답습니다." 나는 말했다. "당신은 유년 시절의 슬픔에서 벗어나, 그 고통을 다른 사람에 대한 사랑과 양육 그리고 보살핌의 능력으로 바꾸는 과정에 있습니다." 이런 결과는 그가 자기 안에서 '화가 난 어머니'와 '도망간 아버지'와 화해하고, 화해를 넘어서 자신과 다른 사람을 사랑과 보살핌으로 양육하는 내재화된 새로운 부모를 창조해 내는 그다음 단계를 암시하는 것이었다고 나는 제안하였다.

 내가 이렇게 해석을 해주자 Connor는 울었다. 그리고 그렇게 되길 희망하고 이 부분을 계속 탐색하고 일하길 원한다고 말했다. 나는 그에게 일어서서 자신의 의도를 우리 앞에서 산과 하늘을 향해 크게 외치도록 요청하였다. 그는 말했다. "새로운 영혼이 내 안에서 자라나는 것처럼 나는 나 자신을 치유할 것이다. 그리고 나는 나의 예술을 통해 다른 사람들을 치유할 것이다. 나는 엉터리도, 사기꾼도, 돌팔이도 아니다. 나는 이 일을 하기 위해 여기 지구에 왔다. 그리고 나는 그것을 선택한다!"

 그다음 주는 정말 놀라웠다. Connor는 상담에 오질 않았다. 대신에 그는 어머니의 무덤이 있는 메인 주로 갔으며, 그러고 나서 그가 자라온 오하이오 주에 있는 마을에 갈 것이라고 내 전화에 메시지를 남겼다.

2주 후에 그는 미소를 지으며 몹시 놀라워하며 돌아왔다. 그는 어머니 무덤에 가서 병들어서 자신을 사랑할 수 없었고 예술만 했던 엄마를 용서하였다. 그는 자유를 느꼈으며 어느 정도 경험으로 인해 고무되어 있었다. 더욱 놀랄 일은 그가 Allie를 찾았으며, 그녀와 함께 이틀을 멋지게 보내고 자주 방문할 것을 약속한 것이었다. 마지막으로, 그는 다시 글을 쓰고 있다. 이 일은 비행기 여행에서 시작하였고, 지금 그 일은 그의 내부에서 필연성과 정의감을 가지고 '전개되고' 있다고 그가 말하였다.

"그러면 당신은 다 한 거예요." 나는 말했다. "그리고 당신은 좋아질 것입니다."

"네, 그럴 겁니다."라고 그가 말했다.

나는 그에게 자신을 돌봐 주었고 멘토링했던 새로운 친구와 옛 친구 등 모든 사람의 정신을 불러오도록 요청하였다. "당신이 당신 장로들의 오두막(Lodge of Elders)에 있다고 가정해 보세요." 나는 말했다. "그곳에 누가 있나요? 당신의 새로운 변화에서 누가 당신을 지지하나요?"

그는 이것을 시각화하였고 조용히 그들에게 지원을 부탁하였다. 그는 눈을 크게 떴고, 나는 말했다. "그리고 나 역시 당신을 생각하면서 여기에 있을 겁니다. 그리고 당신에게 조율이 필요하다면, 나는 당신을 도울 준비가 되어 있습니다!" 우리는 마지막으로 세이지(샐비어의 잎-역자 주)를 태우고 그 재를 바람에 흩뿌리면서 종결을 하였다. 그리고 서로의 안녕을 기원해 주었다.

나는 그를 캠퍼스에서 가끔 보았다. 그리고 종종 그의 작품을 읽었다. 나는 그가 다른 예술가들처럼 기복이 있음을 알았다. 하지만 나는 그의 새로운 영성의 탄생에 참여했으며, 나는 그것이 지속될 것임을 알고 있다.

참고문헌

Colangelo, N., & Assouline, S. G. (2000). Counseling gifted students. In K. A. Heller, F. J. Mönks, R. J. Sternberg, & R. F. Subotnik (Eds.), *International handbook of giftedness and talent* (2nd ed., pp. 595-607). Amsterdam: Elsevier.

Colangelo, N., & Davis, G. (2002). *Handbook of gifted education* (3rd ed.). Boston: Allyn & Bacon.

Colangelo, N., & Kerr, B. A. (1990). Extreme academic talent: Profiles of perfect scorers. *Journal of Educational Psychology, 82,* 404-410.

Colangelo, N., & Kerr, B. A. (1993). A comparison of gifted underachievers and gifted high achievers. *Gifted Child Quarterly, 37,* 155-160.

Costa, P. T., Jr., & McCrae, R. R. (1992). Normal personality assessment in clinical practice: The NEO Personality Inventory. *Psychological Assessment, 4,* 5-13.

Csikszentmihalyi, M. (1996). *Creativity: Flow and the psychology of discovery and invention.* New York: HarperCollins.

Damasio, A. (1995). *Descartes error: Emotion, reason, and the human brain.* San Francisco: Harper.

Feldman, D. H., & Goldsmith, L. T. (1986). *Nature's gambit.* New York: Basic Books.

Frank, J. D., & Frank, J. B. (1991). *Persuasion and healing: A comparative study of psychotherapy.* Baltimore: Johns Hopkins University Press.

Frank, J., & Frank, J. B. (1993). *Persuasion and healing: Comparative studies.* Baltimore: Johns Hopkins University Press.

Gardner, H. (1983). *Frames of mind: The theory of multiple intelligences.* New York: Basic Books.

Gottfredson, L. S. (2002). *Scientific American: The general intelligence factor.* New York: ibooks.

Holland, J. L. (1985). *Vocational Preference Inventory (VPI).* Odessa, FL: Psychological Assessment Resources.

Hollingworth, L. S. (1926). *Gifted children: Their nature and nurture.* New York:

Macmillan.

Ikemoto, S., & Panksepp, J. (1999). The role of nucleus accumbens dopamine in motivated behavior: A unifying interpretation with special reference to reward-seeking. *Brain Research Reviews, 31,* 6-41.

Jackson, D. N. (1987). *Personality Research Form-Form E. Manual.* Port Huron, MI: Sigma Assessment Systems.

Kerr, B. A. (1991). *A handbook of counseling the gifted and talented.* Alexandria, VA: American Association for Counseling and Development.

Kerr, B. A. (1997). *Smart girls: A new psychology of girls, women, and giftedness.* Scottsdale, AZ: Gifted Psychology Press.

Kerr, B. A., & Cohn, S. J. (2001). *Smart boys: Talent, manhood, and the search for meaning.* Scottsdale, AZ: Great Potential Press.

Kerr, B. A., & Colangelo, N. (1988). The college plans of academically talented students. *Journal of Counseling and Development, 67,* 42-49.

Kerr, B. A., & Colangelo, N. (1994). Something to prove: Academically talented minority students. In N. Colangelo & S. Assouline (Eds.), *Talent development* (pp. 352-375). Columbus, OH: Ohio Psychology Press.

Kerr, B. A., & Erb, C. (1991). Career counseling with academically talented students: Effects of a value-based intervention. *Journal of Counseling Psychology, 38,* 309-314.

Kerr, B. A., Kurpius, S., & Harkins, A. (2005). *Counseling girls and women: Talent development.* Mesa, AZ: MTR/Nueva Science/NSF.

Kerr, B. A., & McAlister, J. (2000). Shamanic journey: An apprenticeship in spiritual intelligence. *Advanced Development Journal, 9,* 45-55.

Kerr, B. A., & McAlister, J. (2001). *Letters to the medicine man: The shaping of spiritual intelligence.* Cresskill, NJ: Hampton Press.

Kerr, B. A., & McKay, R. (2006, July). *Profiling creative students: The CLEOS Project.* Paper presented at the CREA International Creativity Conference, Paris, France.

Kurpius, S., Kerr, B. A., & Harkins, A. (2005). *Counseling girls and women: Talent, risk, and resiliency.* Mesa, AZ: MTR/Nueva Science/NSF.

Lewis, J. J. (2005). *Women's voices: Quotations by women.* Retrieved July 16, 2005, from http://womenshistory.about.com/library/qu/blquston.htm

Maslow, A. H. (1999). *Toward a psychology of being.* New York: Wiley and Sons.

Mobus, G. E. (1994). *Toward a theory of learning and representing causal inferences in neural networks.* Retrieved June 15, 2006, from http://faculty.washington.edu/gmobus/Adaptrode/causal_representation.html

Morelock, M. J., & Feldman, D. H. (1991). Extreme precocity. In N. Colangelo & G. Davis (Eds.), *The handbook of gifted education* (pp. 347-364). Boston: Allyn & Bacon.

Noble, K. D. (1999). *Riding the windhorse: Spiritual intelligence and the growth of the self.* Cresskill, NJ: Hampton Press.

Noble, K. D., Subotnik, R. F., & Arnold, K. D. (1999). To thine own self be true: A new model of female talent development. *Gifted Child Quarterly, 43,* 140-149.

Rosenzweig, M. R., Breedlove, S. M., & Watson, N. V. (2005). *Biological psychology: An introduction to behavioral and cognitive neuroscience* (4th ed.). Sunderland, MA: Sinauer Associates.

Rothbart, M. K., & Bates, J. E. (1998). Temperament. In W. Damon (Series Ed.) & N. Eisenberg (Vol. Ed.), *Handbook of child psychology: Vol. 3. Social, emotional, and personality development* (5th ed., pp. 105-176). New York: Wiley.

Smith, M. L., & Glass, G. V. (1977). Meta-analysis of psychotherapy outcome studies. *American Psychologist, 32,* 752-760.

Terman, L. M., & Oden, M. H. (1935). *Genetic studies of genius: Vol. 3. The promise of youth.* Stanford, CA: Stanford University Press.

Thomas, A., Chess, S., & Birch, H. G. (1968). *Temperament and behavior disorders in children.* New York: New York University Press.

Wampold, B. (2001). *The great psychotherapy debate.* London: Erlbaum.

Webb, J. T., Meckstroth, B. A., & Tolan, S. S. (1989). *Guiding the gifted child: A practical guide for parents.* Scottsdale, AZ: Great Potential Press.

Wilson, L., & Barber, T. X. (1983). The fantasy prone personality. In A. A. Sheikh (Ed.),

Imagery, current theory, research, and application (pp. 340-347). New York: Wiley.

Winkelman, M. (2000). *Shamanism: The neural ecology of consciousness.* New York: Bergin & Garvey.

Chapter 10

영재 학생의 액티오토프 발달에서의 상담의 역할: 이론적 배경과 11단계 SCC 적용의 예

ounseling

Albert Ziegler and Heidrun Stoeger

1. 영재성 개념

어떤 사람을 영재라고 주장한다면, 우리는 본질적으로 그 사람이 결국에는 한 가지 또는 그 이상의 영역에서 수월성을 드러낼 수 있다고 말하고 있다. 그러나 이를 어떻게 입증할 수 있을까? 첫째로, 우리는 일정 시점에서 그 사람이 실행할 수 있는 수월성 행동이 어떤 것인지를 고려해야 한다. 예를 들어, 성공적으로 소설을 출판하거나, 10초 내에 100m를 달린다거나, 바이올린으로 어려운 음악을 연주하는 것이 될 수 있다. 각각 이러한 행동들은 독특한 역량을 요구한다. 그들이 적절한 격려를 받을 때 높은 숙달 수준에 도달할 수 있다고 영재 연구자들이 인정한다면, 우리는 개인의 학습 경로 파악이 가능하다고 주장할 수 있을 것이다. 다른 말로 하면, 학습 경로는 현재의 수행 상태와 수월성 수준의 수행으로 여길 수 있는 상태 간의 거리를 이어 준다(Ziegler & Stoeger, 2004a). 물론 여기서 연구 과학자가 단순히 자신의 직관력에 의존해서 말할 수는 없다. 오히려 이러한 평가는 특정한 영역에서의 전문성 획득 이론에 기초해서 이루어져야만 하며, 이 사람을 충분한 근거하에 **액티오토프**(actiotope: 뒤에 정의내릴 것이다)를 진단해서 판단해야 한다.

우선 첫 번째로, 영재성에 관한 이 견해는 학습 이론에 뿌리를 두고 있다(Ericsson, 2002). 이는 전기물 연구로부터 얻은 증거(Simonton, 2003; Weisberg, 2003)와 전문적 연구(Ericsson, 2003; Howe, Davidson, & Sloboda, 1998)로부터 지지받고 있다. 참으로 수월성의 상태에 도달하기 위해 필요한 시간이 예외 없이 적어도 최소 10년은 넘게 필요하다는 결과를 나타내는 문서들은 충분히 있다. 이보다 짧은 기간 내에 매우 뛰어난 성취를 이룰 수 있었던 사례들의 진술은 조금은 의문스러운 방법론적 훈련에서 나온 결과에 기초하거나 근거가 없는 것으로 밝혀졌다(예: Simonton, 2000). 이러한 10년의 기간이란 자신의 수행을 향상하기 위해 변하지 않는 목표를 가지고 강화된 연습과 훈련에 의해 이루어진다는 특성을 지니고 있다. 이렇게 자기 자신의 성취 한계를 지속적으로 확장하는 일은 매우 고되고 힘든 일로서, 어떤 경우에는 혐오스럽기까지 하여 영재들에게 학습은 아이의 놀이에 지나지 않는다는 상투적인 문구를 반박하는 결과를 내기도 한다(Howe et al., 1998).

두 번째로, 우리의 영재성 개념은 기질—거의 대부분 지능—을 집중적으로 다루는 영재성 연구의 관례인 초점을 거부하고 한 개인의 **행동**으로 관심을 전환시킨다는 특징을 지니고 있다. 예를 들어, 1903년 마리 퀴리는 노벨 물리학상을 받았는데, 이는 그녀의 특출한 재능에 의거한 것이 아니라 그녀의 행동에 의한 것이었다. 즉, "그들(마리 퀴리와 동료들)은 앙리 베크렐 교수가 발견한 방사선 현상에 관하여 공동 연구를 실시한 비범

한 업무를 인정받아" 상을 받은 것이다(Nobelprize.org, 미상, ¶ 2). 1911년에 그녀는 '라듐과 폴로늄의 발견과 이 기막힌 물질의 본질과 혼합 요소에 관한 연구와 라듐의 분리로 인해 화학의 발전에 기여한 그녀의 업적을 인정받아' 노벨 화학상을 받았다(Fröman, 미상, ¶ 31). 우리 접근의 핵심은 말하자면 수월성 행동인 것이다. 따라서 우리가 스스로에게 "과학자 마리 퀴리를 이러한 발견을 할 수 있는 위치에 있게 한 것은 무엇이었을까?"라고 질문한다면, 단순히 그녀의 IQ가 답은 아니다. 그녀의 IQ는 6세의 나이와 성인의 나이 사이에 크게 변화하지 않았겠지만, 이것들을 발견한 것은 6세 때가 아니다. 독특한 행동 목록들을 늘려 갈 수 있었던 그녀의 학습 경로를 좀 더 가까이 조사하면 답을 찾을 수 있으며, 이것이 바로 수월성 행동을 실행에 옮길 수 있는 역량인 것이다. 이러한 행동들이 바로 과학적 업적에 가장 큰 차이를 가능하게 만든다.

우리 접근의 세 번째 특징은 체계 이론에 기초한다는 점이다. 지능이나 창의성과 같은 주로 개인의 성격 특성에 초점을 둔 것과는 대조적으로 우리는 총체적 접근을 사용하며, 여러 요소의 체계적 상호작용을 고려하고 있다. 우리의 액티오토프 영재성 모델(Ziegler, 2005)에는 생물학과 사회학에서 사용하는 용어를 직접 유추해 왔다. **바이오토프**(Biotope)라는 용어는 직역하면 살아가는 공간이나 삶의 장소를 가리킨다. 예를 들면, 시냇물이나 골짜기와 같은 주로 비생물적인 요인들에 의해 특징지어지며, 특정한 바이오토프에 사는 여러 종의 생태계는 경계를 규정짓는 공간적 기준을 반영한다. 그리하여 바이오토프는 특정한 생물학적 공동체가 있는 장소가 된다. **소시오토프**(Sociotope)라는 용어는 직역하면 사회적 집합체가 살아가는 장소를 가리킨다. 소시오토프는 또한 살아가는 장소(예: 아파트, 집, 공장, 이웃)와 그 장소에서 사는 사회적 집합체(예: 가족, 노동자, 이웃 사람들) 간의 가까운 관계를 나타낸다. 그리하여 소시오토프는 특정한 사회적 공동체가 있는 장소인 것이다.

대조적으로, **액티오토프**는 개인의 행동에 의해 규정된다. 이러한 행동들이 성공적이라는 점을 확실히 하기 위하여 개인은 일반적으로 고정된 정보에 접근한다. 고정된 정보란 바이오토프에 있는 종들이 오랜 기간 적응해 오는 동안 경험으로 축적된 것들이다(예: 숨쉬기, 음성기관의 사용). 개인은 또한 성공적인 행동에 관한 정보에도 접근하는데, 사회적 공동체가 여러 세대를 거치는 동안 축적된 것들로 보존되어 왔고, 더 발전되어 왔고, 공동체 내에서 개인에게 전달되어 온 것들이다(예: 도덕적 기준, 문화적 기술, 전통). 이러한 사회적 그리고 생물학적 지식과 더불어, 개인은 자신의 액티오토프에서 성공적으로 기능할 수 있도록 하기 위해 학습을 통해 좀 더 넓고 다양한 행동 역량을 습득해야만 한다. 이러한 기능은 우리 인류 종의 유전인자에 들어 있는 지혜나 사회 공동체의 문화 구성 요소들에 들어 있는 지혜로는 얻을 수 없다. 원칙적으로 각 사람은 전적으로 개인의 적소의 혼합을 찾아낸다. 그곳에서 일생을 거치면서 점점 더 성공적인 행동을 실행에 옮김을 학습하게 된다. 이러한 '적소' 중 일부가 적어도 다음의 네 가지를 공통으로 가지고 있다면, 영재 연구는 적소에 특히 관심을 가질 필요가 있다. ① 우리는 그들을 함께 속한 영역으로 지각한다, ② 그들은 특정한 상황에서는 가치 있는 사람으로 보인다. ③ 수월성 행동의 일정한 기준이 존재하는데, 이는 적소에서 행하는 행동의 질을 비교하기 위해 사용된다. ④ 이러한 적소에서의 수월성 행동은 드물다. 지정할 수 있듯이, 재능 영역의 예로는 음악이나 운동 또는 수학이 있다. 우리가 종이나 사회적 집합체의 발달을 바이오토프나 소시오토프의 조건에 점진적으로 적용한 결과로 이해할 수 있는 것과 유사하게, 우리는 우리의 모델에서 재능 영역에 있는 틀에 개인 액티오토프가 점진적으로 적용한 결과로 나온 것이 수월성이라고 생각한다. 다음 내용에서 우리는 세 가지 관점에서 개인의 액티오토프를 조사할 것이다. 즉, ① 요소적 관점, ② 역동적 관점, 즉 재능 영역에서의 (성공적인) 적응, ③ 체계적 관점이다.

요소적 관점

개념적으로 액티오토프는 행동 레퍼토리, 목표, 주관적 행동 공간 그리고 환경의 네 가지 요소로 줄일 수 있다. 다음 장에서 우리는 이 네 가지 요소에 대해 간략한 설명적 그림을 곁들여 짧게 기술할 것이다. **행동 레퍼토리**는 어떤 위치에서 특정한 시간에 꼭 실행하기 위해 각 개인이 하는 모든 행동으로 구성되어 있다. 그러나 한 사람이 이 모든 행동을 다 실행할 필요는 없다. 예를 들어, 곱하기 과제를 숙달한 후에는 수없이 많은 곱셈을 계산할 수 있다. 그러나 일생 동안 우리는 모든 가능한 곱셈 중에서 계산할 수 있는 일부만을 계산하게 된다.

우리는 영재라고 여기는 많은 사람이 영재들만이 할 수 있다고 생각되는 행동들을 하지 못한다는 점을 알고 있다. 예를 들어, 독일 운동 사건을 보도하는 매스컴에서 운동선수가 "자신의 기량을 충분히 발휘하지 않았다."고 선언하는 경우가 종종 있다. 행동 레퍼토리는 몇 가지 결정 요인에 의해 이루어지기 때문에 그 시간에 그 시점에서 이러한 행동들이 그에게는 가능하지 않았다고 설명할 수 있다. 그 이유의 예로는 피곤이 될 수도 있고, 또 다른 예로는 그가 마지막으로 한 영양 섭취와 운동 시합 간의 시간 간격이 잘못 계산되었기 때문일 수 있다.

행동을 실행에 옮기기 위해서 사람은 **목표**를 세워야만 한다. 여기서는 시험불안의 예를 사용해 설명해 보자. 시험불안을 지닌 학생은 수행을 해야 하는 상황에 부딪혔을 때 요구되는 행동(예: 곱셈 연습 문제 풀기)을 실행하기 위한 목표를 추구할 뿐만 아니라 자기 관련 목표도 추구한다

(Ziegler & Stoeger, 2004b). 그들은 스스로 당황하지 않길 바라며, 부모를 실망시키고 싶지도 않다. 예를 들어, 시험 준비 기간 동안 스스로 시험에 대해 당황해한다는 생각이 단지 혐오스러워서 더 이상 시험 준비 목표를 세우지 못하는 상태에 있게 되고, 그렇게 되면 오히려 과정 전체를 지연시킨다.

사람은 맘대로 할 수 있는 무한히 많은 행동을 갖고 있다. 따라서 **주관적 행동 공간**은 즉시 쓸 수 있도록 목표 달성에 가장 적합한 방식의 행동들로 구성되어야만 한다. 많은 경우, 사람은 자신의 행동 레퍼토리 중에서 '간과되고', 그래서 결과적으로 주관적 행동 공간에 선택되지 못한 행동을 갖고 있다. 수학과 자연과학 분야에 재능이 있는 수많은 여학생이 그러한 행동의 예를 보여 주고 있다(Stoeger, 2004). 그들은 객관적으로 보더라도 높은 재능 수준을 지니고 있지만, 자신들을 이 분야에서 성공할 수 있는 사람으로 여기는 자신감은 갖고 있지 않다.

행동 레퍼토리로부터 효율적인 행동이 선택되지 못하는 또 다른 가능한 이유는 **환경**에서 찾아볼 수 있다. 이러한 비선택은 여러 개의 견해, 예를 들면 바이오토프의 시각(만일 소란한 환경에서 시험을 본다면 학생은 집중을 잘 할 수 없을 것이다. 만일 날씨가 습하거나 비가 온다면 트랙은 젖게 되고 단거리 선수의 속도는 떨어질 것이다)에서 또는 소시오토프의 시각(만일 교사가 매우 엄해 보인다면 학생은 수업에 적극적으로 참여할 만큼 충분히 자신감을 갖고 있지 못할 수 있다. 딸이 수학을 전공하려는 것을 찬성하지 않는 부모는 딸의 고급수학 과목의 수강 등록 여부를 결정하는 데에 영향력을 행사할 수 있다)에서 검토되어 이루어질 수 있다.

특별히 중요한 점은 **재능 영역**이라고 부르는 환경 부문으로, 긴 학습과정을 거치면서 개인이 결국 뛰어난 행동을 할 수 있게 되는 영역이다. 재능 영역으로의 점진적인 적응과 효과적인 행동 레퍼토리의 발달이 바로 상담의 핵심 대상이 된다.

역동적 관점

지금까지 우리는 액티오토프의 네 가지 요인에 대해 검토해 보았다. 이미 마리 퀴리의 예를 들었듯이, 6세 때 그녀의 행동 레퍼토리는 물리학과 화학 분야에서의 주목할 만한 발견과 연관 있는 우수한 과학적 행동을 수행할 만큼 결코 충분하지 않았다. 그녀의 액티오토프는 점진적으로 발달해야만 했다. 액티오토프 영재성 모델은 성공적인 적응의 다섯 가지 측면을 명확하게 서술하고 있다. 게다가 그것은 재능 영역과의 효과적인 상호작용을 위한 기초를 형성하는 조건뿐만 아니라 성공적인 학습을 위한 필수요인으로 이해될 수 있다. 이것은 재능 영역에서 좀 더 효과적인 행동을 점점 더 많이 허용하고 있다.

개인이 재능 영역에서 효과적으로 행동할 수 있기 위해, 먼저 개인은 어떤 행동이 성공으로 이끄는지를 결정하는 위치에 놓여 있어야 한다. 그러한 행동들은 더욱더, 더 성공적인 행동의 발전을 위한 발판으로 사용하거나 예비로 계속 보유하고 있어야만 한다. 많은 경우에 사람들은 어떤 행동이 성공적인지 아닌지를 늘 결정할 수 있는 것은 아니다. 바이올린을 배우는 학생이 연주도 깔끔하게 잘하지 못하고 이러한 사실을 인지도 할 수 없다면, 그는 훌륭한 바이올리니스트가 될 수 없을 것이다. 영재 학생이 적절한 학습 전략을 사용하지 못하고 자신이 효율적으로 학습하고 있지 못함도 깨닫지 못한다면, 그는 결코 수월성을 획득하지 못할 것이다.

둘째로, 어떤 상황에서든지 개인은 특정한 목표에 도달하도록 이끌어 주는 특성을 인식할 수 있어야만 한다. 상대 선수 주변에서 드리블을 하는 농구선수는 어떤 작전이 좀 더 효과적인지를 결정해야만 한다. 구두시험을 준비할 때는 사지선다형 시험 준비에만 도움이 되는 그런 기법들은 사용하지 말아야 한다는 점을 학생은 알고 있어야 한다.

셋째로, 액티오토프로의 점진적인 적응을 위해서 끊임없는 행동 변화를 이끌어 낼 수 있어야 함이 또한 중요하다. 예를 들어, 40~50시간 이상 특정한 영역에 참여한 후에는 역량이 만족스러운 수준까지 도달하게 되고, 그 수준에서 수행이 개시된다(Ericsson, 2003). 우리는 이제 체스 게임을 잘할 수 있는 위치에 있게 되거나 컴퓨터에서 데이터 처리 응용 프로그램을 효과적으로 사용할 수 있다. 이와 비슷하게, 반복적으로 제시되는 문제를 같은 수준에서 해결한다. 만일 자신을 좀 더 향상시키길 원하고 자신의 행동 레퍼토리를 확장하고자 한다면, 우리는 좀 더 효과적인 행동을 가능케 해 주는 행동 변화를 찾아야만 한다. 대부분의 체스 기사들이 체스 게임을 하는 과정에서 좀 더 일찍 자신의 행동 레퍼토리에 만족하는 반면, 체스 전문가는 공석으로 체스 말을 움직이는 레퍼토리를 계속 확대해 나가며 지속적으로 특정한 위치에 도달하려고 체스 말의 더 나은 움직임을 찾는다. 즉, 체스 전문가들은 자신의 재능 영역에서 더 나은 행동을 찾기를 적극적으로 원한다. 유사하게, 프로그래밍 전문가들은 표준 알고리즘에 만족하지 않으며 더 새롭고 더 나은 알고리즘을 찾으려고 늘 애쓴다. 더 강한 체스 말의 움직임이나 더 나은 알고리즘을 발견했다 하더라도, 적응의 시도는 결코 끝난 것이 아니다. 즉, 체스 게임이든 혹은 컴퓨터 과학 분야든 그다음 단계의 더 나은 해결이 결코 끝은 아닌 것이다. 이러한 분야에서의 전문가들은 항상 더 나은 행동 변화를 찾으려고 추진해 나갈 것이다.

액티오토프를 발달시키는 긴 과정 동안 예상하지 못한 장벽, 예를 들면 수행 한계나 결정적인 사건과 같은 것들이 백일하에 드러날 수 있다. 넷째로, 그래서 생길 수 있는 여러 유형의 장벽들을 극복할 수 있기 위해 또한 액티오토프를 예견해야만 한다. 예를 들어, 영재 아동에게 기숙학교로 전학하도록 권했을 때, 우리는 그 학생이 자기 가족과의 장기간 이별에 스스로 대처가 가능한 사회적인 유능감을 갖고 있을 것이라고 확신해야만 한다. 이론 물리학자가 특정한 문제를 추진할 수 없는 이유를 들자면, 미래에 수학으로 도전받을 것을 예상하지 못하여 대학 재학 시 필요한 수학 과목을 수강하지 않은 사실에 기인할 수도 있다.

　많은 재능 영역에서 성취 기준은 엄청나게 높다. 개인 행동에서 성공에 대한 피드백은 그다지 충분하지 않다. 수월성의 획득에 도달하기까지 액티오토프의 적응은 효과적인 피드백과 다시 제공하는 전진 피드백 루프를 필요로 한다. 여기서 자기조절 학습을 개선시키기 위해 발달된 특별한 훈련이 좋은 예가 된다. 학교 수학 시간에 우리 훈련(Stoeger & Ziegler, 2005)에 참가한 학생들은 몇 주의 기간 동안 매일 10점 만점짜리 간략한 시험과 퀴즈를 보았다. 그리고 학생들은 학습이 성공적인지의 여부에 대한 시험 결과만 알 수 있었다. 시험은 같은 학년에 있는 평균 수준의 학생들이 경험하는 학습 진도와 적절한 난이도로 구성되었다. 우리 연구에 참여한 학생들은 훈련과정 중 몇 가지 유형의 학습 전략을 시도할 수 있었으며, 그것들을 완전하게 구사할 수 있게 되었다. 더욱이 그들은 피드백 루프에 접근하였다. 즉, 그들은 이 전략과 관련된 검사를 받아 특정한 학습 전략이 어떻게 효과적인지(혹은 효과적이지 않은지)를 결정하였다. 만일 테스트 결과가 낮으면 이 학습 전략은 개선할 필요가 있거나 혹은 효과적이지 않다는 점을 알게 된다. 결과적으로 이러한 피드백 루프로 인해 학생들의 학습 행동의 끊임없는 적응이 가능했고, 이러한 과정을 통해 학생들은 점점 더 나은 수행을 하게 되었다. 예를 들어, 멘토와의 상호작용에서 또는 훈련생들의 자잘한 결함들을 정리하느라 수년을 보낸 트레이너와의 상호작용에서 아주 이례적인 피드백 루프가 발견될 수도 있다.

체계적 관점

수월성 획득으로 가는 긴 학습과정을 거치는 동안에 단지 한 가지의 능력만 발달하는 것은 아니다. 이러한 긴 과정의 가장 두드러진 특징은 액티오토프의 요소들이 환경과 성공적으로 역동적 상호작용을 한 결과로서 어떻게 상호 적응하는가 하는 점이다.

전 세계 체스 챔피언인 Bobby Fischer의 행동 레퍼토리, 주관적 행동공간, 목표 그리고 환경이 그의 생애 최고의 지점에서 서로 상호작용한 것은 결코 우연한 일은 아니다. 8세 때에 Fischer는 전설적인 위대한 체스 왕들을 연구하는 것으로 체스 영역에 적응하게 되었고, 그래서 그들의 해결책에 친숙해지게 되었다. 그들이 개발한 해결책은 처음으로 Fischer의 행동 레퍼토리를 효과적으로 확장해 주었으며, 그의 행동 레퍼토리의 추가적인 확장은 또한 상호 적응으로 이어졌다. 예를 들어, 그는 말의 특정한 움직임이 체스와 관련된 어떤 목표와 링크되었는지를 깨달을 수 있었으며, 그것들을 동화시킬 수 있었다. 그는 체스 고수들이 사용한 말의 움직임의 다수를 확실하게 실행에 옮길 수 있는 위치에 있게 되었다. 그러나 매우 효율적으로 접근하지는 못하기 때문에 아직은 그의 주관적 행동공간 속으로 통합되지는 못했다. 이 시점의 이 환경에서 그는 자기와 걸맞은 체스 적수로부터 적절한 도전을 받지 못했다. 이러한 이유로 그의 어머니는 신문에 광고를 내어 그에게 맞는 적절한 체스 도전자를 찾아주려고 노력하였다.

Fischer가 세계 챔피언 타이틀을 거머쥐었을 때 그의 환경은 거의 완전히 체스 주변으로 맴돌고 있었으며, 매일의 그의 훈련 파트너는 그 세계에서 가장 강력한 도전자들이었다. 몇 번의 시점에서 분명하게 상호 적응이 이루어졌다. 예를 들어, 그의 행동 레퍼토리에서 특이한 오프닝에 대적할 만한 효과적인 행동을 하지 못했지만 그다음 토너먼트에서는 그것을 실행에 옮길 수 있길 원했을 때, 그의 목표는 자신의 행동 레퍼토리를 확장하는 것이었다. 그래서 그는 적합한 특정한 행동 변화를 자기 주관적 행동 공간에 포함시킬 수 있는지를 고려할 수 있었고, 지금은 그의 주요 환경이 된 많은 체스 고수와 함께 이러한 오프닝을 위한 가능한 여러 행동 변화를 논의하고 발달시킬 수 있었다. 게다가 또 다른 시각에서 세계 챔피언으로서의 그의 액티오토프는 주목할 만한 상호 적응을 고려하였다. 그가 프로 체스기사로서 이 스포츠의 수익금으로 생활할 수 있다는 사실은, 예를 들어 공장 같은 곳에서 상투적인 일을 하는 대신에 이러한 체스 오프닝을 개선하는 데에 시간을 헌신할 수 있게 만들었다.

　액티오토프가 적응하고 발전해 나가기 위해서는 당연히 수정되어야만 한다. Fischer는 프로 체스기사로서 좀 더 나은 수익을 얻기 위한 노력의 개척자였다. 소위 구소련의 '국가대표 선수'의 액티오토프는 수정하기가 좀 더 쉬웠다. 왜냐하면 이 사람들은 하루 8시간 체스 훈련으로 봉급을 받았기 때문이다. 그러나 이러한 사정은 그 당시 미국에서는 가능하지 않았다. 그래서 개인의 학습 경로가 확인되었을 때, 우리는 액티오토프의 개별적인 요소들 중에 학습 경로에 필요한 요소들로 공진화가 일어날 수 있는지의 여부를 결정할 필요가 있다. 예를 들어, 성공적인 학습 단계에 대한 반응으로 개인은 그다음의 학습 단계 또한 적절하고 생산적일 수 있게 새로운 목표를 형성할 수 있을까? 더 나은 훈련자, 멘토, 훈련 파트너, 또는 심지어 더 좋은 학교를 확보할 수 있을까? 현재의 환경이 개인을 양육하는 데에 꼭 필요한 최적의 조건을 보장할 수는 없을까? 이러한 점에서 액티오토프가 수정될 수 있는 정도는 상담에서 언급될 중요한 부분이다.

　우리는 또한 액티오토프에서 시간이 걸리는 이러한 수정이 액티오토프의 안정화에 위협을 가하는지의 여부를 질문할 필요가 있다. 학습 경로에서 개인의 액티오토프는 평형 상태에 있지 않다. 오히려 불균형 상태에서 작용한다. 체계 이론에서 보면, 물리학이나 생물학 체계에서 이러한 불균형 상태는 오직 거기에 에너지 형태가 지속적으로 공급될 때만이 작용할 수 있다. 그러나 이러한 점을 액티오토프 이론에 응용한다는 것은 이 장의 범위를 넘어선다. 따라서 대신에 우리는 예로 두 가지 사항을 제시하고자 한다.

거의 모든 사례에서 오랜 시간 동안 이러한 과정과 연관된 평형 상태의 부족과 액티오토프 적응을 지지하고 유지하기 위해서는 강한 동기가 필요하다. 때때로 재능 영역에서의 적응 이외의 다른 대안 행동이 없는 형태에서 영재 개인의 환경이 조직된다. 최근에 우리는 고도 영재 학생을 위한 기숙학교를 조사하였다. 학교에서 제시하는 과외 활동들은 충분히 비축된 도서관에의 초대, 또는 특별 취미 모임과 같은 주로 학습 활동과 연관된 것들로서 학습과 관련한 주제를 다루고 있었다. 이 기숙학교에 다니는 학생들은 배워야만 하고 또 배울 수 있었다. 그들이 매일 경험하는 것에는 그 흔한 일상의 일(예: 장보기)이나 사소한 또래와의 갈등들은 제외되어 있었으며, 전문적으로 훈련받은 세심한 교육 전문가가 이러한 일들을 대신 해 주거나 해결해 주고 있었다. 예를 들어, 또래와의 갈등 같은 문제는 소집단 모임에서 논의되었고, 이러한 문제가 학습 진보를 위협할 것같이 보이면 전문적인 대책이 강구되었다. 전반적인 환경은 학업 분야에서 액티오토프의 안정화를 견디게 할 뿐만 아니라 긴 시간 동안 학습 진보를 최적화해서 성공이 가능하도록 하는 데에만 온전히 초점을 두었다. 즉, 지속적인 적응 상태에 놓여 있는 것이다.

많은 사례에서 우리는 상담자로서 액티오토프를 발달시키는 것이 저항에 부딪쳐서 액티오토프의 안정화가 위험에 빠지게 되는 상황을 접한다. 자기의 행동 레퍼토리를 빠르게 확장시킬 수 있는 학생을 시기 · 질투하는 또래, 지능이 높은 학생으로 인해 자신감에 위협받는 교사, 액티오토프의 발전이 가능하도록 하는 데(예: 필요한 학습 자료 구입, 좋은 학교 등록금 지불, 훈련 캠프에 데려다 주기 등)에 자신을 공유하고 싶지 않은 부모 등의 모든 사람이 공동 적응에 실패하여, 그로 인해 발달 상태에 있는 액티오토프의 안정화를 위험에 빠뜨려 더 이상 적응이 불가능한 정도까지 만드는 예가 된다.

2. 성격 개념

액티오토프 영재성 모델은 행동과 체계적 접근을 강조하여 다른 영재성 모델과는 차별된다. 따라서 여기서는 기질이 이론적으로는 액티오토프의 요소와 역동적인 상호작용들로 대치된다. 우리는 두 가지 예를 들어 이 모델을 설명하고자 한다.

전통적으로 지능이란 영재 개인의 성격 프로파일의 핵심 속성이라고 여겨 왔다(Gagné, 2004; Sternberg, 2003). 전형적으로 이러한 특성의 양적 크기는 IQ에 근거하여 결정된다. 즉, IQ가 특정한 커트라인 점수를 넘으면 그 사람은 영재라고 여겨졌다. 그러나 대조적으로 액티오토프 영재성 모델에서의 핵심 속성은 가장 중요한 관심 분야를 실행에 옮길 수 있는 행동이다. 높은 IQ를 지닌 학생이 수학 시간에 앉아서 지루하고 산만해져서 딴생각에 빠져 있다면, 비록 이 학생은 IQ 검사에서 높은 점수를 받았다고 하더라도, 비유하자면 이와 같은 상황에서 그 학생에게는 높은 IQ 지수도 소용이 없다. 다른 말로 하면, 이 상황에서 그는 수학 능력의 향상과 관련된 행동 레퍼토리에 있는 정신 행동의 어떤 것도 하고 있지 않는 것이다. 어떤 면에서 이러한 행동 관점은 Ackerman과 Heggestad(1997)가 말하는 차별화와 관련이 있다. 즉, 그들은 최대의 수행을 나타내는 지능과 평소의 수행을 나타내는 지능을 구분하였다. IQ란 행동 레퍼토리의 풍부함과 효과성에 대한 좋은 지표는 될 수 있지만 행동을 효율적으로 실행할 것이라는 점을 보장해 주지는 못한다. 미성취 현상은 우리에게 다른 가르침을 주고 있다. 행동 레퍼토리를 충분히 사용하기 위해서는 개인이 적절한 목표를 추구해야만 하며, 주관적 행동 공간에 있는 적절한 행동을 드러내야 하며, 주변 환경에서 이러한 행동을 실행에 옮기는 알맞은 위치에 있어야만 한다.

우리가 두 번째 예로 다룰 것은 완벽주의다. 완벽주의는 영재성 분야에서 여러 연구자가 성격 특질로 여기는 구성체이며, 또한 평균의 능력을 지닌 사람들에 비해 영재 학생들에게서 좀 더 두드러진 특징인 것 같다 (Dixon, Lapsley, & Hanchon, 2004; Flett & Hewitt, 2002; Speirs Neumeister, 2004). 보통 완벽주의는 수월성으로 도달하려는 꼼꼼한 추구로 정의되는데 종종 부적응의 결과로 이어진다(Blatt, 1995; Hewitt & Flett, 1991). 액티오토프 영재성 모델의 관점에서 완벽주의는 다시 한 번 더 개인적인 특질로 여기지 않으며, 오히려 자주 나타나는 행동 패턴의 집합체로 여긴다. 이 경우에 개인이 목표를 추구할 때 그 사람의 주관적 행동 공간 내에 있는 '완벽주의자' 행동을 빈번하게 선택한다는 점은 분명하다. 특정한 시점에서의 액티오토프가 특정한 환경에의 적응 결과라고 볼 수 있기 때문에, 우선 그러한 완벽주의자의 행동에 대한 선호도가 제일 먼저 어떻게 생겨났는지 우리는 알고자 한다. 단순히 사람들에게 완벽주의자라고 부르는 것으로 그러한 행동을 이해하는 데에는 그다지 도움이 되지 않는다. 이것은 마치 실제적이고 구체적인 것, 말하자면 특질인 것처럼 단지 행동의 공통 속성을 다루는 사물화에 지나지 않는다.

성격 대신에 액티오토프의 요소는 하나의 체계로, 상담의 중간 지점 속으로 움직여 들어간다. 이러한 이동을 충분히 이해하기 위하여 우리는 액티오토프를 고정된 실체로 여기는 것이 아니라 재능 영역으로의 역동적인 적응으로 여겨야 한다는 점을 잘 기억해 두어야만 한다. 영재와 연관된 분명한 성격이 있는지의 여부에 대한 의문은 액티오토프 영재성 모델의 관점에서는 별 의미가 없다. 더 정확하게 표현하자면 영재와 연관이 있는 분명한 액티오토프가 있다고 주장하는 것일 것이다. 이것은 재능 영역으로의 극도의 적응이 가능한 사람, 그리고 수월성으로 이끄는 학습 경로가 있는 사람이다.

3. 상담 모델

체계적 접근은 심리상담(예: Mikesell, Lusterman, & McDaniel, 1995)과 코칭(예: Kilburg, 2000) 분야에서 매우 유익하다고 증명되어 왔다. 그들의 공통점 중 하나는 인간 행동을 개인과 환경의 복잡한 상호작용의 결과로 보는 것이다(Doherty, 2000). 많은 요소, 예를 들면 목표, 환경으로부터의 실체 그리고 교사나 부모, 또래와 같은 다른 행동자들이 있는데, 이러한 요소들의 안정화와 자기 재구조화로부터 행동이 분리될 수는 없다. 교사나 부모, 또래들은 결국은 더 큰 체계(예: 교사, 가족)의 한 부분이 되는 사람들이다. Csikszentmihalyi(1998)와 비슷하게, 우리는 마음(the mind)이 천재성을 발견할 수 있는 장소가 아니라는 전제로부터 시작한다. 천재성은 특정 개인의 마음에 있지 않고 개인이 문화적 영역과 사회적 분야와 상호작용하는 체계 속에 위치해 있다. 상담은 개인을 다루는 것이 아니라 오히려 우리 사례에서는 개인의 액티오토프인 체계를 다루어야 한다. 이에 따른 영재상담의 정의는 다음과 같다. 영재상담은 지지적인 분위기에서 이루어지는 대화를 의미하며, 상담의 목표는 액티오토프를 안정화하고/혹은 수정하기 위한 것이다. 이는 수월성으로 가는 학습 경로는 확인되었지만 재능 영역에서 좀 더 효과적인 행동을 형성하기 위한 목적으로 진행된다.

이러한 영재상담의 정의에서는 두 가지 점이 강조된다. 첫째는 상담의 초점이 영재 개인이 아닌 우리의 체계 기반 접근에 맞게, 개인과 그 개인이 기능하는 환경 간의 복잡한 체계에 있다는 점이다. 둘째는 확인된 학습 경로가 이 사람이 이미 이동해 가고 있든지 혹은 아직은 의도만 갖고 있든지 상담의 틀을 세운다는 점이다. 이러한 점에서 영재 개인을 상담하는 일은 그 사람의 인생 중 한순간에 고정하는 것이 아니라 재능 영역에서 그 사람의 액티오토프 발달 역동성에 부응하는 것이다.

상담은 수월성 행동이 가능하다는 점을 확실히 하기 위해 좀 더 발달할 필요가 있는 액티오토프를 지닌 사람만을 다룰 필요는 없다. 개인상담이나 집단상담에서 상담자는 부모와 교사 또는 훈련자들을 만나는데, 그들은 조언이나 제언을 제공할 수 있는 사람들이다. 그들도 종종 상담자의 역할을 담당할 수 있는 사람들이다. 그러나 다음의 내용은 자격을 갖춘 훈련받은 사람이 실시하는 전문적인 상담기관에서 실행된 상담이다.

상담 상황의 기본 모델

우리 상담 상황의 기본 모델은 [그림 10-1]에 제시되어 있다. 이 그림은 상담자와 내담자의 것인 적어도 2개의 액티오토프가 상호작용을 하고 있음을 나타내 준다. 수월성으로 가는 학습 경로가 밝혀질 필요가 있는 사람이 내담자다. 2개의 액티오토프의 접촉 지점은 재능 영역 내에 위치해 있다. 여기서 수월성을 향하여 액티오토프의 진화를 촉진하는 상담자의

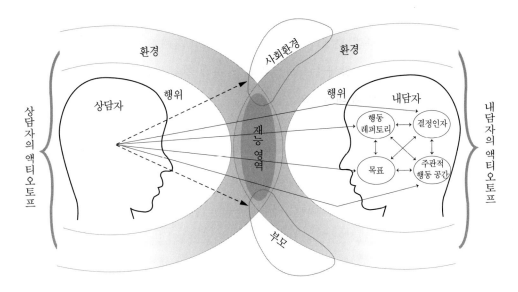

[그림 10-1] 액티오토프 영재성 모델에 기반한 상담 상황 모델

유능감, 수월성을 향해 자신의 액티오토프를 발달시키기를 원하는 내담
자의 관심 간에 연결고리가 형성된다. 이러한 발달과정 동안, 상담자는
액티오토프의 모든 요소(즉, 행동 레퍼토리와 결정 요인들, 주관적 행동 공간,
추구해야 할 목표 그리고 환경)에 세심한 주의를 기울인다. 상담의 궁극적인
목표는 발달과정에서 수월성 행동이 실행될 수 있는 지점까지 이러한 요
소들이 공진화하는 것이다.

Enter 모델 내에서의 11단계 SCC

상담 프로그램의 질은 반응을 보이는 진단의 질에 달려 있다. 우리는
영재 판별을 위해 다른 논문(Ziegler & Stoeger, 2004a)에서 모델을 제시하
였다. 여기에서 우리는 이 모델이 기초한 특성들을 되풀이해서 언급하길

원한다. 우리의 ENTER 모델은 사람을 영재로 분류하지 않으려는 의도에서 다른 판별 모델과는 차별을 두고 있다. 목적은 이 사람의 액티오토프가 수월성을 향해 진화하도록 하는 학습 경로의 위치에 좀 더 관심을 두고 있다. 영재 내담자의 상담은 ENTER에서 통합되어야만 한다.

ENTER는 진단의 5단계를 의미하는 Explore(탐색하다), Narrow(좁히다), Test(검사하다), Evaluate(평가하다), Review(검토하다)의 첫 글자를 따서 만든 약자다. 탐색하기 단계에서는 개인의 액티오토프에 대한 일반적인 조사가 이루어진다. 그다음 진단 단계인 좁히기 단계에서는 액티오토프의 분석을 구체적인 재능 영역에서 수월성으로의 발달을 위한 잠재적인 가능성으로 한정시킨다. 검사하기 단계에서는 학습 경로를 구체화하려고 시도한다(즉, 내담자와 구체적인 계획을 설계하고, 확실한 행동 단계를 구체화한다).

학습 경로가 성공적으로 생겨나기 위해서 ENTER의 그다음 2단계가 질을 점검하는 역할을 담당한다. 평가하기의 목적은 제안된 학습 경로가 성공적으로 수행되어 가는지를 판단하기 위함이다. 검토하기는 학습 경로 자체의 중요한 조사를 담당하며, 다른 가능한 학습 경로와 비교할 수 있다. 비록 제안된 학습 경로가 성공할 수 있지만(예: 재능 프로그램이 성공적으로 완성될 수 있다), 다른 대안 촉진 대책의 가능성이 더 많이 있을 수도 있다(예: 진단자가 좀 더 나중에 깨닫게 된 다른 대안 재능 프로그램). ENTER의 마지막 단계는 진단자의 행동 레퍼토리를 개선하는 데에 주로 사용한다.

여기서 우리는 우리 상담센터인 울름 대학교(University of Ulm)에 있는 주 전체 영재 내담자 상담과 연구 센터(Landesweite Beratungs und Forschungsstelle an der Universität Ulm)에서 종종 발생하는 문제를 가지고 ENTER의 5단계를 간략하게 도식으로 표현하고자 한다. 자녀가 월반할 것인가와 같은 결정은 많은 부모에게는 극도로 심각하고 어려운 일이다.

이 질문에 대한 답을 얻기 위해서 우리는 먼저 탐색하기(E)단계에서 아동의 액티오토프를 조사한다. 이것은 ① 액티오토프의 네 가지 요소, ② 역동적 적응의 측면, ③ 관련된 안정성과 수정 의향성이다. 그다음 좁히기(N)단계에서 진단은 월반 여부에 관한 상담이 요청된 만큼 학업 영역에 집중한다. 특히 우리는 학생이 좀 더 효과적인 학업 행동 레퍼토리를 축적하도록 도와줄 수 있는 여러 학습 경로를 조사한다. 따라서 이 경우에 월반이 가능한지뿐만 아니라 월반이 시행할 수 있는 가장 효과적이고 가

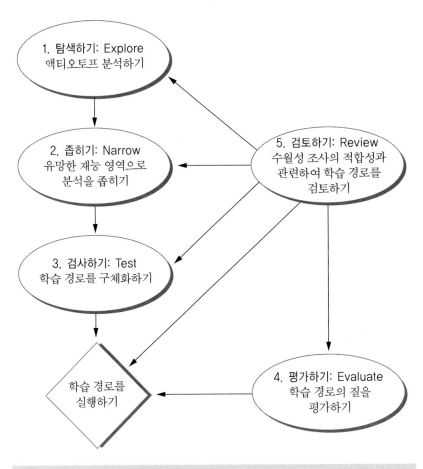

[그림 10-2] ENTER 모델

장 적절한 형태의 격려인지를 판단할 수 있도록 조사한다. 검사하기(T)단
계에서 우리는 이러한 학습 경로가 가져야 할 형태와 현실적으로 실현할
기회를 결정한다. 이러한 결론은 상담에 통합된다. 아래에서 상담과정을
좀 더 자세히 기술할 것이다. 평가하기(E)단계에서 월반이 성공적이었는
지 아닌지의 판단을 내린다. 이를 실제로 행한 경우, 마지막 진단 단계인
검토하기(R)단계에서는 돌이켜 보니 다른 학습 경로가 좀 더 성공을 약속
할 수 있었음이 입증될 수도 있다. 따라서 ENTER는 내담자뿐만 아니라
상담자에게도 액티오토프를 더 잘 발달시킬 수 있는 과정을 제안한다. 이
과정의 개관은 [그림 10-2]에 제시되어 있다.

11단계 상담 사이클(11-SCC)

ENTER에서 상담은 검사하기 단계에서 행한다. 즉, 잠재적인 학습 경로
가 드러난 후가 된다. 상담은 검사하기 단계의 중심에 있다. 이 단계의 목
표는 상담자와 내담자의 학습 경로의 잠정적 실행에 의한 상호 발달로 특
징지을 수 있다. 우리 상담 센터에서는 우리가 먼저 11단계로 구성된 과
정에 익숙해지도록 하였다. 이 11단계는 필요하면 반복할 수 있다. 우리
는 이 과정을 11단계 상담 사이클을 의미하는 11-SCC라고 이름 붙였다.
11단계의 개관은 [그림 10-3]에 제시되어 있다. 우리는 항상 상담자는 단
수로, 내담자는 복수로 기술할 것이다. 실제 상담에서는 좀 다를 수 있다.
몇 명의 상담자 그리고/또는 한 명의 내담자가 상담에 참여할 수도 있다.

단계 1: 잠재적인 학습 경로의 심사숙고
첫 번째 단계는 진단 결과를 제시하는 단계다. 내담자의 원래 의도와
계속 교류하는 것이 중요하다. 상담자는 당사자를 위한 원래의 상담 목표

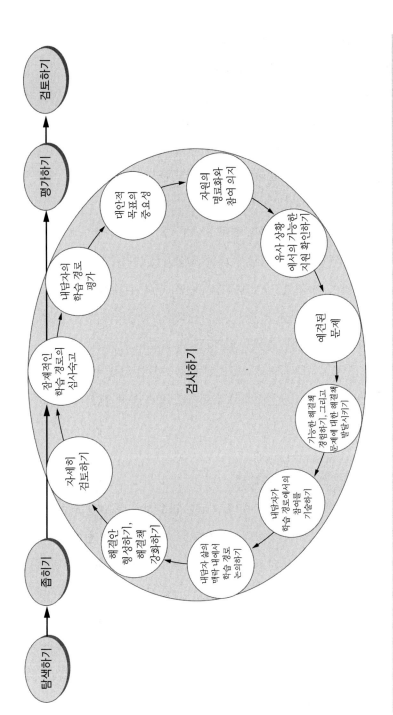

[그림 10-3] ENTER에서의 11단계 상담 사이클(11-SCC)

의 중요성, 원래 기대한 점, 이미 밝혀진 문제, 그리고 무엇보다도 드러난 의견의 차이점 등을 늘 고려해야만 한다.

상담 사이클의 첫 단계에서, 뒤에 올 모든 단계를 위해서도, 협조적인 분위기 조성하기와 같이 체계적 상담의 원리가 적용되어야만 한다. 우리는 독자들이 이러한 원리를 잘 알고 있으리라는 가정하에 여기서 이러한 점들을 언급하지 않을 것이다.

단계 2: 내담자의 학습 경로 평가

두 번째 단계에서 학습 경로에 대한 내담자의 지각을 자세히 조사해야만 한다. 제안한 학습 경로는 협조를 충분히 받아야 하며, 따라서 잠재된 유보 조항을 분명히 해야만 한다. 이 시점에서 상담자는 종종 의견 차이를 줄이거나 반박하려는 유혹을 받게 된다. 그러나 이것은 비생산적이다. 의견 차이는 확실히 언급해야 하고 풀어야만 한다. 더욱이 내담자에게 학습 경로를 추구하면서 개인적으로 경험하는 결과를 측정하도록 요구하는 것이 중요하다.

단계 3: 대안적 목표의 중요성

단계 2에서 합의에 도달할 수 있음에도 불구하고, 우리는 대안적 목표가 존재하는지를 물어봐야 한다. 왜냐하면 그러한 목표의 존재는 학습 경로를 버릴 것인지, 아니면 식은 열정으로 학습 경로를 추구할 것인지의 유혹에 계속 빠지기 때문이다. 또한 여기서 중요한 점은 동의와 이의 이두 가지 점 모두에 주의를 기울이는 것이다. 만일 대안적 목표가 확인됨에도 상담자가 그것을 지지하지 않을 근거를 갖고 있다면, 상담자는 자신의 주장을 제시할 기회를 갖게 된다. 만일 여전히 합의에 도달할 수 없다면, 우리는 상담 사이클의 단계 11로 진행해 나간다.

단계 4: 자원의 명료화와 참여 의지

상담자와 내담자가 모두 학습 경로의 장점에 동의하면, 내담자의 참여 의지와 더불어 이용 가능한 자원의 조사가 자세히 이루어져야 한다. 더욱이 다른 사람들이 내담자에게 거는 기대와 기대에 대해 언급한 중요성을 확인하도록 내담자에게 요청하는 것이 절대적으로 필요하다.

또한 내담자가 어떤 단계를 계획하고 있는지를 알아내는 것도 도움이 된다. 기능적이지 않은 단계를 떠맡음으로써 내담자가 일방적으로 행동하는 것을 관찰하는 일은 자주 있는 일이다. 예를 들어, 내담자는 종종 자기를 위해 지나치게 높고 도달하기 불가능한 목표를 추가로 설정하는데, 이는 결과적으로 오히려 실망만 안겨 주게 된다. 내담자의 계획을 알아냄으로써 부적절하거나 역효과를 낳는 행동을 방지하도록 도와줄 수 있다.

단계 5: 유사 상황에서의 가능한 지원 확인하기

상담자는 내담자의 액티오토프 속으로 가장 잘 통합할 수 있는 학습 경로를 발달시키기 위해 고통을 감수한다. 전형적으로 상담자는 비슷한 행동을 이미 경험하였다. 그러한 행동을 인식함으로써 상담자는 이러한 학습 경로의 성공 기회에 대한 통찰을 갖게 된다. 예를 들어, 유사한 상황에서 부모가 자녀에게 아무런 또는 거의 지원을 해 주지 못했을 때, 또는 과거에 자녀가 처한 비슷한 상황을 받아들일 수 없었을 때, 이러한 문제의 해결책을 찾았는지의 여부를 확인하고 해결책이 왜 작용하지 않았는지의 이유를 밝혀내는 것이 중요하다.

단계 6: 예견된 문제

새로운 학습 경로는 액티오토프에서 거의 늘 의미 있는 적응을 요구한다. 이 같은 이유에서 의도된 학습 경로에서 부딪히는 문제가 어떤 종류인지를 예상하도록 내담자에게 요청해야 한다. 누가 포함되었고 실제로 어떤 문제가 일어났는지, 관여한 사람은 어떻게 반응했는지, 관여한 사람과 그 밖의 다른 사람들에게 이 문제가 끼친 영향은 어떤 종류인지를 아는 것이 또한 중요하다.

단계 7: 가능한 해결책 경험하기, 그리고 문제에 대한 해결책 발달시키기

내담자는 이미 예상한 문제와 유사한 문제를 만났고 그럴듯한 해결책도 이미 경험해 봤을지도 모른다. 이러한 주제를 토론하는 일은 종종 적절한 반응 레퍼토리를 발전시키기 위한 유용한 출발점이 된다. 이것이 바로 이 단계의 목적이다.

단계 8: 내담자가 학습 경로에서의 참여를 기술하기

참여자가 학습 경로에서 자신의 참여를 구체적으로 기술하는 것은 활기를 주는 일이다. 여기서 이러한 기술을 하는 데에 구체적인 행동이 포함되어야 함을 상담자는 확실히 해 주어야 한다. 누가, 언제, 어디서, 무엇을, 어떻게가 구체적으로 기술될 필요가 있다. 이 단계는 내담자에게 비현실적인 계획을 인정하도록 도와주고, 그것들을 액티오토프 속으로 내재화할 가능성을 배제하도록 도와준다. 만일 이 과정이 성공하지 못하면, 우리는 단계 4로 돌아가야만 한다. 단계 4~8을 반복 시도해도 전망 있는 해결책을 낼 수 없으면, 우리는 단계 11로 이동해야 한다.

단계 9: 내담자 삶의 맥락 내에서 학습 경로 논의하기

상담자는 잠재적인 학습 경로를 단순히 제시하고 있다는 점을 확실히 해야만 한다. 내담자는 상담자를 포함한 다른 사람들의 영향을 받지 않은 채 상담 회기 동안에 처리되고 축적된 정보에 근거해서 이러한 경로를 추

3. 상담 모델 **453**

진해 가는 일을 스스로 결정해야만 한다. 이러한 학습 경로를 따라가기 위해서는 의사결정이 관여된 모든 사람에게 끼치는 효과를 고려해야만 한다. 예를 들어, 학교를 옮기는 것이 맞다면 옛 친구들과의 우정은 더 이상 유지되지 못한다. 내담자는 기꺼이 이러한 대가를 치를 것인가? 이러한 전이를 잘 다룰 수 있도록 그들을 도와줄 수 있는 점은 무엇일까? 심각한 상담에서는 상담자가 이 시점에서 내담자에게 어떠한 압력도 행사하지 않는 것이 매우 중요하다.

단계 10: 해결안 형성하기, 해결책 강화하기

학습 경로에 맞게 결정이 이루어지면 상담자는 내담자에게 해결안을 고안해 내도록 요구해야만 한다(Gollwitzer, 1999). 상담자는 이러한 해결안들을 강화한다. 그리고 해결안에 흠이 있음이 발견되면 내담자에게 해결안을 좀 더 발전시키도록 강력하게 주장할 필요도 있다. 어떤 상황에서는 단계 9로 되돌아갈 수도 있다.

단계 11: 자세히 검토하기

결론적으로 말하면, 상담자는 상담 회기를 전체적으로 자세히 조사한다. 구체적으로 상담자는 모든 당사자의 의도를 되풀이하거나 학습 경로에 대한 합의를 이끌어 내지 못한 이유를 설명한다. 관여한 모든 사람은 과정이 어떻게 진행될 것인지에 대해 동의한다. 상담 사이클의 단계 1~10은 반복될 수 있다. 그리고 심한 경우에는 ENTER의 탐색하기나 좁히기 단계로 되돌아가는 것도 필요하다.

11-SCC는 학습 경로에 들어가기 전에 적어도 한 번은 전부 거쳐야 한다. 그러나 상담은 자신의 액티오토프를 안정화하거나 수월성을 획득하거나 변경시키는 경우에 개인이 도움과 지지를 받는 계속 진행되는 과정

이어야 한다. 학습 경로를 수행한 후에라도 필요할 경우 상담 사이클에 다시 접근하지 못할 이유는 없다. 상담자가 더 이상 기여할 수 없거나 상담자의 용량 역할이 위임될 수 있다고 상담자가 결정을 내릴 경우에만 상담이 끝나야 한다.

4. 적 용

우리 상담 센터의 사례를 가지고, 우리는 ENTER 체계에서 11-SCC의 적용 사례를 제시하고자 한다. 우리 상담 센터에서는 내담자들이 전화나 이메일로 접촉해 오고, 우리는 다시 그들에게 전화를 건다. 첫 번째 만남은 꽤 표준화된 개인 자료와 더불어 이 사례가 우리 상담 센터에서 제공하는 서비스에 적합한지를 파악하기 위해 초기 평가를 실시한다. 게다가 우리는 예비 목표를 설정한다(Ziegler & Stoeger, 2004a). 우리 센터가 맡은 사례는 2개의 필수 요건을 충족해야만 한다. 우리는 이것을 내담자 기준과 문제 기준이라고 언급한다.

- 내담자 기준: 영재성 지표가 있어야만 한다. 혹은 우리 접근 틀에서 어느 한 영역에서 뛰어난 수행이 가능하다는 표식이 있어야만 한다.
- 문제 기준: 촉발된 상담과 궁극적인 상담 목표가 객관적인 목적으로서 재능 영역에서의 액티오토프 안정화 또는 수정 중 하나(혹은 둘 다)여야 한다.

두 번째 기준은 좀 광의적이다. 개인을 체계적으로 이해하는 데에 재능 영역 주변에 있는 모든 정신 역동이 영향을 받을 것이기 때문이다. 상담의 많은 경우, 예를 들어 형제나 또래 또는 교사와의 문제들은 재능 영역과 직접적으로 연관 있는 것 같지는 않지만 재능 영역에서의 액티오토프를 수정할 능력이나 액티오토프의 안정화에 영향을 끼칠 수 있다. 그러나 우리 상담 센터에서 다루는 사례는 내담자가 그러한 문제의 해결책 그 자체를 목적으로 보지 못하고 오히려 재능 영역 내에서의 발달의 견지에서 본다는 것이 중요하다. 만일 이러한 경우가 아니면 우리는 아동이나 청소년 문제를 전문으로 다루는 다른 상담 센터로 연계한다.

우리가 여기서 논의하려고 선택한 사례의 경우, 어머니가 우리 센터로 전화를 걸어 왔다. 그녀는 영재 자녀의 부모를 위한 지지 모임의 일원이라고 하였다. 그녀의 아들은 16세이며, 11세 때에 영재아동 상담 센터에서 능력 검사를 이미 받았고 결과가 매우 좋아 월반을 조언받았다. 이후에 그는 두 번째로 월반하여 지금은 독일의 공립대학 예비고등학교 12학년에 다니고 있다(김나지움). 그는 17개월 안에 대학입학 시험을 보기로 일정이 정해져 있었다. 일반적인 상담의 목표로서 어머니는 아들의 재능을 최대로 지원해 주고 발달시켜 주는 방법에 관한 일반적인 정보를 얻길 원했다.

어머니가 제공한 정보는 우리 상담 센터에서 상담 사례로 받아들일 수 있는 두 가지 기준을 충족하고 있었다. ① 이전 검사에서의 결과와 학업 수행이 매우 뛰어난 점으로 보아, 우리는 그 아들이 재능 영역에서 수월성으로 이끄는 학습 경로를 발견할 수 있을 것이라고 생각했다. ② 어머니가 언급한 의도는 수월성 면에서 아들의 액티오토프를 수정하는 것이었다.

우리 상담 사이클이 ENTER 모델과 매우 긴밀하게 통합되어 있기 때문에, 먼저 진단에서 가장 중요한 탐색하기(Explore)와 좁히기(Narrow) 단계의 결과를 요약하고자 한다. 진단 자원은 다음과 같다.

- 2개의 16쪽짜리 표준화된 질문지: 선다형과 개방형 질문으로 된 초기 선별 자료. 이 질문지를 부모에게 그리고 아들의 교사들 중 한 사람(부모가 지명한 사람)에게 우편 발송하였다. 부모는 부부가 함께 이 질문지를 완성하였다. 질문지에는 건강, 일반적인 발달, 성취 발달과 현재의 수행 상태, 영재성 표식, 학습 행동, 가정과 학교 학습환경, 액티오토프에서의 불안정성의 표시, 흥미, 사회적 관계(가족, 또래, 학교) 그리고 과외 활동들로 구성되어 있다. 추가로 우리는 부모와 아들에게 학기 중 그리고 방학 중에 지내는 전형적인 한 주 생활을 준비된 용지에 한 시간 단위로 자세히 보고하도록 요청하였다.
- 2개의 인지능력 검사: 인지능력 검사 4-13(CAT 4-13; Kognitiver Fähigkeitstest 4-13, German adapted version by Heller & Perleth, 2000), 표준누진행렬형검사(Standard Progressive Matrices: SPM; German adapted version by Heller, Kratzmeier, & Lengfelder, 1998).
- Ulmer 동기검사 배터리
- Ulmer 학습 스타일 및 학습전략 검사
- 학교 기록(예: 학업상의)
- 아들과의 면담
- 어머니와의 면담
- 수학교사와의 전화면담
- 수학 올림피아드에서 독일 대표팀 선발 위원회의 전문 자문가와의 전화면담

11세에 실시한 능력검사 결과는 불행하게도 얻을 수 없었다.

ENTER의 처음 2단계인 탐색하기(Explore)와 좁히기(Narrow)의 결과, 여기서 자세히 언급할 수는 없지만 수학 영역에서 수월성으로의 학습 경로

가 존재한다는 결론을 내릴 수 있었다. 이러한 결론의 가장 중요한 근거
는 다음과 같다.

- 아들의 행동 레퍼토리는 학업 분야에서 효과적인 행동의 광범위한
  기초를 지니고 있었다. 그의 학업 성취는 매우 탁월했으며, 2개 학년
  을 건너뛰었음에도 불구하고 학급 또래들보다 우수하였다. 또한
  SPM과 CAT 4-13에서의 수행은 학업 분야에서 더욱더 효과적인 행
  동 레퍼토리 지표를 보여 주었다. 그는 2개의 검사에서 평균상 수준
  에서도 훨씬 웃도는 점수를 얻었다. SPM에서 그는 모든 과제를 정확
  하게 풀었으며, CAT 4-13에서는 학급 평균보다 표준편차 3 이상의
  점수를 얻었다.
- 수학 분야에서의 행동 레퍼토리는 매우 탁월했다. 그에게는 수학 과
  목에서의 학업적 요구 정도가 아이들의 놀이 수준이었다. 그는 CAT
  4-13의 양적 하위척도에 있는 모든 과제를 해결할 수 있었다. 독일
  수학 올림피아드팀 선발 위원회 전문 자문가는 그 아들이 보여 준 수
  학 능력이 매우 탁월했음을 인정하였다. 그는 면접과 학습 전략을 측
  정하는 질문지 둘 다에서 몇 개의 매우 효과적인 학습 전략을 사용할
  수 있음을, 그리고 수학을 공부할 때 적절한 학습 목표를 설정하고
  있음을 보여 주었다.
- 동기검사 배터리 결과, 아들의 동기는 매우 높았으며, 야망이 높은
  학업 목표를 추구하고 있음도 확인되었다. 또한 면담 결과, 수학에서
  이러한 점이 사실임을 입증해 주었다. 현재의 목표는 주로 음악 분야
  에 있었다. 그는 첼로와 피아노를 연주하였고, 합창단에서 노래를 하
  였으며, 학교 오케스트라에도 참여하고 있었다. 반면에 사회적 목표
  는 덜 두드러졌다. 그는 친구들과의 어울림에는 관심이 적었다.

- 행동 레퍼토리는 주관적인 행동 공간에서 잘 드러나고 있다(예: 목표 지향 행동이 어떻게 나타나는지). 조절 기술(예: 감정 조절, 행동 조절)은 특히 수학 분야 학습에서 잘 길러졌다. 귀인 유형은 기능적이었다.

- 사회환경은 학습에 긍정적인 영향을 주었다. 아들은 광범위한 학습의 기회를 가질 수 있었으며, 그의 부모는 동기와 주의 집중력과 더불어 학습을 지원하기 위해 필요한 물적 자원들을 제공할 수 있는 위치에 있었다.

- 액티오토프는 풍부한 안정성을 지니고 있었으며, 액티오토프의 모든 요소는 동시에 잘 적응되고 있는 것으로 보였다. 액티오토프의 안정성에 위협을 가할 수 있는 문제나 갈등 분야는 탐지되지 않았다.

- 수학에서의 수월성 면에서 액티오토프를 수정하기에 좋은 조건을 나타내는 다양한 요소들이 있었다. 그것들은 액티오토프의 요소들 중에서 좋은 상호 적응적 자질, 수학 분야에서 아들이 드러낸 동기, 부모의 참여, 그리고 기존의 자원들로의 접근이다.

- 다섯 가지 적응적 기능은 성공적으로 학습 경로를 깨닫는 데 필요했지만 이를 보장해 주진 못했다. 비록 몇몇의 유능한 기술을 발달시켰지만(예: 양질의 컴퓨터 프로그래밍 기술, 수학 분야에서의 진로를 위해 액티오토프를 예견하는 데 절대적으로 필요한) 그들은 목전에 임박한 확장된 과정을 밟기에는 충분하지 않았다. 우리는 5개의 적응 기능을 어떻게 하면 가장 잘 장착할 수 있을지를 결정하기 위해 부모와 함께 작업을 하기로 결정을 내렸다.

우리는 제안한 촉진 목표를 11-SCC 과정 전체에서 다루어 왔다. 그러나 5회기 상담과정 전체가 거의 22시간가량 지속되었기 때문에 여기서는 간략하게 요약하여 제시하고자 한다. 아들, 어머니, 아버지가 참여하였으며 필자도 여러 지점에서 참여하였다. 그리고 일부는 집단 회기로, 일부는 개인상담으로 진행되었다.

더욱이 우리는 전화로 수학과 교수와 접촉하였다. 그는 이미 멘토링에 관심을 표명한 사람이었다. 그는 또한 초기 진단과 학습 경로에 대한 설명 결과들을 받았다. 멘토로서 그는 행동에 대한 관심을 다시 언급하였다.

단계 1: 잠재적인 학습 경로의 심사숙고

첫 번째로 우리는 진단 결과를 보여 주고 그들과 자세히 상의하였다. 상담 회기 동안 그리고 내담자와 토론하는 동안, 우리는 기술적인 용어 사용을 가능한 자제하였다. 단, 절대적으로 그것을 사용할 필요가 있는 경우에는 제외하였다(예: IQ 검사 결과를 검토할 때). 특히 우리는 액티오토프 영재성 모델에서 낯선 용어를 완전히 배제하였다. 다음의 요약 내용에서 이러한 용어들이 언급된 경우는 우리가 내담자에게 제시한 제안을 단지 타당화하기 위한 경우다. 사실 부모와 논의하면서 이러한 용어들은 내담자가 이해할 수 있는 용어로 바꾸어 말해 주었다.

이 시점에서 내담자는 몇 가지 분명한 질문을 하였다. 예를 들어, 그들은 귀인이 무엇인지, 그리고 어떤 종류의 귀인이 기능을 잘하는지를 확신하지 못했다. 결론적으로 우리는 아들이 수학 분야에서 수월성을 획득할 수 있다고 믿는 그럴듯한 것들을 부모님에게 제시했다. 우리는 잠재된 학습 경로를 요약해 주었다. 이 경로의 주요 요소는 다음과 같다.

1. 수학 분야에서 진로를 향해 노력하기
2. 수학 올림피아드 팀 준비와 관련한 참여를 줄이는 것을 포함하여 수학 학습 경로를 발달시키기

3. 수학 공부 시간의 양을 늘리기
4. 고등학교 졸업 전에 대학 과목을 수강하기
5. 수학 영역에서 사회적 네트워크를 형성하기
6. 자기조절 학습과 관련한 능력을 개선하기
7. 이러한 대책들을 진심으로 따르기

모든 평가는 자세한 설명과 함께 세로로 일렬 배열하였는데, 아래에 다른 배경 정보와 함께 간략하게 설명한다.

1. 수학에서의 수월성이 아들에겐 획득 가능한 목표로 보이기 때문에, 이 분야에서 진로를 선택하도록 하는 것이 그에겐 맞았다. 학습은 이 분야에서의 직업을 위한 준비로 뼈대를 세울 수 있었다. 우리 상담센터는 학습 경로를 계획하는 것을 도와주고, 5년 6개월 안에 시작될 박사과정까지 후보를 지원할 것이다. 그 시점까지는 수월성이 획득되도록 학습 경로를 고안할 것이다. 그 이후에는 박사과정 지도교수가 좀 더 지원을 할 것이며, 또는 아들 자신이 스스로 자신의 액티오토프를 더 발전시키기 위한 위치에 있을 것이다.
2. 수월성 성취를 발달시키는 것은 목적 지향적이고 잘 계획된 체계 학습을 요구한다는 점을 지적해 왔다. 이 경우 부모는 열심히 연습한다는 개념의 예시된 설명을 들음으로써(Ericsson, 2003), 열심히 연습하는 것이 수학 영역을 다루는 시간의 사용을 의미하는 것이 아니라 자신의 경계를 체계적으로 확장한다는 의미임을 인식하였다. 이러한 설명으로 우리는 한 사람이 매일 열심히 연습을 실행에 옮길 수 있는 양을 몇 시간으로 한정시켰음을 강조하였다. 이 점에서 매일의 학습 활동을 계획할 때 우리는 가능한 한 최선의 학습방법뿐만 아니라 수

학 분야에서 수월성으로 향한 최적의 움직임을 확신할 수 있는 가장 가능성이 있는 주관적인 일을 선택해야만 한다.

우리는 수학 올림피아드 팀 선발 위원회의 전문 자문가와 수학 교수와 두 번의 전화 통화로 결과를 얻어 냈는데, 두 사람은 모두 다 올림피아드 팀에서 수학 문제를 해결하기 위해서는 특별한 종류의 전문 지식이 있어야 함을 입증해 주었다. 그러나 이러한 전문 지식은 수월성의 경지에 오른 수학자가 가지고 있는 것과는 단지 약간만 비슷할 뿐이다. 예를 들어, 올림피아드 과제의 수학 내용은 수학자가 겨루어야만 하는 종류의 문제를 대표하지 않는다. 왜냐하면 올림피아드 문제의 필요조건의 하나는 학교에서 배우는 수학 과목에 해당되는 것으로 교육과정에 기반을 두고 있기 때문이다. 게다가 각 문제의 해결책은 항상 생성될 수 있는데, 이러한 문제를 해결하기 위해 사용하는 접근은 수학자들이 주로 하는 일상적인 일과는 거의 같지 않다. 그래서 여기서 우리가 제안하고자 하는 점은 수학 올림피아드 참가에 초점을 두는 것을 줄이고, 대신에 수학자의 과제와 연관된 역량을 체계적으로 발달시키는 것에 주력하도록 하는 것이었다.

3. 우리는 수월성 행동을 실행에 옮기기 위해 개인에게 필요한 연습량에 관한 연구의 개관을 간략하게 제시하였다(Simonton[2003]에 의하면 약 10년, 즉 약 10,000시간의 진지한 연습이 필요하다). 게다가 아들이 사전에 열심히 수학을 연습한 양을 추정해 보면, 국제적인 수준에서의 우수한 성취를 이룰 수 있으려면 적어도 7천 시간은 필요했다. 이러한 시간들은 약 5.5년 동안 박사과정 공부를 시작하기 전에 만들 수 있었다(이것은 매일 거의 평균 3.5시간씩 고등학교 약 1.5년과 대학교 4년 동안 열심히 연습한다고 가정할 때를 의미한다).

4. 즉시 수행할 수 있는 방법으로, 우리는 그에게 고등학교를 졸업하기

전에 대학교 과목을 수강하기 시작하도록 제안하였다. 수강 과목은 꼭 수학일 필요는 없었고, 예상되는 액티오토프와 함께 나란히 두 번째의 역량을 중재해 주는 과목들을 포함하면 되었다. 예를 들면, 컴퓨터 과학이나 영어 과목 같은 것인데, 수학은 의사소통의 공통 수단으로서 영어와 더불어 국제과학이기 때문이다.

5. 우리는 수학 분야에서 사회적 네트워크를 형성할 것을 제안하였다. 특히 멘토가 있어야 함이 우리에게는 매우 중요한 것 같았다. 멘토는 적절한 주제를 가진 학습 단계를 계획하고 내담자를 수학 주변에 있는 과학 공동체 속으로 들어가 함께하도록 도와줄 수 있다(예: 재미있는 강의를 꼭 짚어서 제시해 주거나 학생들에게 논문의 출판 문화를 소개해 주는 일). 무엇보다도 그는 개인의 학습 성장에 포함된 피드백 루프로부터 많은 이점을 얻을 수 있다. 이러한 사례에서 수학 교수가 멘토가 되는 것에 관심을 보였다는 점을 내담자에게 알려 주었다.

   나아가 우리는 또한 수학에서 자신의 역량을 증진하는 목표를 지닌 같은 나이 또래와 네트워크를 형성할 것을 제안하였다. 수학 올림피아드 준비과정에 있는 사람들이 잠재적인 구성원들이 될 것이며, 또한 학습과 사회적 모임 두 가지를 모두 형성할 수 있는 다른 대학생들도 포함될 수 있다.

6. 우리는 상담 센터의 동료로 하여금 이 아들에게 자기조절 학습 기술을 증진하도록 도와주어 이 아들이 미래에는 수학 학습과정의 많은 부분을 스스로 조절할 수 있도록 할 것을 제안하였다. 이렇게 하기 위해서 그는 장단점에 대한 자기 평가, 목표 설정, 자기 점검 그리고 목표지향 학습 전략 선택과 같은 역량을 갖출 필요가 있다(Stoeger & Ziegler, 2005 참조). 우리는 새로운 학습 경로의 처음 8주 동안 아들과 동행하고, 이 기간 이후에는 규칙적으로 상담 회기를 가질 것을 제안

하였다.

7. 결론적으로 우리는 맡아 수행한 방안이 일련의 추가적인 방안(예: 적정의 영양 섭취와 수면 패턴)에 의해 효과적으로 지지받았음을 제시하였다. 11-SCC 중 단계 4~9는 매일의 일상생활 속으로 효과적으로 통합되는 것들을 설명하고 있다.

단계 2: 내담자의 학습 경로 평가

내담자들은 진단평가 보고서를 따를 수 있었고, 이것이 그들이 가졌던 기대와 같은 것이었음도 표현하였다. 우리는 진단 토론과정에서 수학 분야에서의 경력이 아들과 부모 모두의 목표였음을 알게 되었다. 그들은 본래부터 망설임도 없이 학습 경로에 찬성하였다(적합성 판정 기준을 위해 단계 3과 6을 볼 것).

부모님은 멘토와의 연결을 단지 예약만 하였으며, 멘토가 얼마나 협조적일지를 표현하였다. 이 점은 학습 경로의 목표와 이러한 목표를 획득하기 위해서 사용할 가장 중요한 방안에 대한 합의에 도달한 후라야 구체적으로 언급될 수 있기에, 우리는 그들에게 이 질문을 좀 제쳐 두자고 요청하였다. 부모님은 기본적인 합의에 도달했다고 선언하였다.

단계 3: 대안적 목표의 중요성

대안적 목표에 관한 질문에서 아버지는 수학 올림피아드 참여라는 그의 목표를 꼭 포기할 필요가 있는지를 물었다. 상담자가 의견을 물어보자, 아들은 그것은 자격을 갖출 수 있고 참여할 만한 '훌륭한 일'이라고 생각한다고 대답하였다. 그러나 그에게 좀 더 중요한 것은 결국은 가장 높은 수준의 역량에 도달하는 것이었다. 어머니는 자기의 우선순위의 가장 첫 번째는 그에게 최선의 지지를 확실하게 해 주는 것이라고 말했다. 어머니에게는 단기 목표의 유의미함이 잠재적인 장기 목표만큼 그리고 프로모션을 지속시키는 것만큼 높은 수준은 아니었다. 상담자는 수학 올림피아드에 참가할 자격을 얻기 위해 시간을 소모하는 노력이 수월성 획득 목표에 별로 기여하지 못한다고 다시 반복해서 말했다. 덧붙여 그는 이러한 활동이 또한 대학교 수업 시간표와 시간적으로 마찰을 일으킬 것이라고 지적하였다. 그러나 그는 해결책을 얻을 수 있는지를 알아보기 위해 수학 교수와 이 문제를 논의할 것을 제안하였다. 그러나 이러한 설명에 대응하여 모든 내담자는 원래의 학습 경로를 고수하기 위한 자신의 선호도를 표현하였다.

단계 4: 자원의 명료화와 참여 의지

우리는 자원을 명료화하였고 각 내담자들에게 개인상담에 참여할 의지를 확인하였다. 우리는 합의가 약한 것 같거나 액티오토프에서 광범위한 변화가 필요할 때에는 상담 센터에서 개인상담을 진행하길 더 선호하였다. 이번 사례는 후자에 해당되는 것 같았다. 아버지는 대안적 목표에 대한 지지를 간략하게라도 나타냈기 때문에 개인상담은 적절한 것으로 보였다. 처음에는 단계 4~8이 내담자 각각과 함께 개인상담 회기로 진행되었다. 그리고 이후에는 집단상담으로 진행하였다. 집단상담에서 상담자는 세 번의 각 개인상담 회기로부터 얻은 결론을 되풀이해서 언급하였으며, 집단 구성원들과 함께 이것을 논의하였다.

내담자들은 모두 높은 수준의 참여 의지를 드러냈으며, 구체적인 질문에 대한 반응으로 자신들이 충분한 자원을 가지고 있음을 언급하였다(특히 시간). 부모님은 주별 시간 계획표를 이용하여 계획들을 기록하였고, 우리는 이것을 이용하여 추가적인 학습 시간을 이 계획 속에 집어넣을 필요가 있을 때 매일의 활동에서 어떤 종류의 변화가 일어날 필요가 있는지를 개별 논의하였다. 여기서 주말과 공휴일을 집중적으로 다루었다.

언급된 많은 주제 중에서 이 시점에서 계획에 넣은 내용을 자세히 언급하기 위해 두 가지를 선택하였다. 우리는 3명의 내담자 모두에게 아들의 영양 섭취와 수면 행동을 어떻게 개선할 수 있을지, 그리고 이 점에 대한 책임을 누가 질 것인지도 물어보았다. 이 두 가지 예에서뿐만 아니라 전반적으로 각 개인의 기여와 이런 점에 대한 다른 사람들이 거는 기대가 조화를 이룬 점은 무척 다행스러운 일이었다.

단계 5: 유사 상황에서의 가능한 지원 확인하기

특정한 학습 경로를 추적하기 위한 선택은 내담자의 액티오토프에서의 변화와 관계있다고 앞에서 이미 확실히 설명했다. 그 때문에 어떠한 수정도 액티오토프의 안정성을 위험에 빠뜨리지 않을 것이 최대로 중요한 점이다. 예를 들어, 우리는 학습 목표를 위해 오랫동안 집중해서 공부한 경험이 이미 있었는지를 아들에게 질문하였다. 이것은 실제로 그가 월반한 각 학년의 경우에 해당되었다. 부모에게도 이러한 단계 동안에 아들을 어떻게 지원해 주었는지, 그래서 그 결과는 어떠했는지를 기술하도록 요청하였다. 효과도 논의하였으며, 다른 종류의 지원에 대해서도 적절한 때는 언제였는지 등을 논의하였다. ENTER의 처음 두 단계에서 확고히 한 점들을 다시 관찰할 수 있었는데, 말하자면, ① 부모님은 많은 지원을 아끼지 않았고, ② 아들은 학습 목표 달성을 위한 동기가 매우 높았으며, 심지어 목표가 그의 액티오토프의 유의미한 수정을 요구했을 때조차도 동기는 극도로 높았다.

학습과정 동안 실패를 어떻게 다루었는지, 그리고 그러한 상황에서 부모는 어떻게 반응했는지에 대해 관심을 두고 주의 깊게 다루었다. 비록 이러한 분야는 이미 ENTER의 처음 두 단계에서 간략하게 언급하였지만, 여기서 좀 더 자세히 이 내용들을 다루었다. 여기서 또다시 우리가 구체적인 상황에 초점을 둔 것처럼 부모가 높은 수준의 지원을 한 것이 확실하게 증명되었다. 다행히도, 아들은 학습과정과 관련한 실패에 대해 더 많은 노력을 기울이는 반응을 보였다.

단계 6: 예견된 문제

학습 경로에서의 필요한 수정은 내담자 개인의 액티오토프뿐만 아니라 가족 체계 전체에 위협을 가할 수 있었다. 비록 아버지와 아들 모두가 낙천적인지라 큰 문제는 일어나지 않았지만 어머니는 의구심을 가졌다고 보고하였다. 그녀에게 특히 중요한 것은 학습 경로가 가족의 삶에 끼치는 효과에 대해 논의하는 것이었다. 즉, 아들이 여전히 자유 시간을 적절하게 가졌나? 그리고 충분한 시간을 가족과 함께 지내고 싶어 했나? 가족 전체가 이 문제로 인해 영향을 받았기 때문에 어머니와의 개인상담 시간 동안에 우리는 그녀의 의도가 무엇이었는지, 그리고 그녀로 하여금 염려하게 만든 어떤 구체적인 문제가 있었는지를 물어보았다. 우리는 집단 모임에서 다시 한 번 이것을 제시하고 그 시간에 이 점을 명확히 할 것에 동의하였다(11-SCC의 단계 7을 볼 것).

상담자는 스스로 몇 개의 잠재된 문제를 끄집어냈다. 아버지는 전에는 적합한 멘토를 찾을 수 있을까 염려했지만, 단계 6에서는 이 점을 적극적으로 언급하지는 않았기 때문에 그에게 어떤 멘토를 기대하는지를 물어보았다. 개인적으로 교수를 알고 있는 상담자의 의견으로는 수학 교수가 이러한 기대를 충족할 수 있을 것 같기 때문에, 모든 사람이 집단 모임에서 이 주제를 다시 한 번 논의하기로 동의하였다. 좀 더 의구심이 일어난 경우에는, 수학 교수를 포함하여 모든 당사자가 만나서 자세한 내용을 명확하게 할 때까지 논의를 연기하였다.

상담자가 제시한 또 다른 문제는 대학교 공부를 위해 가족으로부터 멀리 이사할 가능성이었다. 이 현상은 독일에서는 전혀 드문 일이 아니었다. 아들이 학습 경로를 수행해서 끝날 때쯤에는 단지 22세밖에 안 되고 대학은 가족이 사는 집과 같은 도시 내에 있기 때문에 모든 내담자는 개인상담 회기에서 아들이 이사 가지는 않을 것이라고 짐작하였다.

단계 7: 가능한 해결책 경험하기 그리고 문제에 대한 해결책 발달시키기

단계 7에서의 가장 중요한 주제는 학습 경로가 전반적으로 가족에게 부정적인 영향을 끼칠지도 모른다는 어머니의 두려움이었다. 아버지와 어머니 모두가 구성한 주별 시간 계획을 상담 회기 내에 함께 논의하였고 상담자가 제안한 학습 경로에 의해 변경도 하였다. 아버지와 아들은 둘 다 가족의 삶에 끼칠 해로운 영향의 가능성을 보았지만, 이러한 위험을 감수할 의지는 있다고 선언하였다. 그러나 상담자는 어머니가 언급한 염려가 당연하다고 하였다. 왜냐하면 '위험'은 잠재적으로 존재한다는 것에 모든 당사자가 동의했기 때문이다. 만일 이러한 잠재된 문제가 해결 가능하다면, 이러한 사실이 생기기 이전에 해결책을 함께 찾아야만 한다. 이 점을 거의 90분 동안 확실하게 반복하는 것은 여기서 그다지 권할 만하지 않기 때문에, 우리는 가족과 상담자가 함께 구성한 7단계 해결책으로 스스로 제한을 둘 예정이다.

- 학습 경로는 계획대로 수행되어야만 한다.
- 학습 경로의 처음 8주 동안, 아들은 시간 관리 기술 중에서 자기조절 학습 기술을 발달시키기 위해 상담 센터에서 지원을 받을 것이다. 그래서 아들이 전처럼 가족생활을 지속하기 위해 어떻게 하면 충분한 자유 시간을 보호할 수 있을지를 또한 배우게 될 것이다.
- 8주가 지난 후(즉, 아들이 상담 센터에서 상호작용을 경험함으로써 자기조절력을 향상한 후) 가족 구성원들은 학습 경로의 개인적인 부정적 · 긍정적 효과 목록을 작성할 것이다. 더불어 그들은 그들의 의견으로 학습 경로가 개선을 촉진하였는지, 악화시켰는지, 아니면 가족의 삶의 질에 아무런 변화를 도모하지 못했는지의 여부를 결정할 것이다.
- 8주의 기간을 이수한 후, 모든 가족 구성원은 작성한 목록을 논의하고 마지막 평가를 수행하기 위해 상담 센터장과 집단 모임뿐만이 아니라 개인 토론도 하게 된다.
- 집단 모임에서 상담자는 개인상담 문제와 관계된 것뿐 아니라 멘토 문제를 가져온다.
- 만일 특정한 문제에 대한 해결책이 확립되지 않으면 필요한 경우 학습 경로를 변경할 것이다.
- 가족은 정규 모임에서 혹은 제기된 문제에 대한 반응으로 토론하는데, 필요하다면 상담 팀의 구성원이나 멘토를 참석하도록 요청할 수 있다.

단계 8: 내담자가 학습 경로에서의 참여를 기술하기

내담자에게 자신이 학습 경로에서 어떻게 참여할 것인지를 기술하도록 요청하였다. 앞에서 언급한 것처럼, 11-SCC의 단계 4~8은 개인상담으로 다루었고, 이 과정에서 개인적인 참여 역할을 충분히 거의 확실하게 해 두었다. 각 내담자마다 학습 경로의 7개 주요 요점을 구체적으로 논의하였다(즉, 언제, 어디서, 어떻게, 무엇을 해야 하는지에 관해). 처음 몇 주 동안은 시간표에서 구체성과 정확성의 정도를 매우 높은 수준으로 해서 정확하게 어떤 종류의 변화를 기대하는지를 분명한 그림으로 그려 낼 수 있게 하였다.

집단상담 회기에서는 다른 내담자를 위해 기대한 모든 결과를 논의하였다. 각각의 내담자에게는 자신이 행했던 해결책을 반복할 것, 또한 다른 2명의 가족 구성원에게는 이러한 요점에 대한 그들의 반응을 분명히 하는 기회를 제공할 것을 요청하였다.

단계 9: 내담자 삶의 맥락 내에서 학습 경로 논의하기

단계 9에서 상담자는 학습 경로가 참가자 각각에게 잠재적으로 끼치는 효과를 강조하였다. 그런 다음에 수월성으로 향하는 학습 경로가 지원 가능한 한 가지 선택이었음을 지적하였다. 가능한 대안들도 확실히 있었고, 제안한 수월성으로의 학습 경로를 최종 결정 내리는 것은 내담자의 몫이었다. 이 시점에서 내담자들은 어떤 대안들이 자신들에게 열려 있는지를 거의 항상 물어보았다. 비록 물어보지 않더라도 상담자는 대안적 목표를 분명하게 지적해 준다. 이번 사례의 경우에 넓은 범위의 가능성들이 있었다. 예를 들어, 다른 대학의 전공(여기서 구체적인 사항을 언급하자면 음악이었다. 왜냐하면 아들은 이 분야에 높은 관심을 나타냈기 때문이다)이나 나중에 입학하는 학습 경로도 있었다. 동시에 상담자는 우리 상담 센터의 의무가 영재 개인에게 그들의 재능을 학습 경로에 있는 수월성의 상태로 발달시키기 위한 역량을 보조해 주는 것이었음을 분명히 하였다. 내담자들이 함께 구축한 학습 경로의 모든 측면을 내담자들에게 알려 준 후, 그들은 이러한 발달과정을 시작하기로 결정하였다.

상담자가 대학에서의 음악 전공이라는 대안을 언급해 주니까 어머니도 아들이 그러한 길을 추구해 나가는 모습을 상상했노라고 하였다. 아버지는 그 즉시 이를 반대했지만, 아들은 어머니에게 그 길도 고려하기 시작했노라고 고백하였다. 이 시점에서 상담자는 상담 회기의 남은 부분을 뒤로 미루고 대신에 세 명의 내담자에게 제안한 학습 경로를 밟아 가길 원하는지 곰곰이 생각해 볼 것을 제안하였다. 동시에 그들에게 다른 상담 센터나 학교 지도 상담자와 접촉을 시도하도록 조언하였다. 만일 그들이 학습 경로를 따라 전진해 나가기로 결심한다면 상담 센터와 약속할 것이다. 단지 4일 만에 아들은 상담 센터에 전화를 걸어서 가족들이 학습 경로를 따라가기로 결정하였다고 언급하였다. 그리고 어머니는 상담 약속을 다시 잡아 아들과 어머니, 아버지 그리고 상담자가 함께 상담에 참여하였다.

단계 10: 해결안 형성하기, 해결책 강화하기

상담자는 구성원 각자가 학습 경로를 지지하기로 결정한 이유가 무엇이었는지를 밝히고 개인의 목표를 반복해서 이야기하도록 요청하였다. 다른 내담자들에게도 이러한 목표가 충분한지에 대한 자신의 의견을 내도록 부탁하였다. 이 사례의 경우 이렇게 진행되었기에 그다음 단계인 단계 11로 넘어갔다.

단계 11: 자세히 검토하기

이제 상담자는 모든 해결안을 요약하였다. 그다음 단계는 멘토를 만나기로 약속 잡는 것을 포함하여 그 외의 것들을 동의하는 것이었다. 상담자가 멘토를 먼저 만나고 앞으로의 두 달에 걸쳐 학습 단계를 함께 계획해 나갈 것을 동의하였다. 나아가 그들은 적합한 대학과정에 대한 정보를 모아 보기로 하였다.

내담자들은 기꺼이 아들의 학업 상담사와 바로 만나겠다고 언급하였다. 여기서 목표는 학교 관계자들(상담자가 적합하다고 생각한 사람들)과 만날 약속을 잡고 상담 결과를 함께 논의하고, 어떻게 하면 아들이 정규 학교의 지속적인 출석과 대학 과정을 결합할 수 있을 것인지 그 방법을 결정하는 것이었다. 학교 관계자들에게 전달할 정보를 분명히 한 후에는 이러한 미팅의 결과를 상담자에게 가능한 한 빨리 알려 줄 것을 부모에게 요청하였다. 상담자는 아들의 멘토와의 미팅 이후 즉시 부모를 만나서 논의가 이루어진 점을 알리고 그다음 계획을 함께 세우기로 동의하였다.

마지막으로 평가하기(즉, ENTER의 네 번째 진단 단계)가 이루어졌다. 여기에는 두 달 이후의 모임(함께 동의한)이 포함되어 있고, 내담자의 가족생활에 부정적으로 영향을 끼쳤는지, 그리고 상담 센터에서 측정한 평가에서 자기조절 학습이 효과적으로 개선되었는지가 분석되었다. 나아가 평가의 기준은 현재의 학업 기록과 대학 공부에서의 순조로운 출발이다. 대학에서의 순조로운 출발은 첫 8개 과목 이후 결정하게 된다. 추가로 상담 센터에서는 필요하다면 학습 경로를 변경하기 위해 멘토와 정기적인 모임(거의 두 달마다)을 갖기로 하여 가족을 안심시켰다. 만일 변경이 가족에게 잠재적으로 영향을 끼치게 된다면 동의하에 그들을 즉시 만날 것이다.

5. 결 론

우리는 독자에게, 재능 있는 운동선수를 선발하고 육성하는 과정과 ENTER의 처음 세 단계와 여기에 간략하게 언급한 11-SCC를 비교해 보길 권한다. 훌륭한 축구선수가 되길 결심한 8세 아동에게 2시간 상담 회기를 제공하고, 세계적인 축구 트레이너와의 만남을 주선해 준다고 해서 이 아동이 다른 추가적인 부양 조치의 경험 없이 운동의 최고 경지에 도달하기 위해 계속 전진해 갈 것이라는 생각은 터무니없어 보인다. 그러나 불행하게도 상담센터에서 흔히 하는 상담은 사실 학업적 재능아에게 조언하는 정도에 불과하다. 어린 축구 재능아를 위해서는 적절한 영양 섭취, 정기적인 휴식, 적절한 수면, 뛰어난 훈련 시설, 최고의 트레이너, 최고의 팀과 경기할 기회, 그리고 수년에 걸쳐 계속되는 지원에 관심을 기울여야 한다. 대조적으로 대부분의 상담 센터는 가능한 일반적인 상호작용에 대한 간략한(대부분의 사례에서 단지 1~2시간 정도) 설명을 제공하는 것으로 만족해한다. 완전한 학습 경로를 철저히 계획해서 자세하게 분 단위까지도 쪼개서 가까이서 점검하지 않고서는 수월성은 얻기 힘들다.

여기에 제시된 사례의 경우 학습 경로가 가족의 삶에 해로움을 끼칠지도 모른다는 부모님의 두려움은 근거 없는 것으로 판명되었다. 11개월이 지난 후, 이러한 어떤 증후도 겉으로 드러나지 않았다. 평가 결과, 선택한 학습 경로는 성공적임이 드러났다. 멘토와의 협업도 매우 잘 진행되었다.

그러나 모든 계획과 투자를 제공함에도 불구하고 학습 경로는 수월성을 획득한다는 보장을 해 주지 않는다. 어떤 내담자들은 학습 경로가 수월성으로 이끌 수 있기 때문이 아니라, 그러한 기회가 자신의 삶의 목적 중 하나는 맞기 때문에 기회를 잡을 것이다.

우리는 여기에 기술한 사례 연구가 또한 Csikszentmihalyi(1998)의 생각, 즉 우리가 앞에서 언급한 것처럼 마음이 천재성과 창의성을 발견할 수 있는 장소가 아니라는 생각의 좋은 예가 되길 진심으로 바란다. 천재성의 위치는 특정한 개인의 마음에 있는 것이 아니라 체계 속에 있다. 그래서 영재상담은 과정이며, 그것의 중심은 개인의 한 가지 특성에 있지 않다. 영재상담의 궁극적인 목표는 재능 영역에서 뛰어난 행동을 실행하는 위치에 있는 지점까지 액티오토프를 발달시키는 것이다.

참고문헌

Ackerman, P. L., & Heggestad, E. D. (1997). Intelligence, personality, and interests: Evidence for overlapping traits. *Psychological Bulletin, 121*, 219-245.

Blatt, S. (1995). The destructiveness of perfectionism: Implications for the treatment of depression. *American Psychologist, 50*, 1003-1020.

Csikszentmihalyi, M. (1998). Creativity and genius: A systems perspective. In A. Steptoe (Ed.), *Genius and mind: Studies of creativity and temperament* (pp. 39-64). London: Oxford University Press.

Dixon, F. A., Lapsley, D. K., & Hanchon, T. A. (2004). An empirical typology of perfectionism in gifted adolescents. *Gifted Child Quarterly, 48*, 95-106.

Doherty, W. J. (2000). Systems theory. In A. E. Kazdin (Ed.), *Encyclopedia of psychology* (pp. 536-537). London: Oxford University Press.

Ericsson, K. A. (2002). Attaining excellence through deliberate practice: Insights from the study of expert performance. In M. Ferrari (Ed.), *The pursuit of excellence in education* (pp. 21-55). Hillsdale, NJ: Erlbaum.

Ericsson, K. A. (2003). The acquisition of expert performance as problem solving: Construction and modification of mediating mechanisms through deliberate practice.

In J. E. Davidson & R. J. Sternberg (Eds.), *Problem solving* (pp. 31-83). New York: Cambridge University Press.

Flett, G. L., & Hewitt, P. L. (2002). *Perfectionism: Theory, research, and treatment.* Washington, DC: American Psychological Association.

Fröman, N. (n.d.). *Marie and Pierre Curie and the discover of polonium and radium.* Retrieved June 2, 2006, from http://nobleprize.org/physics/articles/curie

Gagné, F. (2004). Transforming gifts into talents: The DMGT as a developmental theory. *High Ability Studies, 15,* 119-149.

Gollwitzer, P. M. (1999). Implementation intentions: Strong effects of simple plans. *American Psychologist, 54,* 493-503.

Heller, K. A., Kratzmeier, H., & Lengfelder, A. (1998). *Standard Progressive Matrices.* Göttingen, Germany: Beltz.

Heller, K. A., & Perleth, C. (2000). *Kognitiver Fähigkeits-Test für 4. bis 12. Klassen, Revision* [Cognitive Abilities Test]. Göttingen, Germany: Beltz.

Hewitt, P. L., & Flett, G. L. (1991). Perfectionism in the self and social contexts: Conceptualization, assessment, and association with psychopathology. *Journal of Personality and Social Psychology, 60,* 456-470.

Howe, J. A., Davidson, J. W., & Sloboda, J. A. (1998). Innate talents: Reality or myth? *Behavioural and Brain Sciences, 21,* 299-442.

Kilburg, R. (2000). *Executive coaching: Developing managerial wisdom in a world of chaos.* Washington, DC: American Psychological Association.

Mikesell, R., Lusterman, D., & McDaniel, S. H. (1995). *Integrating family therapy: Handbook of family psychology and systems theory.* Washington, DC: American Psychological Association.

Nobelprize.org. (n.d.). *The Nobel Prize in physics 1903.* Retrieved June 2, 2006, from http://nobelprize.org/physics/laureates/1903

Simonton, D. K. (2000). Genius and giftedness: Same or different? In K. A. Heller, F. J. Mönks, R. J. Sternberg, & R. F. Subotnik (Eds.), *International handbook of giftedness and talent* (2nd ed., pp. 111-121). Tarrytown, NY: Pergamon.

Simonton, D. K. (2003). Exceptional creativity across the life span: The emergence and manifestation of creative genius. In L. V. Shavinina (Ed.), *International handbook of innovation* (pp. 293-308). Oxford, England: Elsevier Science.

Speirs Neumeister, K. L. (2004). Factors influencing the development of perfectionism in gifted college students. *Gifted Child Quarterly, 48*, 259-274.

Sternberg, R. J. (2003). WICS as a model of giftedness. *High Ability Studies, 14*, 109-139.

Stoeger, H. (Ed.). (2004). Gifted females in mathematics, the natural sciences and technology [Special issue]. *High Ability Studies, 15*.

Stoeger, H., & Ziegler, A. (2005). Evaluation of an elementary classroom self-regulated learning program for gifted math underachievers. *International Education Journal, 20*, 261-271.

Weisberg, R. W. (2003). Case studies of innovation. In L. Shavinina (Ed.), *International handbook of innovation* (pp. 204-247). New York: Elsevier Science.

Ziegler, A. (2005). The Actiotope Model of Giftedness. In R. J. Sternberg & J. Davidson (Eds.), *Conceptions of giftedness* (2nd ed., pp. 411-436). New York: Cambridge University Press.

Ziegler, A., & Stoeger, H. (2004a). Identification based on ENTER within the conceptual frame of the Actiotope Model of Giftedness. *Psychology Science, 46*, 324-342.

Ziegler, A., & Stoeger, H. (2004b). Test anxiety among gifted students: Causes, indications, and educational interventions for teachers and parents. *Journal of the Gifted and Talented Education Council, 19*, 29-42.

PART **3**

결 론

Counseling

Chapter **11** 결 론

Jean Sunde Peterson

이 책에서 제시한 각 장의 모델은 다양한 전문적인 소속을 나타내는 개인의 견해를 제시하고 있다. 학교 및 정신건강 상담, 상담자 교육, 결혼 및 가족 치료, 임상 및 상담 심리학 그리고 교육 심리학. 다양한 전문 영역에서 각 장마다 영향, 정의, 가정, 목표 그리고 과정들이 다양하다는 점에 놀라서는 안 된다. 거의 모든 장에서(〈표 11-1〉 참조) 저자가 총괄해서 명확하게 다룰 것이라는 광범위한 견해를 기대할 수는 없다. 영재성이 어떻게 개념화되는지, 또한 임상 장면에서 상담자나 치료사 그리고 심리학자들이 영재 개인들에게 어떻게 반응하는지는 관련 지식의 다양한 자원들—일반적인 학업 준비와 전문 학술지; 임상 실습; 문헌, 수강 과목, 특별히 영재성과 관련한 학술 발표; 그리고 저자 자신의 연구—을 반영하고 있다.

1. 영재성 개념

영향

영재교육 분야에서 잘 알려진 기본 인물들은 대부분 저자들이 영재성 개념을 형성하는 데에 영향을 끼친 사람들로 인정받고 있다. 가장 오래된 역사를 지닌 Lewis Terman과 Leta Hollingworth 외에도 저명하면서도 이 분야에서 가장 존경받는 인물은 Joseph Renzulli, Robert Sternberg, Linda Silverman, James Webb, Michael Piechowski, Lawrence Coleman, Barbara Kerr, Nicholas Colangelo 그리고 Françoys Gagné다. Kathleen Noble, Roger Taylor, Deirdre Lovecky, Susan Jackson, Jean Peterson 그리고 Sanford Cohn도 영향을 끼친 사람들로 언급되었으며, 그들의 업적 중 많은 부분이 특히 영재의 정의적인 영역과 관계가 있다. 영재교육 분야 밖에서 중요하고도 영향력 있는 목소리를 낸 사람들은 Howard Gardner, Mihaly Csikszentmihalyi, John McAlister 그리고 Volker Thomas다. 미성취와 연관되어 언급된 사람들은 Harvey Mandel과 Sander Marcus, Sylvia Rimm, Jean Baker, Robert Bridger와 Karen Evans, Lannie Kanevsky와 Tacey Keighley, Del Siegle과 Betsy McCoach 그리고 Linn Pecaut다. 또한 학습 이론, 전기적 연구, 생물학적 개념과 사회적 개념 그리고 체계이론도 큰 영향을 끼친 것으로 밝혀졌다.

정의

저자들의 영재성 정의는 모두 다 예외성(exceptionality)을 강조하고 있으며, 일반적으로 2개의 범주인 드러난 행동과 잠재성 증거에 속해 있다. Mendaglio처럼, Boland와 Gross는 정의에서 오로지 잠재성에만 초점을 두고 있다. Mendaglio는 또한 우수한 지적 잠재력의 일부 표현이 사회적으로 수용되고 있음을 언급하고 있다(일부는 그렇지 않음을 의미한다). Kerr, Peterson과 Mahoney, Martin과 Martin은 능력을 언급한다. Kerr와 Thomas, Ray와 Moon은 영재성 수준을 언급한다. Boland와 Gross는 영재성과 재능은 동의어가 아님을 강조한다. Saunders는 질적인 것을, Thomas와 동료들은 총체적인 정의를 언급한다. 그리고 Ziegler와 Stoeger는 행동적 표시의 견지에서 영재성을 정의한다. Kerr, Peterson, Mahoney와 동료들, Ziegler와 Stoeger는 영재성을 영역 특수성으로, 그리고 Mendaglio는 유사하게 우수한 지적 잠재력을 많은 가능한 현상으로 언급하고 있다. Peterson은 영재성이 문화에 따라 다르게 정의될 수 있다고 언급한다.

특성

영재성의 특성은 제시한 것처럼 일반적으로 긍정적이다. Kerr는 특성을 개인과 환경의 상호작용을 반영하는 것으로 여겼고, Ziegler와 Stoeger는 영재성의 특성이란 액티오토프의 여러 요소의 역동적 상호작용이라고 여겼다. 몇몇 특성은 영재성 관련 문헌에서 일상적으로 나오지 않는데, 예를 들면 '추구하려는 욕구', 도발적인 질문, 성찰, 상위 수준의 관계를 개념화하는 능력, 비동조 과정, 심미적 지향성, 날카로운 관찰력, 민주적인 권위의 선호 그리고 열정이다. 민감성, 완벽주의, 성숙한 유머감각, 빠른 학습, 특출한 기억력, 잘 발달된 정의감, 추상적 사고력, 직관력, 기민함 그리고 열심과 같은 특성들은 좀 더 자주 언급된다.

가정

저자들의 가정은 상담 사업과 좀 더 관련이 있으며, 앞에서 언급한 특성들보다는 일제히 덜 긍정적이다. 민감성과 비동시성을 포함하여, 사회·정서적 복잡성은 어려움에 기여하는 것으로 보인다. 능력 면에서의 차이점은 교육 체계에서, 특히 고도의 지적 능력을 지닌 경우에는 잠재적으로 고립과 부적절한 적합성과 관계있다.

Peterson은 영재 청소년들이 개인적인 어려움을 겪고 있고 괴로워도 상담을 찾지 않는다고 언급한다. Saunders는 상담을 자기 수용과 감정 소통 능력을 길러 주는 데 잠재적으로 도움이 되는 것으로 보고 있다. Mahoney와 동료들은 거의 전체적으로 자아 발달에 초점을 두면서 상담 체계로서 네 가지 관련 구성 개념을 제시하고 있다. Peterson은 종종 사람들이 영재성을 수행이라는 면에서 본다고 인정한다. 이러한 점에서 Ziegler와 Stoeger는 IQ보다 그 이상이 수월성에 포함되어 있다고 주장한다. 그들은 영재성을 액티오토프의 특정한 재능 영역으로의 점진적인 적응으로 보고 있다.

몇몇 저자는 영재들이 때로 '고양된' 형태이긴 하지만 발달 면에서 다른 사람들과 공유하는 것을 강조하는데, 발달적 도전을 다룬다는 점에서 그렇다. Peterson과 Thomas와 동료들은 특히 영재 개인들이 다중 체계의 부분이며 영재성의 표현은 환경적 요인에 의해 영향을 받는다고 언급하고 있다. Saunders는 미성취를 가족 역동성에 그 근원이 있다고 보고 있다. Kerr는 개인과 사회가 영재성 발달의 책임을 공유하고 있다고 본다.

2. 성격 개념

성격

　저자들은 일반적으로 성격을 환경과 관계를 맺는 일관성 있는 패턴에 의해 구별되는 것으로 보고 있다. 패턴은 굳어진 기질과 사회화 간의 상호작용을 반영하는데, 패턴은 삶의 사건과 상황에 영향을 받는 성격과 사회적 비교와 반영된 평가의 결과로서 자아개념을 지니고 있다. Mendaglio는 Dabrowski의 견해에 영향을 받은 성격 개념을 언급하고 있다.

영재의 성격

　영재성과 관계된 성격에 대한 논의는 분명히 구분되는 '영재의 성격'은 없다는 Thomas와 동료들의 주장과 성격은 모델과는 관련 없다는 Ziegler와 Stoeger의 진술에서부터 영재성은 기본 기질 위에 덮는 덮개로서 잠재적으로 기본적인 경향성을 악화시키거나 억제하는 역할을 한다는 Peterson의 진술에 이르기까지 다양하다. Peterson, Boland와 Gross는 비동시성 발달, 우수한 기억력, 새로운 문제해결 능력, 내성, 날카로운 인식, 내향성, 완벽주의, 과흥분성 및 정서 발달을 덮어 가리는 인지능력 등 흔히 인용되는 이 특성들은 다 성격 발달에 영향을 끼치며, 영재 개인의 성격의 한 부분을 차지한다고 언급한다. Mahoney와 동료들의 모델은 영재 개인의 성격 발달에 영향을 끼치는 12체계의 영향력을 인정하며, Ziegler와 Stoeger는 영재성과 관련된 성격을 재능 영역 내에 있는 높은 수위의 적응으로 보고 있다. 마지막으로, Kerr는 '영재성'이란 사회적으로 구성된다는 여운을 남기고 있다.

3. 상담 모델

영향

일부 저자는 주로 임상적 개념과 현장에 초점을 둔 주요 이론가들에 크게 영향을 받았다. 예를 들어, 그들은 심리학자인 Carl Rogers, Alfred Adler, Eric Berne, Fritz Perls, James Framo, Harry Stack Sullivan 그리고 일반적으로 인지-행동 이론가들이다. 결혼과 가족 치료 분야로부터 영향을 받은 것으로 인용된 사람들은 Virginia Satir, Michael White와 David Epston, Douglas Breunlin, Richard Schwartz와 Betty MacKune-Karrer다. 사회과학자인 Robert Carkhuff 또한 인용되었다. 물론 이 사람들 중에서 이 책의 1개 장 이상에서 언급된 사람들로는 Rogers, Perls, 인지-행동주의자, Satir, White와 Epston이다. 2명의 저자는 단기의, 해결중심 접근, 그리고 예방지향 접근에 영향을 받았다.

저자들은 또한 Jean Piaget, Erik Erikson, Abraham Maslow, Kazimierz Dabrowski 같은 발달심리학자들의 영향을 받았음을 언급하고 있다. Kerr는 심리치료에서 연구기반 전략과 결합된 주술적인 창의성에 영향을 받았다. Mahoney와 동료는 탄력성과 관련한 Stephen과 Sybil Wolin의 연구에 영향을 받았다.

상담의 정의

각 장마다 저자는 상호작용적이고 역동적인 과정, 대화, 지지적 분위기, 심리적 지원, 탐구, 상담자와 내담자 간의 독특한 관계, 그리고 공통의 치료적 요소들의 기술적인 사용을 나타내는 문구와 용어로 상담을 정의하고 있다. Thomas와 동료들에게 상담이란 전문가를 포함한 과정인데, 이때 내담자는 자신의 삶에서는 전문가이고 상담자는 여러 분야와 기법에서의 전문성을 지닌 사람을 말한다. 상담의 초점은 발달 문제, 좀 더 효과적인 삶, 문제 예방, 문제 억제, 재능 영역에서 좀 더 효과적인 행동을 확립하는 것 등 다양하다.

상담자 역할

상담자 역할은 교육자와 모델, 관찰자와 연구자, 관계자와 반응자, 설득자와 치어리더 그리고 안내자까지를 포함하여 연속선을 따라 기술할 수 있다. 근본적으로 Kerr에 의하면 상담자는 역량강화에 영향력을 지닌 변화요원이지만, 치유과정에 꼭 필요하다고 보지 않는다. Peterson은 비판단적, 공감적, 존중 그리고 인정이 상담자의 주요한 속성이라고 언급한다. Mendaglio는 상담자의 역할이 비지시적에서부터 지시적-교훈적에 이르기까지 진행되는 것으로 본다. Peterson과 Mahoney와 동료들은 모두 특히 영재와 상담할 때에는 상담자의 자기 반성이 중요하다고 언급하고 있다.

내담자 역할

저자들 모두 내담자의 역할을 능동적으로 참여하는 사람, 상담과정에서의 협조적인 참여자라고 보고 있다. Peterson에 의하면 내담자의 역할은 과제를 완성해야 하며, 통찰과 새로운 기술을 반영하고 적용하며, 솔선수범해야 한다. Saunders와 Mendaglio는 진심에서 우러나오는 사고와 감정의 표현을 강조하며, Mendaglio는 또한 내담자에게 전문성을 적용하는 가치를 언급하고 있다.

목표

각 장별로 저자들이 언급한 목표는 3개의 범주—자아실현, 문제 해결 그리고 수행—에 속하는 경향을 보인다. 언급한 목표들 중 자아실현 범주에 속하는 것들은 개선된 심리 건강, 증가된 자기 인식, 향상된 기술, 향상된 욕구 표현 그리고 개인의 성장이다. 문제 해결 범주에 속하는 것으로는 위험 요인의 감소와 보호 요인의 증가, 가족 간 의사소통의 개선, 부부 통합, 숙제 구조 발달시키기, 변화될 수 없는 상황 수용하기다. 수행 범주에 속하는 것으로는 재능 영역에서의 수월성과 학업 성취 형태에서의 생산성이다.

관계

몇몇 저자는 상담관계가 과정에 매우 절대적인 요소라고 논의하고 있다. 게다가 이러한 관계의 독특성은 일부 의견에서는 함축적이다. 예를 들어, 이것은 내담자의 욕구를 충족하는 데에 전적으로 초점을 두고 있으면서 정기적으로 피드백을 받고 잠재적으로 문제 해결에 초점을 둔다는 점에서 내담자의 삶의 다른 관계와는 다르다. 이것은 협조적인 관계다. Boland와 Gross는 영재 아동과의 상담관계에서 상담자가 지나치다 싶을 정도로 어휘와 이해를 과대평가해야 한다고 언급한다.

평가

일부 저자는 임상에서 다양한 평가—가족 응집력, 적응력 그리고 환경, 인지능력, 성격, 직업 흥미—를 사용한다. Mahoney와 동료들은 그의 모델을 상담 진행 틀과 안내로 사용한다. 평가 요소들로는 임상적 면담(부모 포함), 관찰, 가계도 구성 그리고 학교에서 수집된 정보와 임상 기록들이 있다. Peterson은 미성취를 포함하여 제기된 문제에 발달 분석을 적용한다. 그리고 Boland와 Gross는 아동을 참여시키기 위해 평가 도구를 사용한다.

과정

네 명의 저자는 제한된 수의 상담 회기를 언급하고 있다. Kerr의 1~5회기부터 Mendaglio의 6~12회기까지 상담 회기는 다양하다. 대조적으로 Saunders는 신뢰를 형성하고 계획에 참여하도록 하기 위해 몇 회기를 사용한다. 일반적으로 평가를 포함하여 탐구는 초기 1~2회기에 이루어진다. 그러나 그 이후 제기된 문제에 과다하게 주의를 기울이지 않도록 관심을 두면서, 모델들은 관점을 공유하고, 상황을 분석하고, 인지적 · 행동적 학습 단계를 시작하고, 신뢰감 형성에 초점을 두고, 영재성의 영향을 조사하고, 개념적 틀을 형성하고, 상담의 초점을 좁히는 것으로 꽤 다양하게 이루어진다.

　이후에 개념적 틀의 공동 구성자인 Mendaglio는 목표 설정에 초점을 두고, 행위 단계로 이동하며, 평가와 종결로 끝을 맺는다. Kerr는 각성을 증가시키기 위해 경험적 활동을 사용하며, 절정 각성 전이나 후에 일어날 해석의 때를 맞추며, 각성을 감소시키기 위해 쉬기와 이완을 사용한다. Boland와 Gross는 새로운 학습을 실행에 옮기고 그 이후에는 재발 방지에 초점을 둔다. Saunders는 상담과정에 부모를 포함시키며, 예견하고, 성취를 언급한다. Mahoney와 동료들은 영재의 정체성에 관한 4개의 구성 요소에 초점을 두며, Thomas와 동료들은 가족 구성원들과의 상담관계가 성장하길 기다린다. Ziegler와 Stoeger의 모델은 과정의 '검사' 단계 내에 11단계로 구성되어 있다.

기법

　상담 기법과 관련하여 저자들 간에 공통점은 적다. Kerr의 지금-여기에 문장, 마음-몸 기법, 실험(예: 비전화하기), 독서치료 그리고 치유 의식은 가장 다양한 기법을 제공한다. Peterson은 단기의, 해결중심 접근, 적절할 때 문제를 외현화하기, 반구조화 활동 사용하기, 그리고 의도적으로 탄력성에 초점 두기를 사용한다. Boland와 Gross는 소크라테스식 질문법, 명시적 지식, 사고 도전, 직면 그리고 과장을 사용한다. 미성취 영재들에게 Saunders는 가족 의사소통과 관련 있는 것으로서 교류분석을 통해 지시하고, 일반적인 공부방법을 형성하기 위한 공동 작업을 한다. Mahoney와 동료들은 여러 문맥 내에서 영재성을 자기 견해 속으로 통합시키고 내담자의 재능을 육성하는 데에 초점을 둔다. Thomas와 동료들은 가상의 포스트모던 접근을 포함하여 세 가지 모델 중 하나를 사용하는데, 이것은 '깊은 설명'을 발생시킨 후에 가족의 대화를 변화시킨다. Mendaglio는 직면하기, 영재성 특징과 Dabrowski 개념에 관하여 교훈적으로 정보 제공하기 그리고 과제하기를 사용하며, 정서의 인식과 표현을 향상시키는 데에 초점을 둔다. Ziegler와 Stoeger는 개인상담 외에 필요시 내담자와 그들 삶에서 중요한 사람들과 함께 집단상담을 실시한다.

4. 적용

문제 제기

영재를 상담하는 상담자들에게 제기되는 문제는 잠재적으로 광범위하다. 이 책의 각 장의 저자들이 가장 많이 언급하는 문제는 우울, 불안, 미성취, 사회적 어려움 그리고 행동 문제들이며, 약물중독과 생애 사건에의 적응이 그다음으로 자주 등장한다. 발달 문제, 완벽주의, 이중 특수성, 극도의 민감성, 성적 혼란, 무단결석, 아스퍼거 증후군, ADHD, 사고장애, 학교관계 문제 그리고 학대도 언급되고 있다.

5. 결론

이 책에 있는 8개의 장은 영재상담을 위한 임상 모델을 드물게 편찬한 것들이다. 저자들은 영재성과 관련한 상담 요구에 대한 반응으로 어떤 장소에서든 그리고 어떤 면에서든 참여한 다양한 전문가들이다. 그들의 전문적 배경은 임상 훈련과 영재성의 개념화의 두 가지 면에서 모두 그들에게 영향을 준 사람들에게 강한 충격을 주었다. 그들은 학교와 여러 환경에서 임상가들에게 다양한 관점과 접근을 제시한다. 종합적으로 그들은 특출한 능력의 내담자와 상담할 때 영재성과 연관된 특성에 관한 지식을 갖고 있음이 중요하다는 것을 입증해 주고 있다. 영재성은 자산이 될 수 있지만 또한 짐이 될 수도 있다. 그 자체가 위험 요소인 것이다.

고도의 능력을 지닌 아동과 청소년들은 종종 함께 상담하기에 즐거운 내담자들이다(Thompson & Rudolph, 1996). 상담자나 치료사 그리고 심리학자들이 영재성과 관련된 고정관념이나 편견 없이 영재를 편안하게 다루고 어린 영재 내담자들의 복잡한 내부 세계에 들어가게 되면, 그들은 전문가와 내담자 모두를 계발하는 신뢰성 있고 생산적인 상담관계를 잘 형성할 수 있을 것이다.

참고문헌

Thompson, C. L., & Rudolph, L. B. (1996). *Counseling children* (4th ed.). Pacific Grove, CA: Brooks/Cole.

표 11-1 영재상담 모델

	Mendaglio	Thomas, Ray, & Moon	Peterson	Saunders	Boland & Gross	Mahoney, Martin, & Martin	Kerr	Ziegler & Stoeger
영향	Terman, Marland, Renzulli, Roeper	Stanley, Feldhusen, Kerr, Jackson, Peterson, Silverman, Colangelo	Taylor, Thomas, Lovecky, Coleman, Piechowski, 구성주의 교육, 민속지적 연구 방법	Clark, Stanley, Gardner, Sternberg, Montessori	Gagné, Hollingworth, Tannenbaum	Hollingworth, Lovecky	Hollingworth, Webb, Gardner, Csikszentmihalyi, Colangelo, Cohn, McAlister, Noble	학습이론, 전기연구, 체계이론, 생물학과 사회화에서 발달은 개념
정의	많은 가능한 현 상을 지닌 우수한 지적 잠재력, 그중 일부는 사회적으로 수용되는 것	(총체적) 현재 얻을 수 있는 다양한 정의, 가족 개념, 여러 수준의 영재성을 포함함	인구의 상위 2~3% 또는 능력이나 특수 능력 또는 문화에 의해 가치를 부여받은 재능, 교육에서 차별화된 교육과정을 보장하는 예외성	(결적인) 조숙한 이해와 개념의 창의적 적용, 능력만큼 생산하지 못하는 것으로의 미성취	Gagné의 DMGT: 뛰어난 수행이 아니라 뛰어난 잠재성으로서의 영재성; 영재성과 재능은 동음이의어가 아님	다양한 영역에서의 탁월한 능력(예: 지능, 예술, 개인적 창의성)	과학능력, 사물의 이해, 무엇을 해야 할지 아는 것(Gottfredson); 동기 종류로서의 자능, 영역에서 상위 10%는 똑똑한, 5%는 중등한, 1%는 고도 영재	1개 이상의 재능 영역에서의 수월성의 행동적 표시

특성	복잡함과 정화함에의 욕구, 이른 추상적 사고, 고도된 패턴을 빠르게 볼줄 앎, 기억력, 낳고 강한 지식 기반, 다른 전냐이 이한 전냐이 환경을 행성함	Lovecky의 5가지 특성(확신적 사고, 흥분성, 민감성, 지각력, 목표지향적 생명력)	강한 반응, 느낌의 깊이, 남다르고 관찰력, 완벽주의	(고도 영재) 반성적, 탐구하기, 도발적인 질문, 빠른 학습, 패턴-지각, 기억력, 느린 숙고의 과제를 싫어함, 정서적 강도, 나이 많은 친구, 정의감, 공감, 성숙한 유머감각	창의적, 추상적 사고자, 자성티, 열심인: 직관적; 열정적관적; 독립적; 감한; 강렬한: 비순응적 처리자; 심미적인: 선호 방식 내에서의 탐구적 하습자	'욕구' 하러는 욕구; 성적, 미-신체 화하, 자성용량과 지느과의 상호작용; 지적 행동과 환경과의 상호작용의 결과임을 과임수 있음	액티오토프 요소들 간의 역동적 상호작용
가정	체계 속에서 구체화돼누-가 함; '영재성을 소유 하다는 용어 사용은 환경이 영재성 표현에 영향을 줌; 환경이 이란는 용어 사용은 다른 사람들로 다른 사람들과 공유함; 적응 문제는 가대하는 문제는 알지 못함의 결과로 오지는 거의 오지 않음	사회적, 정서적으로 복잡함; 감성이 문제와 관련 있을수 있음; 이미지를 보호함; 다른 사람들과 같은 발달과업에 부딪힘; 상담 받기를 주저함; 상담자의 저항; 편견이 방해할 수 있음	정서적 발달과 욕구의 이사소통을 위한 신뢰로운 관계가 필요함; 남다르다는 느김; 도전이 없으면 수답이 느김도 없음; 미성취는 가족 역동에 뿌리를 둠.	교육 체계와 부족의 극단적인 조화; 수준에서 차이 통을 지지하는 가까장 느드러짐: 내 · 외적 배동시상; 자기 수용을 높이기 위해 상담이 필요함	영재의 자아정체감 형성은 네 가지 구성으로 이루어짐: 타당화, 확언, 친화, 진화	영재성은 중요함; 영재성 발달은 개인과 타 사회가 책임을 공유함; 원능력이 '드러난다.'	IQ는 수월성을 설명하기에 충분하지 않음; 수월성은 개인의 액티오토프가 제능 영역으로의 점진적 적응의 결과

		Costa와 McCrae	Maslow(1970)				
성격	기질과 사회화의 상호작용 결과, 자기 개념 반성적 평가, 사회와 귀인의 결점; 성격은 또한 Dabrowski의 시각에도 기인	맥락에서 자기에 관한 지각, 자기 개념 반성적 평가, 사회와 귀인의 결점은 Dabrowski의 성격보다는 상호작용 패턴에 중점	이 위계적 욕구 작용; 성격은 비동시적 발달, 생애 시기 동안에 안정화하기	사람들을 구분하는 기질이나 성격은 사람이 다소 일관성 있게 행동하도록 만듦	고정적이지 않고 유동적임; 성격은 사회적 사적 변화와 경험의 매하 내에서 누적된 변화	유전적 경향성, 에너지와 호르몬 수준, 의식을 변경하는 용량; 결함이 성격을 일으킴; 패션에 의한 것이지 별생적인 것은 아님	성격 개념은 개인의 액티오트프, 바이오트프, 소시오트프 간의 복잡한 상호작용 개념으로 대치됨
영재의 특성	더 크게 인식하는 경향; 사회화 연습에 저항하는 경향; 어떤 영재들에게는 Dabrowski의 이미에서 앞선 발달 잠재성	두 뚜렷한 성격 없음	특이한; 능력이란 개념을 빨리 티득하는 능력과 우수한 기억력, 새로운 문제 해결 능력과 같은 특징을 반영함	비동시성으로 인한 좌절, 중가된 내성, 우정 딜레마; 과흥분성; 내향성이 과표상; 인지 능력이 정서조조 접을가림.	성격에 영향을 끼치는 12개체: 자아, 가족, 연가족, 문화, 직업, 환경, 심리, 육, 사회, 정치, 유기체의 생리, 발달	영재성은 매로 전통적인 운동, 매력과 운동 뜸; 영재성은 사회적으로도 구성되며, 1개 모 성되며 그 이상이 재능 영역에서 탈월한 방식으로 수행하는 능력	모델과는 관계 없는; 재능 영역에 높을 수 있게 적용하는 두 뚜렷한 액티오트프와 대치됨

영재 상담 영향	Rogers; Perls; Ellis; Sullivan; Piaget; Lewis; Dabrowski	가족 체계; 내담자 중심; 인지-행동; 해결중심; 이야기; 게슈탈트	Adler; Erikson; Minuchin; Breunlin, Schwartz, & MacKune-Karrer; Rogers; Satir; White & Epston; Littrell	Carkhuff; Jourard; Maslow; Berner; Harris; Mandel & Marcus; Rimm; Baker, Bridger & Evans; Kanevsky & Keighley; Siegle & McCoach; Pecaut	영재와 심리학 문헌; Miller & Rollnick; Seligman & Csikszentmihalyi; Colangelo; Neihart	Framo; Satir, the Wolins; 게재; 예방; 내담자 중심; 내담자 중심; 기구; 이야기; 해결 중심; 인지-행동; 인본주의	Frank; Smith & Glass; Wampold; Winkelman; 연구 기반 전략과 결합된 주술의 창의성	체계적 접근; Csikszentmihalyi
영재 상담 정의	내담자가 제시하는 영역에서 그들에게 심리적 조력을 제공하기 위해 상담자에 의해 지도되는 상호 작용과정 ; 상담은 상담자와 내담자 간의 독특한 관계에 뿌리를 두고 있음.	삶에 관한 전문가인 사람과의 체계, 인간 발달, 복지, 병리, 다양성과 지료적 기법에서의 전문가인 상담자 간의 역동적 과정	발달 문제에 초점을 둔 과정; 간혹 있다는 느낌이 아니라 삶을 효과적으로 살아가고, 사람에 대한 감을 바꾸고, 자신의 문제를 해결하고, 문제를 예방하고, 문제가 악화되지 않게 예방하도록 도와주기	상담자가 사고, 감각, 반응, 동기 등을 탐구하기 위한 내담자의 독특한 창조적 분위기를 창조해 내는 독특한 관계	심리적 고통을 치료하는 데 증거 기반 연습을 영재아동의 독특한 사회·정서적 특성에 대한 지식을 결합하려는 시도	다양한 이론적 지향점에 기반한 다수의 역할, 과정, 창조, 선택, 영재성이 나타내는 편차의 변수와 자아 정체감 형성의 복잡함을 설명해야만 함	특정한 이론에 집착하지 않고 일반적인 치료 적 요 인들의 기술적 사용	지지적 분위기에서 안정화하고 그리고/또는 제도 영역에서 예티오로 프를 수정하고, 제도 영역에서 좀 더 효과적인 행동을 형성하려는 목적으로 한 대화

상담자 역할	과정 동안의 교화; 교육자, 설득자, 협상가, 치어리더; 동맹자, 문제해결자; 교육자; 이야기적 관계; 내담자의 관점을 바라보기 위한 개념적 관점의 형성자	자기 반성; 내담자의 세계로 들어감; 발달적 관점; 타당적 관점; 타당화; 이장(예: 가족, 학교 관계자), 관찰자	연구자; 반응자; 판제자; 부모의 모델; 개인적 탐구 동안의 지지자	원인이 되고 유지 요인이 역할을 하는 요인들을 조사하기	일탈에 대한 태도에 관한 자기 반성; 전형적인 내담자에게 사용했던 것보다는 좀 더 유연한 접근; 내담자의 자기 지각과 영예성 지각의 승인자	나머지 과정을 진행하기 위해 개인과 공동체에게 역량강화를 해 주는 변화 요원; 개인이 지유 과정이 꼭 필요로 한 사람으로서 상담자를 강조하지 않음	상담과정 내내 내담자를 안내하기
내담자 역할	능동적이고 동기를 가진 참여자, 자기(self)에 대한 전문가; 개념적 틀들과 과제에 대한 슬직한 피드백 제공하기	능동적이고 목표 지향적 자신의 전문성을 과정에 적용하기	공동작업에 참여하기; 숙제 완성하기; 반성하기; 통찰과 새로운 기술 적용하기를 좀 더 효율적인 삶을 살아가도록 주도권 찾기	참여하고, 사고와 느낌을 화 실험하게 표현하기	문제 해결, 숙제, 실존적 의 문제 능동적으로 참여하기	목표, 장애물, 강점 알아내기; 않는 현실에서 진술하기; 변화를 나타내 행동 변화하기	과정에서 능동적으로 참여하기; 학습 경로의 공동 창조자

목표	내담자가 문제를 해결하고, 변화할 수 없는 상황 수용하게 하기	가족구성원 간, 가족과 다른 체계 간의 관계 개선하기; 문제의 맥락 변화시키기	자기 인식 증가 시키기; 기술과 개인적 성장 향상시키기	자아존중감, 자율성, 숙제 구조, 가족 위계와 의사소통을 개선하기; 부모의 연합, 상호 지지; 욕구를 표현하고 이해할 수 있는 학생; 생산성	독립적 문제해결 행동, 인지, 정서의 변화; 개선되기, 위험 요인이 감소와 보호 요인의 증가; 집단의 다양성을 반영하는 복잡한 모델로부터의 영향와 작업하는 성인	자아-정체감 형성의 4가지 구성요인을 조절하고 실행하기; 원숙능력을 활용한 기회; 영제 환경에서 관리된 반응	심리적 건강과 궁극적인 자아 실현의 방향에서 변화하기; 사랑하고 일하고, 자기보다 더 위대한 그 무엇과 연결할 능력	제능 영역에서 내담자가 수월성을 획득하도록 조력하기 위한 학습 정도의 공동 창조자
관계성	효과적인 상담을 위한 가장 중요한 요소; 주요로지 내담자의 욕구를 충족 시키는 데에만 초점을 맞춤; 관계성을 향상하고 유지하기 위해 사용되는 문자스식 조건	가족 치료의 결정적 요소; 각 가족 구성원과 함께 세워 나감; 상담기간 동안 상담자가 가족 체계 속으로 들어감	공동작업; 밥담, 적절한 정보, 적합한 참보와 유머에 의해 초기에 형성	공동작업하는, 교사나 부모, 또래와의 관계하는 다름	공동작업하는, 능동적인, 피드백 제공, 문제 해결; 유머 사용; 성인-성인 치료관계와 유사한; 지나치게 어휘와 이해를 과대평가 가함	공유하기에 안전하고 신뢰성 전하는 상담 행성하는 상담 환경	설득적이고 진정한 관계를 형성하는 상담자의 능력, 변화에의 저항을 극복하는 내담자의 능력에 달려 있음	은연중에 인정된 상담자와 내담자 간의 좋은 관계의 중요성

평가	면담, 관찰, 내담자의 일상적 경험에서의 개념적 틀의 경험적 평가	3개 모델 각각에 따라 평가: 벨린-블랭크 센터틀의 경험적 평가된 것으로서 다름의 정도; 구조적-미성취의 비공식적, 발달적 평가	발달 분석도; 영재성과 관련된 것으로서 미성취의 비공식적, 발달적 평가	부모 및 아동 면담, 검사에 대한 피드백, Mandel과 Marcus(1988)의 모델 따르기; 가족주의적 보고서에 전달 자료의 보강; 필요시 진단: 필요시 발달적 용어에 따라 발달적 평가	치료에 이동 참여하여 사용하기; 사회적 발달적 내력; 가족 평가; 가: 심리주의적 자료의 보강; 설명이 아니라 현재의 기능에 조점 두기; 목표: 내담자, 문제 제를 다중향적으로 이해	영재의 자아정체감 형성(GIF) 모델	지능과 신경심리학적 평가 결과를 의뢰함; 지능검사의 재해석; 성적 진로 평가 실시	인지능력검사; 다양한 성적 평가; 기록; 면담
과정	6~12회기; 개념, 행위, 평가, 종점; 조기 담구; 이후 개념적 틀의 공동 구성; 내담자의 목표가 달성될 때까지 과정 계속하기	6~10회기; 조기 및 뒤 회기는 내담자간 유사하게 진행; 시각 공유하기, 개념 공동 구성, 상황분석하기, 전개되는 것에 열린 마음 갖기; 이후의 회기는 내담자에 가는 내담자에 달림	1~10회기; 제기된 문제에 과하게 주의를 두지 않고 적절하게 접근하기; 시 주목함, 내담자의 이야기와 연금하기; 모든 구성 부모 모두 참여하기	신뢰를 형성하기 위한 여러 회기; 계획 수립: 성취 예견하기; 내담성 예견하기와 예자주기술들	평가, 학습, 연습, 재발 방지, 종결함; 속도, 주 상적 내용, 지료 근거 설명, 실증적 조점 철학적 토론의 정도에서 수정된 CBT	영재성이 전반적인 안녕감과 발달에 어떻게 영향을 가지는지 조사하기; 영재의 자아정체감 형성 모델에서 4가지 구성요인에 관한 가치를 느끼도록 내담자를 도와주기	1~5회기, 때때로 조율함; 전통적 기법에 의 석적 요소들주가함; 자성격 결정 전과 후의 해석; 각 성을 감소하거나 증가시키는 기법	5단계 모델: 탐색하기, 종하기, 검사하기, 평가하기, 검토하기; 검사 단계에서는 11 단계 상담과정으로 구성

기법	공감; 일치; 비판단; 직면; 영재 정의적 습득과 Dabrowski의 개념에 관한 교훈적 관심; 인지적 재구성; 향상된 과제; 정서 인식, 조절, 표현	공감; 벨린놀이, 뺑코: 역할놀이, 교사의 자문; 구조화-전략적-해결 중심 접근법; 가상의 포스트모던: 문제에서 없은 설명으로 이야기 재구성하기; 해결 중심 기법; 척도화하기	간략한, 해결 중심 접근; 문제를 외현화하기; 강점, 단례에 초점 두기; 활동; 반구조화된 소집단 활동	정기적으로 공부시간을 형성하기, 통일된 부모 지도, 가족 모임; 읽기 모임; 의사소통에 대한 교류법(교류분석)	소크라테스식 질문; 명시적 교수법; 자동적 사고와 도식 유발하기; 사고 발달하기; 포인트-역포인트; 과정, 인지 면, 인지적 행동 접근	공동작업; 영재 성을 자기(self) 시각 속으로의 통합에 초점두기; 가족(문화적 맥락에서) 과 가치, 신념, 음/뮤 기법, 실힘 (예: 빈의자 또는 비전화하기); 독서치료; 치유의식
					빠른 변화를 위한 동기를 임으킬 강력한 기법; 적극적 경청; 지금 여기에 초점, 마음/몸 기법, 실	내담자들—필요하다면 중요한 다른 사람—과 개인 및 집단 하기 시
문제 제기	학업적 미성취; 사회, 정서, 행동 장애(예: 우울, 불안, ADHD, 아스퍼거, 적대적 반항장애 등)	아동의 학교 관련 문제: 우울; 불안; 하대; 아물리존	교성취자와 저 성취자의 발달 문제; 우울; 생애 사건에 대한 반응으로의 적응; 미성취	미성취; 어떤 내담자가 간접적으로 제기하는 문제	불완벽주의; 사회적 관 안; 사회적 불 안; 우울; 이중 특수성; 규도 이 인감성이 다 투기와 관계된 문제	고립; 성격 난 잠; 공격성; 도 배어나 품행장 애; 무단결석; 마 약 판매; 불안; 성정체성 문 제; 관계 어려 움; 우울; 사고 장애; 적응장 애; 미성취
						27가지 기준에 부합된 잠재된 내담자: 영재 성 증가; 재능 영역에서 예티 오르표를 다루 는 잣과 관계 된 촉별 상황

찾아보기
ounseling

내용

편저자 소개

Sal Mendaglio

캐나다 앨버타에 있는 캘거리 대학교(University of Calgary) 영재교육센터(Centre for Gifted Education)의 연구원이자, 교사준비분과(Division of Teacher Preparation)와 교육연구분과 대학원(Graduate Division of Educational Research) 부교수로 재직 중이다. 현재 교사 교육에 참여하고 있으며, 이전에는 같은 기관의 대학원 프로그램에서 20년 이상 상담심리학을 가르쳤다. 그의 주된 관심 영역은 모든 연령의 영재상담 분야다. 현재 진행하는 프로젝트는 영재상담에 대한 지각, 집단 환경이 영재의 자아개념에 미치는 영향, 그리고 Dabrowski의 긍정적 분열 이론 등이 있다. Sal은 영재상담에 30년 경력을 지닌 공인심리학자이며, 국립영재아동학회(NAGC) 상담 및 지도 분과 회장이다.

Jean Sunde Peterson

퍼듀 대학교(Purdue University) 학교 상담 프로그램의 부교수이자 코디네이터다. 그녀는 공인 상담자와 상담 교육자로서 상담 분야에서 일하기 전에, 오랫동안 일반학급과 영재교육 교사로 근무하였다. 그녀는 NAGC의 상담 및 가이던스 분과의 전 회장이었고, 20년 동안 NAGC의 정규 발표자로 일해 왔다. 그녀는 워크숍, 회의 및 심포지엄 발표, 그리고 수상자에 대한 질적 종단 연구를 통해 특히 학문적인 관심을 별로 받지 못한 집단인 영재 청소년의 사회 및 정서 발달과 상담에 대해 관심을 갖고 있다. 그녀는 집단활동 분야의 국가 수상자이며, 10대와의 집단활동에 관한 그녀의 저서는 전 세계에서 널리 사용되고 있다.

* **Catherine Boland**는 아동 및 청소년 정신 건강 분야에 특화된 임상심리학자다. 그녀는 교육심리학 배경을 갖고 있으며, 교육과 건강 및 민간 부문에서 일해 왔다. 그녀는 호주 시드니의 뉴 사우스 웨일즈 대학교(University of New South Wales)의 영재교육 연구, 자원 및 정보 센터(Gifted Education Research, Resource and Information Centre: GERRIC)에서 임상심리학자로, 영재 아동과 청소년의 평가와 상담을 담당했다.

* **Miraca U. M. Gross**는 호주 시드니의 뉴 사우스 웨일즈 대학교(University of New South Wales)의 영재교육 연구, 자원 및 정보 센터(Gifted Education Research, Resource and Information Centre: GERRIC) 소장이다. 그녀는 영재와 재능 아동 교육에서, 특히 능력 집단, 속진, 사회·정서 발달, 그리고 미성취 분야의 선두 주자다. 그녀는 영재아 교육과 심리 분야에서 6개의 국제 연구 수상을 하였으며, 가장 최근에는 NAGC로부터 2005년도 최우수 학자 상을 수상하였다. 그녀는 세계적인 교육 학회의 기조연설 및 초청 발표자다. 그녀는 1995~1999년까지 세계영재교육학회의 이사회에서 활약하였다. 최근에는 '기만당한 국가: 학교가 어떻게 미국의 가장 똑똑한 학생들을 퇴보시키고 있는가?(A National deceived: How schools hold back America's Brightest Students)'라는 제목의 속진에 관한 주요 국제 보고서의 공동저자였다. 2003년에는 호주의 교육에 기여한 그녀의 공로를 인정하여 해롤드 윈드햄 경 메달(Sir Harold Wyndham Medal)을 수상하였다.

* **Barbara Kerr**는 캔자스 대학교(University of Kansas) 상담심리학과의 저명한 교수다. 그녀는 상담심리학으로 오하이오 주립대학교(The Ohio State University)에서는 석사학위를, 미주리 대학교(University of Missouri)에서는 박사학위를 취득하였다. 그녀는 특히 여성의 재능 발달에 초점을 두고 연구해 오고 있다. 네브래스카 대학교(University of Nebraska)에 있는 영재와 재능아를 위한 가이던스 랩(the Guidance laboratory for Gifted and Talented)의 창시자이며, 아이오와 대학교(University of Iowa)에 있는 영재와 재능아를 위한 벨린-블랭크 국립 센터(Belin-Blank National Center for Gifted and Talented)의 부소장으로, 그리고 애리조나 주립대학교(Arizona State University)의 상담심리학 교수로 근무해 왔다. 그녀는 『똑똑한 소녀들(*Smart Girls*)』 『똑똑한 소년들(*Smart Boys*)』 『영재와 재능아 상담(*Counseling Gifted and Talented*)』 『치료주술사에게 쓰는 편지(*Letters to the Medicine Man*)』 『소녀와 여성 상담(*Counseling Girls and Women*)』

을 저술하였으며, 재능과 창의성 분야에서 100편 이상의 논문과 공동 편저자로 참여하였다.

* **Andrew S. Mahoney**는 공인 전문 상담사, 결혼과 가족 치료사, 피츠버그에 있는 앤드류 에스 마호나이와 동료들(Andrew S. Mahoney and Associates)이라는 영재와 재능아 상담센터 소장이다. 그는 영재와 재능아의 상담과 심리치료 분야에 선구자로서 잘 알려져 있다. 약 20년 이상 가르치고, 연구하고, 그리고 영재와 재능아의 상담과 심리치료 및 자아정체감 형성을 위한 체계를 발달시켰다. 그는 이러한 특화된 영역에서 국가적으로 인정받은 발표자이자 임상가다. 그는 많은 기조연설과 회의, 세미나, 그리고 심포지엄 발표를 하였으며, 그 주제에 관한 책을 출판하였다. 또한 오랜 기간 동안 NAGC의 상담과 지도 분과의 상임이사를 지냈으며, 그 분과의 회장을 역임하였다. 그의 업적은 이러한 독특한 집단의 서비스를 위한 새롭고 독창적인 시각을 제공하고 있다.

* **Don Martin**은 영스타운 주립대학교(Youngstown State University)에 있는 학교 상담 프로그램의 디렉터다. 그는 4개의 저서와 60편 이상의 논문을 저술하였다. 또한, 공인 신경심리학자로서, 최근에 대안학교에 있는 가난한 아동을 위한 큰 규모의 21세기 연방정부 기금을 주도하였다. 그는 30년 이상을 영재 아동과 일하였다.

* **Magy Martin**은 티엘 대학(Thiel College)의 상담 서비스 소장이며, 월든 대학교(Walden University)의 박사과정 심리학 교수 멤버다. 그녀는 4개의 저서와 35개 이상의 연구 논문을 발표하였다. 현재는 영재 대학생들을 도와주기 위해 교수를 위한 워크숍을 열고 있으며, 심리학 전공 박사과정 학생들에게 영재상담 방법을 가르치고 있다.

* **Sidney M. Moon**은 퍼듀 대학교(Purdue University) 사범대의 학습과 지원(learning and engagement) 부학장이자 영재교육 자원 연구소(Gifted Education Resource Institute) 소장이다. 그녀는 약 25년 동안 영재교육 분야에서 열정적으로 일해 오면서 60권 이상의 저서와 논문, 그리고 공동 집필자로 참여하고 있다. 그녀의 가장 최근 저서로는 『영재고등교육 핸드북(The Handbook of Secondary Gifted Education)』이 있다. Sidney는 NAGC에서도 적극적이어서 연구와 평가 분과의 장으로, 그리고 이사회 구성원으로 활약해 왔다. 연구 관심 분야는 STEM 원칙(과학, 기술, 공학, 그리고 수학)에서의 재능 발달, 소외 계층 영재 학생, 그리고 개인의 재능 발달 등이다.

* **Karen E. Ray**는 퍼듀 대학교(Purdue University) 상담심리학 박사과정에 있으며, 버지니아에 있는 래퍼핸녹 지역사회 서비스 위원회(Rappahannock Community Services Board)에서 임상심리학 인턴십을 끝마쳤다. 그녀는 심리학자이자 교수이며, 더불어 지역사회 정신건강센터에서 외래환자 치료사로 근무하고 있다. 그녀의 연구 관심 분야는 사회 · 정서 발달, 진로 발달, 영재성, 영성, 그리고 애착이론 등이다.

* **Caryln L. Saunders**는 30년 이상 캔자스시티 지역에서 개인 상담실을 운영, 영재 학생과 그들 가족의 평가와 상담을 하고 있다. 그녀는 캔자스시티에 있는 미주리 대학교 (University of Missouri-Kansas City)에서 상담 실습 과목을 가르치고, 상담과 심리학 인턴들을 슈퍼비전하고 있다. 또한 캔자스시티 캔자스 커뮤니티 칼리지(Kansas City Kansas Community College)에서 노인학 과목을 가르쳐 왔다. 그녀는 공인 심리학자이며 공인 전문 상담자다. 파크 대학교(Park University)에 다닌 이후, 캔자스 대학교 (University of kansas)에서 학사학위를, 캔자스시티에 있는 미주리 대학교(University of Missouri-Kansas City)에서 석사 및 박사 학위를 마쳤다.

* **Heidrun Stoeger**는 독일 울름 대학교(University of Ulm) 조교수다. 그녀는 독일 뮌헨 대학교에서 심리학과 수학을 공부하였다. 2002년 동기 지향에 관한 박사 논문을 썼으며, 2006년에는 대학에서 객원강사로서 영재성에 대해(privatdozent: PD) 강의하였다. 현재 울름 대학교에 있는 주 전체 영재 상담 및 연구 센터의 연구부서 장으로 있다.

* **Volker Thomas**는 퍼듀 대학교(Purdue University)의 아동발달과 가족연구학과에 있는 결혼과 가족 치료(MFT) 조교수다. 그리고 MFT 박사 프로그램의 전 디렉터다. 그는 유아기부터 고등학교까지 영재 아동 가족의 개입과 가족관계를 연구해 왔다.

* **Albert Ziegler**는 독일 울름 대학교(University of Ulm)에 있는 교육 과학 센터의 디렉터이자 심리학과 교수다. 그는 교육심리와 인지심리 분야에서 약 200여 권의 책과 논문의 저자와 공저자로서 참여하였다. 그는 주 전체 영재상담 및 연구센터의 디렉터다. 또한 영재교육 분야에서 가장 뛰어난 인지도를 지닌 저널 중 하나인 *High Ability Studies*의 편집장이다. 그의 주요 연구 관심 분야는 특출한 수행 발달, 동기 훈련 프로그램 및 지식 획득 등이다.

역자 소개

윤여홍(Yoon Yeuhong)
이화여자대학교를 졸업하고, 서울대학교에서 임상심리로 석사학위를 받았으며, 미국
텍사스 A&M 대학교(Texas A&M University)에서 교육심리학을 전공, 철학박사학위를
받았다. KAGE 영재교육학술원 소장을 역임했으며, 현재는 KAGE 영재교육학술원 심리
교육상담연구소 소장으로 재직 중이다. 과학자-임상가 모델에 맞게, 대학에서는 영재
교육 및 임상 관련 강의와 연구를 수행하고, 연구소에서는 한국심리학회 공인 임상심리
전문가 및 정신보건 1급 임상심리전문가로서 영재 판별, 영재의 정서 및 사회성 발달 프
로그램 개발과 교육, 영재 학부모 및 영재 학생의 검사와 상담을 담당하고 있다. 한국영
재학회 이사이며, 우리나라 영재 아동의 정서 · 사회성 발달 및 영재 학부모의 영재 자녀
지도와 양육에 관한 도움을 주고자 노력하고 있다.

주요 저 · 역서 및 논문
『영재교육학원론』(공저, 교육과학사, 2000)
『지금 키워야 할 우리 아이 숨은 재능』(명진출판, 2003)
『영재상담 자료집(중등, 초등)』(공저, 강원도 교육청, 2005, 2006)
『이중특수학생을 위한 성공 전략』(역, 아카데미프레스, 2008)
『특수아 상담의 이해(개정판)』(공저, 교육과학사, 2009)
『영재와 정신건강』(역, 학지사, 2009)
『미성취 영재아 교수 전략』(공역, 학지사, 2013)
『영재교사를 위한 생활지도 길라잡이(초등, 중등)』(공저, 한국교육개발원, 2014)
「영재의 심리적 특성과 정서발달을 위한 상담」(한국심리학회: 일반, 2000)

이메일 graceyhyoon@hanmail.net

영재상담 모델

Models of Counseling

Gifted Children, Adolescents, and Young Adults

2014년 9월 10일 1판 1쇄 인쇄
2014년 9월 15일 1판 1쇄 발행

엮은이 • Sal Mendaglio · Jean Sunde Peterson
옮긴이 • 윤여홍
펴낸이 • 김진환
펴낸곳 • (주) 학지사

        121-838 서울특별시 마포구 양화로 15길 20 마인드월드빌딩
대표전화 • 02-330-5114   팩스 • 02-324-2345
등록번호 • 제313-2006-000265호

홈페이지 • http://www.hakjisa.co.kr
커뮤니티 • http://cafe.naver.com/hakjisa

ISBN 978-89-997-0484-0 93180

Korean Translation Copyright © 2014 by Hakjisa Publisher, Inc.

정가 20,000원

역자와의 협약으로 인지는 생략합니다.
파본은 구입처에서 교환해 드립니다.

이 책을 무단으로 전재하거나 복제할 경우 저작권법에 따라 처벌을 받게 됩니다.

인터넷 학술논문 원문 서비스 뉴논문 www.newnonmun.com

이 도서의 국립중앙도서관 출판시도서목록(CIP)은 서지정보유통지원
시스템 홈페이지(http://seoji.nl.go.kr)와 국가자료공동목록시스템
(http://www.nl.go.kr/kolisnet)에서 이용하실 수 있습니다.
(CIP 제어번호: CIP2014025361)